汽车发动机从入门到精通

邵健萍 顾惠烽 编著

化学工业出版社
·北京·

内容简介

这是一本汽车发动机的"百科全书",内容涉及汽车发动机的方方面面。

本书分上下两篇共二十二章:上篇用浅显易懂的文字介绍汽车发动机构造与原理的基础知识内容;下篇为汽车发动机故障诊断与检修的实践操作内容,重点介绍汽车发动机维修的操作步骤和要领,以及汽车发动机故障排除的策略和技巧。全书内容涵盖曲柄连杆机构、配气机构、冷却系统、润滑系统、点火系统、燃料供给系统等主要总成及部件的功用、结构、原理、拆装方法及检测与维修技术。

本书内容全面实用,全彩图解配套操作视频讲解,易于理解和掌握,特别适合汽车维修技术初学者使用,也可作为职业院校、培训学校相关专业的培训教材。

图书在版编目(CIP)数据

汽车发动机从入门到精通 / 邵健萍,顾惠烽编著. —北京:化学工业出版社,2022.4
ISBN 978-7-122-40610-1

Ⅰ.①汽… Ⅱ.①邵…②顾… Ⅲ.①汽车 - 发动机 - 教材 Ⅳ.①U464

中国版本图书馆 CIP 数据核字(2022)第 012278 号

责任编辑:黄 滢 张燕文　　　　　　　　　　　　文字编辑:袁 宁 陈小滔
责任校对:杜杏然　　　　　　　　　　　　　　　　装帧设计:刘丽华

出版发行:化学工业出版社(北京市东城区青年湖南街13号 邮政编码100011)
印　　装:北京盛通数码印刷有限公司
787mm×1092mm　1/16　印张25　字数608千字　2022年5月北京第1版第1次印刷

购书咨询:010-64518888　　　　　　　　　　　　　售后服务:010-64518899
网　　址:http://www.cip.com.cn
凡购买本书,如有缺损质量问题,本社销售中心负责调换。

定　　价:99.00元　　　　　　　　　　　　　　　　　　　　版权所有　违者必究

前言
PREFACE

近年来，汽车已经成为人们日常生活和工作中必不可少的交通运输工具，汽车的使用保养与维修越来越受到用户的重视。汽车保有量的不断增加也带动了汽车维修行业的快速发展，新技术、新知识、新结构在汽车上应用，也使汽车发动机越来越复杂，因而对一线汽车维修人员提出了更高的要求。一线维修人员必须掌握汽车维修工的基本知识，熟悉汽车检测设备的应用、故障诊断与维修的基本方法，并拥有大量的资料，不断更新、充实，以适应日新月异的现代化汽车维修行业的发展。

本书力求以实用为主，从汽车发动机的维修实际出发，内容涉及汽车发动机的方方面面，可以说是汽车维修相关的从业者或专业院校师生的"充电宝"。全书分上下两篇共二十二章。

上篇为汽车发动机构造与原理的基础知识内容，没有涉及高深的专业理论知识，内容规范，文字简练。下篇为汽车发动机故障诊断与检修的实践操作内容，重点介绍汽车发动机维修的操作步骤和要领，以及汽车发动机故障排除的策略和技巧。

本书在讲解过程中充分发挥了图解的特色，以"全彩图解"的形式向读者传授汽车发动机的基础知识，真正做到用"图"说话——以"图"代"解"，以"解"说"图"，一目了然，通俗易懂。书中对于难度较大的复杂知识点，还专门配备了"视频教学"。视频以二维码的形式呈现，读者学习时可通过手机扫描书中的二维码，同步、实时地浏览对应知识点的数字媒体教学资源。视频与图书的图文内容相互衔接、互为补充，确保学习者在短时间内获得最佳的学习效果。

本书适合初、中级汽车维修人员，驾驶员及汽车行业相关人员阅读，也可供有关职业院校师生、企业培训人员参考。

本书在编写过程中参考了相关的图书、多媒体资料及原车维修手册，在此一并表示衷心的感谢！

限于笔者水平，书中疏漏之处在所难免，恳请广大读者批评指正。

编著者

目录 CONTENTS

上篇 汽车发动机构造与原理

01 第一章 汽车发动机基础知识

第一节 发动机的分类   2   第三节 汽油机和柴油机   5
第二节 发动机的常用术语及含义   3

02 第二章 汽车发动机总体构造

第一节 机体与曲柄连杆机构   8   第六节 润滑系统   12
第二节 配气机构   9   第七节 启动系统   13
第三节 燃料系统   9   第八节 进气系统   13
第四节 点火系统   10   第九节 排气系统   14
第五节 冷却系统   12   第十节 涡轮增压系统   15

03 第三章 汽车发动机工作原理

第一节 四冲程汽油机   16   第三节 二冲程汽油机   19
第二节 四冲程柴油机   18   第四节 二冲程柴油机   19

04 第四章 曲柄连杆机构

第一节 组成与功用   21   一、机体组   22
第二节 工作条件与受力分析   21   二、活塞连杆组   30
第三节 构造和工作情况   22   三、曲轴飞轮组   42

05 第五章 配气机构

第一节　配气机构的功用与组成　51
第二节　配气机构的位置形式　52
第三节　气门间隙　56
第四节　配气相位与配气相位图　57
第五节　配气机构的主要零件和组件　59
　一、气门组　59
　二、气门传动组　64

06 第六章 冷却系统

第一节　冷却系统的功用与类型　71
第二节　冷却系统的组成及工作过程　72
　一、风冷式冷却系统　72
　二、水冷式冷却系统　72
第三节　冷却液的特点与选用　80

07 第七章 润滑系统

第一节　润滑系统的功用　82
第二节　发动机的润滑方式　83
第三节　润滑系统的组成和油路　83
第四节　润滑系统主要部件的构造　86
　一、机油泵　86
　二、安全阀　88
　三、机油滤清器　89
　四、机油散热器　91
　五、机油压力警告灯　91

08 第八章 点火系统

第一节　点火系统的功用与分类　92
第二节　传统点火系统　93
　一、点火系统的组成　93
　二、点火系统的工作原理　95
　三、主要部件的构造　96
第三节　无触点电子点火系统　105
　一、无触点电子点火系统的组成　105
　二、磁感应式电子点火系统　105
　三、霍尔式电子点火系统　107
第四节　计算机控制电子点火系统　110
　一、计算机控制电子点火系统的组成　110
　二、计算机控制电子点火系统的工作原理　112
第五节　无分电器点火系统　112

09 第九章 汽油机燃料供给系统

第一节　汽油机可燃混合气及其对汽油机性能的影响　114
第二节　发动机工况对可燃混合气浓度的要求　116
第三节　汽油机燃烧过程分析　117
第四节　汽油机电控喷射系统的分类　119
第五节　汽油机电控喷射系统的组成　120
第六节　燃油供给系统辅助装置　128
　一、汽油箱　128
　二、汽油滤清器　129
　三、空气滤清器　130

10 第十章 柴油机燃料供给系统

第一节　柴油机燃料供给系统的功用、组成及工作过程　131
第二节　可燃混合气的形成与燃烧室　132
第三节　燃料供给系统的主要部件结构　136
　一、喷油器　136
　二、柴油滤清器　139
　三、输油泵　140
　四、喷油泵　141
　五、调速器　145
第四节　柴油机电控燃油喷射系统　154
　一、电控燃油喷射系统的类型　154
　二、电控燃油喷射系统的优点　154
　三、电控燃油喷射系统的组成　155
　四、电控蓄压式共轨燃油喷射系统的主要部件　156

下篇　汽车发动机故障诊断与检修

11 第十一章 汽车发动机拆装与检修

第一节　发动机拆装与检修安全操作规程　166
第二节　拆装与检修常用工具及使用　169
第三节　拆装与检修常用量具及使用　178
第四节　常用汽车电工仪器仪表及使用　188
　一、汽车电器万能试验台　188
　二、万用表　189
　三、数字式万用表　193
　四、汽车诊断仪　196
　五、点火线圈和电容测试仪　197

12 第十二章 曲柄连杆机构拆装

第一节　机体组拆装　199
第二节　活塞连杆组拆装　204
第三节　曲轴飞轮组拆装　206

13 第十三章 曲柄连杆机构检修

第一节	气缸盖与气缸体检修	209	第五节	连杆检修	221
第二节	气缸检修	211	第六节	活塞连杆组的组装	225
第三节	活塞检修	214	第七节	曲轴飞轮组的检修	230
第四节	活塞环与活塞销检修	217			

14 第十四章 配气机构拆装

第一节	正时链条和正时齿轮拆装	237	第三节	气门组和气门传动组拆装	243
第二节	凸轮轴的拆装	241	第四节	配气机构的拆装示例	245

15 第十五章 配气机构检修

第一节	气门组零件检测	250	第四节	气门间隙检查与调整	258
第二节	气门传动组零件检测	253	第五节	气门组检修	261
第三节	配气机构故障诊断与排除	257	第六节	气门传动组检修	265

16 第十六章 冷却系统拆装与检修

第一节	冷却系统主要部件拆装	270	一、散热器清洗、常见损伤与维修	275
第二节	冷却系统检测	272	二、水泵常见损伤与维修	278
	一、冷却系统渗漏的检测	272	三、节温器检修	278
	二、冷却系统主要组成部件的检测	273	四、风扇传动带检查与调整	279
第三节	冷却系统维修	275	五、冷却液的检测与更换	279

17 第十七章 润滑系统拆装与检修

第一节	润滑系统拆装	280	第二节	机油泵检修	282

第三节	机油滤清器拆装与检修	285	第六节 润滑系统维护 291
第四节	机油压力开关拆装与检修	287	第七节 润滑系统故障诊断与排除 293
第五节	机油质量检查与选用	289	

18 第十八章 点火系统检修

第一节 点火系统主要部件检测	296	一、主要部件故障与检修 308
第二节 磁感应式电子点火系统检测	297	二、常见故障诊断方法 313
第三节 传统点火系统检修与故障排除	299	三、维修案例 315
一、主要部件故障及检修	299	第五节 点火正时检查与调整 316
二、常见故障诊断方法	304	一、点火正时检查 316
三、维修案例	306	二、点火正时调整 317
四、传统点火系统使用与调整	306	三、点火正时故障维修案例 317
第四节 电子点火系统检修与故障排除	308	四、桑塔纳轿车点火正时的校正 318
		五、CA6102型发动机点火正时调校 318

19 第十九章 汽油机燃料供给系统拆装与检修

第一节 汽油机燃料供给系统总体拆装	319	六、喷油器检测 327
		第三节 汽油机燃料供给系统维修 329
第二节 汽油机燃料供给系统检测	322	一、传感器检修 329
一、燃油压力检测	322	二、油压调节器检修 337
二、燃油泵供电电压检测	323	三、电动燃油泵使用与检修 338
三、燃油泵熔丝（保险丝）检测	324	四、电磁喷油器检修 339
四、燃油泵继电器检测	324	五、怠速控制阀检修 340
五、电动燃油泵检测	324	六、汽油机常见故障诊断与排除 341

20 第二十章 柴油机燃料供给系统拆装与检修

第一节 柴油机燃料供给系统总体拆装	343	第三节 柴油机燃料供给系统主要部件检修 345
第二节 柴油机燃料供给系统维护	344	一、喷油器检修 345

二、喷油泵检修	345	第五节 柴油机燃料供给系统常见故障	
三、调速器检修	351	与排除	355
第四节 柴油机燃料供给系统调试	353	第六节 维修案例	358

21 第二十一章 涡轮增压器拆装与检修

第一节 涡轮增压器的主要结构和工作原理	361	第三节 常见故障诊断方法	365
		一、涡轮增压器漏油故障	365
第二节 涡轮增压器的主要部件拆装	362	二、涡轮增压器有金属摩擦声	366
一、拆卸与安装废气涡轮增压器	362	三、增压器轴承损坏故障	366
二、拆卸与安装增压压力限制电磁阀 N75	364	四、增压压力下降	367
三、拆卸与安装增压压力调节器	365	五、增压器温度过高	367

22 第二十二章 汽车发动机装配与磨合

第一节 发动机装配与调试	368	性能	381
一、发动机装配注意事项	368	二、发动机试验	382
二、发动机装配顺序与调整	369	第三节 发动机磨合与竣工验收	384
三、发动机总成装配示例	373	一、磨合试验目的	384
第二节 发动机总成修理竣工技术条件	381	二、磨合试验及磨合规程	385
一、一般技术要求和主要使用		三、竣工验收	387

参考文献 390

《汽车发动机从入门到精通》
配套操作视频

序号	视频内容	页码	序号	视频内容	页码
1	液压挺柱的介绍及检查	9	32	炭罐电磁阀的检测	208
2	空气滤清器的介绍及工作原理	14	33	2.0升汽油发动机更换正时链条	237
3	更换起动机	15	34	拆卸曲轴带轮	238
4	油底壳的介绍及作用	28	35	安装曲轴带轮	240
5	清洁并安装活塞环	34	36	拆卸凸轮轴	242
6	拆卸曲轴	50	37	安装凸轮轴	242
7	安装曲轴	50	38	EA888发动机拆卸正时链	249
8	凸轮轴的结构、功用和常见损伤	64	39	EA888发动机正时校对、安装正时链	249
9	冷却系统的原理	73	40	拆卸水泵	270
10	检查冷凝器和风扇	75	41	安装水泵	271
11	更换冷却液	81	42	冷却系统渗漏的原因	272
12	冷却液温度传感器的检测	81	43	检查与更换传动皮带	279
13	检查火花塞	103	44	安装油底壳	281
14	更换火花塞	103	45	机油泵的介绍及工作原理	283
15	曲轴位置传感器检测	113	46	更换机油机滤	285
16	曲轴位置传感器的拆装	113	47	拆卸机油泵	295
17	发动机控制单元电源电路检查	123	48	安装机油泵	295
18	燃油供给系统的组成	124	49	喷油器检查	321
19	节气门拆装与清洗	125	50	检测喷油器波形	321
20	电子节气门检测	125	51	检测汽油泵工作情况	323
21	燃油压力	159	52	燃油泵的检测	325
22	检查燃油压力	159	53	空气流量计检测	329
23	进气凸轮轴位置传感器检测	164	54	氧传感器检测	336
24	拆装凸轮轴位置传感器	164	55	燃油压力调节阀检查测试	359
25	进气凸轮轴电磁阀的检测	164	56	拆卸发动机气门室盖	371
26	汽车维修安全操作流程	166	57	安装发动机气门室盖	372
27	发电机拆装	200	58	爆震传感器的拆卸与安装	380
28	拆卸活塞连杆组	204	59	拆卸水温传感器	381
29	安装活塞连杆组	205	60	进气歧管拆装	382
30	拆卸气缸盖、气缸垫	208	61	检测气缸压力	387
31	安装气缸盖、气缸垫	208			

上篇

汽车发动机构造与原理

第一章　汽车发动机基础知识
第二章　汽车发动机总体构造
第三章　汽车发动机工作原理
第四章　曲柄连杆机构
第五章　配气机构
第六章　冷却系统
第七章　润滑系统
第八章　点火系统
第九章　汽油机燃料供给系统
第十章　柴油机燃料供给系统

第一章 汽车发动机基础知识

第一节 发动机的分类

内燃机根据其将热能转化为机械能的主要构件的形式不同,可以分为活塞式内燃机和燃气轮机两大类。前者又可按活塞运动方式分为往复活塞式和旋转活塞式两种。往复活塞式发动机是现代内燃机的主流。活塞在气缸中做往复的直线运动,经连杆、曲轴等转动变为旋转运动。各型汽车、船舶等运输用发动机及发电、工程机械、农业机械所用的发动机,大部分采用往复活塞式。往复活塞式发动机按照点火方式、工作循环方式、凸轮轴的位置及凸轮轴数、气缸的数目及排列方式、使用燃料、冷却方式等,又可分为很多不同的形式。

(1) 按照点火方式分类

按照点火方式分为点燃式发动机(汽油发动机、液化石油气发动机、双燃料发动机)和压燃式发动机(柴油发动机、重油发动机)。

(2) 按照工作循环方式分类

按照工作循环方式分为四冲程发动机和二冲程发动机。

(3) 按照凸轮轴的位置及凸轮轴数分类

按照凸轮轴位置分为凸轮轴装在气缸盖上(凸轮轴顶置)和凸轮轴装在气缸体内(凸轮轴中置,又称为气门顶置式);按照凸轮轴数可分为单凸轮轴发动机、双凸轮轴发动机、四凸轮轴发动机。

(4) 按照使用燃料分类

按照使用燃料可分为汽油发动机、柴油发动机、液化石油气发动机、双燃料发动机。

(5) 按照气缸的数目及排列方式分类

按照气缸的数目可分为单气缸发动机和多气缸发动机;按照气缸的排列方式可分为直列式发动机、V形发动机、辐射式发动机、对置式发动机、水平式发动机。

（6）按照冷却方式分类

按照冷却方式可分为水冷式发动机和风冷式发动机。

目前，现代汽车以采用四冲程、多缸、水冷、顶置凸轮轴的发动机为主。

第二节　发动机的常用术语及含义

1. 上止点（TDC）

活塞最高位置，即活塞在气缸中向上运动所能到达的最高点（图1-2-1）。

2. 下止点（BDC）

活塞最低位置，即活塞在气缸中向下运动所能到达的最低点（图1-2-2）。

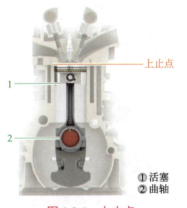

图1-2-1　上止点

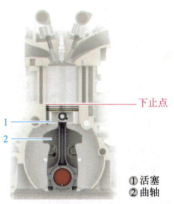

图1-2-2　下止点

3. 活塞行程（S）

活塞往复直线运动时的路径，即上、下止点之间的距离（图1-2-3）。

4. 曲柄半径（r）

曲轴与连杆大端相连接的曲柄销中心线到曲轴回转中心线距离（图1-2-4）。

5. 气缸工作容积（V_h）

也被称为气缸排量，是指一个气缸中活塞从上止点到下止点所让出的空间容积（图1-2-5）。

6. 发动机排量（V_L）

发动机所有气缸工作容积的总和。

7. 燃烧室容积（V_c）

活塞在上止点时，活塞顶上面空间的容积（图1-2-6）。

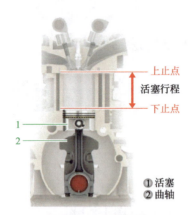

图 1-2-3　活塞行程

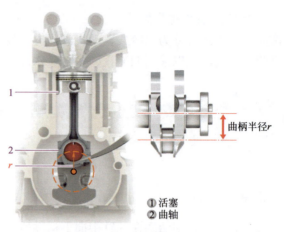

图 1-2-4　曲柄半径

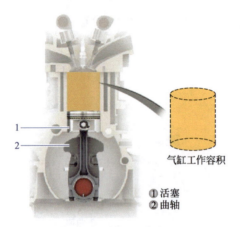

图 1-2-5　气缸工作容积

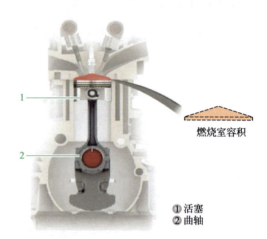

图 1-2-6　燃烧室容积

8. 气缸总容积（V_a）

活塞在下止点时，活塞顶上面空间的容积（图 1-2-7）。

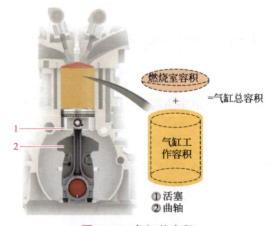

图 1-2-7　气缸总容积

9. 压缩比（ε）

气缸总容积与燃烧室容积的比值（图 1-2-8）。

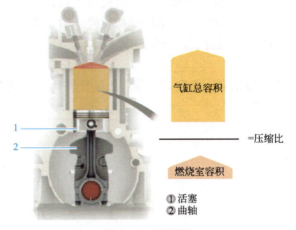

① 活塞
② 曲轴

图 1-2-8　压缩比

第三节　汽油机和柴油机

1. 汽油机与柴油机工作的异同

汽油机和柴油机所使用的燃料分别为汽油和柴油。汽油蒸发性好，易挥发，自燃温度较高，为 220～471℃，热值为 44400kJ/kg，对汽油的使用存在抗爆性要求；柴油的蒸发性相对较差，挥发性比较差，雾化效果受到黏度值影响，其自燃温度较低，约为 240℃，热值为 40190kJ/kg，对柴油的使用存在凝点要求。由于燃料性质的区别，汽油机和柴油机的结构也存在一些区别，见表 1-3-1。

表 1-3-1　汽油机与柴油机比较

项目	汽油机	柴油机
进气行程	吸进燃油和空气混合气（缸内直喷吸进空气）	仅吸进空气
压缩行程	活塞压缩可燃混合气，压缩比为 7～13，压缩终了温度为 300～400℃	活塞压缩空气，压缩比为 16～22，压缩终了温度为 530～730℃
燃烧冲程	火花塞将压缩混合气强制点火（点燃）	燃油喷进高温、高压空气中，自行着火（压燃）
排气行程	活塞强力将气体排出气缸外，主要排放物中 CO、HC 多，NO_x、黑烟少	活塞强力将气体排出气缸外，主要排放物中 CO、HC 多，NO_x、黑烟多
功率输出调整方法	由控制节气门的开度来改变可燃混合气的供给量	由控制喷油泵来改变燃油的供给量（进入气缸的空气量不能调整）

2. 四冲程汽油机和柴油机的区别

（1）可燃混合气的形成和点燃方法不同

汽油机的可燃混合气是在化油器中形成后，再进入气缸，在压缩冲程终了时被电火花点燃。柴油机先进入气缸的是纯空气，只是压缩冲程终了时，柴油才通过喷油装置呈雾状喷入气缸，与空气混合形成可燃混合气，并在高温下自行燃烧。

（2）压缩比不同

柴油机可燃混合气的点燃依靠压缩后的高温，压缩比要比汽油机高。

02 第二章 汽车发动机总体构造

发动机是汽车的动力装置。它可将燃料的化学能转变为热能，进而转变为机械能，推动汽车的运动。

按使用燃料的不同，发动机有汽油和柴油发动机以及液化石油气发动机。按工作方式分有二冲程和四冲程两种，一般发动机为四冲程发动机。四冲程发动机的工作过程：四冲程发动机是活塞往复四个行程完成一个工作循环，包括进气、压缩、做功、排气四个过程。四冲程柴油机和汽油机一样经历进气、压缩、做功、排气的过程。但与汽油机的不同之处在于：汽油机是点燃，柴油机是压燃。近年来，随着高能蓄电池的采用，已出现了电气动力汽车。

汽车发动机结构复杂，不同类型或同类型的发动机在结构上都会存在差别，但是不管何种类型的汽油机和柴油机，其总体结构都比较相似，如图 2-0-1 所示。发动机的作用是使供入其中的燃料燃烧而发出动力。大多数汽车都采用往复活塞式内燃机，它一般是由机体、曲柄连杆机构、配气机构、供给系统、冷却系统、润滑系统、点火系统（汽油发动机采用）、启动系统等部分组成。

图 2-0-1　发动机总成

第一节 机体与曲柄连杆机构

机体和曲柄连杆机构由机体组、活塞连杆组和曲轴飞轮组三部分组成,如图 2-1-1 所示。机体组包括气缸盖、气缸垫、气缸体、油底壳等零部件。活塞连杆组包括活塞、活塞环、活塞销、连杆等零部件。曲轴飞轮组包括曲轴、飞轮、带轮、正时齿轮等零部件。

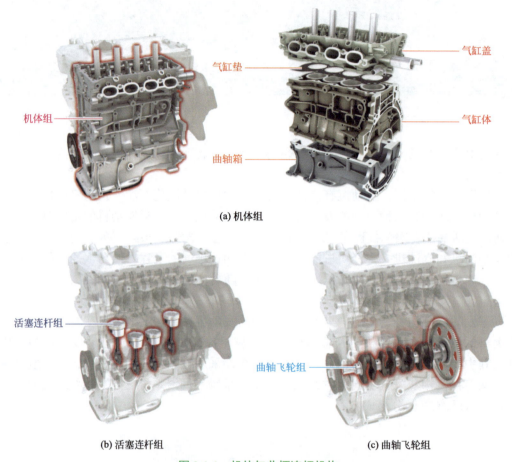

(a) 机体组

(b) 活塞连杆组　　　　(c) 曲轴飞轮组

图 2-1-1　机体与曲柄连杆机构

机体是发动机安装各零部件的基础。曲柄连杆机构是往复活塞式发动机将热能转换为机械能的主要机构,其功用是将燃气作用在活塞顶上的压力转变为曲轴旋转运动而对外输出动力。

发动机工作过程中,燃料燃烧产生的气体压力直接作用在活塞顶上,推动活塞做往复直线运动。活塞作用力经活塞销、连杆和曲轴,将活塞的往复运动转换为曲轴的旋转运动。

发动机产生的动力大部分由曲轴后端的飞轮传给底盘的传动系,再经过传动系传给汽车的驱动轮;还有一部分动力通过曲轴前端的齿轮和带轮驱动发动机自身的其他机构和系统。

第二节　配气机构

配气机构由气门组、气门驱动组和气门传动组三部分组成，如图2-2-1所示。气门组包括气门（进气门、排气门）、气门弹簧、气门座、气门导管等零部件。气门传动组包括凸轮轴、摇臂等零部件。气门驱动组包括正时带轮（或齿轮、链轮）、正时带（或正时链条）、气门挺柱等零部件。

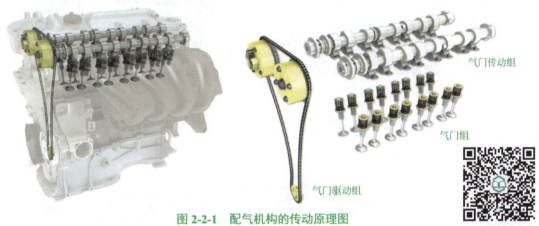

图 2-2-1　配气机构的传动原理图

配气机构的功用是按照发动机各缸的工作循环和做功次序，定时地将气缸的进、排气门开启和关闭，以便使新鲜的可燃性混合气（汽油机）或空气（柴油机）及时进入气缸，废气及时排出。

发动机工作过程中，凸轮轴正时带轮在正时带的驱动下，与曲轴正时带轮按照1∶2的转速比同步旋转，并通过凸轮轴、气门挺柱驱动气门组件，根据凸轮轴上凸轮的不同分布形式，适时、准确地打开和关闭进、排气门，达到气缸内气体顺利换气的目的。

第三节　燃料系统

燃料系统的功用是根据发动机各种工况的不同要求，将一定数量的燃油送入发动机进气管或气缸中，以形成适当浓度的可燃混合气。

在20世纪80年代以前，汽油发动机基本上是采用化油器式燃料系统，其主要部件有汽油泵、化油器等，如图2-3-1所示。汽油泵把油箱中的燃油泵入到化油器中，化油器安装在进气管的节气门体上，利用发动机进气气流在流经化油器时产生的真空吸力，将燃油吸入到进气歧管中，与空气混合，形成可燃性混合气，进入气缸燃烧。

现代汽油机燃料系统已实现了由化油器技术向电控燃油喷射技术的转变，电控燃油喷射式燃料系统的主要部件有电动汽油泵、喷油器等，如图2-3-2所示。电动汽油泵把油箱中的燃油泵入到燃油管中，并产生一定的油压。喷油器在发动机电脑的控制下喷油，将适量的燃油喷入到进气歧管内,与空气混合形成可燃的混合气,进入气缸燃烧。

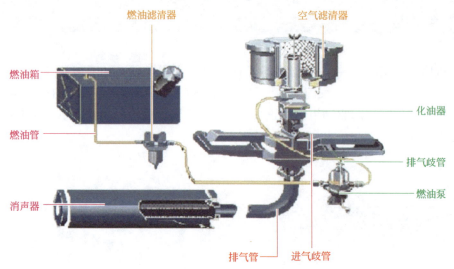

图 2-3-1　化油器式燃料系统

图 2-3-2　电控燃油喷射式燃料系统

第四节　点火系统

汽油机是点燃式发动机,点火系统的功用就是在适当的时刻让气缸内火花塞产生电火花,以点燃缸内的可燃混合气。点火系统主要由蓄电池、点火开关、点火线圈、火花塞和相关高压导线等零部件组成,如图 2-4-1 所示。

点火系统的工作过程是：在点火开关打开状态下,蓄电池的电源通过点火器(点火模块)控制点火线圈初级绕组的导通和截止,使点火线圈内部的次级绕组在线圈互感的作用下产生高电压,经过分电器将高电压传给火花塞,使火花塞产生电火花(图 2-4-2、图 2-4-3)。

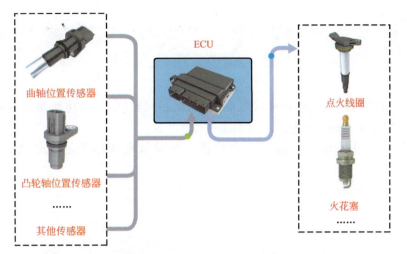

图 2-4-1　电控点火系统的组成

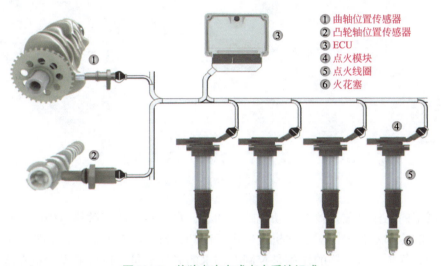

图 2-4-2　单独点火方式点火系统组成

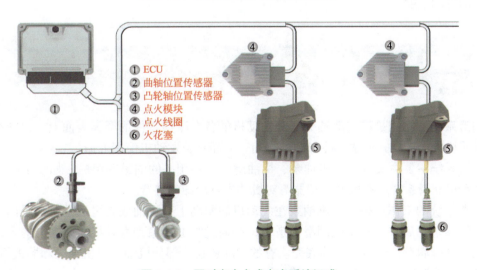

图 2-4-3　同时点火方式点火系统组成

第五节　冷却系统

冷却系统的功用是利用冷却液冷却高温零件,并通过散热器将热量散发到大气中去,从而保证发动机在正常的温度状态下工作。

冷却系统主要由水泵、节温器、散热器、冷却风扇和相关的冷却软管所组成,如图2-5-1所示。

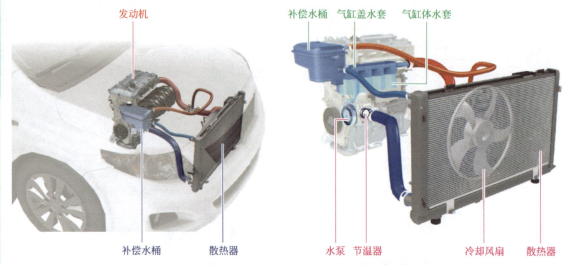

图 2-5-1　发动机冷却系统组成

冷却系统的工作过程是:在发动机的驱动下,水泵不断地把散热器内的冷却液泵入到发动机缸体的冷却水套中,对发动机缸体进行冷却,再让冷却液流入散热器,通过风扇把热量散发到大气中。节温器的作用是控制冷却水的循环流量,以调节发动机在冷车和热车状态下的冷却强度。

 ## 第六节　润滑系统

润滑系统的功用是将润滑油分送至发动机的各个摩擦零件的摩擦表面上,以减小摩擦力,减缓机件磨损,并清洗、冷却摩擦表面,从而延长发动机使用寿命。

润滑系统主要由集滤器、机油泵、机油滤清器和相关的油道等组成,如图2-6-1所示。有的发动机润滑系统还有机油冷却器等对机油进行冷却的装置。

润滑系统的工作过程是:机油泵在发动机的驱动下,将油底壳里面的机油泵出,经过机油滤清器过滤后进入发动机润滑油道中,并通过油道传输到发动机需要润滑的各部件的运动表面进行润滑,最后流回油底壳。有的发动机还让部分机油经过机油冷却器进行冷却,以降低机油的温度,提高机油的使用寿命。

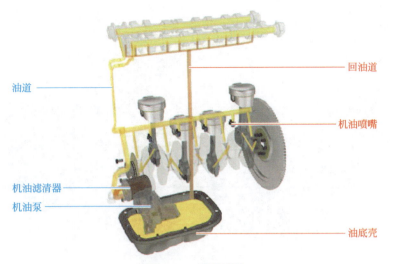

图 2-6-1　润滑系统

第七节　启动系统

要使发动机由静止状态过渡到工作状态，必须先用外力转动发动机的曲轴，使发动机完成进气、压缩、点火、做功的全过程，直到发动机能自行运转。启动系统的功用就是在发动机启动时，给发动机提供一个使之转动的外力。

启动系统主要由启动开关、起动机、蓄电池、启动继电器等组成，如图 2-7-1 所示。驾驶员在启动发动机时，转动启动开关使起动机运转，起动机通过飞轮带动发动机曲轴转动，使发动机顺利地启动。

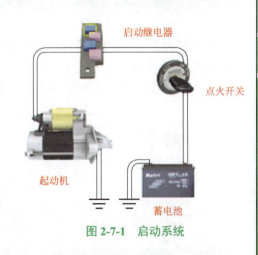

图 2-7-1　启动系统

第八节　进气系统

进气系统主要由空气滤清器、空气流量计、进气管、节气门体以及进气歧管等部分组成。其功用是为可燃混合气的形成提供必需的空气量（图 2-8-1）。

进气管是指空气从进气口进入，通过空气滤清器，直到要进入各个气缸前的这一段管道，是发动机的主要进气管路，也是总的进气管路。进气歧管是指空气从进气管进入各个气缸，往各个气缸分配的这一段管子。每个气缸有一个进气歧管，这样保证了各个气缸进气分配合理均匀。

图 2-8-1 进气系统的组成

视频精讲

第九节 排气系统

排放控制系统的功用是减少汽车排放废气中的有害气体排入大气。排放控制系统主要包括曲轴箱强制通风（PCV）系统、燃油蒸发排放控制（EVAP）系统、三元催化转换（TWC）系统以及废气再循环（EGR）系统四个系统（图 2-9-1）。

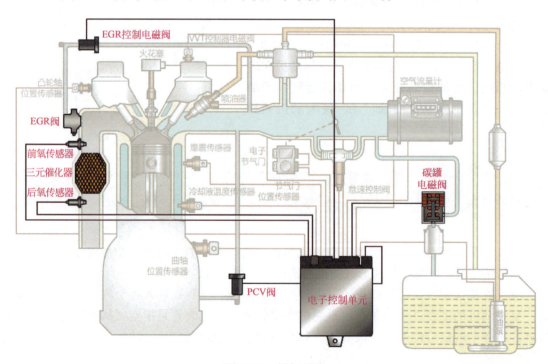

图 2-9-1 排气系统

第十节　涡轮增压系统

发动机增压就是将空气预先压缩然后再供入气缸，以提高空气密度，增加进气量。增压后的发动机进气量增加，可相应地增加循环供油量，从而可以增加发动机功率。同时，增压还可以提高燃油经济性，改善发动机排放（图2-10-1）。

废气涡轮增压系统主要由涡轮增压器、中冷器、增压传感器、膜片驱动器、旁通阀等组成。涡轮增压系统利用发动机废气的能量推动涡轮增压器进行增压，不消耗发动机自身的能量。

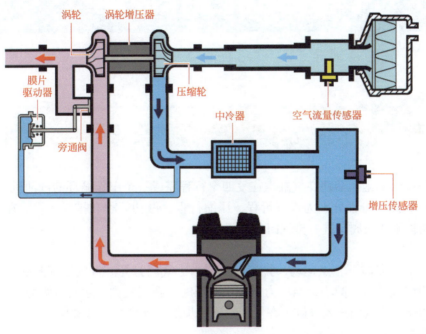

图 2-10-1　涡轮增压系统

视频精讲

第三章 汽车发动机工作原理

第一节 四冲程汽油机

四冲程汽油机是指活塞在气缸内往复四个行程完成一个工作循环的汽油机,每个工作循环中活塞的四个行程分别为进气行程、压缩行程、做功行程和排气行程。在此过程中,汽油机的曲轴旋转两周,进、排气门各开闭一次。

(1) 进气行程

活塞从上止点向下止点运动,排气门关闭,进气门打开。进气过程开始,活塞下移,气缸内容积增大,压力减小,当压力低于大气压时,在气缸内产生真空吸力,空气和汽油的混合气体通过进气门进入气缸,在气缸内进一步形成混合气(图3-1-1)。

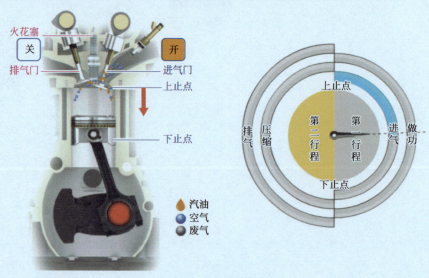

图 3-1-1 进气行程

(2)压缩行程

曲轴继续旋转,活塞从下止点向上止点运动,这时进气门和排气门都关闭,气缸内成为封闭容积,可燃混合气受到压缩,压力和温度不断升高,当活塞到达上止点时,压缩行程结束(图3-1-2)。

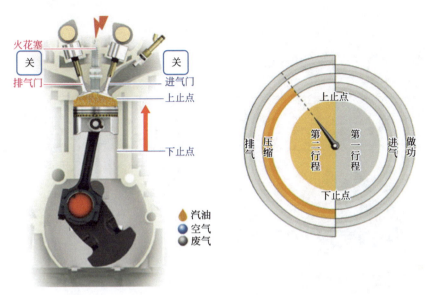

图 3-1-2　压缩行程

(3)做功行程

当活塞位于压缩行程接近上止点位置时,火花塞产生电火花点燃可燃混合气,可燃混合气燃烧后放出大量的热,使气缸内气体温度和压力急剧升高,高温高压气体膨胀,推动活塞从上止点向下止点运动,通过连杆、曲柄使曲轴旋转并输出机械功(图3-1-3)。

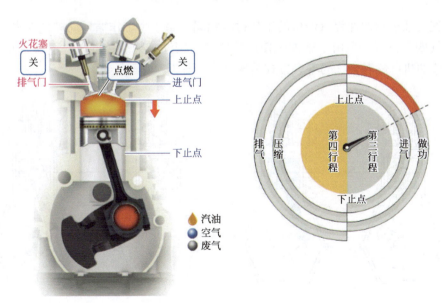

图 3-1-3　做功行程

（4）排气行程

当做功接近终了时，排气门开启，进气门仍然关闭，靠废气的压力先进行自由排气，活塞到达下止点在向上止点运动时，继续把废气强制排放到大气中，活塞越过上止点后，排气门关闭，排气行程结束（图3-1-4）。

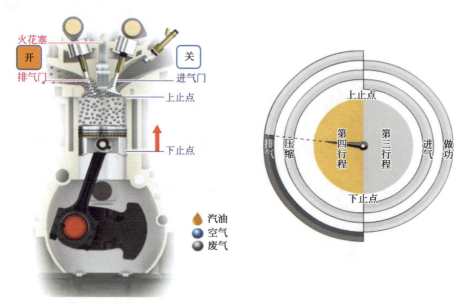

图3-1-4　排气行程

第二节　四冲程柴油机

四冲程柴油机和四冲程汽油机的工作过程相同，每一个工作循环同样包括进气、压缩、做功和排气四个行程，但由于柴油机使用的燃料是柴油，柴油黏度大，不易蒸发，自燃温度低，故柴油机可燃混合气的着火方式是压燃式（图3-2-1）。

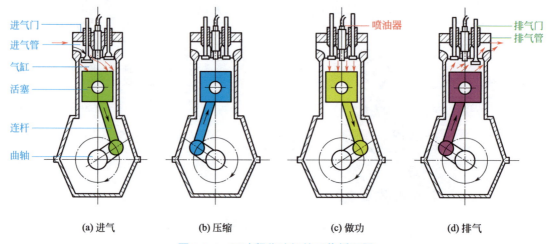

图3-2-1　四冲程柴油机的工作循环图

四冲程柴油机在进气行程和压缩行程中，气缸里都是纯空气而不是可燃混合气，在压缩行程接近上止点时，喷油器将高压柴油以雾状喷入燃烧室，柴油和空气在气缸内形成可燃混合气并着火燃烧。

第三节　二冲程汽油机

二冲程汽油机的工作循环也包括进气、压缩、做功和排气四个过程，只不过这些过程的完成仅仅需要活塞两个行程即曲轴旋转360°。二冲程汽油机的工作循环，其进、排气均由活塞来控制，没有气门机构（图3-3-1）。

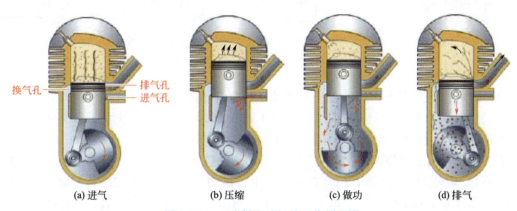

图3-3-1　二冲程汽油机的工作循环图

第一行程：在曲轴的带动下，活塞由下止点向上止点运动。当活塞将换气孔、排气孔和进气孔都关闭时［如图3-3-1（a）所示］，活塞开始压缩进入气缸的混合气，同时在活塞的下方形成一定的真空度，因此当进气孔开启时［如图3-3-1（b）所示］，化油器供应的混合气被吸入箱内，直至活塞到上止点，完成压缩和进气行程。

第二行程：当活塞接近上止点时［如图3-3-1（c）所示］，火花塞产生电火花，点燃混合气后形成的高温、高压气体，推动活塞向下止点运动做功。当活塞下行到关闭进气孔后，下方曲轴箱内的可燃混合气被预压；当活塞下行到排气孔开启时［如图3-3-1（d）所示］，废气在压力作用下经排气孔排出，紧接着换气孔开启，曲轴箱内预压的混合气经换气孔进入气缸，气缸内废气被排出，这一过程为做功和排气行程。二冲程汽油机的活塞顶一般做成特殊形状，使混合气沿一定方向流向气缸上腔，这样既可以利用混合气驱除废气，又可以避免新鲜混合气中过多地混入废气。但是，要完全避免混合气随废气的排出是不可能的。

第四节　二冲程柴油机

二冲程柴油机的工作循环与二冲程汽油机工作循环也有很多相似之处，所不同的主要是进入气缸的不是可燃混合气，而是空气。如图3-4-1所示为带有扫气泵的二冲程柴油机工作循环图。新鲜空气由扫气泵提高压力（为120～140kPa）后经气缸外部空气室和缸壁进气孔进入气缸内，而废气由缸盖上的排气门排出。

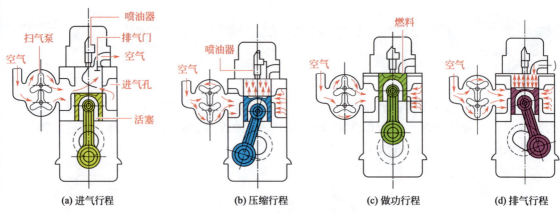

图 3-4-1 二冲程柴油机的工作循环图

第一行程：活塞自下止点向上止点移动。行程开始前，进气孔和排气门均开启，提高压力后的空气进入气缸进行换气［如图3-4-1（a）所示］。当活塞继续上移，进气孔被关闭，继而排气阀也关闭，空气被压缩［如图3-4-1（b）所示］。

第二行程：当活塞接近上止点时，喷油器向缸内喷入雾状柴油并自行燃烧［如图3-4-1（c）所示］，燃烧的高温、高压气体推动活塞下行做功。活塞下行约2/3行程时，排气门开启，废气靠自身压力排出缸［如图3-4-1（d）所示］。此后进气孔开启，进行换气。

从以上叙述中可以看出，二冲程发动机具有以下特点：完成一个工作循环，二冲程发动机曲轴只转一周。而四冲程发动机要转两周。因此，当发动机工作容积、压缩比和转速相等时，从理论上讲，二冲程发动机的功率应是四冲程发动机的2倍，但实际上只有1.5～1.6倍。这是由二冲程发动机难以将废气排净，以及可燃混合气随废气排出等问题所致。因此，二冲程汽油机排量不大，一般用于摩托车或小型机动船上。

04 第四章 曲柄连杆机构

第一节 组成与功用

曲柄连杆机构由机体组、活塞连杆组、曲轴飞轮组三部分组成。曲柄连杆机构是往复式内燃机的主要工作机构,是发动机实现工作循环,完成能量转换的主要运动零件。在做功行程,它将燃料燃烧产生的热能通过活塞往复运动、曲轴旋转运动而转变为机械能,对外输出动力;在其他行程,则依靠曲柄和飞轮的转动惯性,通过连杆带动活塞上下运动,为下一次做功创造条件。

曲柄连杆机构的作用是提供燃烧场所,把燃料燃烧后气体作用在活塞顶上的膨胀压力转变为曲轴旋转的转矩,不断输出动力。

第二节 工作条件与受力分析

曲柄连杆机构的工作条件与受力分析,可概括为:在高温、高压、高速及化学腐蚀条件下,机构中各构件的受力情况十分复杂,其中有活塞顶部受到的气体压力、往复运动构件受到的惯性力、旋转运动构件受到的离心力、相对运动构件接触表面受到的摩擦力,以及由温差引起的热应力,如图4-2-1所示。这些力作用在曲柄连杆机构和机体的各相关零件上,使之受到压缩、拉伸、弯曲、扭转、摩擦等不同性质的变形;各种力的周期性变化导致零件磨损不均匀。为了保证各零件工作可靠,减少磨损,在结构上必须采取相应的措施。

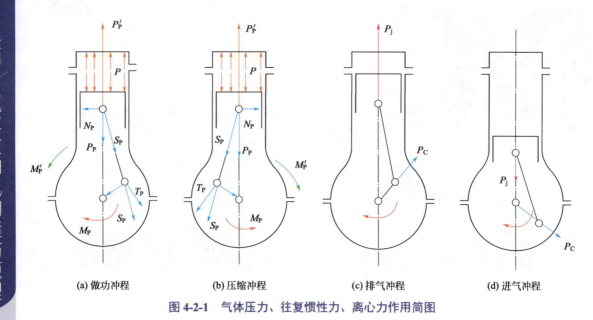

(a) 做功冲程　　(b) 压缩冲程　　(c) 排气冲程　　(d) 进气冲程

图 4-2-1　气体压力、往复惯性力、离心力作用简图

第三节　构造和工作情况

 机体组

机体组由气缸体、曲轴箱、气缸盖及气缸垫等组成（图 4-3-1）。

1. 气缸体及曲轴箱

（1）气缸体的作用

气缸是构成发动机的骨架，是发动机各机构、系统的安装基础，其内、外安装着发动机的所有主要零件和附件，承受各种载荷。

（2）气缸体的结构

气缸体如图 4-3-2 所示。发动机的气缸体和曲轴箱常铸成一体，称为气缸体－曲轴箱，也可以称为气缸体。气缸体上半部有一个或若干个为活塞在其中运动导向的圆柱形空腔，称为气缸；下半部为支承曲轴的曲轴箱，其内腔为曲轴运动的空间。在上曲轴箱上制有主轴承座孔，有的发动机还制有凸轮轴轴承座孔。为了这些轴承的润滑，在侧壁上钻有主油道，前后壁和中间隔板上钻有分油道。

气缸体的上、下平面用以安装气缸盖和下曲轴箱，是气缸修理的加工基准。

（3）气缸体的分类

按照气缸体与油底壳安装平面位置不同，通常把气缸体分为平分式、龙门式和隧道式三种形式，如图 4-3-3 所示。

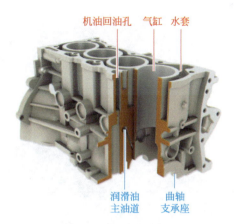

图 4-3-1 机体组的组成

图 4-3-2 气缸体的组成

❶ 平分式气缸体。其特点是油底壳安装平面和曲轴旋转中心在同一高度。这种气缸体的优点是机体高度小，重量轻，结构紧凑，便于加工，曲轴拆装方便；但其缺点是刚度和强度较差［图 4-3-3（a）］。

❷ 龙门式气缸体（如 CA6102、EQ6100 型发动机）。其特点是油底壳安装平面低于曲轴的旋转中心。它的优点是强度和刚度都好，能承受较大的机械负荷；其缺点是工艺性较差，结构笨重，加工较困难［图 4-3-3（b）］。

❸ 隧道式气缸体。这种形式的气缸体曲轴的主轴承孔为整体式，采用滚动轴承，主轴承孔较大，曲轴从气缸体后部装入。其优点是结构紧凑、刚度和强度好，其缺点是加工精度要求高，工艺性较差，曲轴拆装不方便［图 4-3-3（c）］。

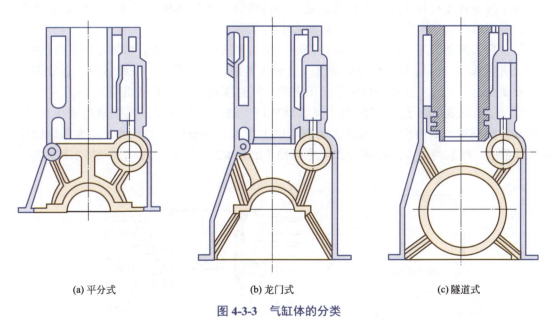

(a) 平分式　　　　　　　(b) 龙门式　　　　　　　(c) 隧道式

图 4-3-3 气缸体的分类

2. 气缸与气缸套

汽车发动机气缸基本排列形式有直列式（单列式）、V 形及水平对置式，如图 4-3-4 所示。

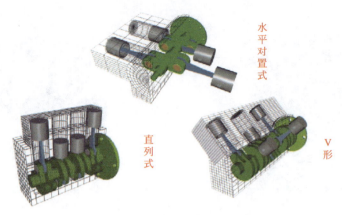

图 4-3-4 气缸的基本排列形式

直列式发动机多用于六缸以下的发动机。各个气缸排成一列,所有气缸共用一根曲轴和一个气缸盖,气缸多采用垂直布置(极少量采用斜置布置)。直列式发动机结构简单,易于制造,成本较低,但长度和高度都较大。如宝马的大部分车型均采用直列式发动机。

V 形发动机将气缸排成两列,其气缸中心线夹角 $\gamma < 180°$,一般为 $60°\sim 90°$。V 形发动机采用一根曲轴驱动两列气缸中的活塞运动,曲轴上每个连杆轴颈上连接两个连杆,所以发动机必须至少有两个以上的气缸盖。该类型发动机的优点是缩短了发动机的长度和高度,增加了气缸体的刚度及稳定性,运转平稳,结构紧凑。缺点是宽度有一定量增大、形状复杂、加工困难。其多用于缸数较多的大功率发动机,如雷克萨斯、日产天籁等多缸数车型采用的是这种排列方式。

水平对置式发动机实际上可以看成是一种特殊的 V 形发动机,其夹角 $\gamma=180°$。该类型发动机高度最小,应用在一些垂直空间非常小的车辆上。

与直列式发动机相比,V 形发动机缩短了发动机的长度和高度,增加了气缸体的刚度,质量也有所减小,但加大了发动机宽度,且形状复杂,加工困难,一般多用于缸数多的大功率发动机上。有的多缸发动机为了满足需要,气缸排列还采用了 W 形。

气缸工作表面由于经常与高温、高压燃气相接触,且有活塞在其中做高速往复运动,所以必须耐高温、耐磨损、耐腐蚀。为满足以上要求,一般从材料、加工精度和结构等方面采取措施。气缸冷却方式有水冷和风冷两种(如图 4-3-5 所示)。汽车发动机多用水冷式。

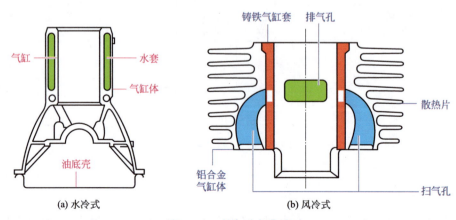

图 4-3-5 气缸冷却方式

发动机用冷却液冷却时，气缸周围和气缸盖中均有用以充冷却液的空腔，称为水套，如图4-3-6（a）所示，气缸体和气缸盖上的水套是相互连通的。发动机用空气冷却时，在气缸体和气缸盖外表面铸有许多散热片，以增加散热面积，保证散热充分，如图4-3-6（b）所示，一般风冷式发动机的气缸体与曲轴箱是分开铸造的。

气缸套有干式和湿式两种（如图4-3-6所示）。干缸套不直接与冷却液接触，壁厚一般为1～3mm；湿缸套则与冷却液直接接触，壁厚一般为5～9mm。湿缸套装入座孔后，通常缸套顶面略高于气缸体上平面0.05～0.15mm。这是为了在紧固气缸盖螺栓时，可将气缸盖衬垫压得更紧，以保证气缸的密封性，防止冷却液和气缸内的高压气体窜漏。

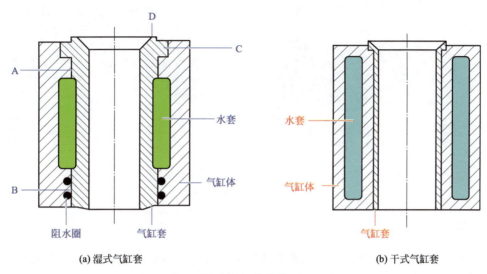

图 4-3-6　气缸套

3. 气缸盖

气缸盖的主要功用是密封气缸上部，并与活塞顶部和气缸壁一起形成燃烧室。气缸盖内部也有冷却水套，其端面上的冷却水孔与气缸体的冷却水孔相通，以便利用循环冷却液来冷却燃烧室等高温部分。

发动机的气缸盖上有进、排气门座及气门导管和进、排气门通道，还有进气通道和排气通道等，如图4-3-7所示。汽油机的气缸盖上加工有安装火花塞的孔，而柴油机的气缸盖上加工有安装喷油器的孔。顶置凸轮轴式发动机的气缸盖上加工有凸轮轴轴承孔，用以安装凸轮轴。

气缸盖可以分为分开式气缸盖和整体式气缸盖两种类型。分开式气缸盖即同一发动机上有多个气缸盖，气缸可能是一缸一盖，也可能是两缸或三缸共用一盖。分开式气缸盖主要应用在一些重量较大、热负荷重的柴油机或汽油机上。整体式气缸盖是指发动机所有气缸共用一个气缸盖，这种类型的气缸盖多应用在热负荷相对较轻的发动机上。

气缸盖由于形状复杂，一般都采用灰铸铁或合金铸铁铸成，有的汽油机气缸盖用铝合金铸造，因铝的导热性比铸铁好，有利于提高压缩比。铝合金气缸盖的缺点是刚度低，使用中容易变形。CA6102型发动机系采用铜钼低合金铸铁铸造的整体式气缸盖。

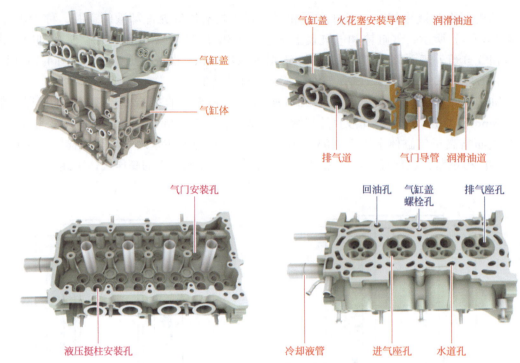

图 4-3-7 气缸盖的结构

4. 燃烧室

汽油机的燃烧室由活塞顶部及缸盖上相应的凹部空间组成（图 4-3-8）。燃烧室的形状对发动机的工作影响很大。发动机工作过程中对燃烧室有两点基本要求：一是结构尽可能紧凑，冷却面积要小，以减少热量损失及缩短火焰行程；二是使混合气在压缩冲程结束时具有一定的涡流运动，以提高混合气燃烧的速度，保证混合气得到及时和充分的燃烧。汽油机常用的燃烧室的形式有半球形燃烧室、楔形燃烧室、盆形燃烧室（图 4-3-9）。少数发动机则采用多球（即 ω）形燃烧室和篷形燃烧室（图 4-3-10）。

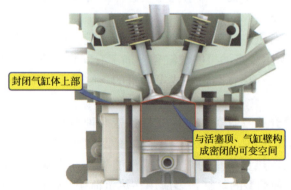

图 4-3-8 燃烧室

（1）半球形燃烧室

如图 4-3-9（a）所示，结构紧凑，火花塞布置在燃烧室中央，火焰行程短，故燃烧速率高，散热少，热效率高。这种燃烧室结构上也允许气门双行排列，进气口直径较大，故充气效率较高，虽然使配气机构变得较复杂，但有利于排气净化，在轿车发动机上被广泛应用。

（2）楔形燃烧室

如图4-3-9（b）所示。其特点是结构简单、紧凑，散热面积小，热损失也小，能保证混合气在压缩行程中形成良好的涡流运动，有利于提高混合气的混合质量，进气阻力小，提高了充气效率。气门排成一列，使配气机构简单，但火花塞置于楔形燃烧室高处，火焰传播距离长些。切诺基轿车发动机采用这种形式的燃烧室。

（3）盆形燃烧室

如图4-3-9（c）所示。其气缸盖工艺性好，制造成本低，但因气门直径易受限制，进、排气效果要比半球形燃烧室差。捷达轿车发动机、奥迪轿车发动机采用盆形燃烧室。

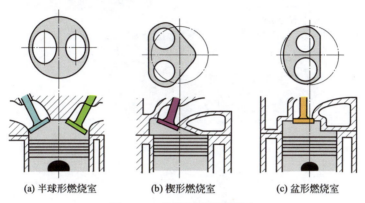

图 4-3-9　汽油机常用燃烧室

（4）多球形燃烧室

它是由两个以上半球形凹坑组成的，形似ω。其结构紧凑，面容比（即燃烧室表面积与其容积之比）小，气门直径较大，气道比较平直，且能产生挤气涡流。夏利TJ376Q型汽油机采用了此种燃烧室。

（5）篷形燃烧室

如图4-3-10所示。它是近年来高性能多气门轿车发动机上广泛应用的燃烧室，特别是小气门夹角的浅篷形燃烧室得到了较大发展。欧宝V6、奔驰320E、三菱3G81、富士EJ20等型汽油机采用的燃烧室均为篷形燃烧室。

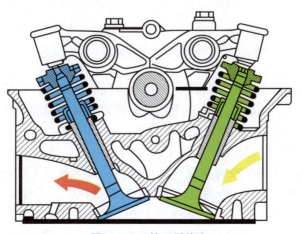

图 4-3-10　篷形燃烧室

5. 油底壳

油底壳也称机油盘，其作用是储存发动机润滑油并与曲轴箱一起密封发动机。油底壳常用薄钢板冲压制成，如图 4-3-11 所示。它与曲轴箱用螺栓连接，结合处有衬垫，以防漏油。油底壳的底部有深度较大的集油池，壳内装有稳油挡板。集油池底部有放油螺塞，大多数放油螺塞带有磁性，可将铁屑吸住以减少机件磨损。

视频精讲

图 4-3-11　油底壳

6. 气缸垫

气缸垫（如图 4-3-12 所示）的作用是保证气缸盖与气缸体接触面的密封，防止漏气、漏液和漏油。

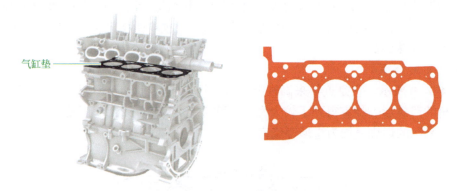

图 4-3-12　气缸垫

气缸垫装配在气缸盖与气缸体之间，因接触高温高压燃气，在使用中易被烧蚀，故要求气缸垫必须能够耐热、耐腐蚀，还必须具有足够的强度和弹性。目前应用较多的气缸垫主要有两种：金属 – 石棉气缸垫和纯金属气缸垫。

❶ 金属 – 石棉气缸垫，其结构如图 4-3-13（a）所示，该类型的气缸垫外层为铜皮或者钢皮，内层采用夹有金属丝或者金属屑的石棉材料，同时为了防止烧蚀，在水道孔及燃烧室孔周围有镶边以增加强度。金属材料具有很好的散热性，石棉则耐热性和弹性都较好，可以提高气缸的密封性能。安装时应该特别注意要把气缸垫光滑的一面朝向气缸体，否则容易被高压气体冲坏。金属 - 石棉气缸垫是目前使用最多的一种气缸垫。

❷ 纯金属气缸垫的结构如图 4-3-13（c）所示，该类型气缸垫基本上由单层或者多层金属片（低碳钢或铜）制造而成。为加强密封，在气缸孔、水道孔及机油孔周围冲有弹性凸纹，利用凸纹的弹性实现密封。如红旗 CA7560 型轿车使用的气缸垫为这一种气缸垫。

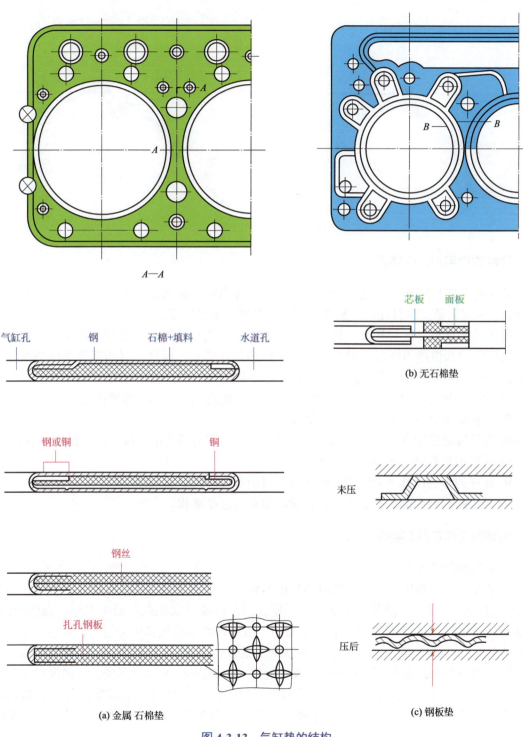

图 4-3-13　气缸垫的结构

二、活塞连杆组

活塞连杆组主要由活塞、活塞销、连杆、连杆螺栓、连杆轴承、连杆轴承盖等运动部件组成，如图 4-3-14 所示。

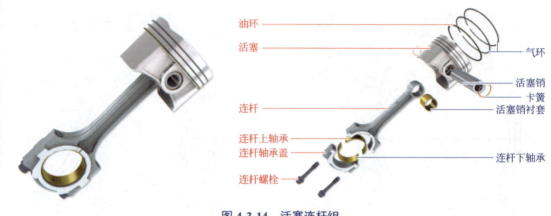

图 4-3-14　活塞连杆组

1. 活塞的功用和工作特点

活塞的主要作用是承受气缸中的气体压力，并将此力通过活塞销传给连杆，以推动曲轴旋转，同时，活塞顶部还与气缸盖、气缸壁共同组成燃烧室。

由于活塞顶部直接与高温、具有一定腐蚀性的燃气相接触，并受到高速运动、周期变化的气体压力和惯性力作用，且润滑条件、散热条件都差，因此活塞的工作条件是极为恶劣的，对于活塞的制造以及工艺也提出了相应的要求：

❶ 制造必须有较高的精度，以保证活塞与气缸壁之间有较小的摩擦因数。
❷ 材料必须有较小的质量，以降低惯性。
❸ 有足够的强度和刚度，特别是活塞销槽区域内要有较大的强度，防止活塞销损坏。
❹ 活塞顶部耐热，裙部有一定弹性。
❺ 良好的导热性能及合理的热膨胀性，以便有合理的安装间隙。
❻ 一定的耐磨性能，以防止周期性运动带来的过度磨损。

2. 活塞的工作条件与要求

（1）活塞的工作条件

活塞在高温、高压、高速、润滑不良的条件下工作。活塞直接与高温气体接触，瞬时温度可达 2500K 以上。因此，活塞受热严重，而散热条件又很差。活塞工作时温度很高，顶部高达 600～700K，且温度分布很不均匀；活塞顶部承受气体压力很大，特别是做功行程压力最大，汽油机高达 3～5MPa，柴油机高达 6～9MPa，这就使得活塞产生冲击，并承受侧压力的作用；活塞在气缸内以很高的速度（8～12m/s）往复运动，且速度在不断地变化，这就产生了很大的惯性力，使活塞受到很大的附加载荷。活塞在这种恶劣的条件下工作，会产生变形并加速磨损，还会产生附加载荷和热应力，同时受到燃气的化学腐蚀作用。

(2) 活塞的工作要求

由于活塞顶部直接与高温燃气接触,承受着燃气带有冲击性的高压力,在气缸中高速运动,从而加速活塞外表的磨损,也容易引起活塞变形。活塞承受的气压力和惯性力是呈周期性变化的,并且由于活塞各部分的温度极不均匀,活塞内部将产生一定的热应力。所以要求活塞质量小,热膨胀系数小,导热性好而且耐磨。

铝合金活塞具有质量小、导热性好的优点,在汽车发动机上被广泛采用。其缺点是热膨胀系数较大,在温度升高时,强度和硬度下降较快。为了克服这些缺点,一般要在结构设计机械加工和热处理上采取各种措施加以弥补。有些发动机活塞采用优质铸铁或耐热钢制造。

3. 活塞的基本构造

活塞的基本构造可分为顶部、头部(防漏)和裙部(导向)三部分,如图 4-3-15 所示。

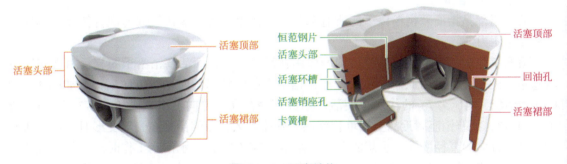

图 4-3-15 活塞结构

(1) 活塞顶部

活塞顶部的形状与选用的燃烧室形式有关。活塞顶部的形状主要有平顶、凸顶和凹顶三种。汽油机活塞顶部多采用平顶[如图 4-3-16(a)所示],其优点是吸热面积小,制造工艺简单,燃烧室结构紧凑。凸顶活塞[如图 4-3-16(b)所示]主要用于二冲程汽油机。有些汽油机为了改善混合气形成和燃烧而采用凹顶活塞[如图 4-3-16(c)所示],凹顶的大小还可以用来调节发动机的压缩比。

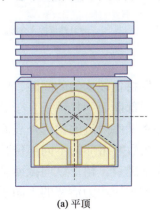
(a) 平顶

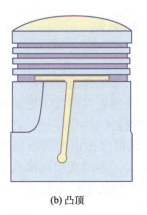
(b) 凸顶

(c) 凹顶

图 4-3-16 活塞顶的形状

(2)活塞头部

活塞头部是最下端活塞销槽以上至活塞顶以下的部分。其主要作用有:

❶ 承受气体压力,并传给连杆。

❷ 与活塞销一起实现气缸的密封。

❸ 将活塞顶部所吸收的热量通过活塞销传给气缸壁。头部切有若干用于安装活塞销的环槽。汽油机一般有2～3道环槽,上面1～2道用于安装气环,下面1道用于安装油环。在油环槽底面上钻有许多径向小孔,使被油环从气缸壁上刮下来的多余机油经过这些小孔流回油底壳。

活塞头部一般做得较厚,以便于热量从活塞顶部经活塞销传给气缸的冷却壁面,从而防止活塞顶部的温度过高。

有的发动机活塞在第一道环槽上面切出比环槽窄的隔热槽,其作用是隔断从活塞顶部流下来的部分热流通路,迫使热流方向转折,把原来应由第一道活塞销散走的热量,分散给第二、三环,以消除第一环过热后产生积碳和卡死在环槽中的可能性。

(3)活塞裙部

活塞裙部是指活塞销槽以下的所有部分,其作用是为活塞在气缸内进行往复运动导向和承受侧压力。

活塞工作时,燃烧气体的压力均匀作用在活塞顶上,而活塞销给予的支反力则作用在活塞裙部的销座处,由此而产生的变形使裙部直径沿活塞销座轴线方向增大[如图4-3-17(a)所示]。侧压力F_N的作用也使活塞裙部直径在同一方向上增大[如图4-3-17(b)所示]。此外,活塞销座附近的金属堆积受热后膨胀量大,致使裙部在受热变形时,在沿活塞销座轴线方向的直径增量大于其他方向。如图4-3-17(c)所示活塞工作时产生的机械变形和热变形,使其裙部断面变成长轴在活塞销方向上的椭圆[如图4-3-17(d)所示]。

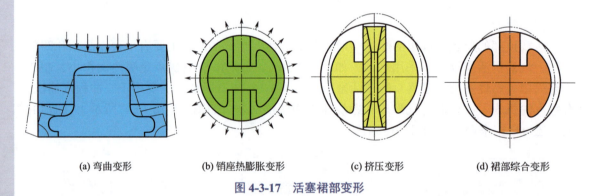

(a)弯曲变形　　(b)销座热膨胀变形　　(c)挤压变形　　(d)裙部综合变形

图4-3-17　活塞裙部变形

鉴于上述情况,为了使活塞在正常工作温度下与气缸壁间保持比较均匀的间隙,以免在气缸内卡死或引起局部磨损,必须预先在冷态下把活塞制成裙部断面为长轴垂直于活塞销方向的椭圆形。为了减少销座附近处的热变形量,有的活塞将销座附近的裙部外表面制成下陷0.5～1.0mm。活塞裙部形状可以做成变椭圆桶形,即在活塞裙部的不同部位其椭圆度不同,椭圆度由下而上逐渐增大,即活塞裙部横截面越往上越扁,裙部纵向截面呈桶形,其轮廓线为一抛物线,故也称抛物线形活塞裙部。如图4-3-18所示为活塞的不同形状和结构。

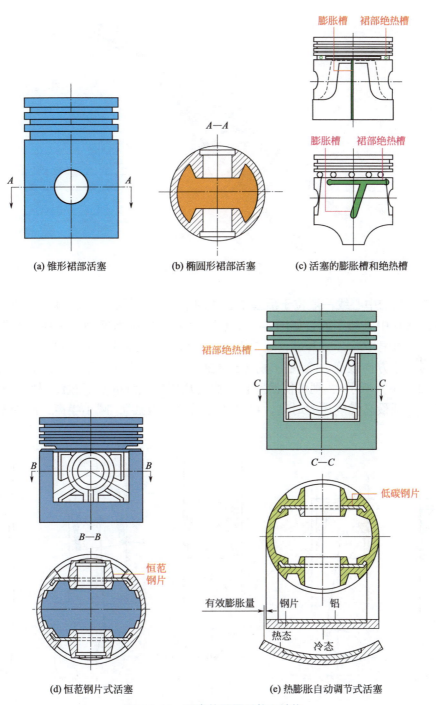

图 4-3-18　活塞的不同形状和结构

（4）活塞销座

活塞销座的作用是将活塞顶部气体作用力经活塞销传给连杆。活塞销座通常有肋片与活塞内壁相连，以提高其刚度。如图 4-3-19 所示。

活塞销座孔内有的设有安放弹性卡环的卡环槽。卡环用来防止活塞销在工作中发生轴向窜动。

图 4-3-19 活塞销座

活塞销座孔的中心线一般位于活塞中心线的平面内。但也有些高速汽油机的活塞销孔中心线偏离活塞中心线平面，如图 4-3-20（a）所示。图中活塞销座轴线向在做功行程中受侧向力的一面偏移了 1～2mm，这是因为，如果活塞销对中布置，则当活塞越过上止点时侧压力的作用方向改变，会使活塞敲击气缸壁面发出噪声；而如果把活塞销偏移布置[如图 4-3-20（b）所示]，则可使活塞较平稳地从压向气缸的一面过渡到另一面，而且过渡时刻早于达到最高燃烧压力时刻，可以减轻活塞"敲缸"，减小噪声，改善发动机工作的平顺性。

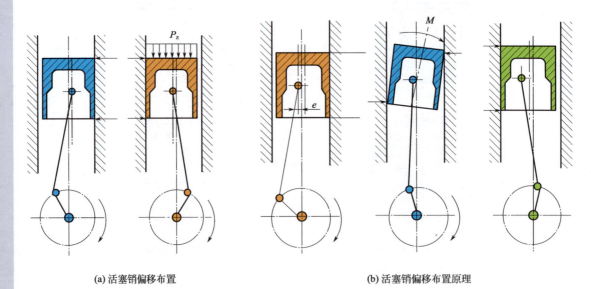

(a) 活塞销偏移布置　　　　　　　　　(b) 活塞销偏移布置原理

图 4-3-20 活塞销偏置及其原理

4. 活塞环

活塞环主要可以分为气环和油环两种（图 4-3-21）。

视频精讲

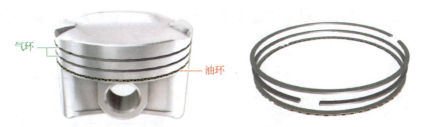

图 4-3-21　活塞环种类

（1）活塞环的功用

气环的作用是保证气缸与活塞间的密封性，防止漏气，并且要把活塞顶部吸收的大部分热量传给气缸壁，由冷却水带走（图 4-3-22）；油环起布油和刮油的作用，下行时刮除气缸壁上多余的机油，上行时在气缸壁上铺涂一层均匀的油膜。这样既可以防止机油窜入主气缸燃烧掉，又可以减少活塞与气缸壁的摩擦阻力，此外，油环还能起到辅助封气的作用（图 4-3-23）。

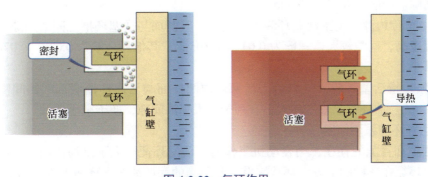

图 4-3-22　气环作用

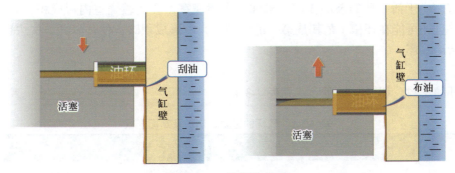

图 4-3-23　油环的作用

（2）活塞环的工作条件及性能要求

活塞环工作时受到气缸中高温、高压燃气的作用，温度较高（尤其是第一环，温度可达 600K）。活塞环在气缸内做高速运动，加上高温下部分机油出现变质，使环的润滑条件变坏，难以保证液体润滑，磨损严重。因此，要求活塞环弹性好、强度高、耐磨损。

（3）活塞环的间隙

如图 4-3-24 所示，活塞环会在发动机运转过程中与高温气体接触发生热膨胀现象，而周期性的往复运动又使其出现径向胀缩变形。因此，为了保证正常地工作，活塞环在气缸内应该具有以下间隙：

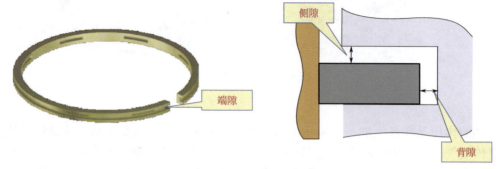

图 4-3-24　活塞环的间隙

❶ 端隙又称开口间隙，是指活塞环在冷态下装入气缸后，该环在上止点时，环的两端头之间的间隙。一般为 0.25～0.50mm。

❷ 侧隙又称边隙，是指活塞环装入活塞后，其侧面与活塞环槽之间的间隙。第一道环因为工作温度高，间隙较大，一般为 0.04～0.10mm；其他环一般为 0.03～0.07mm。油环侧隙比气环小。

❸ 背隙是指活塞环装入气缸后，活塞环内圆柱面与活塞环槽底部间的间隙，一般为 0.50～1.00mm。油环背隙较气环大，有利于增大存油间隙，便于减压泄油。

（4）活塞环的泵油作用

由于侧隙和背隙的存在，当发动机工作时，活塞环便产生了泵油作用。其原因是：活塞下行时，环靠在环槽的上方，环从缸壁上刮下来的润滑油充入环槽下方；当活塞上行时，环又靠在环槽的下方，同时将机油挤压到环槽上方。如此反复运动，就将缸壁上的机油泵入燃烧室。由于活塞环的泵油作用，机油窜入燃烧室，会使燃烧室内形成积碳和增加机油消耗，并且还可能在环槽（尤其是第一道气环槽）中形成积碳，使环卡死，失去密封作用，甚至折断活塞环。

（5）气环

气环的密封、切口及断面形状见表 4-3-1。

表 4-3-1　气环的密封、切口及断面形状

类别	说明
气环的密封机理	活塞环有一个切口，且在自由状态下不是圆环形，其外形尺寸比气缸的内径大些，因此，它随活塞一起装入气缸后，便产生弹力而紧贴在气缸壁上。活塞环在燃气压力作用下，压紧在环槽的下端面上（如图 4-3-25 所示），于是燃气便绕流到环的背面，并发生膨胀，其压力下降。同时，燃气压力对环背的作用力使环更紧地贴在气缸壁上。压力已有所降低的燃气，从第一道气环的切口漏到第二道气环的上平面时，又把这道气压贴在第二环槽的下端面上，于是，燃气又绕流到这个环的背面，再发生膨胀，其压力又进一步降低。如此继续进行下去，从最后一道气环漏出来的燃气，其压力和流速已经大大减小，因而泄漏的燃气量也就很少了。因此，为数很少的几道切口相互错开的气环所构成的"迷宫式"封气装置，就足以对气缸中的高压燃气进行有效的密封

续表

类别	说明
气环的密封机理	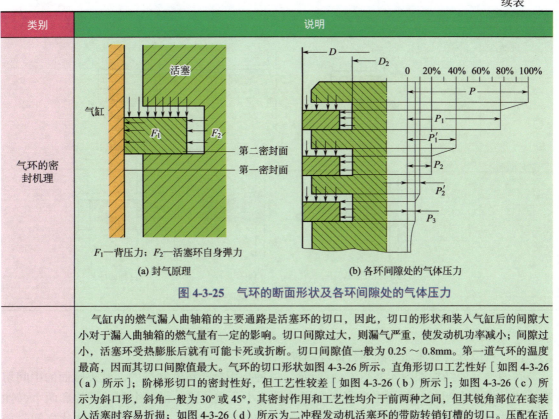 F_1—背压力；F_2—活塞环自身弹力 (a) 封气原理　　　　　　　(b) 各环间隙处的气体压力 图 4-3-25　气环的断面形状及各环间隙处的气体压力
气环的切口	气缸内的燃气漏入曲轴箱的主要通路是活塞环的切口，因此，切口的形状和装入气缸后的间隙大小对于漏入曲轴箱的燃气量有一定的影响。切口间隙过大，则漏气严重，使发动机功率减小；间隙过小，活塞环受热膨胀后就有可能卡死或折断。切口间隙值一般为 0.25～0.8mm。第一道气环的温度最高，因而其切口间隙值最大。气环的切口形状如图 4-3-26 所示。直角形切口工艺性好［如图 4-3-26（a）所示］；阶梯形切口的密封性好，但工艺性较差［如图 4-3-26（b）所示］；如图 4-3-26（c）所示为斜口形，斜角一般为 30°或 45°，其密封作用和工艺性均介于前两种之间，但其锐角部位在套装入活塞时容易折损；如图 4-3-26（d）所示为二冲程发动机活塞环的带防转销钉槽的切口。压配在活塞环槽中的销钉，是用来防止活塞环在工作中绕活塞中心线转动的 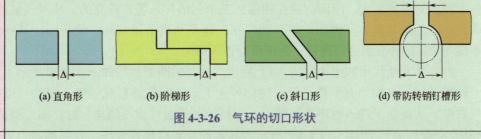 (a) 直角形　　　(b) 阶梯形　　　(c) 斜口形　　　(d) 带防转销钉槽形 图 4-3-26　气环的切口形状
气环断面形状	①矩形环［如图 4-3-27（a）所示］的优点是结构简单、制造方便、散热性好、废品率低。缺点主要是有泵油作用，容易造成机油消耗量过大并有可能形成燃烧室积碳；另外，矩形环的刮油性、磨合性及密封性较差。现代汽车基本不采用 　　②锥面环［如图 4-3-27（b）所示］的优点是与气缸壁的接触为线接触，密封和磨合性能较好，刮油作用明显，容易形成油膜以改善润滑；缺点是传热性能较差。锥面环主要应用在除第一道环外的其他环 　　③扭曲环［如图 4-3-27（c）（d）所示］是当代汽车发动机广泛应用的一种活塞环，主要是因为扭曲环除具有锥面环的优点之外，还能减小泵油作用，减轻磨损，提高散热性能。安装扭曲环时应特别注意：内圆切槽向上，外圆切槽向下，不能装反 　　④梯形环［如图 4-3-27（e）所示］主要优点是能把沉积在环槽中的结焦挤出，从而避免了活塞环被黏结而出现折断，同时其密封性能优越，使用寿命长；缺点主要是上下两端面的精磨工艺较复杂。梯形环在热负荷较大的柴油发动机上使用较多 　　⑤桶面环［如图 4-3-27（f）所示］优点是活塞的上下行程都可以形成楔形油膜改善润滑，对活塞在气缸内摆动的适应性好，接触面积小，有利于密封；缺点是凸圆弧面加工困难，多用于强化柴油发动机的第一道环

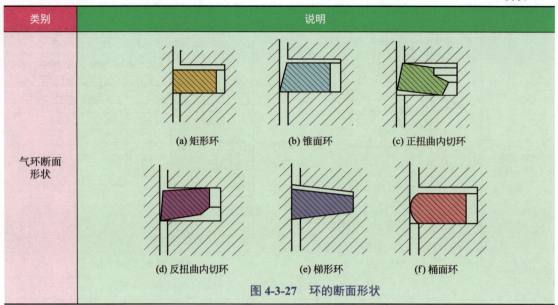

图 4-3-27 环的断面形状

（6）油环

油环可以分为普通油环和组合油环两种。

普通油环的结构如图 4-3-28（a）所示，一种是用合金铸铁制造的。其外圆面的中间切有一道凹槽，在凹槽底部加工出很多穿通的排油小孔或狭缝。由三个刮油钢片和两个弹性衬环组成的组合油环如图 4-3-28（b）所示，轴向衬环夹装在第二、第三刮油片之间，径向衬环使三个刮油片压紧在气缸壁上。这种油环的优点是：片环薄，对气缸壁的比压（单位面积上的压力）大，因而刮油作用强；三个刮油片是各自独立的，故对气缸的适应性好；质量小；回油通路大。因此，组合油环在高速发动机上得到较广的应用。其缺点是制造成本高（片环的外表面必须镀铬，否则滑动性不好）。

油环的刮油作用如图 4-3-28（d）所示。油环的断面形状如图 4-3-29 所示。油环上唇的上端面外缘，一般均有倒角，可以使油环向上运动时能够形成油楔。机油可以把油环推离气缸壁，从而易于进入油环的切槽内。下唇的下端面外缘不倒角，这样向下刮油能力较强。如图 4-3-29（d）、图 4-3-29（e）所示为鼻式油环和双鼻式油环，其刮油能力更强，但加工较困难。

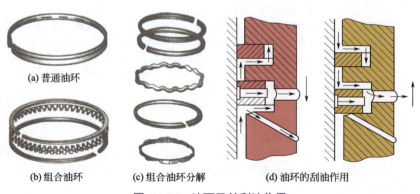

图 4-3-28 油环及其刮油作用

(a) 异向外倒角油环　　(b) 同向外倒角油环　　(c) 同向内倒角油环　　(d) 鼻式油环　　(e) 双鼻式油环

图 4-3-29　油环的断面形状

5. 活塞销

（1）活塞销的功用及材料

① 活塞销的功用是连接活塞和连杆小头，并把活塞承受的气体压力传给连杆。

② 活塞销一般都做成空心圆柱体，用低碳钢和低碳合金钢制成，外表面经渗碳淬火处理以提高硬度，精加工后进行磨光，有较高的尺寸精度和表面光洁度。

（2）活塞销的工作要求及连接方式

① 活塞销的工作要求。活塞销在高温下周期性地承受很大的冲击载荷，其本身又做摆转运动，而且在润滑条件很差的情况下工作。因此，要求活塞销具有足够的强度和刚度，表面韧性好，耐磨性好，重量轻。

② 活塞销的连接方式。活塞销与活塞销座孔及连杆小头衬套孔的连接配合有两种方式，一种是全浮式安装，另一种是半浮式安装，如图 4-3-30 所示。

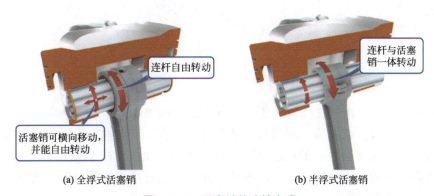

(a) 全浮式活塞销　　　　　　　　　　(b) 半浮式活塞销

图 4-3-30　活塞销的连接方式

a. 全浮式安装。当发动机工作时，活塞销、连杆小头和活塞销座都有相对运动，这样，活塞销能在连杆衬套和活塞销座中自由摆动，使磨损均匀。为了防止全浮式活塞销轴向窜动刮伤气缸壁，在活塞销两端装有挡圈，进行轴向定位。

活塞是铝活塞，而活塞销采用钢材料，铝比钢热膨胀量大。为了保证高温工作时活塞销与活塞销座孔为过渡配合，装配时，先把铝活塞加热到一定程度，然后再把活塞销装入。这种安装方式应用较广泛。

b. 半浮式安装。其特点是活塞中部与连杆小头采用紧固螺栓连接，活塞销只能在两端销座内做自由摆动，而和连杆小头没有相对运动。活塞销不会做轴向窜动，不需要锁片。这种结构小轿车上应用较多。

6. 连杆

（1）连杆的功用

连杆的功用是连接活塞与曲轴。连杆小头通过活塞销与活塞相连，连杆大头与曲轴的连杆轴颈相连，并把活塞承受的气体压力传给曲轴，使活塞的往复运动转变成曲轴的旋转运动。

（2）连杆工作要求及材料

连杆工作时，承受活塞顶部气体压力和惯性力的作用，而这些力的大小和方向都是周期性变化的。因此，连杆受到的是压缩、拉伸和弯曲等交变载荷。这就要求连杆强度高，刚度大，重量轻。连杆一般都采用中碳钢或合金钢经模锻辊锻而成，然后经机加工和热处理。

（3）连杆的结构

如图 4-3-31 所示，连杆组件的结构主要包括连杆小头、连杆大头（包括连杆盖）和杆身三部分。

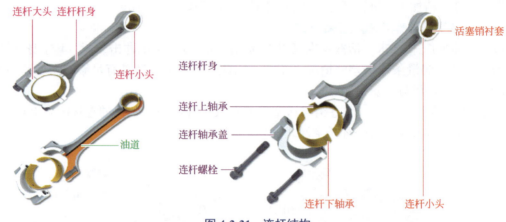

图 4-3-31　连杆结构

对全浮式活塞销，由于工作时小头孔与活塞销之间有相对运动，所以常常在连杆小头孔中压入减摩的青铜衬套。为了润滑活塞销与衬套，在小头和衬套上铣有油槽或钻有油孔以收集发动机运转时飞溅上来的机油用以润滑。有的发动机连杆小头采用压力润滑，在连杆杆身内钻有纵向的压力油通道。半浮式活塞销是与连杆小头紧配合的，所以小头孔内不需要衬套，也不需要润滑。

连杆杆身通常做成"I"形断面，其抗弯强度好，质量小，大圆弧过渡，且上小下大。采用压力法润滑的连杆，杆身中部都制有连通大、小头的油道。

连杆大头与曲轴的连杆轴颈相连。连杆大头的切口形式可以分为平切口和斜切口两种。

❶ 平切口式连杆分面与连杆杆身轴线垂直，是汽油机普遍采用的一种形式。这是因为一般汽油机连杆大头的横向尺寸都小于气缸直径，可以方便地通过气缸进行拆装。

❷ 斜切口式连杆分面与连杆杆身轴线呈 30°～60° 夹角，是柴油机上使用较多的一种形式。这是因为柴油机压缩比大，受力较大，曲轴的连杆轴颈较粗，相应的连杆大头尺寸往往超过了气缸直径。为了使连杆大头能通过气缸，便于拆装，一般都采用斜切口，最常见的是 45° 夹角。

图 4-3-32　连杆大头与连杆盖的配对记号

为了便于安装，连杆大头一般做成剖分式，被分开的部分称为连杆盖，用连杆螺栓紧固在连杆大头上。连杆大头与连杆盖是组合加工的，为防止配对错误，在同一侧刻有配对记号（如图 4-3-32 所示）。

(4) 连杆与连杆盖的定位

连杆与连杆盖在结构上采取了定位措施。平切口连杆盖与连杆的定位多采用连杆螺栓定位,利用连杆螺栓中部精加工的圆柱凸台或光圆柱部分与经过精加工的螺栓孔来保证。斜切口连杆常用的定位方法有止口定位、套筒定位和锯齿定位,如图4-3-33所示。

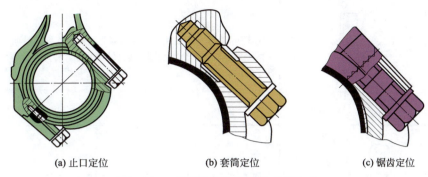

(a) 止口定位　　(b) 套筒定位　　(c) 锯齿定位

图 4-3-33　斜切口连杆大头的定位方式

(5) 连杆螺栓与连杆轴瓦

❶ 连杆螺栓。连杆盖和连杆大头用连杆螺栓连在一起,连杆螺栓在工作中承受很大的冲击力,若折断或松脱,将造成严重事故。为此,连杆螺栓都采用优质合金钢,并经精加工和热处理特制而成。安装连杆盖拧紧连杆螺栓螺母时,要用扭力扳手分2～3次交替均匀地拧紧到规定的力矩,拧紧后还应可靠地锁紧。连杆螺栓损坏后绝不能用其他螺栓来代替。

❷ 连杆轴瓦。为了减小摩擦阻力和曲柄连杆轴颈的磨损,连杆大头孔内装有瓦片式滑动轴承,简称连杆轴瓦。轴瓦分上、下两个半片,目前多采用薄壁钢背轴瓦,在其内表面浇注有耐磨合金层。耐磨合金层具有质软、容易保持油膜、磨合性好、摩擦阻力小、不易磨损等特点。耐磨合金常采用的有巴氏合金、铜铝合金、高锡铝合金。连杆轴瓦背面的表面粗糙度很低。半个轴瓦在自由状态下不是半圆形,当它们装入连杆大头孔内时,又有过盈,故能均匀地紧贴在大头孔壁上,具有很好的承受载荷和导热的能力,并可以提高工作可靠性和延长使用寿命。

如图4-3-34所示,连杆轴瓦上制有定位凸键,供安装时嵌入连杆大头和连杆盖的定位槽中,以防轴瓦前后移动或转动。有的轴瓦上还制有油孔,安装时应与连杆上相应的油孔对齐。

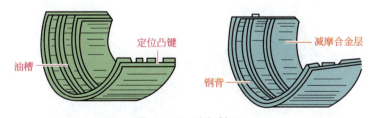

图 4-3-34　连杆轴瓦

(6) V形发动机连杆的结构形式

V形发动机连杆的结构形式一般有三种,分别为并列连杆、主副连杆和叉形连杆,其说明见表 4-3-2。

表 4-3-2 V形发动机连杆的结构形式

结构形式	图示	说明
并列连杆		连杆可通用，其相对应的左右两个气缸的连杆，沿曲轴的长度方向一前一后装配在一个曲柄销（连杆轴颈）上。特点是两列气缸的活塞连杆组的运动规律相同，曲轴的长度有一定量增加
主副连杆		两连杆不能通用，其一列气缸的连杆为主连杆，连杆大头直接装配在曲轴曲柄销的全长上。另一列气缸的连杆为副连杆，副连杆分别与对应的主连杆铰接传动。特点是主副连杆不能互换，两列气缸的活塞连杆组的运动规律不同，曲轴的轴向长度不增加
叉形连杆		左右两列对应气缸的连杆的大头制成叉形，跨于另一个厚度较小的片状大头的连杆两端。特点是两列气缸中的活塞连杆组的运动规律相同，但制造工艺复杂，且两个连杆的大头刚度都较低

三、曲轴飞轮组

曲轴飞轮组主要由曲轴、飞轮、扭转减振器、带轮、正时齿轮（或链轮）等组成，如图 4-3-35 所示。

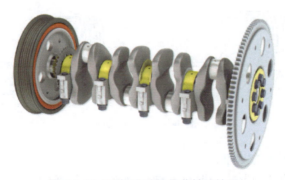

图 4-3-35 四缸发动机的曲轴飞轮组

1. 曲轴

(1) 曲轴的功用及工作要求

曲轴主要功用是承受连杆传来的力,并由此产生绕自身轴线的旋转力矩,该力矩通过飞轮对外输出;另外,曲轴还用来驱动发动机的配气机构和发电机、水泵、转向油泵、空气压缩机等附件。

曲轴是发动机最重要的部件之一,要求用强度、冲击韧性和耐磨性都比较高的材料制造,一般采用中碳钢(如45钢)或中碳合金钢(如35Mn2、40Cr等)模锻而成。为了提高曲轴的耐磨性,其轴颈表面经高频淬火或氮化处理,最后进行精加工,从而达到高的精度和低的表面粗糙度。

为了提高曲轴的疲劳强度,消除应力集中,轴颈表面应进行喷丸处理,过渡圆角处要经滚压处理。

工作时,曲轴承受气体压力、惯性力及惯性力矩的作用,受力大而且受力复杂,并且承受交变负荷的冲击作用。同时,曲轴又是高速旋转件,因此,要求曲轴具有足够的刚度和强度,具有良好的承受冲击载荷的能力,耐磨损且润滑良好。

(2) 曲轴的构造

曲轴一般由前端轴(自由端)、主轴颈、连杆轴颈(曲柄销)、曲柄臂、平衡重和后端凸缘(动力输出)等组成,如图4-3-36所示。

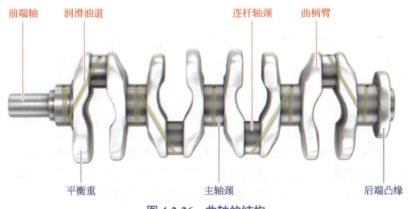

图 4-3-36　曲轴的结构

曲轴前端轴用以安装水泵带轮、曲轴正时带轮(或正时齿轮、正时链轮)、启动爪等,曲轴的前端结构如图4-3-37所示。曲轴后端凸缘用以安装飞轮,在后端轴颈与飞轮凸缘之间有挡油凸缘与回油螺纹,以阻止机油向后窜漏。

曲轴上磨光的表面为轴颈。将曲轴支承在曲轴箱内旋转的轴颈为主轴颈,主轴颈的轴线都在同一直线上。偏离主轴颈轴线用以安装连杆的轴颈为连杆轴颈(或称曲柄销),连杆轴颈之间有一定夹角。连杆轴颈与主轴颈之间加工有润滑油道,如图4-3-38所示。

将连杆轴颈和主轴颈连接到一起的部分称曲柄(或称曲柄臂),连杆轴颈和曲柄共同将连杆传来的力转变成曲轴的旋转力矩。轴颈与曲柄之间有过渡圆角,以增加强度,如图4-3-39所示。一个连杆轴颈和它两端的曲柄及相邻两个主轴颈构成一个曲拐。

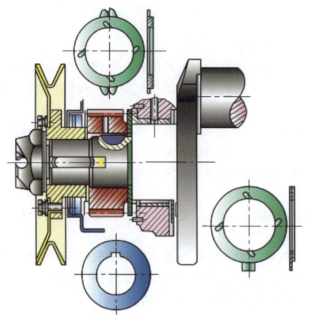

图 4-3-37　曲轴的前端结构

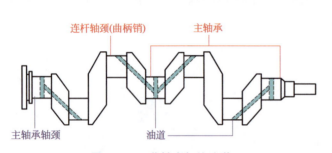

图 4-3-38　曲轴内部的油道

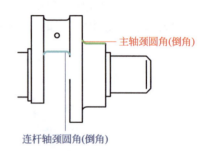

图 4-3-39　曲轴轴颈的圆角过渡

主轴颈、连杆轴颈和轴承上都钻有径向油孔，这些油孔通过斜油道相连。这样机油就可以进入主轴颈和连杆轴颈的工作表面进行润滑。当连杆轴颈上的油孔与连杆大头上的油孔对准时，机油可以从中喷出，对配气机构和气缸壁进行飞溅润滑。

平衡重的作用是平衡连杆大头、连杆轴颈和曲柄等产生的离心力及其力矩，如图 4-3-40（a）所示，有时也平衡活塞连杆组的往复惯性力及其力矩，以使发动机运转平稳。平衡重的数量有 4 块、6 块、8 块等。若在曲轴的每个曲柄臂上都装设平衡重则称完全平衡法，如图 4-3-40（c）所示；若只在部分曲柄臂上装设平衡重则称分段平衡法，如图 4-3-40（b）所示。完全平衡法的平衡重数量较多，曲轴质量增加，工艺性变差。

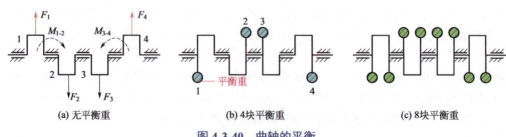

图 4-3-40　曲轴的平衡

曲轴工作时，要承受周期性变化的气体压力、往复惯性力和离心力，以及它们产生的扭矩和弯矩的共同作用，为了保证工作可靠，要求曲轴有足够的刚度、强度，各工作表面要耐磨而且润滑良好，还必须有很高的动静平衡要求。

（3）曲轴的支承方式

主轴颈是曲轴的支承部分。按照曲轴的主轴颈数可以把曲轴分为全支承曲轴和非全支承曲轴两种。每个连杆轴颈两边都有一个主轴颈者，称为全支承曲轴，如图4-3-41（a）所示；主轴颈数等于或少于连杆轴颈数者称为非全支承曲轴，如图4-3-41（b）所示。

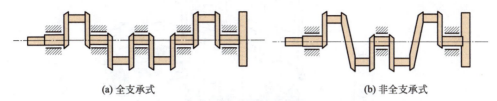

(a) 全支承式　　　　　　　　　　(b) 非全支承式

图 4-3-41　曲轴的支承方式

直列式发动机的全支承曲轴，其主轴颈数（包括曲轴前端和后端的主轴颈）比气缸数多一个；V形发动机的全支承曲轴，其主轴颈数比气缸数的一半多一个。

全支承曲轴的优点是可以提高曲轴的刚度，并且可减轻主轴承的载荷。其缺点是曲轴长度较长，使发动机机体长度增加。

（4）曲拐的布置

曲轴的形状和各曲拐的相对位置取决于气缸数、气缸的排列形式和做功顺序（即点火顺序）。当气缸数和气缸排列形式确定之后，曲拐的布置就只取决于发动机的做功顺序（图4-3-42）。

多缸发动机各缸的做功间隔时间（以曲轴转角表示，称为做功间隔角）应均匀。对于气缸数为 i 的直列四冲程发动机而言，做功间隔角为 $720°/i$ 时，即曲轴每转 $720°/i$ 时，就应有一个气缸做功，以保证发动机运转平稳。

在安排多缸发动机的做功顺序时，应使连续做功的两缸相隔尽量远，以减少主轴承的连续载荷，同时避免相邻两缸进气门同时开启造成的抢气现象；V形发动机左右两列气缸尽量交替做功。

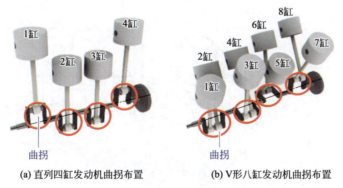

(a) 直列四缸发动机曲拐布置　　　(b) V形八缸发动机曲拐布置

图 4-3-42　曲拐数

常见的几种多缸发动机曲拐的布置和工作顺序如下：

❶ 直列四缸发动机。直列四缸四冲程发动机的做功间隔角应为720°/4=180°。其曲拐布置如图4-3-43所示,四个曲拐布置在同一平面内。发动机做功顺序有两种:1—2—4—3(表4-3-3)或1—3—4—2。

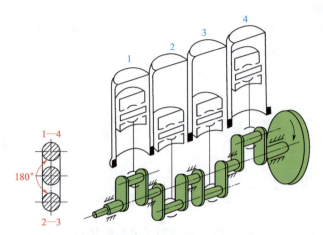

图4-3-43 直列四缸发动机的曲拐布置

表4-3-3 直列四缸发动机工作循环表(做功顺序:1—2—4—3)

曲轴转角/(°)	第一缸	第二缸	第三缸	第四缸
0～180	做功	压缩	排气	进气
180～360	排气	做功	进气	压缩
360～540	进气	排气	压缩	做功
540～720	压缩	进气	做功	排气

❷ 直列六缸发动机。直列六缸四冲程发动机的做功间隔角为720°/6=120°。这种曲拐布置如图4-3-44所示,六个曲拐分别布置在三个平面内,各平面夹角为120°。曲拐的具体布置有两种方案:第一种做功顺序是1—5—3—6—2—4,这种方案应用较普遍,国产汽车的六缸发动机的做功顺序都用这种,其工作循环见表4-3-4;另一种做功顺序是1—4—2—6—3—5。

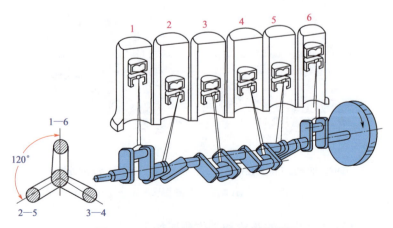

图4-3-44 直列六缸发动机的曲拐布置

表 4-3-4 直列六缸发动机工作循环表（做功顺序：1—5—3—6—2—4）

曲轴转角/(°)		第一缸	第二缸	第三缸	第四缸	第五缸	第六缸
0～180	0～60	做功	排气	进气	做功	压缩	进气
	60～120						
	120～180			压缩	排气		
180～360	180～240	排气	进气			做功	压缩
	240～300						
	300～360			做功	进气		
360～540	360～420	进气	压缩			排气	做功
	420～480						
	480～540			排气	压缩		
540～720	540～600	压缩	做功			进气	排气
	600～660						
	660～720		排气	进气	做功	压缩	

❸ V 形八缸发动机。V 形八缸四冲程发动机的做功间隔角为 720°/8=90°。V 形发动机左右两列中相对应的一对连杆共用一个曲拐，所以 V 形八缸发动机只有四个曲拐，其布置可以与四缸发动机一样，四个曲拐布置在同一平面内，也可以布置在两互相错开 90° 的平面内，如图 4-3-45 所示，这样可使发动机得到更好的平衡性。红旗 8V100 型发动机就采用这种布置形式，做功顺序为 1—8—4—3—6—5—7—2，其工作循环见表 4-3-5。

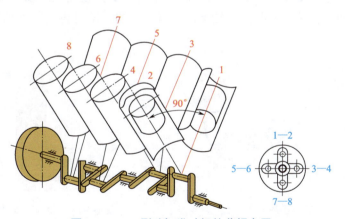

图 4-3-45 V 形八缸发动机的曲拐布置

(5) 曲轴前、后端密封

曲轴前端是第一道主轴颈之前的部分，通常有键槽，用来安装驱动机油泵的齿轮（有的机油泵通过带传动）、驱动水泵的带轮等。曲轴后端是最后一道主轴颈之后的部分，有安装飞轮用的凸缘。

表 4-3-5 V形八缸发动机工作循环表（做功顺序：1—8—4—3—6—5—7—2）

曲轴转角 /（°）		第1缸	第2缸	第3缸	第4缸	第5缸	第6缸	第7缸	第8缸
0～180	0～90	做功	做功	进气	压缩	排气	进气	排气	压缩
	90～180	做功	进气	压缩	压缩	进气	进气	排气	做功
180～360	180～270	排气	进气	压缩	做功	进气	压缩	进气	做功
	270～360	排气	排气	做功	做功	压缩	压缩	进气	排气
360～540	360～450	进气	排气	做功	排气	压缩	做功	压缩	排气
	450～540	进气	压缩	排气	排气	做功	做功	压缩	进气
540～720	540～630	压缩	压缩	排气	进气	做功	排气	做功	进气
	630～720	压缩	做功	进气	进气	排气	排气	做功	压缩

此外，曲轴前端为了减小扭转振动而装有扭转减振器，早期的一些中小型货车发动机的曲轴前端还装有启动爪，以便必要时用人力转动曲轴，使发动机启动。

曲轴前后端都伸出曲轴箱，为了防止润滑油沿轴颈流出，在曲轴前后都设有防漏装置。常用的防漏装置主要是油封，如图4-3-46所示。

（6）曲轴的主轴承

曲轴的主轴承俗称大瓦，和连杆大头轴承一样，也是剖分为两半的滑动轴承，即主轴瓦（上瓦及下瓦）。主轴承上瓦装在机体的主轴承座孔内，而下瓦则装在主轴承盖内。机体主轴承座和主轴承盖是通过主轴承螺栓连接在一起的。主轴承的材料、结构形式、安装方式和定位方式等和连杆轴承基本相同。为了向连杆大头轴承输送润滑油，在主轴承上瓦上通常开有油孔和油槽，如图4-3-47所示，而下瓦由于受到较高的载荷，通常是不开油孔和油槽的。安装曲轴主轴承时，要注意轴承的位置、方向，不可将上、下轴瓦装错。

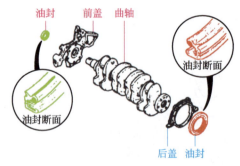

图 4-3-46 曲轴前后端的密封

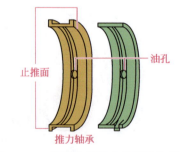

图 4-3-47 曲轴主轴承上的油孔和油槽

（7）曲轴轴向定位

曲轴作为转动件，在工作的过程中，必然受到发动机气缸体的热传递，以及自身的摩擦生热，使得曲轴的自身温度一定程度地上升。这就使得曲轴产生一定的热膨胀，而使曲轴长度增加，所以，曲轴必须与其固定件之间有一定的轴向间隙。而且汽车行驶时，踩踏离合器而对曲轴施加轴向推力，或汽车上下坡，均可能使曲轴发生轴向窜动。过大的轴向窜动将影响活塞连杆组的正常工作和破坏正确的配气正时及柴油机的喷油正时。因此，为了保证曲轴轴向的正确定位，曲轴必须安装有轴向定位装置。

曲轴的轴向定位装置一般采用推力轴承。推力轴承有整体式和止推片式两种。整体式推力轴承如图4-3-47所示，它是一种翻边轴瓦，将轴瓦两侧翻边作为止推面，在止推面上浇注减摩合金。

止推片为半圆环形，如图4-3-48所示，一般为四片，上、下各两片，分别安装在气缸体和主轴承盖上的浅槽中，用舌榫定位，防止其转动。止推片的材料和结构与曲轴轴承相同，也是由钢背和减摩合金层组成。

每根曲轴只能在一个主轴颈上设置止推片，安装时，止推片有减摩层的一面朝向转动件。

曲轴轴向间隙可通过更换不同厚度的止推片来调整。

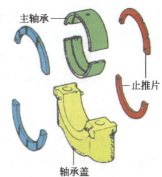

图4-3-48　曲轴推力轴承

2. 曲轴带轮和扭转减振器

汽车发动机的曲轴带轮和扭转减振器都装在曲轴的前端。前者用来驱动冷却水泵、发电机、空调压缩机等附件，后者用来消减曲轴的扭转振动。

曲轴实际上是具有一定弹性和旋转质量的轴，这是曲轴产生扭转振动的原因。在发动机工作过程中，经连杆传给曲轴的作用力的大小和方向在不断地变化，从而使得曲轴旋转的瞬时角速度也在不断地变化。这样就造成曲轴相对于飞轮转动忽快忽慢，使曲轴产生扭转振动。这种振动对发动机的工作非常有害，一旦出现共振，会加剧发动机的抖动。所以，必须采取减振、消振措施，其中比较有效的就是在曲轴前端安装扭转减振器。

汽车发动机最常用的曲轴扭转减振器是摩擦式扭转减振器，其可分为橡胶式扭转减振器及硅油式扭转减振器两类。常用的是橡胶式扭转减振器，如图4-3-49所示。

目前轿车发动机使用的扭转减振器一般都不单独设惯性盘，而是利用曲轴带轮兼作惯性盘，带轮和减振器制成一体，称减振带轮。

为了保证曲轴的转动与配气机构的配气正时，通常在曲轴的带轮上都有一个正时记号和点火提前角的曲轴角刻度盘，如图4-3-50所示。

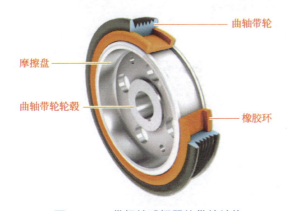

图4-3-49　带扭转减振器的带轮结构

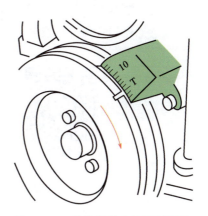

图4-3-50　曲轴带轮上的正时标记

3. 飞轮

（1）飞轮的功用和材料

飞轮是一个转动惯量很大的圆盘，其主要功用是将在做功冲程中输入曲轴的动能的一部分储存起来，用以在其他冲程中克服阻力，带动曲柄连杆机构越过上止点、下止点，保证曲轴的旋转角速度和输出转矩尽可能均匀，并使发动机有可能克服短时间内的超载荷，此外，在结构上飞轮又往往用做汽车传动系中摩擦离合器的驱动件。

飞轮多采用灰铸铁制造，当轮缘的线速度超过 50m/s 时要采用强度较高的球铁或铸钢制造。

（2）飞轮的结构

飞轮外缘上压有一个齿环，可与起动机的驱动齿轮啮合，供启动发动机时使用。飞轮上通常刻有第一缸点火正时记号，以便校准点火时间。解放 CA6102 型发动机的正时记号是"上止点 /1-6"，当这个记号与飞轮壳上的刻线对正时，即表示 1～6 缸的活塞处在上止点位置。东风 EQ6100-1 型发动机的飞轮上的这一记号为一个镶嵌的钢球。

多缸发动机的飞轮应与曲轴一起进行动平衡，否则在旋转时因质量不平衡而产生的离心力，将引起发动机振动并加速主轴承的磨损。为了在拆装时不破坏它们的平衡状态，飞轮与曲轴之间应有严格的相对位置，并用定位销或不对称布置螺栓予以保证（图 4-3-51）。

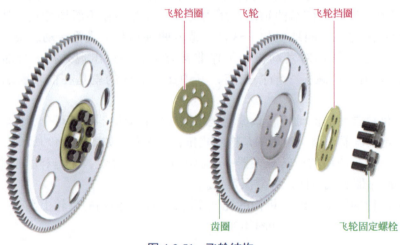

图 4-3-51　飞轮结构

视频精讲

视频精讲

第五章 配气机构

第一节 配气机构的功用与组成

1. 配气机构的功用

配气机构主要由气门组和气门传动组等零件组成,其功用是按照发动机点火顺序和工作循环的要求,定时开启和关闭各气缸的进、排气门,使可燃混合气进入气缸,使燃烧后的废气排出气缸之外。发动机配气机构在工作中往复运动和相互摩擦频繁,润滑条件相对较差,容易造成零件磨损和损伤,出现气门关闭不严、异响、配气相位失准、气缸漏气、气门的开启时间和最大开度不足,导致发动机的充气系数降低、功率下降、燃油消耗量增加等一系列后果。配气机构工作的好坏直接影响到发动机的工作性能,而配气机构工作的可靠性也直接影响到发动机工作的可靠性,所以,配气机构是发动机的一个重要的机构。

2. 配气机构的组成

配气机构主要由三大部分组成:气门组、气门传动组及气门驱动组(图5-1-1)。

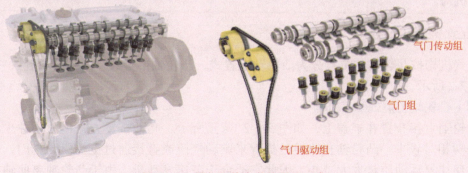

图 5-1-1 配气机构安装位置及组成

气门组由气门、气门导管、气门弹簧及气门锁片等组成。
气门传动组由凸轮轴、摇臂等组成。
气门驱动组由正时链条、凸轮轴正时齿轮及曲轴正时齿轮等组成。

第二节 配气机构的位置形式

1. 按气门的位置分类

配气机构按气门的布置位置不同可分为气门侧置式配气机构和气门顶置式配气机构两大类，如图5-2-1所示。

(a) 气门侧置式

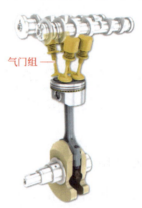
(b) 气门顶置式

图5-2-1 气门位置示意图

气门位于气缸体侧面的称为气门侧置式配气机构，由凸轮、挺柱、气门和气门弹簧等组成，省去了推杆、摇臂等零件，简化了结构。因为它的进、排气门在气缸的一侧，压缩比受到限制，进、排气门阻力较大，发动机的动力性和高速性均较差。气门侧置式配气机构仅在小型内燃机中还有使用。

气门顶置式配气机构的进气门和排气门都倒挂在气缸盖上，具有进气阻力小、燃烧室结构紧凑、气流搅动大、能达到较高的压缩比等特点。现代的汽车发动机都采用气门顶置式配气机构。

2. 按凸轮轴的位置分类

配气机构按凸轮轴的位置分为凸轮轴上置式、凸轮轴中置式、凸轮轴下置式三大类，如图5-2-2所示。

(1) 凸轮轴上置式配气机构

凸轮轴直接布置在缸盖上，如图5-2-2（a）所示。此种布置方式传力零件少，发动机损失功相对较少。凸轮轴直接通过摇臂来驱动气门或直接通过挺柱驱动气门，省去了推杆，使往复运动质量大大减小，因此它适合于高速发动机。由于凸轮轴离曲轴中心较远，因而都采用链条传动或同步齿形带传动，使得正时传动机构较为复杂，为大多数轿车采用。

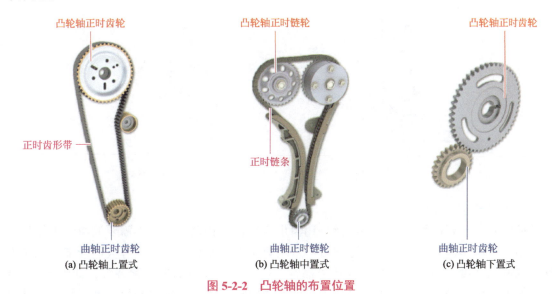

图 5-2-2 凸轮轴的布置位置

（2）凸轮轴中置式配气机构

为减小气门传动组零件的往复运动惯性力，某些速度较高的发动机将下置式凸轮轴的位置抬高到缸体的上部，缩短了传动零件的长度，称之为凸轮轴中置式配气机构，如图 5-2-2（b）所示。凸轮轴中置有的采用中间齿轮传动，有的采用链条传动（如别克赛欧）或齿形带传动。

（3）凸轮轴下置式配气机构

应用最广泛，载货汽车和大、中型客车发动机都采用这种布置方式，如图 5-2-2（c）所示。凸轮轴装在曲轴箱内，摇臂轴装在气缸盖上，两者相距较远，推杆较长；凸轮轴距曲轴较近，两者之间只用一对正时齿轮传动，传动简单、可靠。

3. 按曲轴驱动凸轮轴的方式分类

（1）齿轮传动

凸轮轴下置的配气机构都采用正时齿轮传动，如图 5-2-3 所示。一般从曲轴到凸轮轴的传动只需一对正时齿轮，若齿轮直径过大，可在中间加装一个惰轮。为了啮合平稳，减小噪声，正时齿轮多用斜齿。在中、小功率发动机上，曲轴正时齿轮用钢来制造，而凸轮轴正时齿轮则用铸铁或夹布胶木制造，以减小噪声。齿轮传动比较平稳，配气正时控制精度高，又不需要张紧装置，摩擦损失小，在使用中无须调整和保养。但传力零件比较多，发动机损失功多，振动和噪声较大。

（2）链条传动

链条与链轮的传动特别适用于凸轮轴上置、中置的配气机构。为使在工作时链条有一定的张力而不致脱链，通常装有导链板、张紧装置等，如图 5-2-4 所示。链条与链轮传动的主要问题是其工作可靠性和耐久性不如齿轮传动，其传动性能在很大程度上取决于链条的制造质量。

图 5-2-3　齿轮传动及正时记号

图 5-2-4　链条传动

（3）同步齿形带传动

近年来，在高速发动机上还广泛采用齿形带来代替传动链，它不需要润滑，工作噪声低，结构质量小，制造成本低。这种齿形带用氯丁橡胶制成，中间夹有玻璃纤维和尼龙织物，以增加强度。为确保齿形传动的可靠性，齿形带传动也需要张紧装置，如图 5-2-5 所示，如齿形带过松，发动机工作过程中可能产生跳齿现象，使配气相位失准，影响发动机正常工作。

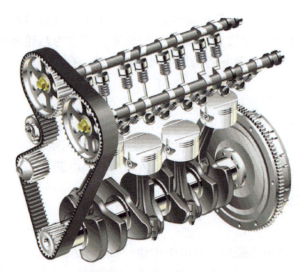
图 5-2-5　同步齿形带传动

4. 按每缸气门的数量分类

一般发动机较多采用一个进气门和一个排气门，其特点是结构简单，能适应各种燃烧室。但其气缸换气受到进气通道的限制，故都用于低速发动机。

两双气门结构的发动机，为简化结构，大多数将所有气门沿机体纵向轴线排成一列，相邻两缸的同名气门合用一个气道，既简化气道又可获得较大的气流通道，如图 5-2-6（a）及图 5-2-6（b）所示。另一种是将进、排气门交替布置，每缸单独用一个气道，有助于气缸盖冷却均匀，如图 5-2-6（c）所示。柴油机一般是将进、排气道分置于机体两侧，以免排气加热进气，如图5-2-6（d）所示。汽油机为了使汽油更好地雾化，多将进、排气道置于机体一侧。

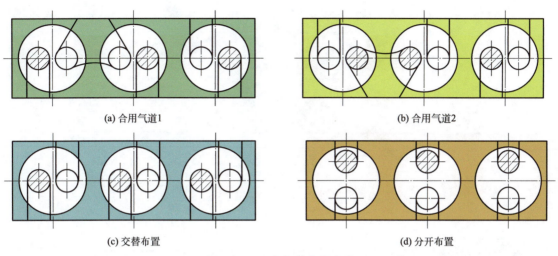

图 5-2-6 两气门的布置方式

多气门结构的发动机［图5-2-7（a）］，通常将同名气门排成一列，分别用进、排气凸轮直接驱动，其结构如图5-2-7（b）所示。也有一些多气门发动机将进、排气门交错排列成两列，工作时，由凸轮轴上的进、排气凸轮，通过气门的T形驱动机构，控制同名气门的开闭，如图5-2-7（c）所示。

在汽车发动机上，采用多（每个气缸采用四个或五个）气门结构。采用这种形式后，进气门总的通过断面较大，充气效率较高；排气门的直径可适当减小，工作温度降低，提高了工作可靠性，利于改善排放性能。

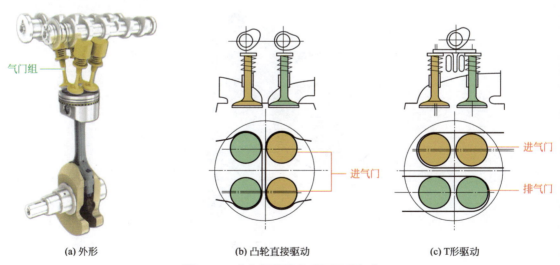

图 5-2-7 多气门结构发动机驱动方式

大众奥迪轿车V形六缸五气门发动机和捷达EA113型四缸五气门发动机就采用五气门技术，如图5-2-8所示。大多五气门发动机采用了紧凑浴盆式燃烧室，火花塞位于燃烧室中心。与四气门结构相比,气门流通总截面更大,充气效率更高,油耗更低,转矩更大及排放污染物更少。

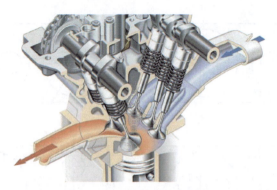

图 5-2-8 五气门(三进两排)

第三节 气门间隙

发动机工作时,配气机构的各个零件,如气门、挺柱、推杆等都会受热膨胀而伸长,如果气门及其传动件之间不留间隙,则在热态时,就会因受热膨胀而顶开气门,破坏气门与气门座之间的密封,造成发动机在压缩和做功行程中漏气,而使功率下降。为消除这种现象,通常配气机构在常温装配时,须留有一定的间隙,此间隙称为气门间隙,如图 5-3-1 所示。

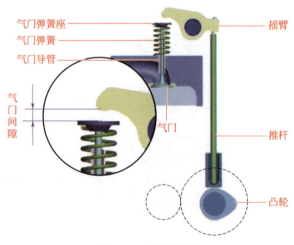

图 5-3-1 气门间隙

气门间隙的大小由发动机制造厂根据试验确定,一般冷态时,排气门间隙大于进气门间隙,进气门间隙一般为 0.25～0.3mm,排气门间隙一般为 0.3～0.35mm。如果气门间隙过小,发动机在热态下可能会漏气,导致功率下降,甚至将气门烧坏,发生气门撞击活塞的事故。气门间隙过大,则传动零件之间以及气门与气门座之间将产生撞击并发出响声,加剧了零件的磨损，同时也会使气门开启的持续时间减少，气缸的充气及排气情况变坏。

采用液力挺柱的发动机，可自动调节气门间隙，故不需要预留气门间隙。

第四节　配气相位与配气相位图

1. 充气效率

新鲜空气或可燃混合气被吸入气缸愈多，则发动机可能发出的功率愈大。新鲜空气或可燃混合气充满气缸的程度，用充气效率表示。充气效率越高，表明进入气缸的新气越多，可燃混合气燃烧时可能放出的热量也就越大，发动机的功率越大。

四冲程发动机，理论上每一个工作冲程，对应180°曲轴转角。现代发动机转速都很高，一个冲程所经历的时间十分短暂。为此，现代发动机在换气过程中，其进、排气门都是早开迟关的，以改善进、排气状况，从而提高发动机的动力性。

2. 进气门早开迟关与进气配气相位

（1）进气提前角

在上一循环排气冲程接近终了，活塞到达上止点之前，进气门便开始开启。从进气门开始开启到活塞运行至上止点对应的曲轴转角称为进气提前角，用 α 表示。一般 $\alpha=0°\sim 40°$。

进气门早开是为了保证进气冲程开始时进气门已有一定开度，在进气冲程中获得较大进气通道截面，减少进气阻力，使新鲜气体能顺利地充入气缸。

（2）进气迟后角

进气门在活塞运行至进气冲程下止点后、压缩冲程中才关闭。从下止点到进气门关闭所对应的曲轴转角称为进气迟后角，用 β 表示。一般 $\beta=20°\sim 60°$。

活塞到达进气冲程下止点时，由于进气阻力的影响，气缸内的压力仍低于大气压，且气流还有相当大的惯性。进气迟关，可利用大气压力和气流惯性，增大进气量。

下止点过后，随着活塞的上行，气缸内压力逐渐增大，进气气流速度也逐渐减小。若 β 过大，便会将进入气缸的气体重新又压回进气管，使发动机充气效率下降。

（3）进气持续角

进气门从开启至完全关闭的持续时间内所对应曲轴转角，即进气持续角 $=\alpha+180°+\beta$。

3. 排气门早开迟关与排气配气相位

排气门早开迟关，废气在气体膨胀压力作用下自动排出，因而使气缸内压力迅速降低，减少排气阻力，并利用气流惯性，使缸内废气尽可能排净。

（1）排气提前角

在做功冲程的后期，活塞到达下止点前，排气门便开始开启。从排气门开始开启到下止点所对应的曲轴转角称为排气提前角，用 γ 表示。一般 $\gamma=30°\sim 80°$。

在做功冲程结束前，气缸内还有 $0.3\sim 0.5$MPa 的压力，做功能力已经不大，此时若提前打开排气门,可利用此压力使气缸内的废气迅速地自由排出,待活塞到达下止点时,气缸内压力为110~120kPa,排气阻力大为减小。高温废气的提早排出,还可防止发动机过热。

(2) 排气迟后角

活塞越过排气上止点后,在下一循环的进气冲程中排气门才关闭。从上止点到排气门完全关闭所对应的曲轴转角称为排气迟后角,用 δ 表示。一般 $\delta=10°\sim35°$。

活塞到达排气上止点时,气缸内的压力仍高于大气压,废气气流仍有较大惯性,排气门迟关有利于缸内废气排出。

(3) 排气持续角

排气门从开启至完全关闭的持续时间内所对应的曲轴转角,即排气持续角 $=\gamma+180°+\delta$。

4. 气门重叠与气门重叠角

由于进气门早开、排气门晚关,在排气终了和进气刚开始即排气上止点附近,存在两个气门同时开启的现象,这种现象称为气门重叠。进、排气门同时开启时间对应的曲轴转角,称为气门重叠角,其大小等于进气提前角 α 与排气迟后角 δ 的和,即气门重叠角 $=\alpha+\delta$。

进、排气门重叠时间极短,进、排气流来不及改变各自的流动方向和流动惯性。合适的气门重叠角,不会出现废气倒流进气道和新鲜气体随废气一起排出的现象。

5. 配气相位图

综上所述,气门早开迟关,是为了满足进气充足、排气干净,以提高发动机功率的需要。将进、排气门的实际开闭时刻和开启过程,用曲轴转角的环形图来表示,这种图形称为配气相位图,如图5-4-1所示。

配气相位中进气提前角 α、进气迟后角 β、排气提前角 γ 和排气迟后角 δ 的大小,对发动机性能都有很大影响。

进气提前角 α 大或排气迟后角 δ 大使气门重叠角($\alpha+\delta$)增大时,将导致废气倒流、新鲜气体随废气排出的现象,对汽油机则直接造成燃料的浪费。相反,若气门重叠角过小,则使得进气阻力增大或"浪费"废气气流惯性。

对发动机性能影响最大的是进气迟后角 β。β 过小,进气门关闭过早影响进气量;β 过大,进气门关闭过晚,进入气缸内的气体又重新压回到进气道内,影响发动机的进气量。

排气提前角 γ 过大,高温高压气体过早排出气缸,造成发动机功率下降,油耗增大,排气管产生放炮等现象。但排气提前角过小,则排气阻力增大,增加发动机功率消耗,还可能造成发动机过热。

实际中,气门究竟何时打开,又何时关闭最为合适?合理的配气相位是根据发动机结构形式、转速等因素通过反复试验确定的,由凸轮的形状及配气机构保证。

需要指出的是,传统发动机的配气相位,只有当发动机在某一特定转速下运转时才是最合适的。随着电子控制技术在汽车发动机中的推广应用,配气相位随转速、负荷变化而自动调整的可变配气发动机,也越来越普遍,如丰田的VVT-i、本田的VTEC、奔驰的Valvetronic装置等。

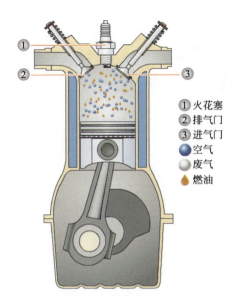
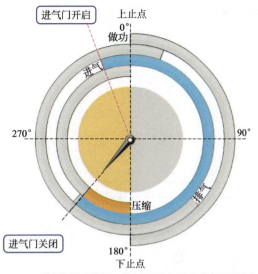

(a) 进气相位图

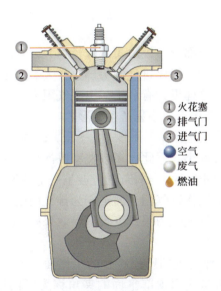
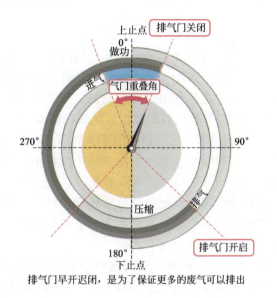

(b) 排气相位图

图 5-4-1　配气相位图

第五节　配气机构的主要零件和组件

气门组一般由气门、气门座、气门导管、气门弹簧、气门弹簧座、气门锁片（锁销）

59

等零件组成,如图 5-5-1 所示。

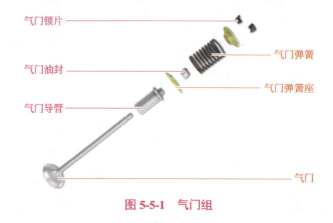

图 5-5-1　气门组

1. 气门

气门分为进气门和排气门两种,其作用是分别用来关闭进、排气道,气门的具体结构如下。

(1) 气门头部

气门头部可以分为气门顶部和气门密封锥面两个部分。气门头部直径越大,气门口通道截面也越大,进排气阻力就越小。进气门头部直径一般比排气门头部直径大。这主要是因为进气阻力比排气阻力对发动机性能的影响大,这样设计有利于减少进气阻力,同时可以使排气门头部受热面积减少,从而在高温、高压作用下也不易产生变形。

❶ 气门顶部。气门顶部的形状如图 5-5-2 所示,主要有三种形式:平顶、凹顶和凸顶。平顶气门结构简单,制造方便,吸热面积小,质量也小,因此大多数发动机都采用这种形式的气门;凹顶气门也称喇叭形气门,其质量小,惯性小,与杆部的过渡呈一定的流线型,可以降低进气阻力,但是顶部受热面积较大,故常用作进气门,而不作为排气门使用;凸顶气门即球面顶气门,其刚度大,受热面积也大,排气阻力小,废气清除效果好,主要用于某些排气门。

❷ 气门密封锥面。气门密封锥面是指气门头部与气门座圈接触的工作面。该工作面是与气门杆部同一中心线的锥面,一般将此锥面与气门顶部平面的夹角称为气门锥角,如图 5-5-3 所示,其锥角 α 一般为 30°～45°。气门密封锥面的作用一般有:

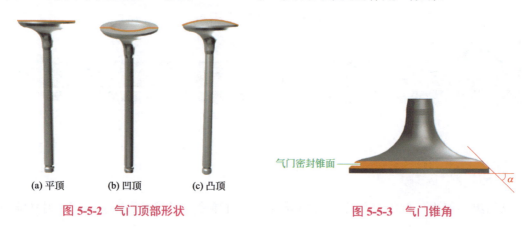

(a) 平顶　　(b) 凹顶　　(c) 凸顶

图 5-5-2　气门顶部形状

图 5-5-3　气门锥角

a. 能提高气门与气门座的密封性和导热性。
b. 气门在弹簧作用下落座时,能够自定位。
c. 避免气流拐弯过大而降低流速。
d. 能自动挤掉接触面积碳的沉淀物,起自洁作用。

一般情况下,气门锥角比气门座或者气门座圈锥角要小一些,这主要是因为这样可以使二者不以锥面的全宽接触,可以增加密封锥面的接触压力,加速磨合,并能切断和挤出二者之间的积垢或者积碳等,由此可以保证密封锥面良好的密封性能。气门顶边缘与气门密封锥面之间应该有一定的厚度,一般为 1～3mm,以防止在工作中受到冲击而损坏或被高温气体烧坏。

(2) 气门杆部

气门杆部与气门导管相接触,一般做成圆柱形。发动机工作时,气门杆在气门导管中不断上下往复运动,承受周期性冲击,加之润滑条件比较恶劣,密封性要求高,因此要求气门杆与气门导管必须有一定的配合精度和耐磨性,同时要求气门杆部与头部的过渡应尽量圆滑,以减少气流阻力和应力集中。气门杆表面都经过热处理和磨光处理。气门杆尾部的结构取决于气门弹簧座的固定方式,如图 5-5-4 所示,气门杆与弹簧座连接方式主要有两种:一种是锁夹式[如图 5-5-4(a)所示],由两个半圆形锥形锁夹来固定气门弹簧座;另一种是锁销式[如图 5-5-4(b)所示],用锁销固定气门弹簧座,锁销安装在气门杆尾部上对应的径向孔中。

(a) 锁夹式　　　(b) 锁销式

图 5-5-4　气门弹簧座的固定方式

2. 气门座

气缸盖的进、排气道与气门锥面相贴合的部位称为气门座(如图 5-5-5 所示)。气门座的作用是与气门头部一起对气缸起密封作用,同时接收气门头部传来的热量,起到对气门散热的作用。气门座可在气缸盖上直接镗出,也可使用耐热合金钢或者合金铸铁单独制成座圈(称气门座圈),压入气缸盖(体)中,如图 5-5-6 所示。这种气门座圈具有耐高温、耐磨损、耐冲击、使用寿命长、损坏后易更换的特点,因而在现代发动机中被普遍采用。因气门座圈热负荷大,温差变化大,又受气门落座时的冲击,为防止脱落并很好地散热,气门座与座孔之间应有较高的加工精度、较低的表面粗糙度和较大的配合过盈量。

注意：

装配时应使用温差法压入。

常见气门座都有锥角，气门座的锥角是与气门锥角相适应的，以保证紧密配合，可靠地密封。气门座的锥面由三部分组成，如图 5-5-7 所示。其中 45°（或 30°）的锥面是与气门工作锥面相配合的工作面，其宽度 b 通常为 1～3mm，这一锥面应与气门工作锥面的中部附近相吻合。15° 和 75° 锥角是用来修正工作面的宽度和上下位置的，以使其达到规定的要求。

某些发动机的气门锥角比气门座锥角小 0.5°～1°，该角称为密封干涉角。干涉角有利于走合期磨合。走合期结束，干涉角逐渐消失，恢复全锥面接触。

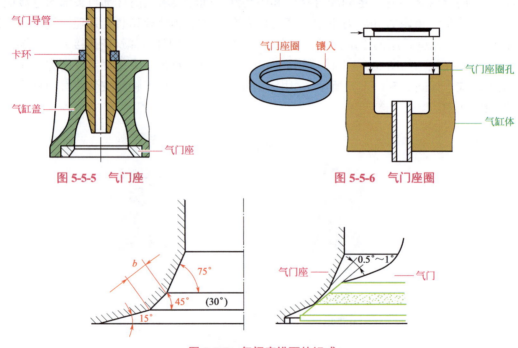

图 5-5-5　气门座　　　　图 5-5-6　气门座圈

图 5-5-7　气门座锥面的组成

3. 气门弹簧

气门弹簧的作用是保证气门正确复位，即克服气门关闭过程中气门及传动件因惯性力而产生的间隙，保证气门及时落座并紧密贴合，同时防止气门在发动机振动时因跳动而破坏密封。气门弹簧安装时一端支承在气缸盖上，另一端则压靠在气门杆尾端的弹簧座上，用锁环或锁销固定在气门杆的末端。如图 5-5-8 所示为气门弹簧安装位置及气门组图。

气门弹簧根据其结构形态不同分为圆柱形螺旋弹簧、双弹簧和变螺距弹簧。圆柱形螺旋弹簧上下螺距及直径相等；双弹簧内外弹簧旋向相反，当一个弹簧发生共振时，另一弹簧起减振作用；变螺距弹簧上下螺距不等，在弹簧压缩时，螺距较小的弹簧两端逐渐贴合，使有效圈数逐渐减少，防止弹簧发生共振（图 5-5-9）。

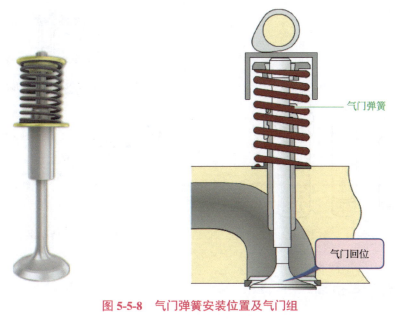

图 5-5-8　气门弹簧安装位置及气门组

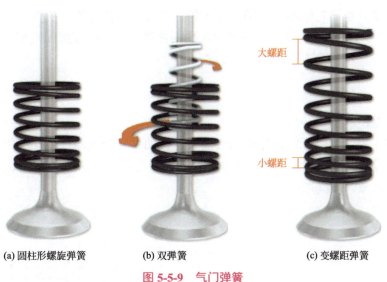

(a) 圆柱形螺旋弹簧　　(b) 双弹簧　　(c) 变螺距弹簧

图 5-5-9　气门弹簧

4. 气门导管

气门导管的作用是在气门做往复直线运动时进行导向，以保证气门与气门座之间的正确配合与开闭。当凸轮直接作用于气门杆端时，承受侧向作用力并起传热作用。气门导管的外形如图 5-5-10 所示，一般为圆柱形管，外表面具有较高的加工精度和较低的表面粗糙度，与气缸盖（体）的配合为过盈配合，以保证良好的传热并防松；气门导管与气门的配合则为间隙配合，一般留有 0.05～0.12mm 的微量间隙。该间隙过小，会导致气门杆受热膨胀与气门导管卡死；间隙过大，会使机油进入燃烧室燃烧。为了防止过多的润滑油进入燃烧室，有的在气门导管上安装有橡胶油封。气门导管大多数采用卡环（如图 5-5-5 所示）定位。

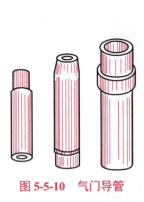

图 5-5-10　气门导管

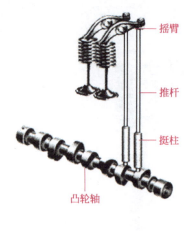

图 5-5-11　气门传动组

二、气门传动组

气门传动组是由凸轮轴和凸轮轴正时齿轮、挺柱、挺柱导管、摇臂总成和推杆等零部件组成（如图 5-5-11 所示）。气门传动组的作用是使进、排气门按照配气相位规定，适时地开启和关闭气门，并保证气门有足够的开度。

1. 凸轮轴

（1）凸轮轴的构造及分类

凸轮轴用于控制气门开闭，并驱动汽油泵、机油泵和分电器等机件工作。凸轮轴上制有进气凸轮、排气凸轮、轴颈、驱动机油泵及分电器的齿轮、推动汽油泵摇臂的偏心轮等。凸轮轴的结构见图 5-5-12。

视频精讲

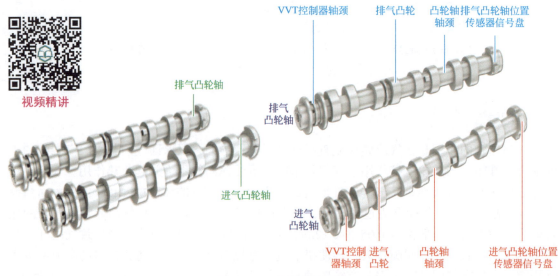

图 5-5-12　凸轮轴的结构

进气和排气凸轮是凸轮轴的重要组成部分，它们在凸轮轴上的排列顺序由进、排气道的布置来决定。进气凸轮和排气凸轮分别用来驱动进气门和排气门的开启和关闭。轴颈主要用于支承并装配凸轮轴到气缸体（或气缸盖）上。在四冲程柴油机中，凸轮轴上安装有各缸的进、排气凸轮，有的还装有空气分配器凸轮；在二冲程柴油机中，除直流扫气式柴油机凸轮轴上装有排气凸轮外，一般只装有喷油泵凸轮和示功器凸轮，有的也装有空气分配器凸轮和带动调速器等各附件的传动轮；而某些汽油机上则装有汽油泵驱动凸轮及驱动机油泵和分电器的螺旋齿轮。如图5-5-13所示，这些凸轮按照一定的顺序和角度排列。

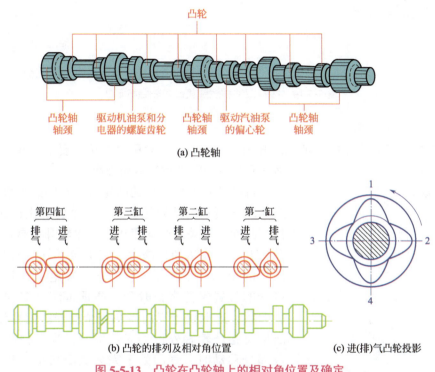

图 5-5-13 凸轮在凸轮轴上的相对角位置及确定

由于凸轮轴凸轮在工作过程中不断受到气门间歇性开启的反作用于挺柱的周期性冲击载荷与摩擦，因此要求凸轮的工作表面必须具有较高的耐磨性和抗疲劳强度，同时要求凸轮轴具有足够的韧性和刚度，以便能承受冲击负荷，使受力后变形较小。大部分凸轮轴采用优质钢模锻而成，有些也采用球墨铸铁、合金铸铁铸造而成，对凸轮和轴颈的工作表面经过热处理后精磨，以提高其耐磨性。

凸轮轴的结构可以分为整体式和组合式两大类。整体式凸轮轴（如图5-5-13所示）是将凸轮与轴本体锻成或铸成一体，在汽油机和小型柴油机上应用非常广泛。但整体式凸轮轴装配难度大，工艺复杂，仅在某些特定发动机上采用。凸轮可以制成整体的，也可以做成组合式的。组合式凸轮轴［如图5-5-14（c）所示］是将凸轮与轴分开制造，然后根据正时要求将凸轮紧固于轴上，而较长的凸轮轴本体也常分为多段制造，然后用螺栓等连接起来。这种结构的优点是制造方便，凸轮损坏时可单独更换；某些凸轮轴采用中空形式，可以减轻凸轮轴的重量；凸轮和凸轮轴的材料可以任意组合，有助于提高凸轮的接触强度。凸轮在轴上的安装方法分有键连接和无键连接两种，如图5-5-14（b）、（c）所示。

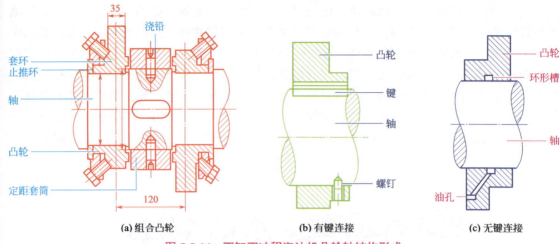

图 5-5-14 四缸四冲程汽油机凸轮轴结构形式

(a) 组合凸轮　　(b) 有键连接　　(c) 无键连接

(2) 凸轮轮廓的确定

凸轮轮廓的形状应该能保证气门开闭的持续时间符合配气相位的要求,并使气门有合适的升程及升降过程的运动规律。

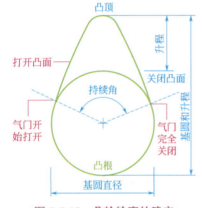

图 5-5-15 凸轮轮廓的确定

每种型号的发动机的凸轮具有不同的轮廓形状。如图 5-5-15 所示的凸轮轮廓中,整个轮廓由凸顶、凸根、打开凸面以及关闭凸面组成。凸轮轴升程是指从基圆直径往上凸轮能达到的高度。它决定了气门的升程大小。凸轮的顶部称作凸顶,它的长度决定了气门将在完全打开的位置保持多长时间。凸顶可能有多种不同的轮廓形状,这取决于气门需在完全打开的位置保持多久。凸根是指凸轮轴外形的底部部分,当挺柱或气门在凸根部分移动时,气门处于完全关闭状态。凸轮的这些外形特征决定了气门开闭过程的具体特性——时间和速度。

(3) 凸轮在凸轮轴上的相对角位置及确定

同一气缸的进、排气凸轮的相对角位置是与既定的配气相位相适应的。发动机各缸的进、排气凸轮的相对角位置应符合发动机各缸的点火顺序和点火间隔时间的要求。因此,必须根据凸轮轴的旋转方向以及各缸进、排气和凸轮的工作顺序,来判定发动机的点火次序。对于四缸四冲程发动机来说,每完成一个工作循环,曲轴旋转两周而凸轮轴旋转一周,各气缸分别进行一次进气和一次排气,且进气与排气时间间隔相等,即各缸进气或者排气凸轮彼此间的夹角为 360°/4=90°,发动机的凸轮轴旋转方向(从前端向后看)为逆时针,可以确定该发动机的点火顺序为 1—2—4—3;而对于六缸四冲程发动机来说,每完成一个工作循环,曲轴旋转两周而凸轮轴旋转一周,各气缸分别进行一次进气和一次排气,且各缸进气和排气间隔时间相等,所以各缸进气和排气凸轮彼此间的夹角为 360°/6=60°。同样,如其转动方向为逆时针,该发动机的点火顺序可以确定为 1—5—3—6—2—4。

2. 挺柱

挺柱的作用是将凸轮的推力传给推杆或气门杆,推动推杆或气门杆克服气门弹簧的作用力而运动,同时承受凸轮轴旋转时所施加的侧向力。其安装位置为气缸体或气缸盖相应处镗出的导向孔,常用镍铬合金铸铁或冷激合金铸铁制造。

挺柱可以分为普通挺柱、液压式挺柱及滚轮摇臂式挺柱三种类型(如图 5-5-16 所示)。

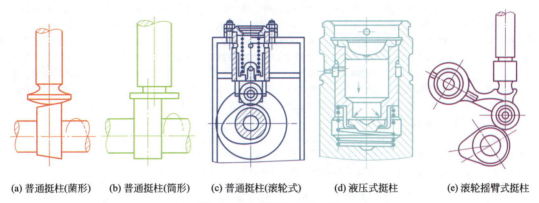

(a) 普通挺柱(菌形)　　(b) 普通挺柱(筒形)　　(c) 普通挺柱(滚轮式)　　(d) 液压式挺柱　　(e) 滚轮摇臂式挺柱

图 5-5-16　挺柱的结构形式

(1) 普通挺柱

普通挺柱有菌形挺柱[如图 5-5-16(a)所示]、筒形挺柱[如图 5-5-16(b)所示]和滚轮式挺柱[如图 5-5-16(c)所示]三种形式。菌形和筒形挺柱由于采用中空形式,均可减轻本身重量;滚轮式挺柱由于接触面为线接触,滚轮可以自由滚动,可以减轻磨损。普通挺柱由于均为刚性结构,无法自动消除气门间隙,因此采用普通挺柱的发动机必须调整气门间隙。

(2) 液压式挺柱

液压式挺柱的工作原理、特点及结构说明见表 5-5-1。

表 5-5-1　液压式挺柱的工作原理、特点及结构

类别	说明
液压式挺柱的工作原理	(图示:环槽;8凸轮轴、7键形槽、6低压油腔、5球阀、1高压油腔、4斜油孔、3油量孔、2缸盖油道;9挺柱体、10挺柱体焊缝、11柱塞、12套筒、13补偿弹簧、14缸盖、15气门杆) (a) 外形　(b) 结构　图 5-5-17　液压式挺柱外形及结构

续表

类别	说明
液压式挺柱的工作原理	如图5-5-17所示，当挺柱体9上的环形油槽与缸盖上的斜油孔4对齐时，发动机润滑系统中的机油经斜油孔4和环形油槽流入低压油腔6。位于挺柱体背面上的键形槽7可将机油引入柱塞上方的低压油腔。当凸轮转动、挺柱体9和柱塞11向下移动时，高压油腔1中的机油被压缩，油压升高，加上补偿弹簧13的作用，使球阀紧压在柱塞的下端阀座上，这时高压油腔与低压油腔被分隔开。由于液体具有不可压缩性，整个挺柱如同一个刚体一样下移，推开气门杆15。此时，挺柱环形油槽已与斜油孔4错开，停止进油。当挺柱达到下止点后开始上行时，在气门弹簧上顶和凸轮下压的作用下，高压油腔封闭，球阀也不会打开，液压式挺柱仍可认为是一个刚性挺柱，直至上升到凸轮处于基圆，使气门关闭时为止。此时，缸盖主油道中的压力油经斜油孔4进入挺柱的低压油腔6，同时，高压油腔1内油压下降，补偿弹簧推动柱塞上行。从低压油腔来的压力油推开球阀而进入高压油腔，使两腔连通充满机油。这时挺柱顶面仍和凸轮紧贴。在气门受热膨胀时，柱塞和液压缸做轴向相对运动，高压油腔中的油液可经过液压缸与柱塞间的缝隙挤入低压油腔。因此，使用液压式挺柱时，可以不预留气门间隙
液压式挺柱的特点	液压式挺柱较普通挺柱最大的优点在于液压式挺柱能够消除发动机气门间隙，从而不需要对气门间隙进行调整；同时，液压式挺柱也可降低发动机配气机构的传动噪声
液压式挺柱的结构	挺柱体9由上盖和圆筒焊接成一体，可以在缸盖14的挺柱体孔中上下运动。套筒12的内孔和外圆都经过精加工研磨，外圆与挺柱内导向孔相配合，内孔则与柱塞11配合，两者都可以相对运动。液压缸底部装有一个补偿弹簧13，把球阀5压靠在柱塞的阀座上，它还可以使挺柱顶面和凸轮表面保持紧密接触，以消除气门间隙。当球阀关闭柱塞中间孔时，可将挺柱分成两个油腔，即上部的低压油腔6和下部的高压油腔1；球阀开启后，则形成一个通腔

3. 推杆

推杆的作用是在顶置式气门、下置式凸轮轴的配气机构中，把凸轮轴经挺柱传来的推力传递给摇臂。推杆是配气机构中最易弯曲的细长零件。其一般结构包括上凹球头、下凸球头和空心杆（实心杆）三个部位，如图5-5-18（a）所示。推杆通常采用冷拔无缝钢管制成，也有些采用硬铝制造。钢制实心推杆[如图5-5-18（b）所示]一般是同球形支座制成一个整体，再进行热处理。硬铝材料实心推杆[如图5-5-18（c）所示]两端配以钢制的支

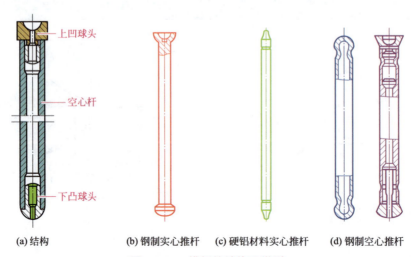

(a) 结构　　(b) 钢制实心推杆　(c) 硬铝材料实心推杆　(d) 钢制空心推杆

图5-5-18　推杆的结构及类型

承，其上下端头与杆身做成一体，钢制空心推杆如图5-5-18（d）所示，前者的球头与杆身是整体锻造出来的，后者的两端与杆身用焊接和压配的方法连成一体。虽然结构形式有一定差异，但是对推杆的要求是一样的，即重量轻、刚度大。一般情况下，为保证挺柱与摇臂、挺柱的正确配合，推杆上端焊有钢质的凹球形接头，与摇臂调节螺钉的球头相配合；下端焊有球形接头，支承在挺柱的凹球座内。

4. 摇臂与摇臂组件

摇臂的作用主要是改变力的传递方向。摇臂相当于一个杠杆结构，它将推杆的作用力改变方向传给气门杆尾端，从而推动气门打开；利用两边臂长的比值（称摇臂比）来改变气门的升程，气门摇臂一般制造成不等长的形式，靠气门一边比靠推杆一边臂长30%～50%，这样可以获得较大的气门升程。

（1）摇臂的分类及结构

摇臂可以分为普通摇臂和无噪声摇臂。

❶ 普通摇臂。如图5-5-19（a）所示为普通摇臂，其长臂端部以圆弧形的工作面与气门尾端接触用以推动气门。短臂的端部有螺孔，用来安装调整螺钉及锁紧螺母，以调整气门间隙。螺钉的球头与推杆顶端的凹球座相连接。该连接部分接触应力高，且有相对滑移，磨损严重，因此在该部分常堆焊有硬质合金。因为靠气门一端的臂长，所以在一定的气门升程下，能减小推杆、挺柱等运动件的运动距离和加速度，从而减小了惯性力。摇臂内一般有油道，与摇臂轴中心相通，如图5-5-19（b）所示。压力机油充满摇臂轴中心，并从摇臂油孔流出，润滑挺柱及气门杆端等零件。

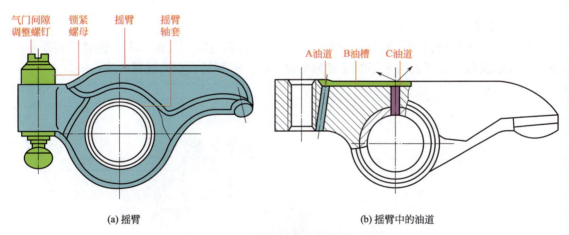

图5-5-19 摇臂及摇臂中的油道示意图

❷ 无噪声摇臂。国外某些发动机采用无噪声摇臂，主要目的是消除气门间隙，减小由此而产生的冲击噪声。其工作过程如图5-5-20所示，起主要作用的结构为凸环8。凸环8以摇臂5的一端为支点，并靠在气门9杆部的端面上。当气门处在关闭位置时，在弹簧6的作用下，柱塞7推动凸环8向外摆动，从而消除了气门间隙；气门开启时，推杆3便向上运动推动摇臂5，由于摇臂已经通过凸环和气门杆部的端面处在接触状态，从而消除了气门间隙。

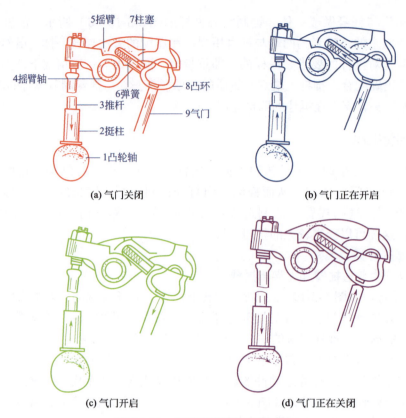

图 5-5-20　无噪声摇臂的工作过程

(2) 摇臂组件

摇臂主要由摇臂支架、衬套、滚轮、滚针、滚轮轴组成（图 5-5-21）。摇臂的实质是杠杆，凸轮轴顶置式配气机构采用的摇臂为单臂杠杆。摇臂的支点为摇臂支座。

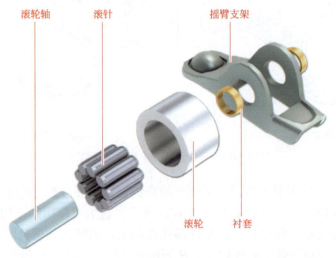

图 5-5-21　摇臂组件分解图

第六章 冷却系统

第一节 冷却系统的功用与类型

1. 冷却系统的功用

冷却系统的功用就是使发动机尽快地达到正常的工作温度,并在发动机工作过程中能很好地控制发动机温度。

发动机冷却要适度。若冷却不足,会使发动机过热,从而造成充气效率下降,早燃和爆震倾向加大,致使发动机功率下降;运动零件间间隙变小,导致零件不能正常运动,甚至卡死、损坏;零件因力学性能下降而导致变形和损坏;润滑油黏度减小,润滑油膜易破裂而使零件磨损加剧。若冷却过度,会使发动机过冷,进入气缸的混合气或空气温度低而点燃困难,造成发动机功率下降、油耗上升;润滑油黏度增大,造成润滑不良而加剧零件磨损;因温度低而未汽化的燃油冲刷气缸、活塞等摩擦表面上的油膜;同时,因混合气与温度较低的气缸壁接触,使其中原已汽化的燃油又重新凝结而流入曲轴箱内,不仅增加了油耗,而且使机油变稀而影响润滑,从而导致发动机功率下降,磨损加剧。

发动机工作时,由于燃油的燃烧,气缸内气体温度可高达 1927～2527℃,使发动机的零件温度升高,如不及时冷却将影响发动机的正常工作。发动机过热或过冷都会给发动机带来危害,冷却系统的作用就是把受热零件吸收的部分热量及时散发出去,保证发动机在最适宜的温度状态下工作。

2. 冷却系统的形式

冷却系统按照冷却介质不同可以分为风冷和水冷。风冷却系统是把发动机中高温零件的热量直接散入大气而进行冷却的装置;水冷却系统是把这些热量先传给冷却液,然后再散入大气而进行冷却的装置。由于水冷却系统冷却均匀，效果好，而且发动机运转噪声小，目前在汽车发动机上被广泛采用。发动机正常工作时，水冷却系统中的冷却液温度应保持在80～90℃范围内。

第二节　冷却系统的组成及工作过程

一、风冷式冷却系统

把发动机中高温零件的热量直接散入大气而进行冷却的装置称为风冷系统，如图6-2-1所示。

现在市场上出售的汽车中，以风冷式发动机著称的有雪铁龙2CV车型和保时捷911车型系列，其他的品牌采用的几乎都是主流的冷却系统即水冷式的发动机。

风冷系统中冷却介质是空气，利用气流使散热片的热量散到大气中。其主要由风扇、导流罩、散热片、气缸导流罩和分流板组成。

风冷式发动机的缸体、缸盖均布置了散热片，气缸、缸盖都是单独铸造，然后组装到一起。缸盖最热，采用铝合金铸造，且散热片比较长；为了加强冷却，保证冷却均匀，装有导流罩、分流板。当采用一个风扇时，装在发动机前方中间位置；采用两个风扇时，分别装在左右两列气缸前端。

图6-2-1　风冷系统的组成示意图

风冷系统的特点是结构简单、工作可靠、质量较小、升温较快、经济性好，特别适用于沙漠等高温地区和极地等严寒地区。缺点是冷却效果难以调节、消耗功率大、工作噪声大等，仅用于部分小排量及军用汽车发动机。

二、水冷式冷却系统

水冷式冷却系统是以冷却液（或水）为冷却介质，通过冷却液的不断循环，从发动机水套中吸收多余热量并散发到大气中。根据冷却液循环方式不同，水冷系统又可分为蒸发式（利用水的温度差使冷却液在发动机中循环流动）、自然循环（冷却液在管道中自然流动）、强制循环（水泵强制冷却液在发动机中循环流动）三种方式，目前汽车上普通采用的是强制循环水冷式冷却系统。

1. 水冷却系统的组成

水冷却系统一般是由膨胀水箱、散热器、水泵、风扇、水套和温度调节装置等组成，如图6-2-2所示。

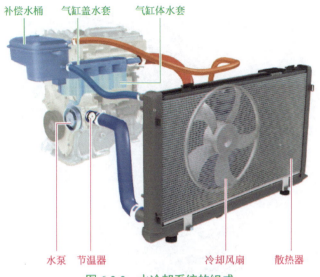

图 6-2-2　水冷却系统的组成

水冷发动机的气缸盖和气缸体中都铸造有储存冷却液的、连通的水套,其作用是让冷却液接近受热的高温零件,并在其中循环流动。水泵将冷却液由散热器吸入,使之经分水管流入发动机水套,冷却液在水套内吸收热量后,沿水管进入散热器,经风扇的强力抽吸,空气流由前向后通过散热器,将冷却液热量带走。冷却后的冷却液又在水泵的加压下,经水管再压入水套,如此不断循环,从而使发动机在高温条件下工作的零件不断地得到冷却,以保证发动机的正常工作。

水冷却系统中设有温度调节装置,其作用是保证发动机在不同的负荷和转速的条件下均在最适宜的温度范围内工作,如百叶窗和节温器等。通常冷却液在冷却系统中的循环流动路线有两条:当冷却液温度低时,冷却液不经过散热器而只在水泵和水套内进行循环,防止发动机过冷,这称为小循环;当冷却液温度高时,冷却液经散热器进行循环流动,防止发动机过热,这称为大循环。

2. 水冷却系统的主要部件

(1) 散热器

散热器大多安装在发动机及风扇的前方。其功用是增大散热面积,加速冷却液的冷却。为了将散热器传出的热量尽快带走,在散热器后面装有风扇,与散热器配合工作,其结构如图 6-2-3 所示。

散热器由左储水室、散热器芯和右储水室等组成。散热器左储水室顶部有加液口,平时用散热器盖盖住,冷却液即由此注入整个冷却系统中。在左、右储水室分别装有进水管和出水管,分别用橡胶软管与气缸盖的出水管和水泵的进水管相连。由发动机气缸盖上出水管流出的温度较高的热冷却液经过进水管进入左储水室,经冷却水管冷却后流入右储水室,由出水管流出被吸入水泵。在散热器下储水室的出水管上还有一个放水阀。

散热器芯由许多冷却水管和散热片组成,采用散热片是为了增加散热器芯的散热面积。散热器芯的结构形式有多种,常用的有管片式和管带式两种,如图 6-2-4 所示。

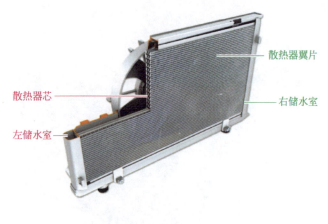

图 6-2-3　散热器结构

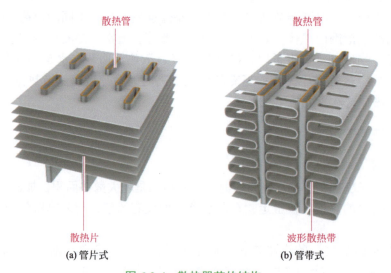

(a) 管片式　　　　　　　　(b) 管带式

图 6-2-4　散热器芯的结构

常见水冷却系统散热器盖具有自动阀门，发动机热状态正常时，阀门关闭，将冷却系统与大气隔开，防止蒸气溢出，使冷却系统内的压力稍高于大气压力，从而可增高冷却液的沸点，防止冷却系统发生"开锅"现象。但如果冷却系统中蒸气过多，将使冷却系统压力过大，可能导致发动机散热器破裂。因此必须在加水口处设置排出蒸气的通道，因而在冷却系统内压力过高或者过低时，自动阀门即开启以使冷却系统与大气相通。

压力式散热器盖的构造如图6-2-5所示。装有空气阀和蒸气阀的散热器盖，紧盖在加水口上。当发动机热状态正常时，两阀在弹簧力作用下都处于关闭状态。当冷却系统内蒸气压力低于大气压力0.01～0.012MPa时，空气阀便开启，如图6-2-5（a）所示。空气从蒸气排出管进入散热器，以防止散热器被大气压瘪。当冷却系统内蒸气压力超过大气压力0.026～0.037MPa时，蒸气阀便开启，如图6-2-5（b）所示。此时将从蒸气排出管中放出一部分冷却液到补偿水桶，使冷却液内的压力下降。提高冷却系统的蒸气压力，可以提高冷却液的沸点，从而扩大散热器与大气的温差以增强散热能力。

轿车的散热器盖的蒸气阀开启压力可达0.1MPa，而水的沸点可升高至120℃。显然，这种散热器与环境空气温差大，故散热能力较强。

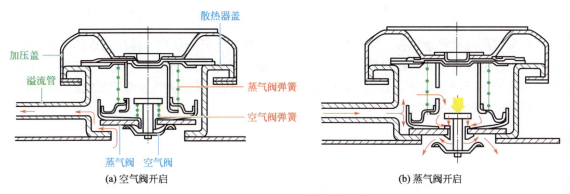

图 6-2-5　压力式散热器盖结构示意图

（2）风扇

风扇通常安装在散热器后面，并与水泵同轴，与水泵一起转动。其功用是提高通过散热器芯的空气流速，增强散热效果，加速冷却液的冷却。如图6-2-6所示。

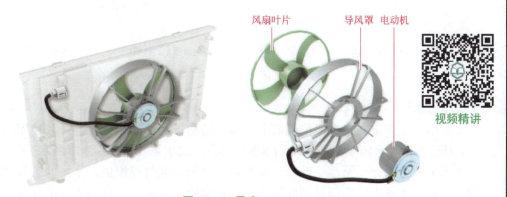

图 6-2-6　风扇

车用发动机的风扇有两种形式，即轴流式和离心式。轴流式风扇所产生的风，其流向与风扇轴平行；离心式风扇所产生的风，其流向为径向。轴流式风扇（如图6-2-7所示）效率高，风量大，结构简单，布置方便，因而在车用发动机上得到了广泛的应用。

近年来，有的轿车开始采用以蓄电池为动力的电动风扇，如图6-2-8所示。其转速与发动机转速无关。电动机的开关由位于散热器上的温度传感器控制，需要风扇工作时即自行启动。这种风扇无动力损失，结构简单，布置方便，非常适合轿车使用。

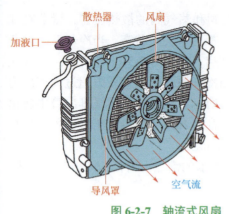
图 6-2-7 轴流式风扇

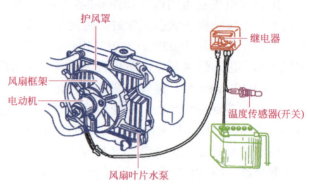
图 6-2-8 电动风扇

风扇常用的材料是钢板，经冲压成形。近年来轿车上开始使用整体压铸成的尼龙风扇，也有用铝合金板制作的。如图 6-2-9（a）（b）所示的轴流式风扇由叶片和连接板铆接而成，叶片多由薄钢板冲压而成。如图 6-2-9（c）所示为用整体铝合金铸造或用尼龙、聚丙烯等合成树脂注塑的轴流式风扇。

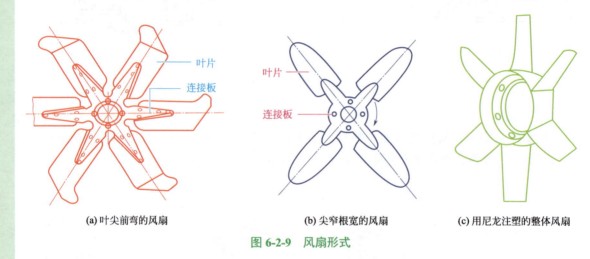

(a) 叶尖前弯的风扇　　(b) 尖窄根宽的风扇　　(c) 用尼龙注塑的整体风扇

图 6-2-9 风扇形式

（3）水泵

水泵用螺栓固定在发动机前端面上，通过传动带与曲轴带轮相连。其功用是对冷却液加压，使冷却液循环流动。车用发动机多采用离心式水泵（如图 6-2-10 所示）。

水泵主要由泵壳、泵盖、叶轮、水泵轴、轴承、油封等组成。水泵的工作过程是：当叶轮旋转时，水泵中的冷却液被叶轮带动一起旋转，在离心力作用下，冷却液被甩向叶轮边缘，然后经外壳上与叶轮成切线方向的出水管压送到发动机水套内。与此同时，叶轮中心处的压力降低，散热器中的冷却液便经进水管被吸进叶轮中心部分。如此连续地作用，使冷却液在水管中不断地循环（图 6-2-11）。

（4）补偿水桶

现代轿车发动机冷却系统都采用了自动补偿封闭式散热器，它的特点是在散热器的右侧增设了一个补偿水桶，也可以称作储液罐或者副水箱，用软管连接到散热器的蒸气导出口，如图 6-2-12 所示。

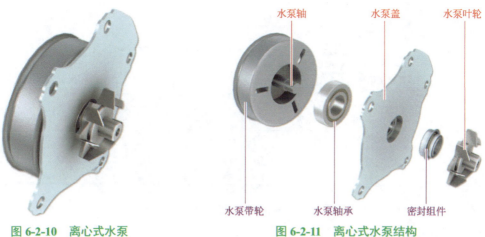

图 6-2-10　离心式水泵

图 6-2-11　离心式水泵结构

图 6-2-12　补偿水桶

补偿水桶的作用是减少冷却液的损失,当冷却液温度升高,体积膨胀时,散热器中多余的冷却液流入补偿水桶中;而当冷却液温度降低时,体积收缩,散热器产生一定真空,补偿水桶中的冷却液又被吸回到散热器中。同时散热器上水箱也可以做得小些,这样冷却液损失很少,驾驶人也不必经常检查冷却液量(图 6-2-13、图 6-2-14)。

补偿水桶上一般印有两条液面高度标记线:"DI"(低)与"GAO"(高),或者"FULL"(满)与"LOW"(添加)。冷却液温度在 50% 以下时,液面高度应不低于"DI"或者"LOW"线,否则应该补充冷却液,同时注意补充冷却液时不应该超过"GAO"或"FULL"线,以避免冷却液溢出现象。

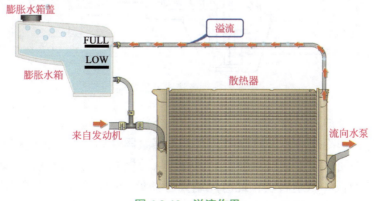

图 6-2-13　溢流作用

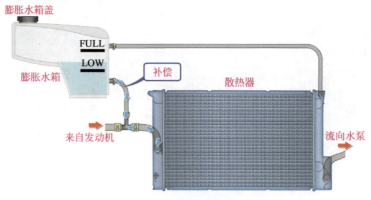

图 6-2-14　补偿作用

（5）冷却强度调节装置

冷却强度调节装置根据发动机不同工况和不同使用条件，改变冷却系统的散热能力，即改变冷却强度，从而保证发动机在最有利温度状态下工作。通常有两种调节方式：一种是改变通过散热器的空气流量，另一种是改变通过散热器的冷却液循环流量和循环范围。

❶ 改变通过散热器的空气流量：通常利用百叶窗和自动风扇离合器来实现。

a. 百叶窗：安装在散热器前方，驾驶员可以通过驾驶室里的拉杆来操纵百叶窗的开度。当环境温度较低或冷却液温度较低时，可以减小百叶窗开度；当环境温度较高或冷却液温度较高时，可以增大百叶窗开度。

b. 自动风扇离合器：有硅油式、机械式和电磁式三种。应用较多的是硅油式风扇离合器。硅油式风扇离合器是以硅油作为传递力矩的介质，利用散热器后面气流温度控制双金属感温器的一种液力传动离合器，其结构如图 6-2-15 所示。

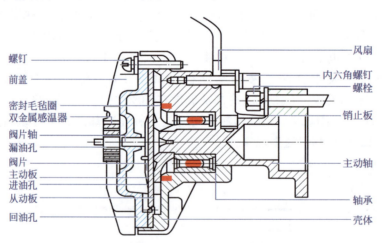

图 6-2-15　硅油式风扇结构

工作原理：当冷却液温度不高时，风扇随离合器壳体一起空转打滑；当流经散热器的空气温度升高时，即冷却液温度升高时，双金属感温器受热变形，迫使感温阀片相对于从动板转动，打开进油口，于是硅油进入主动板和从动板之间的工作室，主动板利用硅油的黏性即可带动从动板和风扇转动，此时风扇离合器处于接合状态。当冷却液温度下降时，双金属感温器恢复原状，感温阀片关闭进油口，在离心力作用下，硅油经回油口从工作室返回到储油室，离合器又回到分离状态，风扇转速逐渐下降。

电动冷却风扇：目前有一些发动机的冷却风扇直接由直流电动机驱动，而不是由曲轴驱动。这种风扇只有在冷却液温度达到一定值时才会转动，其系统组成包括风扇电动机、风扇继电器和冷却液温度开关。低温时，冷却液温度开关闭合，继电器触点断开，风扇电动机不转；高温时，冷却液温度开关断开，继电器触点闭合，电动机带动风扇转动。

❷ 改变通过散热器的冷却液循环流量和循环范围：一般由节温器控制通过散热器的冷却液循环流量。

节温器的功用：改变冷却液的循环路线及流量，自动调节冷却强度，使冷却液温度经常保持在 80～90℃。

安装位置：装在冷却液循环的通路中，一般装在气缸盖的出水口。

形式：分为蜡式和折叠式。

a. 蜡式节温器（如图 6-2-16 所示）：在橡胶管和感应体之间的空间里装有石蜡，为提高导热性，石蜡中常掺有铜粉或铝粉。常温时，石蜡呈固态，主阀门压在阀座上，这时副阀门关闭通往散热器的通路，来自发动机缸盖出水口的冷却液经水泵又流回气缸体水套中，进行小循环。当发动机冷却液温度升高时，石蜡逐渐变成液态，体积随之增大，迫使橡胶管收缩，从而对推杆下端产生向上的推力。由于推杆上端固定，故推杆对橡胶管、感应体产生向下反推力，主阀门开启；当发动机冷却液温度达到 80℃以上时，主阀门全开，来自气缸盖出水口的冷却液流向散热器，进行大循环。一汽奥迪 100 型轿车和 CA1091 型货车均采用蜡式节温器。

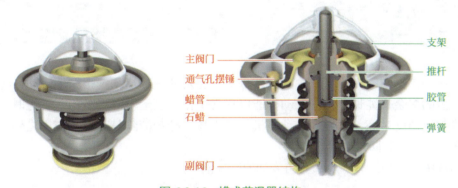

图 6-2-16　蜡式节温器结构

b. 折叠式节温器（如图 6-2-17 所示）：由具有弹性的、折叠式的密闭圆筒（用黄铜制成），内装有易于挥发的乙醚而制成。主阀门和侧阀门随膨胀筒上端一起上下移动。膨胀筒内液体的蒸气压力随着周围温度的变化而变化，故圆筒高度也随温度而变化。当发动机在正常热状态下工作时，即冷却液温度高于 80℃，冷却液应全部流经散热器，形成大循环。此时节温器的主阀门完全开启，而侧阀门将旁通孔完全关闭；当冷却液温度低于 70℃时，膨胀筒内的蒸气压力很小，使圆筒收缩到最小高度，主阀门压在阀座上，即主阀门关闭，同时侧阀门打开，此时切断了由发动机水套通向散热器的通路，水套内的冷却液只能由旁通孔流出经旁通管进入水泵，又被水泵压入发动机水套，此时冷却液并不流经散热器，只在水套与水泵之间进行小循环，从而防止发动机过冷，并使发动机迅速而均匀地热起来；当发动机的冷却液温度在 70～80℃范围内，主阀门和侧阀门处于半开闭状态，此时一部分冷却液进行大循环,而另一部分冷却液进行小循环。

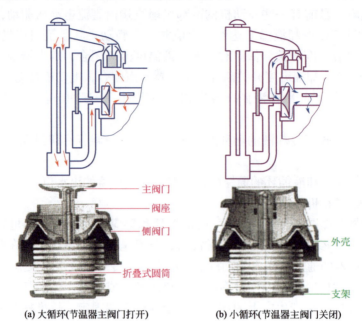

(a) 大循环(节温器主阀门打开)   (b) 小循环(节温器主阀门关闭)

图 6-2-17   折叠式节温器结构示意图

第三节   冷却液的特点与选用

冷却液是汽车发动机不可缺少的一部分。它在发动机冷却系统中循环流动,将发动机工作中产生的多余热能带走,使发动机能以正常工作温度运转。当冷却液不足时,将会使发动机冷却液温度过高,而导致发动机机件的损坏。冷却液除具有冷却作用之外,还具有冬季防冻、防腐蚀、防水垢等功能。

汽车常用的冷却液有水及加有防冻剂的防冻液。

1. 水冷却液

指直接用水作冷却液,它具有简单方便的优点。但水沸点低,易蒸发,需经常添加。而且不宜添加河水、井水等含矿物质的水,以免产生水垢,使冷却系统散热不良。要求添加雨水、雪水或离子交换水,给冷却液添加造成困难。更应值得注意的是水在严寒冬季易结冰,需放水过夜,否则会造成结冰时体积膨胀,胀裂机体、气缸盖的严重事故。

2. 防冻液

现代轿车普遍采用防冻液,以提高冷却液的防冻和防沸的能力。例如,桑塔纳系列轿车采用以乙二醇为基料的冷却液(乙二醇的质量占45.6%、水的质量占54.4%),使其冰点在 -25℃以下,沸点在106℃以上。不同的冷却液有不同的冰点和沸点,可以根据发动机使用条件进行选用。有的冷却液还添加防锈剂、泡沫抑制剂等,有利于减轻冷却系统锈蚀和冷却液泡沫产生,提高冷却效果。

专用冷却液一般呈深绿色或深红色,有一定的毒性,使用时应注意。发现冷却液泄漏应及时检查并添加。

3. 冷却液使用注意事项

❶ 要坚持常年使用冷却液,要注意冷却液使用的连续性。那种只在冬季使用的观点是错误的,只知道冷却液的防冻功能,而忽视了冷却液的防腐、防沸、防垢等作用。

❷ 要根据汽车使用地区的气温,选用不同冰点的冷却液,冷却液的冰点至少要比该地区最低温度低10℃,以免失去防冻作用。

❸ 要针对各种发动机具体结构特点选用冷却液种类,强化转速高的发动机,应选用高沸点冷却液;缸体或散热器用铝合金制造的发动机,应选用含有硅酸盐类添加剂的冷却液。

❹ 要购买经国家指定的检测站检测合格的冷却液产品,应向商家索要检测报告、质量保证书、保险以及使用说明书等资料,切勿贪便宜购买劣质品,以免损坏发动机,造成不必要的经济损失。

❺ 冷却液的膨胀率一般比水大,若无膨胀罐,冷却液只能加到冷却系统容积的95%,以免冷却液溢出。

❻ 如果发动机冷却系统原先使用的是水或换用另一种冷却液,在加入一种新的冷却液之前,务必要将冷却系统冲洗干净。

❼ 不同型号的冷却液不能混装混用,以免起化学反应,破坏各自的综合防腐能力,用剩后的冷却液应在容器上注明名称,以免混淆。

❽ 在使用后,若因冷却系统渗漏引起散热器液面降低时,应及时补充同一品牌的冷却液,若液面降低是因水蒸发所致,则应向冷却系统添加蒸馏水或去离子水,切勿加入井水、自来水等硬水;当发现冷却液中有悬浮物、沉淀物或发臭时,证明冷却液已起化学反应,已变质失去功效,应及时地清洗冷却系统,并全部更换其冷却液。

❾ 若购买的是浓缩冷却液,如乙二醇型浓缩冷却液,可以按比例添加适量的纯水,以配制出适合本地区气温的冷却液。

视频精讲

视频精讲

第七章 润滑系统

第一节 润滑系统的功用

在发动机工作时,有许多相互配合零件产生相对运动,如曲轴与轴承,活塞、活塞环与缸壁,气门与导管,挺柱或摇臂与凸轮,等。在这些相对运动零件表面之间,必然产生摩擦,对运动造成阻力,即摩擦阻力。摩擦阻力要消耗发动机功率,使零件表面磨损;摩擦还会产生热,使零件温度升高,力学性能下降,甚至烧坏或热膨胀卡滞,致使发动机无法运转。因此,为保证发动机正常工作,应尽量减小摩擦阻力。一般情况下,摩擦阻力的大小取决于零件表面的压紧力、表面粗糙度、材质及表面间的介质。表面间压紧力的大小及材质是由发动机工作性质等因素决定的,不能为减小摩擦阻力而随意变更。提高零件表面加工精度、降低表面粗糙度是减小摩擦阻力的有效措施。但无论零件表面加工精度如何高,仍然存在摩擦阻力。长期实践表明,若在相互运动的零件表面保持一层润滑油膜,能使固体间的摩擦转变为油膜间的液体摩擦,使摩擦阻力降至最低。

润滑系统的基本任务就是将润滑油(剂)不断供给各零件的摩擦表面进行润滑,使发动机能长期正常工作。润滑系统的主要功用见表 7-1-1。

表 7-1-1 润滑系统的主要功用

类别	主要功用
减摩作用	实现液体摩擦,减小零件的摩擦和磨损,降低发动机的摩擦功率损失
冷却作用	通过润滑油的循环流动,带走因摩擦产生的热量,使零件温度不致过高
清洗作用	利用润滑油的循环冲洗零件表面,带走磨损下来的金属磨屑和其他杂质
防锈作用	润滑油附着于零件表面,防止零件与水分、空气及燃气接触而发生氧化和锈蚀

续表

类别	主要功用
密封作用	利用润滑油的黏性，附着于运动零件表面，提高零件的密封效果
缓冲作用	利用润滑油膜的不可压缩性，可缓解配合件相互间的冲击作用

第二节　发动机的润滑方式

因发动机各零件的载荷大小、运动速度及所处位置各不相同，所以各配合面所要求的润滑强度和润滑方式也不尽相同。按是否对机油加压分为压力式润滑和非压力式润滑；按机油是否循环使用则分为循环式润滑与非循环式润滑。

发动机的润滑方式见表7-2-1。

表7-2-1　发动机的润滑方式

润滑方式	说明
压力式润滑	压力式润滑是用机油泵将具有一定压力的润滑油源源不断地送到零件的摩擦面间，形成具有一定厚度并能承受一定机械负荷的油膜，尽量将两摩擦零件完全隔开，实现可靠的润滑 相对速度高、机械负荷大的零件，都采用这种润滑方式，如曲轴各轴颈与轴承之间、凸轮轴颈与轴承之间、摇臂轴与摇臂之间等部位。压力式润滑工作可靠，润滑效果好，具有一定的净化和冷却润滑油的作用，但须有泵油设备及专门的润滑油道
非压力式润滑	非压力式润滑是利用某些运动零件激溅和甩出的油滴或油雾，将润滑油送到零件露在外面的摩擦表面或经收集后流入摩擦表面的润滑方式，如缸壁、凸轮等。该方式适用于相对运动速度较低的零件，如活塞销等，一般作为辅助方式与其他润滑方式配合使用。其特点是结构简单，消耗功率小，但润滑不可靠，且容易造成润滑油蒸发和氧化
循环式润滑与非循环式润滑	压力式和非压力式润滑的润滑油均可循环使用。二冲程汽油机，是将润滑油掺入汽油中进行润滑，且润滑后的机油随汽油一起燃烧，最后随废气排出，以及某些部位采用润滑脂润滑或机油进行定期加注润滑的，均属于非循环式润滑
自润滑	自润滑采用含有耐磨材料轴承（如尼龙、二硫化钼等）来代替加注润滑脂的轴承。使用过程中不需加注润滑脂，故称为自润滑

一般的汽车发动机都同时采用两种以上的润滑方式，称为复合式润滑。

第三节　润滑系统的组成和油路

1. 润滑系统的组成

汽车发动机润滑系统的基本组成大体相同，主要由以下装置组成。

(1) 贮油、输送装置

它包括油底壳、机油泵、油管、油道等。其作用是储存润滑油,并使其具有一定压力,在发动机中循环流动。

(2) 机油滤清装置

它用来过滤掉润滑油中的杂质、磨屑、油泥和水分等杂物,将干净的机油送到各润滑部位。机油滤清器按其过滤能力分为机油集滤器、机油粗滤器和机油细滤器三种,分别设置在润滑系统的不同部位。

机油集滤器多为滤网式,串联安装于机油泵进油口之前,能滤掉机油中粒度大的杂质。机油粗滤器串联安装于机油泵出口与主油道之间,用以滤除机油中粒度较大的杂质。机油细滤器能滤掉机油中细小的杂质,但流动阻力较大,故多与主油道并联,工作时只有少量机油通过机油细滤器过滤。

(3) 检测报警装置

它主要有机油压力表、机油量尺、机油温度表、报警器,用以检测发动机润滑系统的工作情况,当油位(或油压)超过允许值时报警。

(4) 辅助装置

它包括机油冷却器(机油散热器)、恒油阀、限压阀、安全阀、回油阀。这些辅助装置可以使润滑系统的使用性能更加完善。

2. 润滑系统的油路

(1) 东风 EQ1090E 型汽车的 6100–1 型发动机润滑系统

现代汽车发动机润滑系统的组成及油路布置方案大致相似,只是由于润滑系统的工作条件和具体结构的不同而稍有差别。现以东风 EQ1090E 型汽车的 6100–1 型发动机润滑系统为例加以说明,如图 7-3-1 所示。在该润滑系统中,曲轴的主轴颈、连杆轴颈、凸轮轴止推凸缘、正时齿轮和分电器传动轴等都用压力式润滑,其余部分用飞溅润滑。

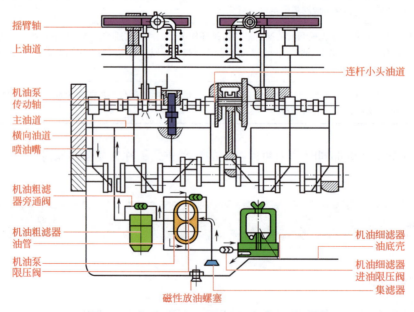

图 7-3-1 东风 6100–1 型发动机润滑油路示意图

当发动机工作时，机油泵经集滤器从油底壳中吸取机油，这样可以防止大的机械杂质进到机油泵内。被机油泵压出的机油分成两路：大部分的机油经机油粗滤器（全流纸质滤清器）滤去较大的机械杂质，流入纵向的主油道，执行润滑任务；另有一小部分机油（10%～15%），经进油限压阀流入机油细滤器（离心式机油滤清器）内，滤去较细的机械杂质和胶质后流回油底壳。由此可知，机油细滤器与机油粗滤器及主油道是并联的。这是考虑到机油细滤器的阻力较大，如果与主油道串联，则难以保证主油道的畅通，并使发动机耗于驱动机油泵的功率增加。采取并联的方案，虽每次经细滤器的油量少，但机油经过不断地循环流动仍可取得良好的滤清效果。实践表明，一般汽车每行驶50km左右，全部机油即能通过细滤器一次。

若机油泵出油压力低于一定值（本例中为0.1MPa），则机油细滤器进油限压阀不开启，以保证压力油全部进入主油道。

进入主油道的机油，通过上曲轴箱中的7条并联的横向油道分别润滑主轴颈和凸轮轴轴颈。机油还通过曲轴中的斜向油道从主轴颈处流向连杆轴颈（曲柄销）。同时也从凸轮轴的第二、第四轴颈处，经两个上油道通向摇臂支座，润滑摇臂轴、推杆球头和气门端部。第三条横向油道还通向机油泵传动轴。因此，以上这些摩擦表面都能得到压力式润滑。

还有一部分机油，由第一条横向油道通过喷油嘴喷射出来，以润滑正时齿轮副。此外，在第一、二横向油道之间还有油管从主油道接出，通到空气压缩机曲轴中心的油道，润滑空压机的连杆轴颈后，由回油管流回到油底壳中（这一支油路在图上未画出）。

上述汽油机的润滑油路是分流式，现在轿车上的润滑油路采用的多数是全流式，如图7-3-2所示。机油泵所泵出来的润滑油全部经过机油滤清器。

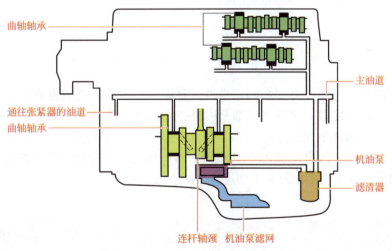

图7-3-2　典型轿车发动机润滑油路

（2）桑塔纳2000GSi轿车AJR发动机润滑油路

桑塔纳2000GSi轿车AJR发动机润滑油路如图7-3-3所示。转子式机油泵位于曲轴箱内，由曲轴通过链轮驱动。机油集滤器安装于机油泵进油口，机油滤清器串联安装于机油泵出口与主油道之间。

发动机工作时，油底壳内的机油在机油泵的抽吸下，经机油集滤器过滤掉其中较大颗粒的杂质后，进入机油泵。经机油泵加压后的机油，再经机油滤清器过滤掉杂质后进入主油道。进入主油道的机油分五路送到曲轴各主轴承,对曲轴各道主轴颈进行润滑。同时,通过曲轴内部的油道,将油送到连杆轴颈,对连杆轴颈进行润滑。主油道内的机油还通过一条分油道进入凸轮轴的五个轴承处,对凸轮轴五道轴颈进行润滑。凸轮轴总油道还设有分油道与挺柱导向孔相通,以便对液力挺柱补充油液。

以上所述的润滑均为压力式润滑,其他部位则采用飞溅润滑,润滑完毕的机油靠重力流回油底壳,以便继续循环使用。

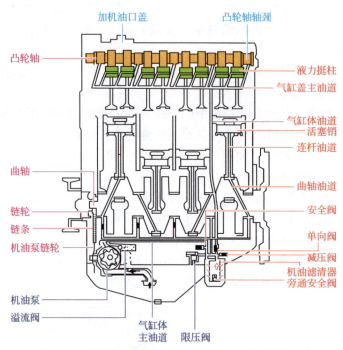

图 7-3-3　桑塔纳 2000GSi 轿车 AJR 发动机润滑油路

在机油泵端盖上,还设有安全阀,当机油泵输出的油压太高或者流量太大时,该阀打开,机油泵进出油口接通,机油在机油泵内进行小循环,防止进入机油滤清器的机油压力过高或流量过大。旁通安全阀位于滤清器进出油口之间,平时该阀关闭。当滤清器堵塞,进出油口之间的压力差达到 180kPa 时,该阀打开,压力油不经过滤直接进入主油道,保证各部位正常润滑。限压阀用来限制主油道机油的压力。

第四节　润滑系统主要部件的构造

一、机油泵

机油泵的功用是保证机油在润滑系统内循环流动,并在发动机任何转速下都能以足够高的压力向润滑部位输送足够数量的机油。

机油泵结构形式可分为齿轮式和转子式两类。齿轮式机油泵又分外啮合齿轮式和内啮合齿轮式。

（1）外啮合齿轮式机油泵

外啮合齿轮式机油泵壳体内装有一个主动齿轮和一个从动齿轮，如图7-4-1所示。齿轮与壳体内壁之间的间隙很小。壳体上有进油口。发动机工作时，齿轮按图中所示箭头方向旋转，进油腔的容积由于轮齿向脱离啮合方向运动而增大，腔内产生一定的真空度，机油便从进油口被吸入并充满进油腔。齿轮旋转时把齿间所存的机油带至出油腔内。由于出油腔一侧轮齿进入啮合，出油腔容积减小，油压升高，机油便经出油口被送到发动机油道中。机油泵通常由凸轮轴上的螺旋齿轮或曲轴前端齿轮驱动。在发动机工作时，机油泵不断工作，从而保证机油在润滑油路中不断循环。

当齿轮进入啮合时，啮合齿之间的机油，由于容积变小，在齿轮间产生很大的推力，为此，在泵盖上铣出一条卸压槽，使轮齿啮合时齿间挤出的机油可以通过卸压槽流向出油腔。在机油泵盖上装有限压阀，它可将主油道的油压控制在正常范围内（0.15～0.9MPa）。在限压阀的柱塞端头开有一个径向环槽，用来储存进入配合表面的磨屑和杂质，以保证柱塞运动灵活。

齿轮式机油泵由于结构简单，制造较容易，并且工作可靠，所以应用广泛。

（2）内啮合齿轮式机油泵

内啮合齿轮式机油泵工作原理与外啮合齿轮式机油泵基本相同。内啮合齿轮泵的内齿轮为主动齿轮，套在曲轴前端，通过花键由曲轴直接驱动。外齿圈是从动齿轮，装在机油泵体内，泵体固定在机体前端，如图7-4-2所示。

图7-4-1　外啮合齿轮式机油泵

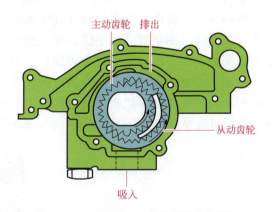

图7-4-2　内啮合齿轮式机油泵结构图

（3）转子式机油泵

转子式机油泵的内转子固定在主动轴上，外转子在油泵壳体内可自由转动，二者之间有一定偏心距，如图7-4-3所示。当内转子旋转时，带动外转子旋转。转子齿形齿廓设计得使转子转到任何角度时，内外转子每个齿的齿廓线上总能互相成点接触。这样，内外转子间便形成四个工作腔。某一工作腔从进油孔转过时容积增大，产生真空，机油便经进油孔吸入。转子继续旋转，当该工作腔与出油孔相通时，腔内容积减小，油压升高，机油经出油孔压出。

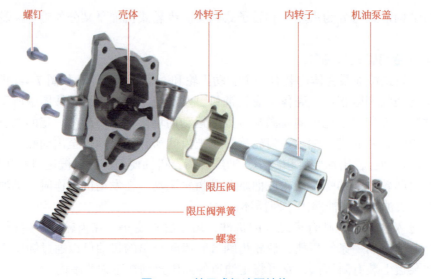

图 7-4-3　转子式机油泵结构

转子式机油泵结构紧凑，吸油真空度较高，泵油量较大，且供油均匀。当机油泵安装在曲轴箱外且位置较高时，用此种油泵较为合适。

二、安全阀

机油泵必须在发动机各种转速下都能供给足够数量的机油，以维持足够的机油压力，保证发动机的润滑。机油泵的供油量与其转速有关，而机油泵的转速又与发动机转速成正比。因此，在设计机油泵时，都是使其在低速时有足够大的供油量。但是，在高速时机油泵的供油量明显偏大，机油压力也显著偏高。另外，在发动机冷启动时，机油黏度大，流动性差，机油压力也会大幅度升高。为了防止油压过高，在润滑油路中设置安全阀或限压阀。一般安全阀装在机油泵或机体的主油道上。当油压升高到规定值时，安全阀开启，多余的机油返回机油泵进口，如图 7-4-4 所示，或直接流回油底壳。

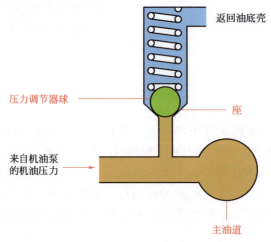

图 7-4-4　机油安全阀

三、机油滤清器

机油滤清器的功用是滤除机油中的金属磨屑、机械杂质和机油氧化物。如果这些杂质随同机油进入润滑系统,将加剧发动机零件的磨损,还可能堵塞油管或油道。

机油滤清器有安装在机油泵之前和机油泵之后两种。安装在机油泵之前的称为机油集滤器。安装在机油泵之后的又根据其布置方式,有全流式和分流式两种。

(1) 集滤器

集滤器一般是滤网式的,装在机油泵之前,防止粒度大的杂质进入机油泵。集滤器有浮式和固定式两种。

浮式集滤器能吸入油面上较清洁机油,但油面上泡沫易被吸入,使机油压力降低,润滑欠可靠。

固定式集滤器如图 7-4-5 所示,装在油面下面,吸入的机油清洁度稍逊于浮式,但可防止泡沫吸入,润滑可靠,结构简单,目前汽车发动机都是采用这种集滤器。

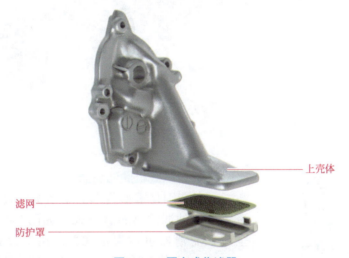

图 7-4-5　固定式集滤器

(2) 全流式机油滤清器

全流式机油滤清器串联于机油泵和主油道之间,因此全部机油都经过它滤清,如图 7-4-6(a)所示。目前在轿车发动机上普遍采用全流式机油滤清器。

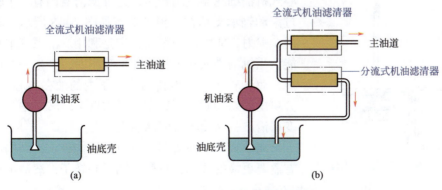

图 7-4-6　机油滤清器的布置方式

全流式机油滤清器的滤芯有多种形式,目前大部分汽车发动机都采用纸质滤芯。纸质滤芯的机油滤清器有两种结构形式,一种是可分解式,更换时只要把纸滤芯换掉即可;另一种是整体式,更换时要整个更换(图7-4-7)。

全流式机油滤清器有一定的使用期限,到期应更换。当机油滤清器在使用期限内滤芯被杂质严重堵塞时,滤清器进油口处的机油压力会升高,当压力达到规定值时,会打开机油滤清器中的旁通阀,此时机油不通过滤芯的过滤而直接进入主油道。虽然这时机油未经过滤就被输送到各个润滑表面,但这总比缺少润滑油要好得多。

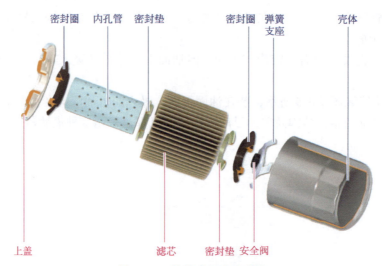

图7-4-7 整体式机油滤清器

(3) 分流式机油滤清器

货车特别是重型货车的发动机一般采用全流式+分流式的机油滤清器布置方式,如图7-4-6(b)所示。其全流式滤清器也称为粗滤器,用于过滤机油中粒径为0.05mm以上的杂质;分流式滤清器也称为细滤器,用来滤除粒径为0.001mm以上的细小杂质,而且只过滤机油泵供油量的5%～10%的机油。

分流式细滤器有过滤式和离心式两种类型。目前离心式机油细滤器应用较多,这种滤清器内有一个转子,通过滚动轴承支承在一根轴上,如图7-4-8所示。转子内有两个喷射方向相反的喷嘴,它是利用润滑系统本身的压力能,当机油进入转子从喷嘴上喷出时,产生一个反作用力矩,驱动转子飞快地转动。转子内的油在离心力作用下,分离出固态杂质,积聚在转子内壁上。转子中心部分的油变得清洁,从喷嘴流回油底壳。

离心式机油滤清器的特点是性能稳定,结构可靠,没有需要更换的滤芯,只要定期拆卸转子,清洁沉积在转子壁上的污垢后又可重新使用,使用寿命很长。它的不足在于结构复杂、价格较高、笨重等,

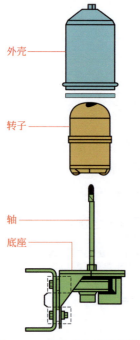

图7-4-8 离心式机油滤清器

对维护人员有较高的技术要求。

四、机油散热器

在增压发动机等高性能大功率的强化发动机上，由于热负荷大，必须装设机油散热器。机油散热器布置在润滑油路中，其工作原理与散热器相同。发动机机油散热器分为风冷式和水冷式两类。

风冷式机油散热器很像一个小型散热器，利用汽车行驶时的迎面风对机油进行散热。这种机油散热器散热能力大，多用于赛车及热负荷大的增压发动机汽车上［图7-4-9（a）］。

风冷式机油散热器在发动机启动后需要很长的暖机时间才能使机油达到正常的工作温度，所以普通轿车上很少采用。水冷式机油散热器外形尺寸小，布置方便，且不会使机油散热过度，机油温度稳定，因而在轿车上应用较广。

水冷式机油散热器多数安装在机油滤清器的上方，如图7-4-9（b）所示，通过冷却系统中流过的冷却液进行冷却。水冷式机油散热器不需要太大的散热面积，体积较小。在启动暖车期间油温较低时，可从冷却水吸热，迅速提高机油温度。

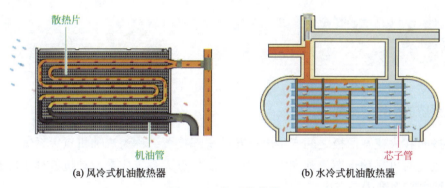

图 7-4-9　机油散热器

五、机油压力警告灯

现在的轿车都在仪表盘上设有一个机油压力警告灯，它由安装在发动机油道上的机油压力开关控制，可以在机油压力不足的时候，点亮警告灯，如图7-4-10所示，并提示驾驶员要停车检查。有的轿车甚至还设有压力保护，一旦压力不足，发动机马上熄火。

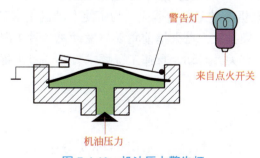

图 7-4-10　机油压力警告灯

第八章 点火系统

第一节 点火系统的功用与分类

1. 点火系统的功用与类型

能够按时在火花塞两极之间产生电火花的全部装置,称为汽油机点火系统。点火系统的作用就是适时可靠地点燃汽油和空气混合气。故点火系统应在发动机各种工况和使用条件下,保证可靠而准确地点火。

对点火系统的要求:

❶ 能产生足以击穿火花塞电极间隙的高电压。点火电压与火花塞电极间隙的大小、气缸内混合气的压力与温度、电极的温度和极性与发动机的工作情况有关。为保证低温状态启动的高点火电压要求,点火线圈一般可产生 30kV 左右的高压。

❷ 火花具有足够的能量。为了保证发动机能在较高经济性和污染排放量指标的基础上正常工作,其可靠的点火能量应达到 50~80mJ,启动时应产生大于 100mJ 的火花能量。现代汽车点火线圈电流达到 10A 以上,完全满足点火能量要求。

❸ 点火提前角与发动机各种工况相适应。为了使发动机正常工作,并提高发动机动力性、燃料经济性和减少污染排放,点火提前角要与发动机各种工况相适应。发动机点火提前角主要与转速和进气量有关,启动及急速工况要求较小的点火提前角。冷却水温度和进气温度等也对点火提前角有影响。

2. 点火系统的分类

汽车上使用的点火系统的种类较多,按不同的分类分述如下。

(1) 按能源不同分

按点火系统的能源不同，点火系统可分为蓄电池点火系统和磁电机点火系统。

蓄电池点火系统，由蓄电池或发电机供给低压直流电，借助点火线圈和断电器将低压电变为高压电，送至各缸火花塞点火。它具有结构简单、工作可靠的特点，长期得到广泛使用，故称为传统点火系统。

磁电机点火系统，由磁电机本身直接产生高压，不需另设低压电源。它主要用于高速满负荷工作的赛车发动机，以及不带蓄电池的摩托车发动机。

(2) 按储存点火能量的方式不同分

按点火系统储存点火能量的方式不同，点火系统可分为电感储能式点火系统和电容储能式点火系统。

电感储能式点火系统，是指点火系统在产生高压点火前，从电源获取的能量以电感线圈建立磁场能量的方式储存。电感线圈初级点火能量 W_L 大小与线圈的电感量 L 和线圈所形成的电流 I 的平方成正比，即 $W_L = \frac{1}{2}LI^2$。

电容储能式点火系统，是指点火系统从电源获取的电能，以电容建立电场能量的方式储存。能量 W_C 的大小与电容量 C 和电容电压 U 的平方成正比，即 $W_C = \frac{1}{2}CU^2$。

目前汽车上使用的大都是电感储能式点火系统。

(3) 按配电和控制方式不同分

按点火系统的配电和控制方式不同，点火系统可分为触点式点火系统、无触点电子点火系统和计算机控制电子点火系统。

触点式点火系统，目前仅在一些载货汽车上还有少量使用。

无触点电子点火系统按点火触发信号产生的方式不同，又分为磁感应式、光电感应式、霍尔感应式三种点火系统。

随着电子控制汽油喷射系统的普及，计算机控制电子点火系统在汽车上的应用越来越多。

第二节　传统点火系统

一、点火系统的组成

传统点火系统主要由电源（包括蓄电池或发电机）、点火线圈、分电器（即断电器、配电器等）、火花塞、点火开关、附加电阻、电容器、高压导线等装置组成，如图 8-2-1 所示。

❶ 电源为蓄电池或发电机，标称电压为 12V，其作用是供给点火系统所需的电能。

❷ 点火线圈即升压器，其作用是将汽车电源提供的 12V 的低压电转变为 17～30kV 的高压电。其构造与自耦变压器类似，在薄钢片叠成的铁芯上绕有一次绕组和次级绕组。一次绕组由较粗的漆包线（直径 0.5～1.0mm）绕成 230～370 匝；次级绕组由很细的漆包线（直径 0.06～0.10mm）绕成 11000～26000 匝。

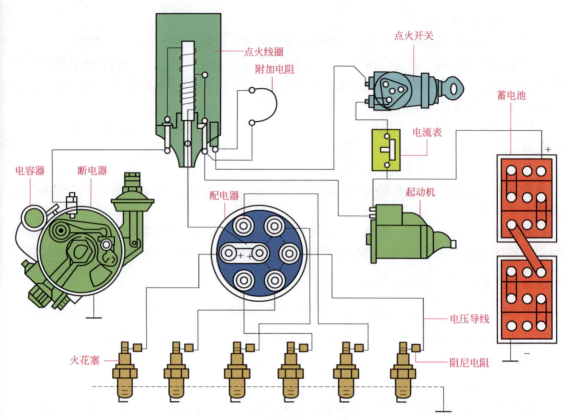

图 8-2-1　传统点火系统的组成

❸ 分电器主要由断电器、配电器、电容器和点火提前角调节机构等装置构成。

a. 断电器由触点副和凸轮组成（凸轮的凸角数等于发动机气缸数），其作用是在发动机运转时，交替地接通和断开一次电路。当触点闭合时，一次电路接通，一次绕组中有电流流过，而当凸轮旋转使凸角顶开触点时，一次电路便被切断。

b. 配电器由配电器盖和分火头组成。配电器盖内有旁电极（旁电极数目等于发动机气缸数），当分火头旋转时，它上面的导电片轮流和各旁电极相对，将点火线圈次级绕组产生的高压电按发动机工作顺序送往各缸的火花塞。

c. 断电器凸轮和配电器的分火头装在同一轴（即分电器轴）上，由发动机配气凸轮轴上的斜齿轮驱动，发动机曲轴与分电器轴的传动比为 2∶1，即曲轴每转两圈分电器轴转一圈。

d. 电容器与断电器触点并联，用来减小断电器触点分开时的火花，延长触点的使用寿命，提高二次电压。

e. 点火提前角调节机构安装在分电器上，其作用是随发动机转速、负荷和汽油辛烷值的变化改变点火提前角。

❹ 火花塞的作用是将高压电引入气缸燃烧室，产生高压电火花点燃混合气。

❺ 点火开关用来控制点火系统的电源电路，只要断开点火开关，点火系统供电电源则被切断，发动机将立即熄火。

❻ 附加电阻用来改善传统点火系统的工作特性，通常与点火线圈组装在一起。

二、点火系统的工作原理

在传统点火系统中,由蓄电池或发电机供给的 12V 的低压电,是借助点火线圈和断电器将其转变为高压电,再通过配电器分配到各缸火花塞,使其电极间产生电火花的。其工作原理如图 8-2-2 所示。

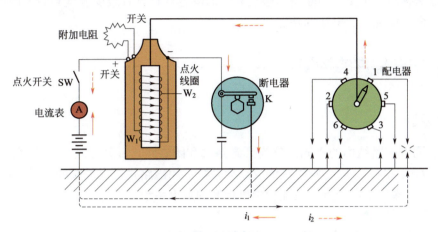

图 8-2-2 传统点火系统的工作原理

发动机工作时,断电器凸轮在配气凸轮轴的驱动下也随之旋转。凸轮旋转时,交替地将触点闭合和打开。在点火开关"SW"接通的情况下,当断电器、触点 K 闭合时,一次绕组中有电流流过,一次电流 i_1 回路(在图中用实线表示)为:蓄电池正极→电流表→点火开关"SW"→点火线圈"+"接线柱→附加电阻 R_f→点火线圈的一次绕组 W_1→点火线圈"-"接线柱→断电器触点 K→搭铁→蓄电池负极。一次电流 i_1 在线圈的铁芯中形成磁场。经一定时间后,当断电器凸轮将触点 K 打开时,一次电路被切断,一次电流 i_1 消失,所形成的磁场也随之迅速减弱,在一、二次绕组中都产生感应电动势。由于二次绕组匝数多,因而在其内产生的感应电动势高,一般可达 17~30kV,足以击穿火花塞的电极间隙,产生电火花,点燃混合气。高压电流 i_2 的回路(在图中用虚线表示)为:二次绕组→附加电阻 R_f→点火线圈"+"接线柱→点火开关"SW"→电流表→蓄电池→搭铁→火花塞旁电极、中心电极→配电器(旁电极、分火头)→二次绕组。分电器轴每转一转,各缸按发动机工作顺序轮流点火一次。

发动机工作时,上述过程周而复始地进行着,若要停止发动机工作,只要断开点火开关,切断点火系供电电源电路即可。

由上述可知,在传统点火系统中有两个电路:一个为低压电路,另一个为高压电路。一次电流 i_1 流经的电路为低压电路,其电源是蓄电池或发动机,负载为点火线圈的一次绕组 W_1。二次电流 i_2 流经的电路为高压电路,其电源是点火线圈二次绕组 W_2,负载为火花塞电极间隙。发动机工作时,只有低压电路交替地通、断,二次绕组 W_2 才能不断地产生高压电,以维持发动机的正常点火。若低压电路一直导通或一直断开,则二次绕组 W_2 不可能产生高压电对发动机实施点火。因此,高压电的产生依赖于低压电路的正常工作。

在点火过程中，与断电器触点 K 并联的电容器 C 具有重要的作用。当触点打开时，二次绕组 W_1 中所产生的 200～300V 的自感电动势会迅速向电容器充电，使触点间不再形成强烈的电火花，减少了触点的烧蚀，延长了触点的使用寿命；同时触点打开后，一次绕组 W_1 和电容器 C 形成一振荡回路，充了电的电容器 C 通过一次绕组 W_1 进行振荡放电。当电容器 C 第一次放电时，电流以相反的方向通过一次绕组 W_1，加速了磁场的消失，使二次感应电动势显著提高。可见，与断电器触点并联的电容器 C 具有减少触点 K 打开时的电火花，延长触点寿命，增强二次电压的功能。

三、主要部件的构造

1. 点火线圈

点火线圈按磁路结构的不同，分为开磁路式和闭磁路式。开磁路式点火线圈的能量转换率低（仅 60% 左右），广泛应用在传统点火系统；闭磁路式点火线圈的能量转换率高（可达 75% 以上），多用于电子点火系统和微机控制的点火系统。

（1）**点火线圈的型号**

根据 QC/T 73—1993 的规定，点火线圈的型号组成如下：

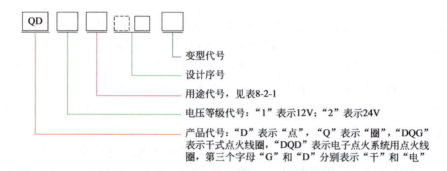

表 8-2-1　点火线圈用途代号

代号	用途	代号	用途
1	单、双缸发动机	6	八缸以上的发动机
2	四、六缸发动机	7	无触点分电器
3	四、六缸发动机（带附加电阻）	8	高能
4	六、八缸发动机（带附加电阻）	9	其他（包括三、五、七缸）
5	六、八缸发动机		

（2）**开磁路式点火线圈**

❶ 开磁路式点火线圈的结构。开磁路式点火线圈的结构如图 8-2-3 所示。胶木盖中央突出部分为高压接线柱即高压插孔，其他接线柱则为低压接线柱。根据低压接线柱的数目不同，点火线圈有二接线柱式和三接线柱式之分。二接线柱式点火线圈的低压接线柱上分

别标有"+""−"标记。三接线柱式点火线圈与二接线柱式的主要区别是外壳上装有一个附加电阻,为固定该电阻,又增加了一个低压接线柱。

开磁路式点火线圈的结构说明见表 8-2-2。

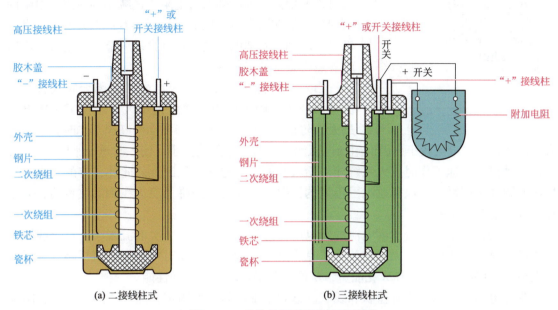

图 8-2-3 传统的开磁路式点火线圈

表 8-2-2 开磁路式点火线圈的结构说明

类别	结构说明
铁芯	由厚度为 0.3~0.5mm 的条形硅钢片叠成,以减少磁涡流和磁滞损失。铁芯外部包有绝缘硬纸板套
次级绕组	用直径为 0.06~0.10mm 的漆包线绕在硬纸板套外,匝数一般为 11000~26000 匝,其作用是通过互感,产生高压电动势。为加强绝缘和免遭机械损伤,每层导线都用绝缘纸隔开,最外层的绝缘纸层数较多,或者用纸板套管
一次绕组	用直径为 0.5~1.0mm 的漆包线绕在次级绕组的外边,以利散热,匝数一般为 230~370 匝。为了增加绝缘,在一次绕组层间以及一、二次绕组外面都包有绝缘纸。一次绕组的作用是利用绕组中电流的变化,实现电磁互感 绕组绕好后在真空中浸以石蜡和松香的混合物,以进一步增强绝缘性
瓷座	由陶瓷或玻璃制成圆盘状,用于外壳底部与绕组之间的绝缘
导磁钢片	用薄钢片制成弧状,装在一次绕组外面,其作用是使铁芯形成半封闭磁路。如图 8-2-4 所示,当低压电流流过一次绕组时,使铁芯磁化。由于磁路的上、下部分都是从空中通过的,铁芯未构成闭合磁路,所以称为开磁路点火线圈
外壳	用薄钢板压制而成,用于封装内部组件和填充绝缘物
胶木盖	用优质胶木粉热压而成,盖上有高压线插孔和低压接线柱。其作用是与外壳扣接成总体,密封绕组和安装接线柱

为了加强绝缘,防止潮气侵入,在外壳内填满沥青或变压器油,前者称为干式点火线圈,后者称为油浸式点火线圈。

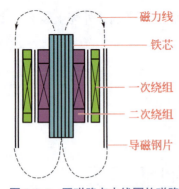

图 8-2-4 开磁路点火线圈的磁路

❷ 附加电阻。附加电阻也称热变电阻，一般用直径为0.4mm的铁铬铝电阻丝、镍铬丝或低碳钢丝绕成螺旋管状，常温下电阻值一般为1.5～2.0Ω，具有温度升高时电阻迅速增大、温度降低时电阻迅速减小的特点。电阻的两端分别接在两个接线柱上，如图8-2-3（b）所示。发动机工作时利用附加电阻这一特点自动调节一次电流，用以改善点火系统的工作特性。

当发动机低速工作时，断电器触点闭合时间长，一次电流较大，附加电阻受热阻值增大，避免了一次电流过大，防止点火线圈过热；当发动机高速工作时，触点闭合时间短，一次电流较小，因而附加电阻温度较低，电阻值变小，使一次电流下降得少些，保证发动机在高速工作时点火系统能供给较强的高压电而不致断火。此外，有的一次电路里串联附加电阻后，在保持总电阻不变的情况下，还可达到降低点火线圈的热负荷，防止点火线圈过热的作用。

当发动机启动时，由于蓄电池的端电压会急剧下降，致使一次电流减小，点火线圈不能供给足够的高压电和点火能量。为了克服这一影响，在启动时将附加电阻短路，以增大一次电流，提高二次电压和火花能量，从而改善了发动机的启动性能。

附加电阻的结构形式有盒状和线状。盒状附加电阻一般固定在点火线圈上，线状附加电阻接在点火开关（Ⅰ挡）与点火线圈"+"接线柱之间，如东风EQ1090就采用了阻值为1.7Ω的白色塑包附加电阻线。使用附加电阻线的优点是冷却性能好、热敏度高、不易折断、使用寿命长、便于维护等。

（3）闭磁路式点火线圈

从开磁路式点火线圈的结构上可以看出，一次绕组电流在铁芯中产生的磁通是通过导磁钢片构成回路的。这样在铁芯的上部和下部，磁力线必须从空气中通过，因而漏磁多，磁路磁阻大，损失大，能量转换率低。

闭磁路式点火线圈的结构如图8-2-5（a）所示。在"日"字形铁芯内绕有一次绕组，在一次绕组的外面绕有二次绕组，其磁路如图8-2-5（b）所示。由图可知，磁力线经铁芯构成闭合磁路。为了减小磁滞现象，铁芯上常设有一个很微小的空气隙。

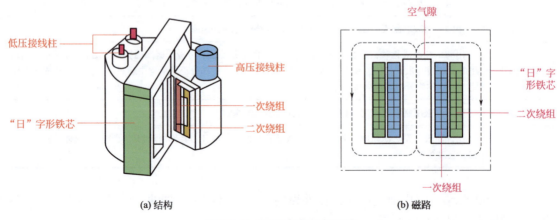

(a) 结构 (b) 磁路

图 8-2-5 闭磁路式点火线圈

2. 分电器

分电器由断电器、配电器、电容器和点火提前角调节机构四部分组成，如图 8-2-6 所示。

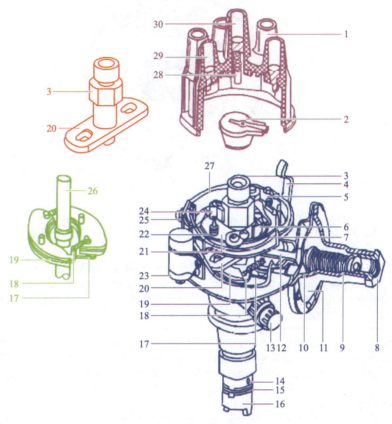

图 8-2-6　分电器的构造

1—分电器盖；2—分火头；3—断电器凸轮和离心调节器横板；4—分电器盖弹簧夹；5—断电器活动触点臂弹簧及固定夹；6—固定触点及支架；7—调整螺钉；8—接头；9—弹簧；10—真空点火提前角调节器膜片；11—真空点火提前调节器外壳；12—拉杆；13—油杯；14—固定销及联轴器；15—联轴器钢丝；16—联轴器；17—离心调节底板；18—离心调节器弹簧；19—调节器重块；20—拨板；21—断电器底板；22—真空调节器拉杆销及弹簧；23—电容器；24—油毡；25—断电器接线柱；26—分电器轴；27—分电器外壳；28—中心电极；29—分高压线插孔；30—中央高压线插孔

分电器的机构组成见表 8-2-3。

表 8-2-3　分电器的机构组成

类别	说明
断电器	断电器实质上是一个开关，装在分电器底板上，以控制点火线圈一次电路的通断，由一对触点和控制触点开闭的凸轮组成。触点用钨合金制成，一个为固定触点，另一个为活动触点。固定触点搭铁，固定在分电器底板上，可借助转动偏心螺钉调整触点间隙。活动触点固定在触点臂的一端，臂的另一端有孔，绝缘地套在底板的销钉上，臂中部铆接有夹布胶木顶块，靠弹簧片压紧在凸轮上。触点臂经弹簧片和导线与壳体外面的绝缘接线柱连接。凸轮为钢质，与拨板制成一体，活装在分电器轴上，经离心提前角调节机构的离心飞块由分电器轴驱动，如图 8-2-7 所示。凸轮的凸角数等于发动机的气缸数。凸轮每转一转，一次电路通断的次数恰好等于发动机的气缸数。

类别	说明
断电器	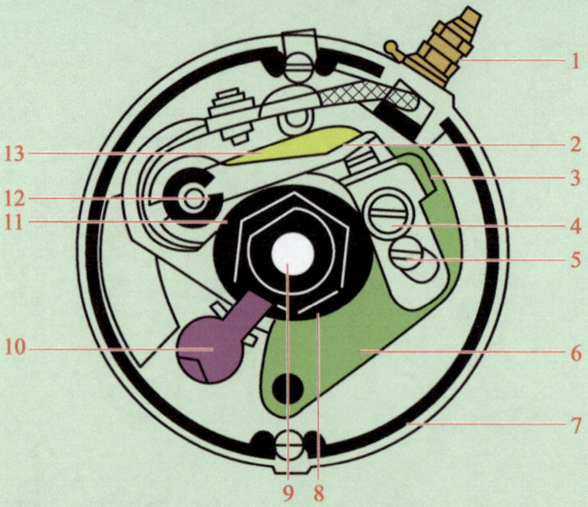 图 8-2-7 断电器 1—接线柱；2—活动触点臂与活动触点；3—固定触点与支架；4—固定螺钉；5—偏心调整螺钉；6—断电器活动底板；7—分电器壳；8—断电器凸轮；9—分电器轴；10—油毡；11—胶木顶块；12—销轴；13—触点臂弹簧片 触点间隙是指凸轮通过胶木顶块使触点打开到最大位置时，活动触点与固定触点之间的间隙值，其值一般规定为 0.35～0.45mm。如果触点间隙过大，则因触点臂的振动幅度大，触点的打开时间增长，闭合时间缩短，而导致二次电压降低；如果触点间隙过小，由于触点间火花过大而导致能量损失增加，同样会使二次电压降低。松开固定触点支架紧固螺钉，转动偏心螺钉可调整触点间隙
配电器	配电器安装在断电器的上方，由胶木制的分电器盖和分火头组成。分火头插装在凸轮的顶端，和凸轮一起随分电器轴转动，其上有金属导电片。分电器盖的中间有中央高压线插孔，其内装有带弹簧的炭柱及弹簧，压在分火头的导电片上。分电器盖的四周有与发动机气缸数相等的分缸高压线插孔。分火头旋转时，导电片在距离旁电极 0.2～0.8mm 的间隙处越过，没有摩擦。当断电器触点打开时，高压电自导电片跳至与其相对的旁电极，再经高压分线送至火花塞
电容器	电容器用螺钉和固定夹装在分电器壳体上，与断电器触点并联，其主要作用是减弱断电器触点间的火花，延长触点的使用寿命，并加速点火线圈的退磁速度，以提高二次电压 汽车分电器用电容器的结构如图 8-2-8 所示，由两条锡箔带（或铝箔带）和若干条石蜡绝缘纸相互叠加后卷制而成。两条锡箔带即为电容器的两个极板，其中一条锡箔带的底中与外壳紧密接触，另一条锡箔带则通过与壳绝缘的导电片由导线引出。卷成筒状的锡箔带和石蜡绝缘纸抽去层间的空气后，再经浸蜡处理装在金属外壳中，以增强其绝缘性能 电容器工作时要承受触点打开时一次绕组产生的 200～300V 自感电动势，因此要求其耐压为 700V 交流电和 1000V 直流电 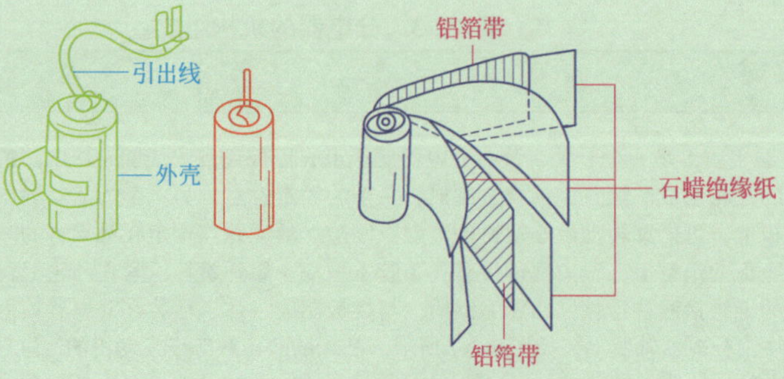 图 8-2-8 电容器

续表

类别	说明
点火提前角调节机构	分电器上装有随发动机转速和负荷变化而自动改变点火提前角的离心提前机构和真空提前机构 ①离心提前机构。离心提前机构是随发动机转速的变化而自动调节点火提前角的机构，它是通过改变凸轮和轴的相对位置关系的方法来实现调节的。发动机转速越高，最佳点火提前角越大 离心提前机构通常装在断电器固定底板的下部，其结构如图 8-2-9 所示。在分电器轴上固定有托板，两个离心块分别套在托板的柱销上，可绕柱销转动。离心块的另一端由弹簧拉向轴心。凸轮及拨板是一体的，凸轮活络地套装在轴上，其拨板的矩形孔套在离心块的销钉上，受离心块驱动。当分电器轴转动时，离心块上的销钉即通过拨板带动凸轮转动，螺钉的上面装有浸过润滑油的毛毡，对凸轮与轴之间的接触面进行润滑。有的分电器，为了消除离心块上销钉与拨板长槽孔间的间隙，在拨板上装有一根弹簧，将销钉压在长槽孔的一边 离心提前机构的工作原理如图 8-2-10 所示。当发动机转速升高时，离心块的离心力便逐渐增大，自某一转速开始，离心块的离心力即克服弹簧拉力，使离心块向外甩开。离心块上的销钉便推动拨板带着凸轮沿轴旋转的方向转过一个角度，使凸轮提前顶开触点，点火便提前一个角度。转速越高，离心块的离心力越大，离心块甩开的程度就越大，点火提前角也就越大，满足了点火提前角随转速的提高而增大的要求。反之，当转速降低时，离心力减小，弹簧便拉动离心块，拨板和凸轮沿轴旋转的相反方向退回一个角度，使点火提前角自动减小。转速越低，退回的角度越大，点火提前角便越小 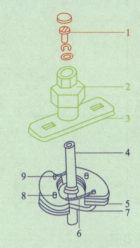 图 8-2-9　离心提前机构 1—凸轮固定螺钉及垫圈；2—凸轮；3—拨板；4—分电器轴；5—离心块；6—弹簧；7—托板；8—销钉；9—柱销 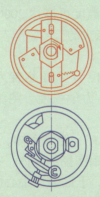  (a) 离心提前机构未起作用时　　(b) 离心提前机构工作，凸轮提前顶开触点 图 8-2-10　离心提前机构的工作原理 ②真空提前机构。真空提前机构是随发动机负荷的大小而自动改变点火提前角的装置，装在分电器壳体的外侧，工作原理如图 8-2-11 所示。壳内固装有膜片，将其内部分成两个腔室，位于分电器壳体一侧的腔室与大气相通，另一腔室用管子与化油器混合室相通。膜片中心固装着拉杆，拉杆的另一端固装一销钉，断电器活动底板就套装在此销钉上。因此，拉杆运动可带动断电器活动底板转动，转动的最大角度由固定板上的长形孔限制。平时在膜片右方弹簧的作用下，膜片拱向分电器壳体一侧，并通过拉杆带动断电器活动底板处于某一位置 真空调节机构的工作情况如图 8-2-11 所示。当发动机负荷小时，节气门开度小，小孔位于节气门之下，小孔处的真空度较大，吸动膜片，克服弹簧力向右拱曲，拉杆拉动活动底板并带动断电器触点逆分电器旋转方向转动一定角度，使触点提前打开，点火提前角增大。当发动机负荷增大即节气门开度增大时，小孔处真空度减小，吸力下降，在弹簧力的作用下，膜片向左拱曲，拉杆带动活动底板顺着凸轮旋转方向转动一定角度，使点火提前角自动减小

类别	说明
点火提前角调节机构	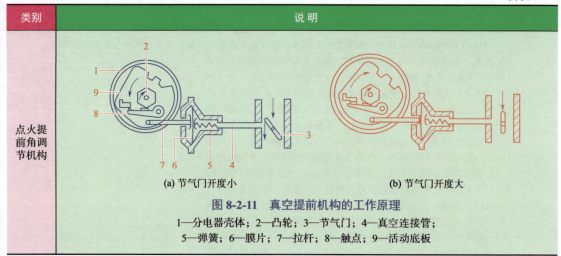 (a) 节气门开度小　　　　　　(b) 节气门开度大 图 8-2-11　真空提前机构的工作原理 1—分电器壳体；2—凸轮；3—节气门；4—真空连接管； 5—弹簧；6—膜片；7—拉杆；8—触点；9—活动底板

3. 火花塞

火花塞的作用是将点火线圈产生的高压电引入发动机的燃烧室内，在其电极间隙中形成电火花，点燃混合气。

在通常情况下，空气属于绝缘体。但在高压电作用下空气产生电离后，绝缘性能会发生质的变化而成为导体。当高压电达到一定数值，空气失去绝缘性能转变为导体的过程称为击穿。空气被击穿时将产生电火花，电火花的温度可高达 2000～3000℃，足以点燃气缸中的可燃混合气，火花塞就是利用这一原理而点火的。

(1) 火花塞的结构

火花塞拧装在发动机气缸盖的火花塞螺孔内，下部电极伸入燃烧室中，工作条件十分恶劣，因此要求火花塞应具有良好的热特性、力学强度、绝缘强度、耐腐蚀性和密封性等。

火花塞主要由中心电极、侧电极、导电金属杆、绝缘瓷体、钢壳、密封垫圈等组成，如图 8-2-12 所示。在钢质壳体的内部装有高氧化铝陶瓷绝缘体。在绝缘体中心孔的上部有金属杆，杆上端有接线螺母，用来连接高压导线，下部装有中心电极。金属杆与中心电极之间用导体玻璃密封，铜制内垫圈起密封和导热作用。壳体上部的外侧，有便于拆装的六角平面，下部有螺纹以备旋装在发动机气缸盖内。壳体下端固定有弯曲的侧电极。

中心电极和侧电极一般都是分别采用不同的镍锰合金制成的，具有良好的耐高温、耐腐蚀性能。因铜材导热性能大大优于镍合金材料，为了提高耐热性能，中心电极也有用镍包铜电极材料的。在国外，也有用适当缩小中心电极直径的办法，以减小电极的冷却作用，达到降低击穿电压的目的。但中心电极变细后，会降低火花塞的使用寿命，为此采用耐腐蚀的贵金属（如铂、钯、金、铱等）做中心电极材料。火花塞的电极间隙多为 0.6～0.7mm。近年来，为了适应发动机排气净化的要求，有利于稀混合气的燃烧，大量采用高能电子点火装置，其火花塞间隙一般增大至 1.0～1.2mm。

火花塞装入气缸盖座孔后，应保证密封。火花塞与气缸盖座孔间密封有平面密封和锥面密封两种。平面密封时，在火花塞与座孔间应加装多层密封垫圈或铜包石棉垫圈。

锥面密封时，不需使用密封垫圈，而是利用火花塞壳体的锥形面与气缸盖相应的锥形面进行密封。靠锥形面密封的火花塞，称锥座型火花塞，可以缩小火花塞的体积，对发动机设计有利。

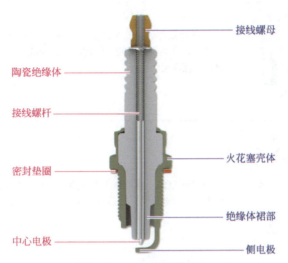

图 8-2-12　火花塞的结构

（2）火花塞的热特性

火花塞的热特性是指火花塞吸收的热量与散出的热量达到相对平衡状态时的温度。它取决于火花塞的吸热、传热和散热能力。不同结构、不同材质的火花塞其热特性不同。要使火花塞在发动机内工作良好，其绝缘体裙部温度应保持在 500～700℃，落在绝缘体上的油滴才能立即烧去，该温度称为火花塞的自净温度。火花塞工作温度低于自净温度时，会因积碳而漏电，导致不点火；高于自净温度时，则当混合气与炽热的绝缘体接触时，可能引起早燃或爆震，甚至在进气行程中燃烧，产生化油器"回火"现象以及电极烧损等故障。

火花塞绝缘体裙部的工作温度取决于其受热情况和散热能力。为使火花塞裙部经常保持在自净温度，就要求火花塞吸收的热量与散出的热量达到一定的相对平衡，并在发动机转速和负荷正常变化的范围内保持稳定。火花塞吸收的热量取决于钢壳下部的内径和绝缘体裙部的长度。钢壳下部的内径越大、绝缘体裙部越长，吸收的热量就越多。绝缘体裙部吸收的热量绝大部分经与钢壳接触的上下铜垫圈传给钢壳，然后再传给气缸盖及冷却液，另有少部分由中心电极等传出。

常用火花塞的结构类型见表 8-2-4。

表 8-2-4　常用火花塞的结构类型

类型	图示	说明
标准型		其绝缘体裙部略缩入壳体端面，侧电极在壳体端面以外，是使用最广泛的一种

续表

类型	图示	说明
绝缘体突出型	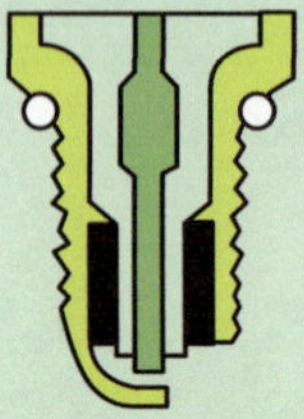	绝缘体裙部较长,突出于壳体端面之外,具有吸收热量大、抗污能力好的优点,且能直接受到进气的冷却而降低温度,因而也不易引起炽热点火,热适应范围宽
细电极型	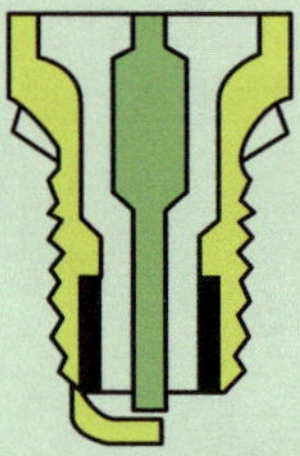	其电极很细,特点是火花强烈,点火能力好,在严寒季节也能保证发动机迅速可靠地启动,热适应范围较宽,能满足多种用途
锥座型	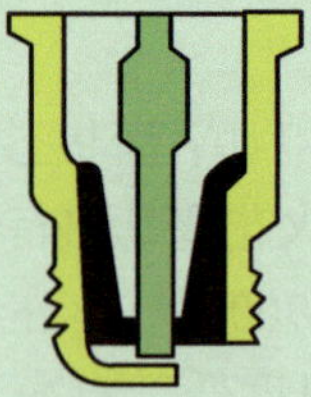	其壳体和旋入螺纹制成锥形,因此不用垫圈即可保持良好密封,从而缩小了火花塞体积,对发动机的设计更为有利
多极型	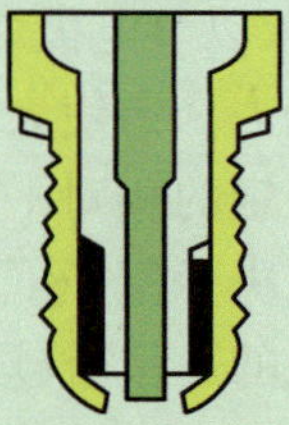	侧电极一般为两个或两个以上,优点是点火可靠,间隙不需经常调整,故在电极容易烧蚀和火花塞间隙不能经常调节的一些汽油机上常常采用
沿面跳火型	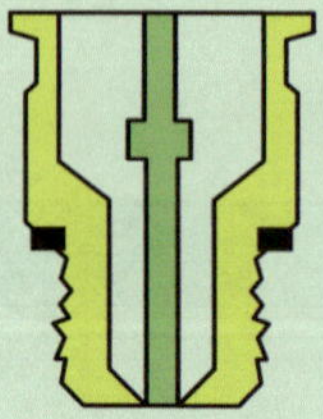	即沿面间隙型,是一种最冷型火花塞,其中心电极与壳体端面之间的间隙是同心的。它必须与点火能量大、电压上升率快的电容放电型点火系统配合使用,可完全避免火花塞炽热点火及电极"跨连"现象,即使在有油污情况下也能正常点火。其缺点是可燃气不易接近电极,故在稀混合气情况下,不能充分发挥汽油机的功能。另外,由于点火能量增大,中心电极容易烧蚀

此外,还有电阻型和屏蔽型火花塞。电阻型火花塞内装有 5～10kΩ 的电阻,以抑制汽车点火系统对无线电的干扰;屏蔽型火花塞是利用金属壳体把整个火花塞屏蔽密封起来,它不仅可防止无线电干扰,还具有防水、防爆功能。

第三节　无触点电子点火系统

一、无触点电子点火系统的组成

1. 无触点电子点火系统的组成

无触点电子点火系统主要由点火信号发生器、点火器、点火线圈、分电器和火花塞等组成。与传统点火系统相比，无触点电子点火系统采用信号发生器和点火器取代白金触点控制点火线圈初级电流的接通与关断。如图 8-3-1 所示为解放 CA1092 型汽车使用的无触点电子点火系统。

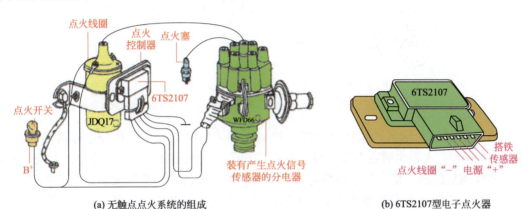

(a) 无触点点火系统的组成　　　(b) 6TS2107型电子点火器

图 8-3-1　解放 CA1092 型汽车使用的无触点电子点火系统

分电器轴转动时，点火信号发生器产生脉冲电压信号，此脉冲电压信号经电子点火器放大电路处理后，控制串联于点火线圈初级回路的导通和断开。当输入电子点火器的点火脉冲信号使初级电路接通时，点火线圈初级储存点火能量；当输入电子点火器的点火脉冲信号使初级电路断开时，次级线圈产生高压，通过配电器及高压导线等将点火高压送至点火气缸的火花塞。

2. 无触点电子点火系统的分类

无触点电子点火系统按点火信号发生器的工作原理不同可分为磁感应式、霍尔效应式、光电式、电磁振荡式等无触点电子点火系统。目前汽车上广泛使用的是磁感应式和霍尔效应式。

二、磁感应式电子点火系统

磁感应式电子点火系统又称为磁脉冲式或磁电式电子点火装置，这种系统结构简单，性能可靠，已在国内外普遍使用。日本丰田轿车、国产切诺基吉普车、CA1092型载货汽车和EQ1090型载货汽车等均装有该类型点火装置。下面以日本丰田汽车20R型发动机所装用的磁感应式无触点电子点火系统为例加以说明。

丰田汽车磁感应式无触点电子点火系统主要由磁感应式点火信号发生器、点火器、分电器、点火线圈、火花塞等组成，其电路如图8-3-2所示。该点火系统的分电器中仍保留了传统的配电器、离心点火提前机构和真空点火提前机构。

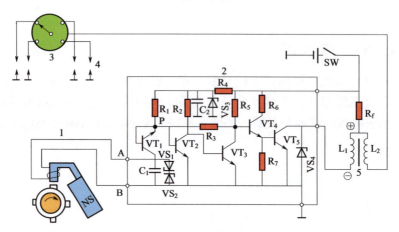

图 8-3-2　磁感应式无触点电子点火系统电路图
1—磁感应式点火信号发生器；2—点火器；3—分电器；4—火花塞；5—点火线圈

信号发生器的功用是产生信号电压，控制点火装置的工作，装在分电器内的底板上，如图8-3-3所示，主要由装在分电器轴上的信号转子、永久磁铁、铁芯（支座）和绕在铁芯上的传感线圈等组成。信号转子由分电器轴驱动，转子上的凸齿数与发动机气缸数相等。

磁感应点火信号发生器是利用电磁感应原理工作的，其基本结构如图8-3-3所示。当通过传感线圈的磁通发生变化时，在传感线圈内便产生交变电动势，相当于一个极小的发电机。其永久磁铁的磁路是：永久磁铁N极→空气隙→信号转子→空气隙→铁芯（通过传感线圈）→永久磁铁S极。

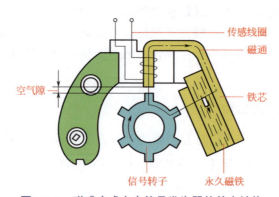

图 8-3-3　磁感应式点火信号发生器的基本结构

当发动机未转动时，信号转子不动，通过传感线圈的磁通没有变化，传感线圈不产生电动势，因而无信号输出。当发动机转动时，信号转子便由分电器轴带动旋转，这时信号转子的凸齿与铁芯间的空气隙将发生变化，使通过传感线圈的磁通发生变化，因而在传感线圈中便产生感应电动势。磁感应式点火信号发生器的工作原理如图 8-3-4 所示。

(a) 凸齿与铁芯分离

(b) 凸齿与铁芯靠近

(c) 凸齿与铁芯对正

(d) 凸齿离开

图 8-3-4　磁感应式点火信号发生器工作原理

具体工作过程如下：当发动机工作时，信号转子便由分电器轴带动旋转，这时信号转子的凸齿与铁芯间的空气隙将发生变化，使通过传感线圈的磁通发生变化，在传感线圈内便产生交变电动势。对于六缸发动机，转子每转一转，磁路的磁通出现 6 次最大值和 6 次最小值，同时在线圈中感应出相应的电动势，其磁通密度和感应电动势的波形如图 8-3-5 所示。

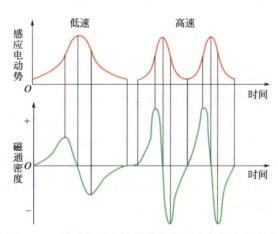

图 8-3-5　传感线圈中的磁通密度和感应电动势波形

三、霍尔式电子点火系统

霍尔式电子点火系统是一种使用量正在日益增多的新型电子点火系统，与磁感应式电子点火系统的不同之处是，用霍尔式点火信号发生器代替了磁感应式点火信号发生器以产生触发点火信号。国产奥迪 100、桑塔纳等轿车以及 CA488 型汽油机点火系统等均采用了霍尔式电子点火系统。

1. 霍尔效应

霍尔效应原理如图 8-3-6 所示，当电流 I 通过放在磁场中的霍尔元件（即半导体基片），且电流方向（x 方向）与磁场方向（z 方向）垂直时，在垂直于电流和磁场的半导体基片的两侧面（y 方向）即产生一个电压，这个电压被称为霍尔电压 U_H，且 U_H 的大小与通过的电流 I 和磁感应强度 B 成正比，即：

$$U_H = R_H IB/d$$

式中　R_H——霍尔系数；
　　　d——霍尔元件（半导体基片）厚度；
　　　I——通过霍尔元件的电流；
　　　B——磁感应强度。

由上式可知，当通过半导体基片的电流为一定值时，霍尔电压 U_H 与磁感应强度 B 成正比，即霍尔电压随磁感应强度大小而变化。

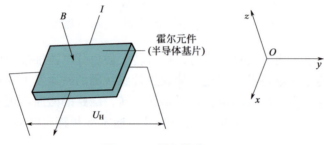

图 8-3-6　霍尔效应原理

2. 霍尔信号发生器

（1）霍尔信号发生器的结构

霍尔信号发生器是根据霍尔效应原理制成的，其结构如图 8-3-7 所示。主要由铲状触发叶轮、霍尔集成块和带导板的永久磁铁等组成。铲状触发叶轮为信号发生器转子，与分火头装在一起由分电器轴驱动，曲轴与叶轮之间的传动比为 2∶1。叶轮上叶片的数目等于发动机气缸数，且各叶片之间分配角为 360°/发动机气缸数。霍尔集成块、永久磁铁等为信号发生器的定子部分，永久磁铁与霍尔集成块对置安装，且两者之间具有一定的空气隙，触发叶轮的叶片可在空气隙中转动。

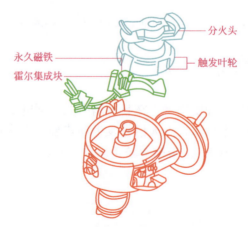

图 8-3-7　霍尔信号发生器结构

霍尔集成块包括霍尔元件和霍尔集成电路，其主要任务是将霍尔元件产生的微弱的毫伏级的交变电压放大、整形、转换成规则的矩形方波信号电压输出。霍尔集成块内部基本电路方框图如图 8-3-8 所示。

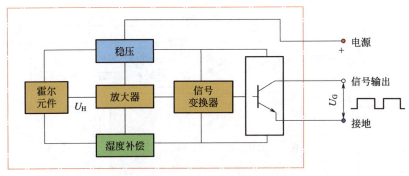

图 8-3-8　霍尔集成块内部原理框图

霍尔信号发生器是一个有源信号发生器，其中"+"为电源输入端，"-"为信号发生器搭铁端，剩余的一个接线柱则为霍尔信号发生器信号电压输出端。

（2）霍尔集成电路的工作原理

霍尔信号发生器的工作原理如图 8-3-9 所示。当触发叶轮转动时，每当叶片进入永久磁铁与霍尔元件之间的空气隙时，磁场便被触发叶轮的叶片旁路，如图 8-3-9（a）所示，而不能作用于霍尔元件上，这时霍尔元件不产生霍尔电压，集成电路输出极的晶体管处于截止状态，信号发生器输出高电位。

当触发叶轮的叶片离开永久磁铁与霍尔元件之间的空气隙时，如图 8-3-9（b）所示，永久磁铁的磁通便通过导磁板、霍尔集成块构成回路，这时霍尔元件产生霍尔电压，集成电路输出极的晶体管处于导通状态，信号发生器输出低电位。

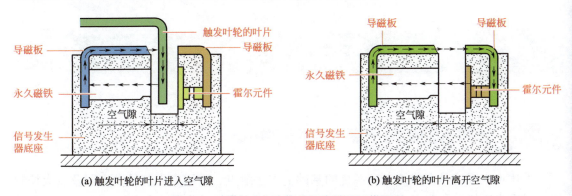

图 8-3-9　霍尔式点火信号发生器的工作原理

由上述可知，叶片进入空气隙时信号发生器输出信号 U_G 为高电位，叶片离开空气隙时信号发生器输出信号 U_G 为低电位。分电器不停地转动，上述方波便不断产生。

3. L497 及其点火电子组件

L497 专用点火集成电路是一典型的多功能专用点火集成块，如图 8-3-10 所示为以 L497 为核心组成的，与霍尔式点火信号发生器相配的点火电子组件典型电路。基本点火原理采用霍尔点火信号方波后沿（下降沿）触发点火方式。

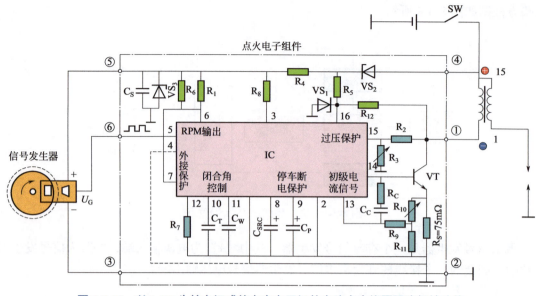

图 8-3-10 以 L497 为核心组成的点火电子组件电路点火线圈限流保护功能

霍尔式点火信号发生器依据霍尔效应原理，霍尔电压的优点是不受转速的影响，也不受灰尘的影响，信号比较稳定，因此在现代汽车上的采用有增多的趋势。

第四节 计算机控制电子点火系统

一、计算机控制电子点火系统的组成

上述点火系统是在传统点火系统的基础上省去触点、采用点火信号发生器及点火控制器，对提高次级电压和点火能量、使用寿命及工作可靠性均有较大作用。但对点火时间的调节，与传统点火系统一样，仍靠离心式和真空式两套机械点火提前装置来完成。由于机械滞后、磨损及装置本身的局限性等许多因素的影响，机械式点火提前调节机构还不能保证使发动机的点火时刻总是等于最佳值。采用计算机控制点火提前角和闭合角，能使发动机在任何工况下均可保证最佳的点火时刻。

计算机控制电子点火系统按系统的组成可分为有分电器和无分电器两大类。计算机控制电子点火系统的组成如图 8-4-1 所示，主要由各种传感器、电控单元、分电器（点火器）、点火线圈等组成。其基本控制原理如图 8-4-2 所示。

传感器的作用是检测发动机运行工况。点火系统的传感器主要有发动机转速传感器、

曲轴位置传感器、凸轮轴位置传感器、空气流量计、冷却液温度传感器、进气温度传感器、爆震传感器、节气门位置传感器等几种。

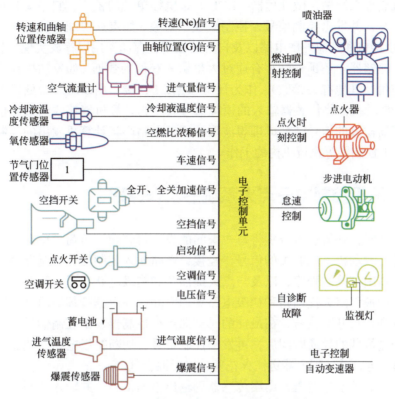

图 8-4-1　计算机控制电子点火系统的组成

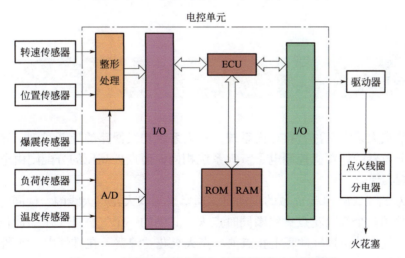

图 8-4-2　计算机控制电子点火系统的基本控制原理

电控单元是计算机点火系统的中枢。它可以实现对点火（初级绕组恒流、闭合角、气缸判别、点火监视功能）、空燃比、废气再循环、怠速等多项参数的综合控制，还具有自我诊断和保护功能。在汽车电控系统中，计算机点火系统仅是其中的一个子系统。

电控单元主要由微处理器（ECU）、存储器、输入/输出（I/O）接口、模数（A/D）转换器以及整形、驱动等大规模集成电路组成。目前，国内外已将具有上述各种功能的部分，制作在同一芯片上，形成汽车专用的大规模集成电路——车用单片机。

在计算机点火系统中，微处理器（ECU）是电控单元的核心，它采集各传感器输入的信号，进行运算，并发出控制信号，控制被控制对象（如点火线圈）的工作，同时还实现对存储器、I/O 接口和其他外围电路以及自身的控制；存储器用以存放实现过程控制的全部程序，同时，存储器中还预先储存有通过大量试验获得的数据（如发动机在各种工况下的最佳点火提前角及其他有关参数），作为计算依据；I/O 接口用以协调微处理器和外部电路间的工作；A/D 转换器将传感器输入的模拟信号转变为计算机能接收的数字信号；整形电路可以将传感器输入的信号转换成理想波形；驱动电路则将计算机发出的控制信号加以放大，以驱动点火控制器等执行机构的工作。

二、计算机控制电子点火系统的工作原理

发动机工作时，各传感器分别将每一瞬间的发动机转速、负荷、冷却液温度，以及是否发生爆震等与发动机工况有关的信号，经接口电路送入控制器。控制器根据转速、负荷信号，按存储器中存放的程序，以及与点火提前角和初级电路导通时间有关的数据，计算出该工况对应的最佳点火提前角和初级电路导通时间，并根据冷却液温度予以修正。最后根据计算结果和点火基准信号，在最佳的时刻向点火控制器发出控制信号，接通点火线圈初级电路。经过最佳的导通时间后，再发出控制信号，切断初级电路，使点火线圈的次级绕组中产生高压电，并经配电器送往火花塞，点燃混合气。

发动机工作时若发生爆震，爆震传感器则输出电压信号，并输入控制器，控制器将点火时间适当推迟，爆震消除后再将点火提前角逐渐移回到最佳值，实现对点火提前角的闭环控制。

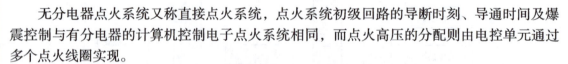

第五节　无分电器点火系统

无分电器点火系统又称直接点火系统，点火系统初级回路的导断时刻、导通时间及爆震控制与有分电器的计算机控制电子点火系统相同，而点火高压的分配则由电控单元通过多个点火线圈实现。

气缸数为 2、4、6、8 等偶数的发动机，通常采用双火花点火线圈，使同时处于上止点的两个气缸共用一个双火花点火线圈同时点火，其中的一个气缸处于压缩冲程上止点前正常点火，另一气缸处于排气冲程上止点前，点火火花"浪费"在排气中，如图 8-5-1 所示。双火花点火线圈的个数为气缸数的一半。

四缸发动机采用两个双火花点火线圈，其电路原理如图 8-5-2 所示。图中：IGF 为反馈信号，IGT 为点火正时信号。每个点火线圈次级绕组的两端通过各缸高压线连接一个火花塞。电控单元根据发动机转速传感器、曲轴位置传感器或凸轮轴位置传感器信号判别出各缸上止点位置，控制大功率三极管，使初级绕组适时通断，实现点火高压的分配。

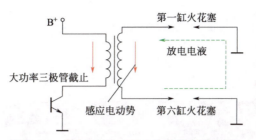

图 8-5-1 双火花输出的点火线圈放电电路

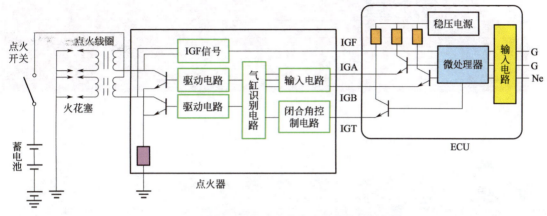

图 8-5-2 四缸发动机双火花点火线圈电路的原理

气缸数为奇数（3、5）时的多缸发动机，由于各气缸处于上止点的时刻不同，每个分别采用一个点火线圈，实现点火高压的分配。

视频精讲

视频精讲

第九章 汽油机燃料供给系统

第一节 汽油机可燃混合气及其对汽油机性能的影响

1. 可燃混合气及其浓度

❶ 可燃混合气是指空气与燃料的混合物。

❷ 可燃混合气中空气与燃料混合的比例称为可燃混合气浓度,通常用空燃比和过量空气系数来表示。

a. 空燃比:(A/F)是指混合气中空气质量(kg)与燃油质量(kg)的比值。即:

$$空燃比(A/F) = 空气质量 / 燃油质量$$

理论上 1kg 汽油完全燃烧约需空气 14.7kg,这种空燃比为 14.7 的混合气称为标准混合气。空燃比大于 14.7 的混合气,称为稀混合气;小于 14.7 的混合气,称为浓混合气。

b. 过量空气系数:过量空气系数 α 是指在燃烧过程中,燃烧 1kg 燃料实际供给的空气质量(kg)与理论上完全燃烧 1kg 燃料所需要的空气质量(kg)之比。即:

$$过量空气系数 \alpha = 燃烧 1kg 的燃油实际供给的空气质量 / 完全燃烧 1kg 燃油理论计算的空气质量$$

过量空气系数 $\alpha=1$ 的可燃混合气为标准混合气,$\alpha > 1$ 的为稀混合气,$\alpha < 1$ 的为浓混合气。

2. 可燃混合气成分对发动机性能的影响

可燃混合气的浓度对发动机的性能影响很大,直接影响动力性和经济性。试验证明,发动机的功率和耗油率都是随着过量空气系数 α 变化而变化的,如图 9-1-1 所示。

可燃混合气成分对发动机性能的影响见表 9-1-1。

表 9-1-1 可燃混合气成分对发动机性能的影响

类别	说明
理论混合气	理论上，对于 $\alpha=1$ 的理论混合气，空气中所含的氧正好使其中燃料完全燃烧。但实际上由于时间和空间条件的限制，汽油颗粒和蒸气不可能及时地与空气绝对均匀地混合，因此，即使 $\alpha=1$，汽油也不可能完全燃烧。要使混合气中的汽油能完全燃烧，混合气必须是 $\alpha>1$ 的稀混合气。如图 9-1-1 所示 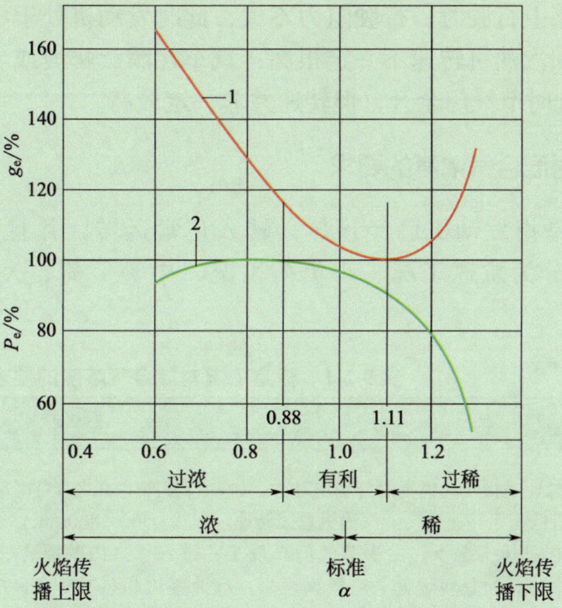 图 9-1-1 可燃混合气成分对发动机性能的影响 1—汽油机燃油消耗率 g_e 的相对值；2—汽油机功率 P_e 的相对值
经济混合气	在 $\alpha=1.1$ 时，耗油率最低，即经济性最好，此混合气称为经济混合气。在此种混合气中，有适量多余的空气，正好能使汽油完全燃烧。经验表明，对于不同的汽油机，相对于最低耗油率的混合气成分一般为 $\alpha=1.05\sim1.15$
过稀混合气	如果 $\alpha>1.11$，虽然混合气中的汽油可以保证完全燃烧，但是，由于过稀的混合气燃烧速度慢，热量损失大，使发动机的动力性和经济性都相应变坏，甚至会因燃烧过慢而发生进气管回火
火焰传播下限	当混合气稀到 $\alpha>1.3$ 时，燃料分子之间的距离将增大到使混合气火焰不能传播的程度，将导致发动机不能稳定运转，甚至熄火，此值称为过量空气系数的火焰传播下限
功率混合气	$\alpha=0.88$ 时，输出的功率最大，此混合气称为功率混合气。对不同的汽油机来说，一般当过量空气系数 $\alpha=0.85\sim0.95$ 时，汽油分子相对较多，混合气燃烧速度快，热损失小，如果其他条件相同，用这种成分的混合气工作的汽油机所输出的功率将是最大的。但是，这种混合气中空气含量不足，将有一部分汽油不可能完全燃烧，因而经济性较差
过浓混合气	$\alpha<0.88$ 的混合气称为过浓混合气。当 $\alpha<0.88$ 时，由于燃烧不完全，气缸中生成大量的一氧化碳和游离的炭粒，不仅使功率下降，耗油率增高，而且会造成燃烧室有积碳，排气管冒黑烟及排气管放炮等现象
火焰传播上限	$\alpha=0.4$ 称为火焰传播上限。混合气浓到 $\alpha=0.4\sim0.5$ 时，由于燃烧过程严重缺氧，将使火焰不能传播，此值称为过量空气系数的火焰传播上限

第二节 发动机工况对可燃混合气浓度的要求

汽车在实际应用过程中,发动机工况变化,可燃混合气浓度必须跟着变化。如汽车起步前和短暂停车时,发动机应处于怠速状态,此时节气门开度最小,负荷为0,转速最低;汽车在一般道路上行驶时,行驶阻力不大,此时发动机处于中等负荷状态,此时节气门部分开启,车速和汽油机转速不一定很高;汽车在满载爬坡或者全速行驶时,发动机应处于全负荷状态,此时节气门全开,但转速并非一定最高。

1. 稳定工况对混合气浓度的要求

稳定工况是指发动机已经预热,转入正常运转,并且在一定时间内工况没有突然变化。它可以分为怠速工况、小负荷工况、中等负荷、大负荷和全负荷五个范围(见表9-2-1)。

表9-2-1 稳定工况对混合气浓度的要求

类别	说明
怠速工况	怠速是指发动机不对外输出动力,做功行程产生的动力只用来克服发动机的内部阻力,维持发动机以最低稳定转速运转。汽油机怠速转速一般为 650～800r/min 在怠速工况下,由于节气门开度小,进入气缸内的混合气很少,气缸内残余废气对混合气稀释严重,而且转速低,空气流速小,汽油雾化和蒸发不良,混合气形成不均匀。因此,要求供给 $\alpha=0.6\sim0.8$ 的少量浓混合气
小负荷工况	发动机负荷在25%以下时称为小负荷。由于小负荷时,混合气的量比怠速时有所提高,废气对混合气的稀释作用也有所减弱,因而混合气浓度可以略为减小,一般 $\alpha=0.75\sim0.9$
中等负荷工况	发动机负荷在25%～85%之间称为中等负荷。由于进入气缸的混合气量增多,燃烧条件较好。此外,汽车发动机大部分的时间处在中等负荷下工作,为提高其经济性,应供给较稀的经济混合气,一般 $\alpha=1.05\sim1.15$
大负荷和全负荷工况	发动机负荷在85%以上时称为大负荷,负荷为100%时称为全负荷。此时,为了克服较大的外部阻力,要求发动机发出尽可能大的功率。因此,应供给较多的功率混合气,一般 $\alpha=0.85\sim0.95$

2. 过渡工况对混合气浓度的要求

汽车在运行中常遇到的过渡工况有冷启动、暖机和加速三种工况。

(1) 冷启动工况

冷启动是指发动机由静止到正常运转的过程。当熄火时间较长、发动机温度下降至环境温度时的启动称为冷启动。冷启动时,发动机温度低,汽油蒸发困难,只有供给极浓的混合气($\alpha=0.2\sim0.6$),才能保证进入气缸内的混合气中有足够的汽油蒸气,以利于发动机启动。

(2) 暖机工况

暖机一般是指冷启动后，发动机的温度逐渐升高到正常工作温度的过程。在暖机过程中，混合气的浓度应随温度升高而减小，从启动时的极浓减小到稳定怠速运转所要求的浓度为止。

(3) 加速工况

加速是指发动机负荷增加的过程。急加速时（如超车），节气门迅速开大，要求发动机的动力迅速提高，然而在急剧加大节气门开度的瞬间，由于汽油的惯性比空气惯性大，汽油流量的增加比空气流量的增加要慢得多，使混合气暂时过稀，反而使发动机的动力下降甚至熄火。因此，在急加速时，必须采用专门的装置额外供油，加浓混合气，以满足发动机急加速的要求。

综上所述，发动机所要求的可燃混合气是随发动机工况而变化的，见表9-2-2。

表9-2-2 发动机各工况对可燃混合气的要求

发动机工况	空燃比（A/F）	过量空气系数 α	发动机工况	空燃比（A/F）	过量空气系数 α
启动（0℃）	约2	0.2	中等负荷（经济车速）	15～18	1.05～1.15
启动（20）	约5	0.4	大负荷	12～13	0.85～0.95
怠速	约11	0.6～0.8	加速	8	0.4～0.6
小负荷	12～13	0.75～0.9			

第三节　汽油机燃烧过程分析

汽油发动机在实际工作中，由于燃烧前混合气形成质量比较好，其燃烧过程时间短、速度快，燃烧过程接近于对缸内气体进行的定容加热过程。汽油机燃烧过程可以分为着火延迟期、明显燃烧期和补燃期三个过程。为了改善汽油发动机燃烧过程，从而改善汽油机的动力性、经济性和环保性，常采用以下方法（见表9-3-1）。

表9-3-1 汽油机燃烧过程分析

	类别	说明
使用措施	正确选用燃料	燃料的使用性能对燃烧过程有直接影响，汽油的蒸发性越好，就越容易汽化，与空气混合形成的混合气质量就越好，使燃烧速度快，且易于完全燃烧。汽油的辛烷值越高，抗爆性能越好，越不容易发生爆震
	精确控制混合气浓度	混合气浓度对燃烧是否能进行、火焰传播速度、爆震倾向、排气成分都有很大的影响

续表

类别		说明
使用措施	准确控制点火提前角	点火提前角对汽油机爆震倾向如图 9-3-1 所示 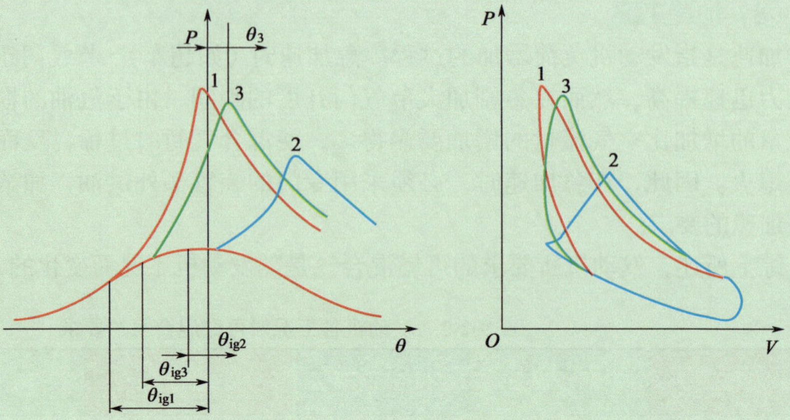 (a) $P\text{-}\theta$ 图　　　　　　(b) $P\text{-}V$ 图 **图 9-3-1　不同点火提前角的示功图** 点火提前角越大，最高压力越高，且最高压力点越靠近压缩上止点，甚至最高压力出现在压缩上止点以前。点火过早时（曲线 1），其最高压力升高，爆震倾向增大，机件承受的机械负荷增加，且因最高压力点的提前，使压缩行程消耗的功和传热损失均增加，导致发动机过热。而点火过晚时（曲线 2），其最高压力降低，使做功行程初期所做的功减少。同时，因燃烧过程是在气缸容积不断增大的膨胀行程中进行，高温的气体与气缸壁接触面积大，使热损失增加，燃烧热量用来充分做功的机会减少，因此也会导致发动机功率降低，热效率降低和过热
	保持发动机正常工作的温度	发动机的工作温度应保持在 80～90℃范围内，温度过高或过低均会对汽油机的燃烧过程产生不利影响。冷却液温度过高，爆震及表面点火倾向增加。同时因为进气温度高，使发动机实际进气量减少，缸内最高压力降低，发动机的动力性下降；发动机温度过低时，传热温差加大，热损失将增多，会导致发动机热效率下降，功率下降，耗油率增加。此外，还容易使燃烧中的酸根和水蒸气结合成酸类物质，使气缸腐蚀磨损增加，汽油雾化蒸发不良，会使燃烧形成的积碳和排放污染增加
结构措施	选择合适的压缩比	适当提高压缩比，可提高压缩行程终了时的温度和压力，从而加快火焰传播速度，使压缩终了的温度、压力增大，有利于提高发动机的热效率。汽油机不能追求过高的压缩比，一般原则是保证不发生爆震的前提下，尽量提高压缩比
	合理设计燃烧室	燃烧室的形状对发动机的燃烧过程有很大影响。结构紧凑的燃烧室，可缩短火焰传播距离，减少散热损失；有些燃烧室还能形成适当的涡流运动，可提高火焰传播速度，对减少爆震倾向、提高热效率、降低排放污染均有利
	排气污染控制措施	有些排气污染控制措施也能起到改善燃烧过程的作用。如废气再循环装置（EGR），它可将排气管中的废气引流到进气管中，与新鲜空气一起进入气缸参加燃烧，利用再循环废气对新鲜空气的稀释作用和对燃烧速度的限制作用，降低燃烧的最高温度，在改善汽油机排放控制的同时，改善汽油机的燃烧过程

第四节　汽油机电控喷射系统的分类

电控汽油喷射系统的分类方法见表 9-4-1。

表 9-4-1　电控汽油喷射系统的分类

类别	分类方法
按喷油器数量分类	①多点喷射（multi-point injection，MPI）：每个气缸有一个喷油器，喷油器安装在进气歧管内，在进气门附近，如图 9-4-1 所示 ②单点喷射（single-point injection，SPI）：几个气缸共享一个喷油器，单点喷射系统因喷油器装在节气门体上，因而有的国家又称其为节气门体喷射（throttle body injection，TBI），如图 9-4-2 所示 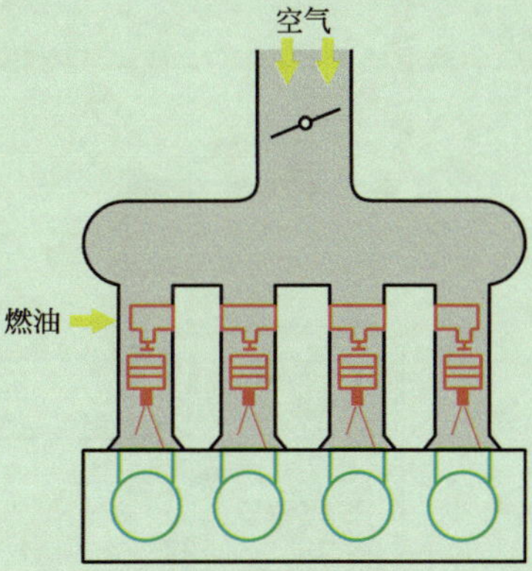 图 9-4-1　多点喷射系统 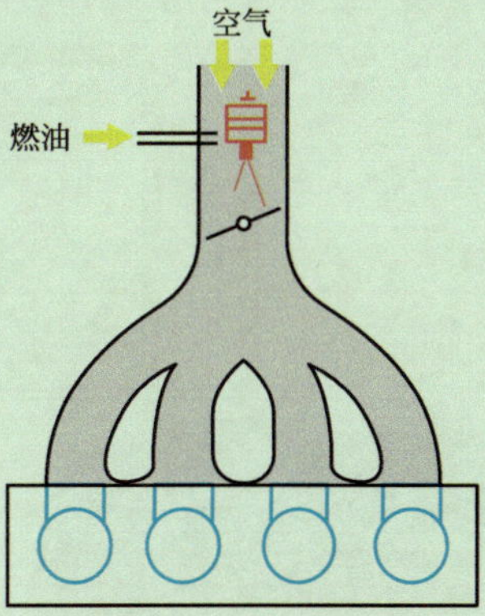　　　图 9-4-2　单点喷射系统
按喷射地点分类	①缸内喷射：在压缩行程开始前或刚开始时将燃油喷入气缸内，用于稀燃汽油机 ②喷在节气门上方：喷油器在节气门上方，用于单点喷射系统 ③喷在进气门前：喷油器装在进气歧管上，用于多点喷射系统
按进气量检测方法分类	①速度密度法：通过测量进气歧管内的真空度和温度，计算每循环吸入的空气量。由于空气在进气管内有压力波动，因此测量精度受到一定的影响 ②质量流量法：用空气流量计直接测量单位时间吸入进气歧管的空气量，再根据转速算出每循环吸气量。这种测量方法比速度密度法准确，因而可更精确地控制混合气的空燃比
按喷油时间间隔分类	①连续喷射：常见于机械喷射装置，不能用于缸内喷射 ②间歇喷射：在一定的曲轴转角内喷射
按多点喷油系统的喷油方式分类	①同时喷油：各气缸同时喷油 ②分组喷油：将各个气缸喷油器分成若干组，点火间隔为 360°，曲轴转角的两个喷油器为一组，或采用其他分组形式，同一组喷油器同时喷油 ③顺序喷油：各气缸喷油器按照发动机点火顺序分别进行喷油

第五节 汽油机电控喷射系统的组成

发动机电子控制燃油喷射系统由电子控制系统、燃油供给系统、空气供给系统、电控点火系统、排放控制系统组成。

Bosch公司的LH—Jetronic系统构成如图9-5-1所示。不同车型的汽油喷射系统的主要区别在于微机的控制方式、控制范围及内部控制程序不完全相同,各种传感器、执行器的配置和构造也各不相同。

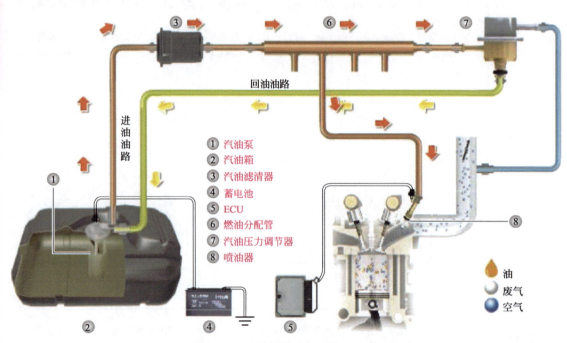

① 汽油泵
② 汽油箱
③ 汽油滤清器
④ 蓄电池
⑤ ECU
⑥ 燃油分配管
⑦ 汽油压力调节器
⑧ 喷油器

图9-5-1 电控燃油喷射系统的组成

1. 电子控制系统

汽油机电子控制系统由感测控制信号的传感器、以计算机为核心的电控单元和实现控制意图的执行器三部分组成,如图9-5-2所示。传感器是系统中信息的输入部分,它用于感测控制系统外部的信息,并将得到的信息转换为电信号后传输给电控单元,输入信息是引起控制系统发生变化的原因。电控单元是控制系统的中枢,是系统中的信息处理部分,它通过处理、分析和计算输入信息形成控制指令,并将形成的控制决定传输给执行器,处理是控制系统对输入的响应过程。执行器则是控制系统的输出部分,它将电控单元形成的控制指令转变为实现控制目标的物理运动,输出是系统根据输入产生的结果。

(1) 信号输入装置及输入信号

发动机控制系统的信号输入主要是通过各种传感器或其他控制装置将各种控制信号输入ECU的。发动机控制系统用的传感器和输入信号主要有下列种类(见表9-5-1)。

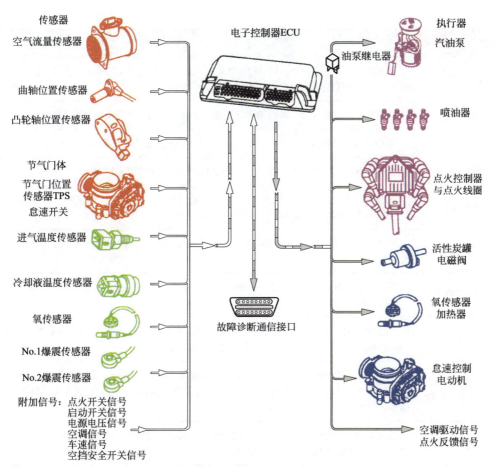

图 9-5-2　汽油机电子控制系统的组成

表 9-5-1　发动机控制系统用的传感器和输入信号种类

类别	说明
空气流量计（MAF）	在 L 型 EFI 中，由空气流量计测量发动机吸入空气量，并将信号输入 ECU，作为燃油喷射和点火控制的主控制信号
进气（歧管绝对）压力传感器（MAP）	在 D 型 EFI 中，由进气压力传感器测量进气管压力（真空度），并将信号输入 ECU，作为燃油喷射和点火控制的主控制信号
转速和曲轴位置传感器	曲轴位置传感器检测曲轴转角信号（转速信号）输入 ECU，作为点火和燃油喷射的主控制信号
凸轮轴位置传感器	向 ECU 输入凸轮轴位置信号，是顺序喷射和点火控制的主控制信号
上止点位置传感器	上止点位置传感器向 ECU 提供一缸上止点位置信号，作为点火控制主控制信号
缸序判别传感器	向 ECU 提供各缸工作顺序信号，作为顺序喷射和点火控制主控制信号
冷却水温度传感器	检测发动机冷却水温度，向 ECU 输入温度信号，作为燃油喷射和点火正时的修正信号，同时也是其他控制系统的控制信号
进气温度传感器	检测进气温度，向 ECU 输入进气温度信号，作为燃油喷射和点火正时的修正信号

第九章　汽油机燃料供给系统

续表

类别	说明
节气门位置传感器	检测节气门的开度状态，如怠速（全关）、全开及节气门开、闭的速率信号，输入ECU，控制燃油喷射及其他控制系统，如EGR，开、闭环控制，等
氧传感器	检测排气中氧的含量，向ECU输入空燃比的反馈信号，进行喷油量的闭环控制
爆震传感器	向ECU输入爆震信号，经ECU处理后，控制点火提前角，抑制爆震产生
大气压力传感器	检测大气压力，向ECU输入大气压力信号，修正喷油和点火控制
车速传感器	检测车速，向ECU输入车速信号，控制发动机转速，实现超速断油控制。在发动机和自动变速器共同控制时，也是自动变速器的主控制信号
启动信号	发动机启动时，由启动系统向ECU提供一个启动信号，作为喷油量、点火提前角的修正信号
发电机负荷信号	当发电机负荷因开启用电量较大的电气设备而增大时，向ECU输入此信号，作为喷油量与点火提前角的修正信号
空调信号（A/C）	当空调开关打开，空调压缩机进入工作状态，发动机负荷加大时，由空调开关向ECU输入空调信号，作为对喷油量及点火提前角控制的修正信号
挡位开关信号和空挡位置开关信号	自动变速器由P/N挡挂入其他挡位时，发动机负荷将有所增加，挡位开关向ECU输入信号，作为对喷油量及点火提前角的修正信号。当挂入P或N挡时，空挡位置开关提供P/N挡位置信号，防止不在P挡时发动机启动
蓄电池电压信号	当主ECU检测到蓄电池和电源系统的电压过低时，将对供油量进行修正，以补偿由于电压过低，造成喷油压力过低所带来的影响
离合器开关信号	在离合器接合和分离过程中，由离合器开关向主ECU输入离合器工作状态信号，作为喷油量及点火提前角控制的修正信号
制动开关信号	在制动时，由制动开关向ECU提供制动信号，作为对喷油量、点火提前角、自动变速器等的控制信号
动力转向开关信号	采用动力转向装置的汽车，当转向盘由中间位置向左右转动时，由于动力转向油泵工作而使发动机负荷加大，此时动力转向开关向主ECU输入修正信号，调整喷油量及点火提前角
EGR阀位置传感器	向主ECU提供EGR阀的位置信号，用以调整修正EGR率
巡航（定速）控制开关信号	当进入巡航控制状态时，由巡航控制开关向ECU输入巡航控制状态信号，由ECU对车速进行自动控制

随着控制功能的扩展，输入信号也将不断增加。从上述所列传感器及输入信号中可以看出，发动机集中控制系统所用的传感器及输入信号有很多都是相同的。这就意味着，在发动机集中控制系统中，可以减少大量的传感器数目，一个传感器或一个输入信号，可以多次重复使用，作为几个控制系统的输入信号。

(2) 电子控制单元（ECU）

ECU是一种电子控制装置，它所具备的基本功能如下。

❶ 接收传感器或其他装置输入的信息，给传感器提供参考（基准）电压；将输入的信

息转变为微机所能接收的信号。

❷ 存储、计算、分析处理信息;计算输出结果;存储该车型的特征参数;存储运算中的数据(随存随取),存储故障信息。

❸ 运算分析。根据信息参数求出执行命令数值;将输出的信息与标准值对比,查出故障。

❹ 输出执行命令。把弱信号变为强的执行命令;输出故障信息。

❺ 自我修正功能(自适应功能)。

发动机集中控制系统。ECU 的构成如图 9-5-3 所示。

ECU 主要由输入回路、A/D 转换器(模/数转换器)、微型计算机(微机)和输出回路四部分组成。

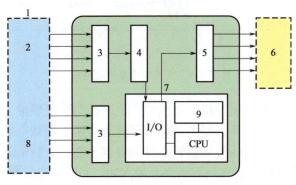

图 9-5-3　ECU 的构成

视频精讲

(3) 执行器

执行器是受 ECU 控制,具体执行某项控制功能的装置。发动机电子控制系统常用的执行器有以下几种(见表 9-5-2)。

表 9-5-2　执行器的种类

类别	说明
电动燃油泵	其功用是供给燃油喷射系统规定压力的燃油
电磁喷油器	根据 ECU 的喷油脉冲信号,精确计量燃油喷射量
冷启动喷油器及热限时开关	根据 ECU 的喷油脉冲信号和发动机冷却液温度信号,控制发动机启动时的喷油量和喷油持续时间
急速控制阀 ISC 或 ISCV(idle speed control valve)	其功用是控制发动机的急速转速。控制内容包括两个方面,一方面是在发动机正常急速运转时稳定急速转速,达到防止发动机熄火和降低燃油消耗之目的;另一方面是在发动机急速运转状态下,当发动机负载增加(如接通空调器、动力转向器或液力变矩器等)时,自动提高急速转速(即快急速),防止发动机熄火
活性炭罐及其电磁阀	根据电控单元的控制指令信号,回收发动机内部的燃油蒸气,以便减少排气污染

随着控制功能的增加,执行器也将相应增加。

2. 燃油供给系统

电控发动机的燃油供给系统主要由燃油箱、电动油泵、燃油滤清器、燃油分配管、压力调节器、喷油器及连接油管组成,有些发动机还装有汽油压力缓冲器,如图 9-5-4 所示。

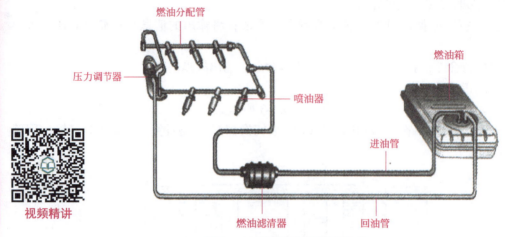

图 9-5-4　燃油供给系统的组成

燃油供给系统的功用是向发动机气缸供给燃烧所需的适量燃油。在发动机工作中,汽油经滤网被电动油泵吸出并加压,经燃油滤清器过滤后送至燃油分配管,在压力调节器的控制下,使油压与进气歧管内的气压差始终保持恒定不变,控制单元(ECU)控制喷油器适时开启,将定量的汽油喷入进气歧管,多余的汽油经回油管流回到油箱。

3. 空气供给系统

空气供给系统的作用是测量和控制发动机的进气量。目前,测量发动机进气量的方式主要有质量流量方式和速度密度方式两种。

空气供给系统由于进气量的测量方式不同,在测量元件和它的安装位置上也有所区别,但其他部分则基本相同,基本由空气滤清器、空气流量计或进气歧管压力传感器、节气门位置传感器、怠速控制装置等组成。

(1) 质量流量方式空气供给系统

电控发动机质量流量方式空气供给系统如图 9-5-5 所示。在气缸真空吸力的作用下,空气经过空气滤清器过滤,流经空气流量计、节气门体(或怠速控制阀)、进气总管、进气歧管,与喷油器喷出的汽油混合后被吸入气缸内燃烧。

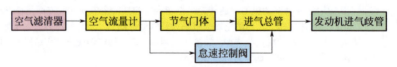

图 9-5-5　质量流量方式空气供给系统示意图

根据测量原理的不同,空气流量计常见的有叶片式、卡门旋涡式、热式等。其中热式空气流量计能测出空气质量流量,避免了海拔高度(压力)引起的误差,并且其响应时间短、测量精度高,现已成为电控汽油喷射系统较流行的空气流量计。图 9-5-6 所示为常见的热膜式和热线式空气流量计。

(a) 热膜式空气流量计　　　　　　(b) 热线式空气流量计

图 9-5-6　热式空气流量计

（2）速度密度方式空气供给系统

如图 9-5-7 所示为电控发动机速度密度方式空气供给系统。在气缸真空吸力的作用下，空气经过空气滤清器过滤，流经节气门体（或怠速控制阀）、进气总管、进气歧管，与喷油器喷出的汽油混合后被吸入气缸内燃烧。

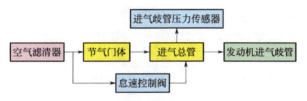

图 9-5-7　速度密度方式空气供给系统示意图

进气歧管压力传感器用于测量发动机进气歧管内的绝对压力，位于节气门后方，通过真空管与进气总管相连或直接安装在进气总管上。通过测量进气管的气体绝对压力信号，由 ECU 换算出每个工作循环发动机吸入的空气质量，并根据这一信号和发动机工况所需的空燃比计算出汽油的基本喷射量。

4. 电控点火系统

发动机电控点火系统的功用是在发动机不同转速和负荷工况下，提供处于最佳点火提前角位置且能量足够的电火花。

目前，常见发动机电控点火系统主要有两种类型：有分电器式电控点火系统和无分电器式电控点火系统。为了提高点火能量和减少点火系统产生的电磁干扰，无分电器式电控点火系统正在逐步取代有分电器式电控点火系统。

无分电器式电控点火系统完全取消了传统的分电器，点火提前角完全由发动机的 ECU 控制，由点火线圈产生的高压电直接传到火花塞，故也称为直接点火系统，如图 9-5-8 所示。

无分电器式电控点火系统目前常见的有同时点火方式和独立点火方式两种。

同时点火方式由两缸合用一个点火线圈，每次高压都使配对的两缸火花塞同时跳火，线圈分配方式采用高压二极管配电的二极管分配方式。同时点火方式和独立点火方式相比，独立点火方式的点火模块结构相对复杂，线圈多，但火花塞寿命长，点火更可靠，目前应用较多。

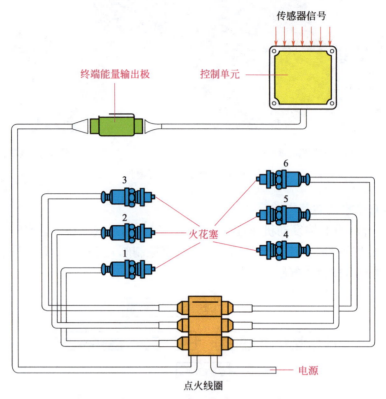

图9-5-8　直接点火系统基本组成

5. 排放控制系统

汽油机排放污染物主要是 CO、HC、NO_x 等，污染物的来源有三个方面：排气、蒸发、曲轴箱窜气。为了减少排放污染，现代汽车采取了许多措施来加以控制，主要有以下几方面。

（1）燃油蒸发控制系统（EVAP）

燃油蒸发控制系统的功用是阻止汽油箱内的汽油蒸气泄漏到大气中污染环境。同时，收集的汽油蒸气可适时送入进气管，与空气混合后进入燃烧室燃烧，提高发动机的燃油经济性。

燃油蒸发控制系统的组成如图9-5-9所示。当汽油箱内的汽油蒸气压力高于外界压力时，汽油蒸气经蒸气管进入活性炭罐内，汽油分子被活性炭罐内的活性炭吸附，剩下的空气经过活性炭罐的出气孔排入大气中。当汽油箱内的汽油蒸气压力低于外界压力时，空气经活性炭罐、蒸气管进入油箱，以平衡油箱压力。

活性炭罐上方有一出口通过真空软管和炭罐清污电磁阀与发动机进气歧管相连，清污电磁阀由ECU控制。当发动机在正常运转状态时，ECU控制清污电磁阀开启，依靠进气管真空吸力作用，外界空气从活性炭罐的出气孔进入，经活性炭至真空管被吸入发动机。流动的空气使吸附在活性炭表面的汽油分子蒸发并被吸入发动机，一方面使汽油得到充分利用,另一方面恢复了活性炭的吸附能力。

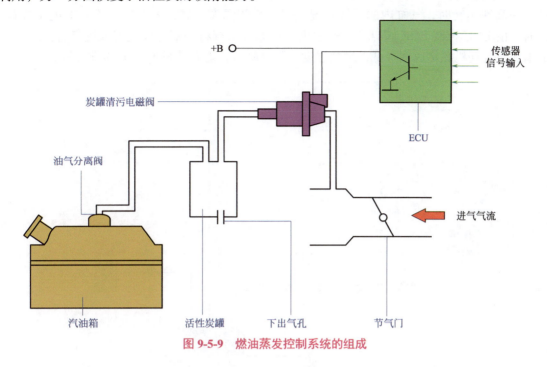

图 9-5-9 燃油蒸发控制系统的组成

(2) 三元催化转换器(TWC)

三元催化转换器的功用是将汽车尾气中有害物 CO、HC 和 NO_x 转化成为 H_2O、CO_2 和 N_2,有效减少污染排放。三元催化转换器由壳体、减振层和涂有铂、铑等贵重金属催化剂的蜂窝状陶瓷载体构成,如图 9-5-10 所示。

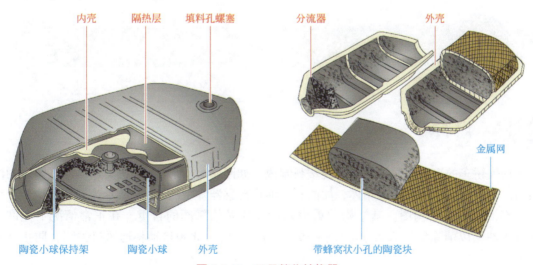

图 9-5-10 三元催化转换器

(3) 废气再循环系统(EGR)

废气再循环系统的功用是降低发动机 NO_x 的排放量,其基本结构如图 9-5-11 所示。

NO_x 是在高温和富氧条件下生成的，燃烧温度越高生成的 NO_2 越多。发动机在热机状态下中高速运转时，气缸内的燃烧状况良好，燃烧温度较高，大大加剧了 NO_x 的生成量。此时，由 ECU 控制 EGR 阀打开，通过废气再循环系统将一部分废气引入进气管。废气量的增加使发动机燃烧速度降低，燃烧温度也随之降低，能有效减少 NO_x 的排放量。

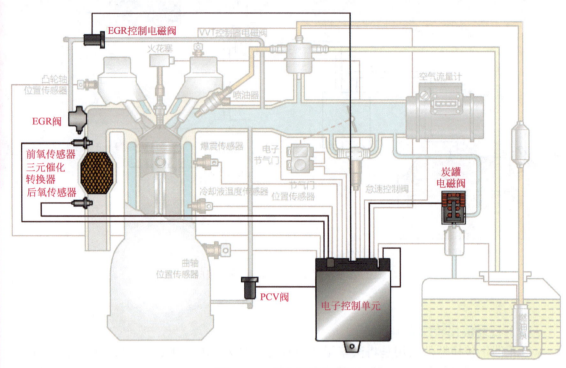

图 9-5-11　废气再循环系统

第六节　燃油供给系统辅助装置

一、汽油箱

现代轿车的汽油箱通常由耐油硬塑料制成。如图 9-6-1 所示为一汽奥迪 100 型轿车的汽油箱。它的主要结构包括油箱体、加油管、油量传感器等。图 9-6-2 所示为一汽奥迪 100 型轿车汽油箱内部结构图。其结构中重力阀的作用是依靠阀的自重，在正常情况下允许空气进入油箱以消除负压。当车辆倾斜 45° 或者翻车时，此阀自动将通风口关闭，防止燃料漏出。

截止阀的作用是当油箱内油量减少，阀打开，向油箱注油速度加快；当油箱内燃油已接近加满，空气不能从油箱内排出时，油面上有了压力，使截止阀关闭，汽油则不能流出油箱。

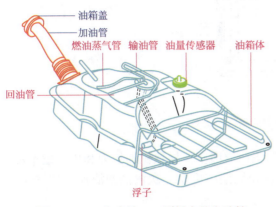

图 9-6-1　一汽奥迪 100 型轿车的汽油箱

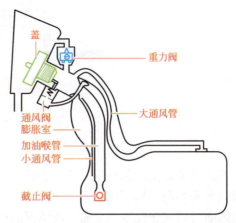

图 9-6-2　一汽奥迪 100 型轿车汽油箱内部结构图

二、汽油滤清器

汽油滤清器用于除去汽油中的水分、固体杂质和胶质，保证汽油泵和喷油器正常工作。在汽油进入油泵之前，一般采用金属滤网进行第一道滤清，去除大颗粒杂质，保证油泵正常工作。在油泵与喷油器之间，装有滤清能力更强的滤清器，保证燃油的清洁。

滤清器在结构上有可拆式和不可拆式两种（如图 9-6-3 所示），常见滤清器芯有纸质和陶瓷质。目前多数汽车采用不可拆式的滤清器，其结构如图 9-6-4 所示。纸质滤芯常用化纤或微孔滤纸材料，外壳由密封式塑料或金属制成。燃油经进油管接头进入滤清器后，由于容积变大，流速变小，密度大的水分、固体杂质、胶质沉淀于外壳底部，燃油再经过滤芯过滤后从出油管接头流出。

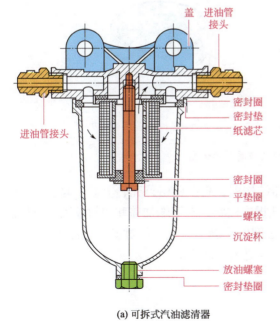

(a) 可拆式汽油滤清器

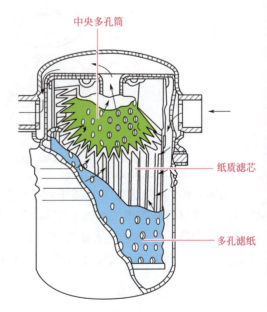

(b) 不可拆式汽油滤清器

图 9-6-3　汽油滤清器

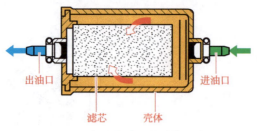

图9-6-4 汽油滤清器的结构与安装

汽油滤清器使用到一定时间，会因杂质的沉积造成堵塞，导致供油压力和供油量不足。一般汽车每行驶三四万千米或每两个二级维护作业周期应更换一次汽油滤清器。如发现使用的燃油杂质成分较多，应缩短滤清器的更换周期。

三、空气滤清器

空气滤清器的功用是在空气进入发动机前，清除其中的尘土和沙粒，以减少气缸、活塞、活塞销的磨损。延长发动机的使用寿命，消除进气流所形成的噪声，减少环境污染。

按照滤清方式不同，空气滤清器可分为惯性式、过滤式、综合式三种类型。目前，使用较为广泛的是过滤式纸质干式空气滤清器。它具有重量轻、成本低、使用维护方便、滤清效果好等优点。

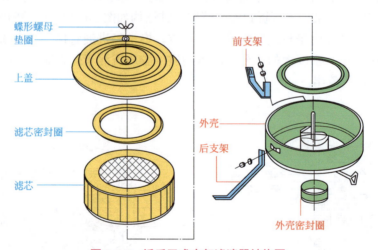

图9-6-5 纸质干式空气滤清器结构图

如图9-6-5所示为常见纸质干式空气滤清器结构图，它主要由外壳、上盖、滤芯总成、密封圈、拉紧螺杆等组成。滤芯用标准空气滤纸折成柱状，上下端加盖和密封胶固定成形。在真空吸力作用下，空气从滤清器上盖与外壳之间的夹缝中吸入，经过滤芯过滤杂质后进入进气通道，干净的空气经进气软管、进气总管等进入发动机。

第十章 柴油机燃料供给系统

第一节 柴油机燃料供给系统的功用、组成及工作过程

1. 功用

柴油机燃料供给系统是柴油机的重要组成部分，其主要功用是：不断供给发动机经过滤清的清洁燃料和空气。根据柴油机不同工况的要求，将一定量的柴油以一定压力和喷油质量定时喷入燃烧室，使其与空气迅速混合并燃烧，做功后将燃烧废气排出气缸。

2. 组成

柴油机燃料供给系统的基本组成如图10-1-1所示，主要由柴油供给装置、空气供给装置、混合气形成装置和废气排出装置四部分组成。

（1）柴油供给装置

柴油供给装置的主要功用是完成柴油的储存、滤清和输送工作，并以一定压力和喷油质量定时、定量地将燃料喷入燃烧室。根据发动机工作时的柴油压力不同，柴油供给装置可分为高压油路和低压油路两部分。低压油路主要包括柴油箱、输油泵、柴油滤清器和低压油管等，高压油路主要包括喷油泵、喷油器和高压油管等。

（2）空气供给装置

空气供给装置的主要功用是供给发动机清洁的空气，包括空气滤清器和进气管等，在有些柴油发动机上，还装有进气增压装置。

（3）混合气形成装置

混合气形成装置的主要功用是使柴油与空气混合形成混合气；由于柴油的蒸发比较差，在柴油机压缩上止点附近，柴油供给装置将柴油直接喷入燃烧室；在燃烧室内，柴油与空气边混合边燃烧,所以柴油机的混合气形成装置就是燃烧室。

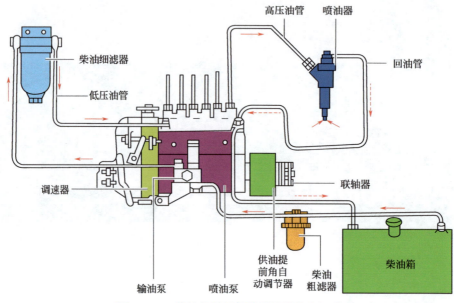

图 10-1-1　柴油机燃料供给系统的基本组成

(4) 废气排出装置

废气排出装置的主要功用是在做功后排出气缸内的燃烧废气,包括排气管和排气消声器等。

3. 工作过程

柴油机工作时,活塞式输油泵将柴油从柴油箱内吸出,并以 0.15～0.30MPa 的低压输送给柴油滤清器,清洁的柴油经低压油管进入柱塞式喷油泵。柱塞式喷油泵将柴油压力提高到 10MPa 以上,并根据发动机负荷的大小,将一定量的高压柴油经高压油管输送给喷油器,由喷油器将柴油喷入燃烧室。

输油泵的供油量远大于发动机消耗的油量,多余的柴油经喷油泵回油管流回柴油箱,喷油器间隙泄漏的少量柴油经喷油器回油管流回柴油箱。

第二节　可燃混合气的形成与燃烧室

1. 可燃混合气形成特点

柴油机具有热效率高、可靠性好、排放污染少和在较大功率范围内适应性好等优点,因而在汽车上的应用广泛。与汽油机相比,柴油机所用燃料的理化特性决定了燃料供给、着火与燃烧方式的不同。柴油机采用压燃,即在压缩行程接近终了时,把柴油喷入气缸,使之与空气混合成可燃混合气,并利用空气压缩所形成的高温使其自行点火燃烧。

由于柴油机在进气过程中进入燃烧室的是纯空气,在压缩过程接近终了时,柴油才喷入,然后即自行着火燃烧。柴油机的混合气形成的时间很短,只占15°～35°曲轴转角。与汽油相比,柴油的蒸发性和流动性都比较差,难以在燃烧前彻底雾化蒸发并与空气均匀混合。为了保证燃烧完全,柴油机不得不采用较大的过量空气系数,即总体上过量空气系数 $α > 1$,但燃烧室内仍存在局部混合气过浓和过稀的现象。

2. 可燃混合气的形成方式

根据柴油机混合气形成特点,可燃混合气的形成可以分为空间雾化混合和油膜蒸发混合两种基本方式。空间雾化混合是将柴油高压喷向燃烧室空间,形成雾状,与空气进行混合。为了混合均匀,要求喷出的燃油与燃烧室形状相配合,并充分利用燃烧室中空气的运动。油膜蒸发混合是将大部分柴油喷射到燃烧室壁面上,形成一层油膜,受热蒸发,在燃烧室中强烈的旋转气流作用下,燃料蒸气与空气形成均匀的可燃混合气。

在柴油实际喷射中,两种混合方式兼而有之,只是多少、主次有所不同。

为了促进柴油与空气更好混合,一般都要有适当的空气涡流,常见的有以下三种:

(1) 进气涡流

进气涡流是指在进气行程中,使进入气缸的空气形成绕气缸中心高速旋转的气流,它一直持续到燃烧膨胀过程。涡流速度可以达到曲轴转速的6～10倍。

(2) 挤压涡流

挤压涡流(挤流)是指在压缩过程中形成的空气运动。当活塞接近压缩上止点时,活塞顶上部的环形空间中的气体被挤入活塞顶部的凹坑内[如图10-2-1(a)所示],形成了气体的运动,称为正挤流;当活塞下行时,活塞顶部凹坑内的气体向外流到环形空间[如图10-2-1(b)所示],称为逆挤流。挤压涡流的产生与活塞顶部凹坑(燃烧室)设计有很大关系,柴油机活塞顶部凹坑形形色色,目的就是促进燃油与空气的混合与燃烧。

(3) 燃烧涡紊流

燃烧涡紊流是指利用柴油燃烧的能量,冲击未燃的混合气,造成混合气涡流或紊流。其目的也是进一步促进燃油与空气的混合与燃烧。

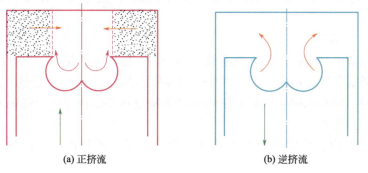

图10-2-1 挤压涡流

(a) 正挤流　　(b) 逆挤流

3. 柴油机燃烧室

燃烧室是柴油机的燃烧场所。它对燃烧有重要影响,其结构形形色色,基本分为直喷式燃烧室和分隔式燃烧室两大类。

(1) 直喷式燃烧室

直喷式燃烧室的特点是只有一个燃烧室，位于活塞顶面和气缸盖底平面之间，燃料直接喷入该燃烧室中与空气进行混合燃烧。

如图 10-2-2（a）所示为 ω 形燃烧室，其凹坑较浅，底部较平，空气压缩涡流小，主要靠喷油嘴高压喷油到燃烧室空间与空气混合，属于以空间雾化混合为主的方式。ω 形燃烧室的优点是结构简单、紧凑，由于空间小，传热少，动力性、经济性与启动性都较好。因此在一些中小型高速柴油机上得到了广泛应用，如解放 CA6110 系列、CA6DE 系列和 CA6DF 系列及上海柴油机厂生产的 6135Q 型柴油机等，均使用这类型燃烧室。其主要缺点是对喷油系统要求高，需要较高的喷油压力，喷油嘴的喷孔也要求小而多，工作起来也比较粗暴。

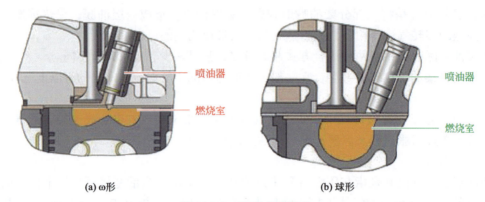

(a) ω形　　　　　　(b) 球形

图 10-2-2　直喷式燃烧室

如图 10-2-2（b）所示为球形燃烧室，其凹坑呈球状，较深，同时产生较强的空气涡流，喷油嘴顺气流喷射，在强涡流气流的带动下，燃油被涂布到球形燃烧室壁面上，形成一层油膜，属于以油膜蒸发为主的混合方式。由于空气的强烈涡流，空气利用率较高；燃料燃烧是逐层蒸发燃烧，所以工作起来比较柔和。它对燃油系统要求不高，可以使用单喷孔喷油嘴，喷油压力也较低。但它的启动性能不好，因为启动时机体温度低，油膜较难蒸发燃烧，低速性能也不好。目前球形燃烧室使用比较少，仅有国产 90 系列和 6120Q 型柴油机使用。

(2) 分隔式燃烧室

分隔式燃烧室的结构特点是燃烧室被分隔为主、副两个燃烧室，二者用一个或数个通道相通。副燃烧室在气缸盖内，容积占总压缩容积的 50%～80%；主燃烧室在缸盖底平面与活塞顶面之间。燃料先喷入气缸盖中的副燃烧室进行预燃烧，再经过通道喷到活塞顶上的主燃烧室进一步燃烧。

分隔式燃烧室根据结构原理的不同可以分为涡流室式和预燃室式两种，如图 10-2-3 所示。

❶ 涡流室式燃烧室如图 10-2-3（a）所示，其副燃烧室的形状有球形［图 10-2-4（a）］、吊钟形［图 10-2-4（b）］和组合形［如图 10-2-4（c）所示，由一段球形、一段柱形和一段锥形组成］等；主燃烧室的活塞顶也有不同凹坑，如双涡流凹坑［图 10-2-5（a）］、铲形凹坑［图 10-2-5（b）］等。

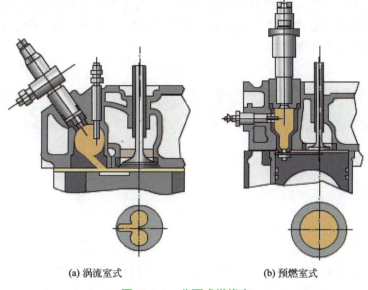

(a) 涡流室式　　　　　　　(b) 预燃室式

图 10-2-3　分隔式燃烧室

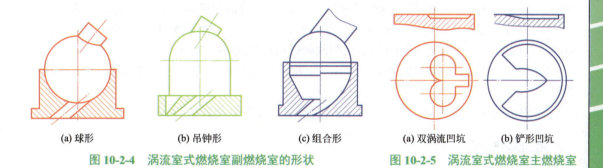

(a) 球形　　　(b) 吊钟形　　　(c) 组合形　　　　　(a) 双涡流凹坑　　(b) 铲形凹坑

图 10-2-4　涡流室式燃烧室副燃烧室的形状　　　图 10-2-5　涡流室式燃烧室主燃烧室

涡流室式燃烧室的工作特点是在压缩行程中，气缸中的空气被活塞挤压，经过通道流入涡流室形成有序的强烈涡流。接近压缩上止点时，喷油器开始顺气流喷油，在强涡流气流带动下，燃油被涂布到燃烧室壁面上，形成油膜。同时有少部分油雾分散在燃烧室空间，着火形成火源，并点燃从壁面蒸发出来的可燃混合气，迅速燃烧，高温、高压气体经通道喷入主燃烧室，形成二次涡流，与主燃烧室内的空气进一步混合燃烧。

由于采取强烈有序的气体二次涡流，空气利用率高，对喷雾质量要求不高，可采用单喷孔喷油嘴，喷油压力较低，喷油嘴故障少，调整方便，工作比较柔和。缺点是副燃烧室相对散热面积大，又直接与冷却液接触，加上主、副燃烧室之间的通道节流，使热利用率减低，经济性较差，启动也较困难。

为了改善启动性能，有的增加了副喷孔（启动喷孔），使得在启动时，由于空气涡流不强，从喷油嘴喷出的燃油可通过副喷孔，直接喷入活塞顶的主燃烧室温度较高处，燃料容易着火燃烧。

❷ 预燃室式燃烧室如图 10-2-3（b）所示，其副燃烧室与主燃烧室的通道截面较小，而且方向与喷油方向相对。其工作特点是压缩时，空气经通道被压向副燃烧室，形成强烈的紊流，燃料逆气流方向喷射，与空气相撞混合，并着火预燃烧，所以副燃烧室也称预燃

室。随后不完全燃烧的混合气经通道到主燃烧室，与主燃烧室内的空气进一步混合燃烧。这种燃烧室工作比涡流室式燃烧室更柔和，而且可以燃用多种燃料，但它的节流损失比涡流室式更大，所以经济性能较差。

第三节　燃料供给系统的主要部件结构

一、喷油器

1. 喷油器的作用

喷油器是柴油机燃料供给系统的重要部件，它直接关系到燃油的雾化质量和可燃混合气的良好形成。喷油器的功能主要有两个：一是使一定数量的燃油得到良好的雾化，促进燃油着火和燃烧；二是使燃油喷射按照燃烧室类型合理分布，从而让燃油与空气得到迅速而完善的混合，形成均匀的混合气。为此，发动机对喷油器提出了相应的要求。

❶ 具有良好的喷油特性，即在每一循环的供油量中，开始喷油少，中期喷油多，后期喷油少。这样可以减少备油期的积油量和改善燃烧后期的不利情况。

❷ 喷油器喷射燃油时应该具有一定喷油压力和射程，以及合适的喷雾锥角和喷雾质量。

❸ 喷油时断油要迅速，且不发生燃油的滴漏，以免恶化燃烧过程。

2. 喷油器的分类

喷油器按照结构形式可以分为开式和闭式两大类。目前大多数柴油机常用闭式喷油器，闭式喷油器主要有孔式喷油器和轴针式喷油器两种类型。

（1）孔式喷油器

孔式喷油器的特点是喷油嘴针阀偶件中的针阀不直接伸出喷孔，喷油嘴喷孔小且多，一般喷孔数量为 1～8 个，直径一般在 0.25～0.50mm，其数目和位置可以根据燃烧室形状和要求定。孔式喷油器多用在直接喷射式的柴油机上。

孔式喷油器结构如图 10-3-1 所示，主要由喷油嘴、喷油器体和调压装置三部分组成。其中喷油嘴是主要部件，由针阀和针阀体组成，二者一般采用优质合金钢制造，称为针阀偶件。孔式喷油嘴可以分为短型和长型两种，如图 10-3-2 所示。短型孔式喷油嘴 [如图 10-3-2（a）所示] 针阀较短，受热较大，多用在热负荷不高的柴油机中。长型孔式喷油嘴 [如图 10-3-2（b）所示] 的针阀导向圆柱面远离燃烧室，减少了针阀受热变形卡死在针阀体中的可能，用于热负荷较高的柴油机中。

针阀下端有一圆锥面与阀体下端的环形锥面共同起密封作用，用于切断或打开高压油腔和燃烧室的通路。调压装置由调压弹簧、调压弹簧垫圈、调压螺钉、调压螺钉锁紧螺母和推杆等组成。旋进调压螺钉，可提高喷油开启压力；用调压螺钉锁紧螺母可以防止调压螺钉松动。

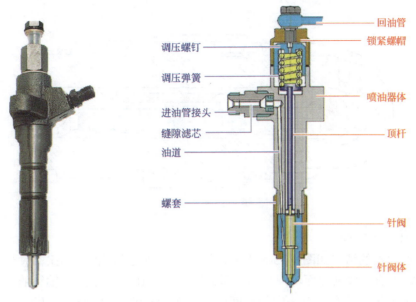

图 10-3-1 孔式喷油器外形与结构

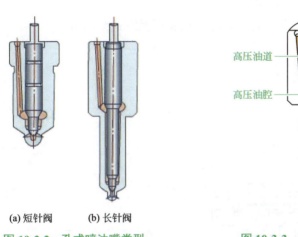

(a) 短针阀　　(b) 长针阀

图 10-3-2 孔式喷油嘴类型

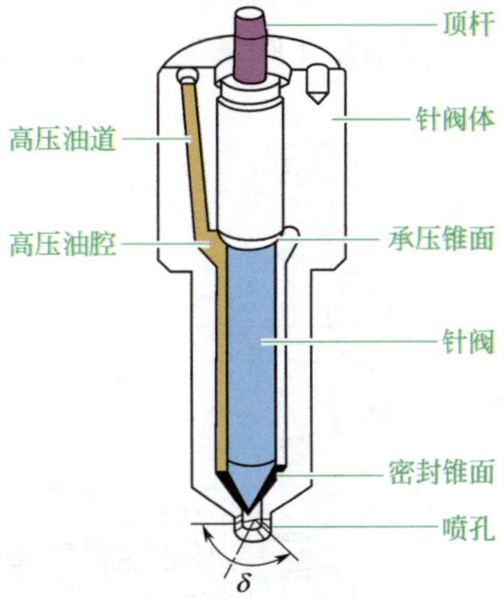

图 10-3-3 喷油器中的针阀偶件

孔式喷油器的针阀偶件是喷油器中最为精密的部件，如图 10-3-3 所示。针阀上部的圆柱表面同针阀体相应内圆柱面作高精度的滑动配合，配合间隙一般要求在 0.002～0.003mm 之间。此间隙过大则可能发生漏油而使油压下降，影响喷雾质量；间隙过小时，针阀将不能自由滑动。针阀中部的锥面全部暴露在针阀体的环形油腔（即高压油腔）中，用以承受油压，故称为承压锥面。针阀下端的锥面与针阀体上相应的内锥面配合，以使喷油器内腔密封，称为密封锥面。针阀偶件的配合面通常是经过精磨后再相互研磨而保证其配合精度的，所以选配和研磨好的一副针阀偶件是不能互换的。

装在喷油器体上的调压弹簧通过顶杆使针阀紧压在针阀体的密封锥面上将喷孔关闭。为防止细小杂物堵塞喷孔，在进油管接头中一般装有缝隙式滤芯，如图 10-3-4 所示。滤芯有磁性，可防止金属杂质进入。油从不直通沟槽 A，穿过棱边 B，进入另一个不直通沟槽 C，然后进入喷油器。

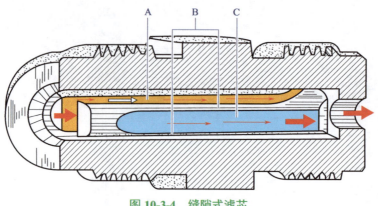

图 10-3-4 缝隙式滤芯

(2) 轴针式喷油器

轴针式喷油器的结构如图 10-3-5 所示，其结构与轴孔式喷油器相比，只是针阀偶件不同。该针阀前端有一段圆柱面与倒锥面，即轴针（如图 10-3-6 所示）。轴针的一部分伸出喷孔外，圆柱或锥体与喷孔间有一定径向间隙，一般为 0.02～0.06mm。其喷孔一般只有一个，直径也较大，可达 1～3mm，工作时轴针在喷孔中上下运动，能自动清除喷孔积碳。但其喷油压力不高，一般为 12～14MPa。

轴针式喷油器适用于喷雾要求不高的涡流室式和预燃室式柴油机。

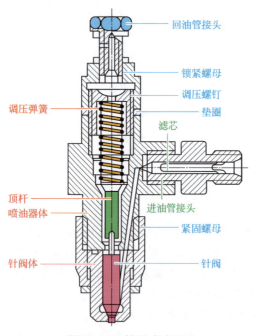

图 10-3-5 轴针式喷油器

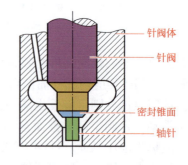

图 10-3-6 轴针式喷油器喷油嘴

(3) 低惯量孔式喷油器

所谓低惯量孔式喷油器就是指某些喷油器调压弹簧的预紧力，是由调压垫片调整的（如图 10-3-7 所示），其结构特点是调压弹簧下置，使顶杆大为缩短，减少了顶杆的质量和惯性力，减轻了针阀跳动，有利于喷油。

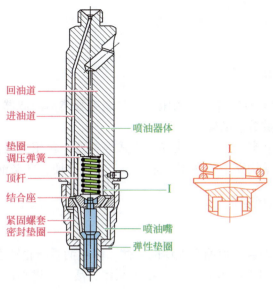

图 10-3-7　低惯量孔式喷油器

三、柴油滤清器

柴油滤清器的作用是滤除柴油中的尘土、水分及其他机械杂质。柴油机的滤清器有粗滤器和细滤器两种。柴油粗滤器一般安装在输油泵之前，用来清除柴油中较大的杂质，滤芯主要有金属缝隙式、片式、网式、纸质式等几种。纸质滤芯由于具有滤清效果好、成本低、使用寿命长等优点，因而得到广泛应用。柴油细滤器一般安装在输油泵之后，用来清除柴油中的微小杂质，其滤芯有毛毡式、金属网式和纸质式等。

目前，多数柴油机设有两级滤清器（如图 10-3-8 所示），也有的只设有单级滤清器。

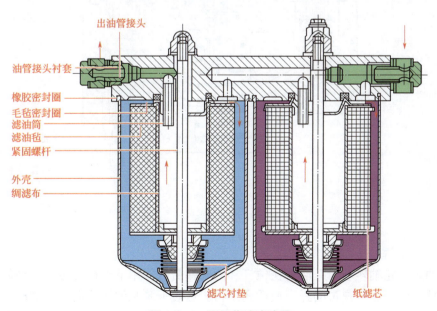

图 10-3-8　两级柴油滤清器

三、输油泵

1. 输油泵的功用与类型

输油泵的功用是使柴油具有一定的压力,并能克服柴油滤清器及管道的阻力,以一定的压力向喷油泵输送足够数量的柴油。

输油泵分活塞式、齿轮式、叶片式和转子式等类型。常用的输油泵有活塞式和膜片式两种。活塞式输油泵因结构简单、使用可靠、加工安装方便,在柴油机上应用最广。

2. 输油泵的结构与工作过程

(1) 结构

一般活塞式输油泵均装在喷油泵壳体的一侧,由喷油泵凸轮轴上的凸轮或偏心轮驱动。活塞式输油泵的结构如图10-3-9所示,主要由泵体、活塞、进油阀、出油阀和手油泵等组成。输油泵活塞将泵体内腔分为上、下两泵腔。

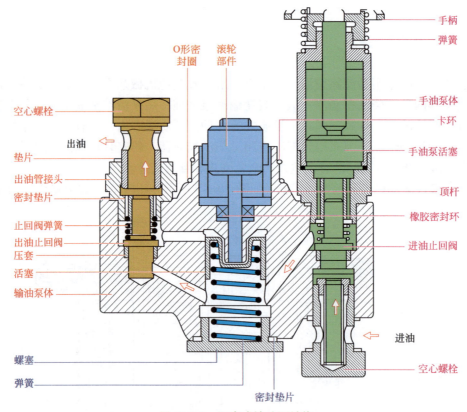

图 10-3-9　活塞式输油泵结构

(2) 工作过程

当喷油泵凸轮轴转动时,活塞在顶杆和活塞弹簧的作用下做往复运动。当偏心轮凸起部分推动顶杆时,克服弹簧的弹力使活塞下行。这时下泵腔油压增高,进油阀被关闭,出油阀被推开,由于上泵腔的容积增大,原来处于下泵腔的柴油便经油道流到上泵腔。当偏心轮凸起部分转过后，活塞便在弹簧的作用下向上运动。这时上泵腔油压增高，出油阀关闭，燃油便经上出油道流向柴油滤清器；同时，下泵腔由于容积增大，进油阀被推开，柴油从进油管接头进入下泵腔。活塞向上运动时，同时完成了吸油和向外输油两个过程。

这种输油泵的活塞行程可以自动调节，以改变输送的柴油量，其原理为：当发动机需要的油量减少时，喷油泵对外供油就少，活塞上泵腔的油压就会增高。弹簧的弹力还没有将活塞推到全行程时便和上泵腔的油压相平衡，因而缩短了活塞行程而减少了输油量；反之，则会增大活塞行程而增加输油量。

3. 手油泵

手油泵的功用是在柴油机长时间停止工作或低压油路中有空气时，可用手油泵输油和排出空气。手油泵主要由手泵体、手泵活塞、手泵杆和手泵柄等组成。使用手油泵泵油时，将手泵柄旋开，用手提、压手泵柄，使手泵活塞上、下运动完成吸油和输油过程。

四、喷油泵

1. 喷油泵的功用

喷油泵又称高压油泵，其功用是接收输油泵输送来的低压柴油，对柴油进行加压后按柴油机不同工况的要求，定时、定量地将高压柴油输送给喷油器。

2. 类型和特点

喷油泵的结构形式很多，目前应用较多的有柱塞式喷油泵、转子分配式喷油泵等。这里只介绍柱塞式喷油泵。

3. 柱塞式喷油泵的组成、结构特点与工作原理

（1）组成

一般柱塞式喷油泵由泵体、泵油机构、油量控制机构及传动机构组成。泵体有整体式和上下分体式两种结构。整体式泵体刚性好，A、B、P、Z型喷油泵都采用这种结构。上下分体式泵体拆装比较方便，Ⅰ、Ⅱ、Ⅲ号系列喷油泵都采用这种结构的泵体。

（2）结构特点

柱塞式喷油泵的基本特点是由一组泵油元件构成一个分泵，专门给一个气缸供油。按其结构可分为单体式（分列式）喷油泵和合成式喷油泵。在单缸柴油机上即为单体泵；合成式喷油泵是将各缸的分泵装在一个共同的壳体内，组成一个独立的总成，装在多缸柴油机上，维修调整方便。

（3）工作原理

柱塞式喷油泵的工作原理，如图10-3-10所示。柱塞式喷油泵的每个分泵都是由以下一些零件组成的：柱塞偶件、出油阀偶件、柱塞弹簧、出油阀弹簧、带有滚轮的挺柱、供油凸轮和油量调节机构等。柱塞计量段有斜槽或螺旋槽，槽中有轴向孔与柱塞顶相通。柱塞套上部有相对的进、回油孔。柱塞和套经过精密加工、选配互研，没有互换性。出油阀偶

件装在柱塞偶件的上方，互相配合的端面经过精细加工，以保证不泄漏高压油。柱塞由凸轮和弹簧驱动，在柱塞套中做往复运动，同时还可由油量控制机构控制，在一定角度范围内转动。喷油泵的工作情况可分为三个阶段：

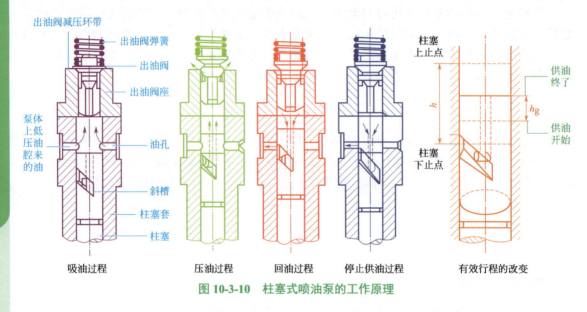

图 10-3-10　柱塞式喷油泵的工作原理

第一阶段：柱塞顶尚未完全封闭柱塞套进、回油孔之前，柱塞上行使柱塞套内腔容积减小。但柱塞套内腔经进、回油孔与泵体低压油道相通，因此柴油可经油孔回流到泵体油道中。

第二阶段：柱塞顶完全封闭进、回油孔，柱塞套内腔与泵体低压油道隔绝。柱塞继续上行，柱塞套内腔油压顿时升高，推开出油阀，进入高压油管而到喷油器，喷油器的喷油压力在 10MPa 以上。柴油在高压油管中高速流动有很大的阻力，因此喷油泵端压力远高于喷油器端压力，例如，95 系列柴油机喷油压力为 11.8MPa，而泵端压力近 20MPa。为了保证在这样高压力下基本无泄漏，柱塞偶件的间隙只有 0.001～0.0025mm。

第三阶段：柱塞上行至斜槽，打开柱塞套上的回油孔，柱塞套内腔经轴向、径向油孔与泵体低压油道相通，柴油又开始回流，供油停止。

综上所述，柱塞的上行程可分为回油、供油、回油三个阶段。供油阶段约只占全行程的 1/5。柱塞被柱塞弹簧推动下行时，相应的三个阶段是进油、真空、进油。

Ⅱ号喷油泵的结构，如图 10-3-11 所示。该喷油泵固定在柴油机机体一侧的支架上，由柴油机曲轴通过齿轮驱动。齿轮轴和喷油泵的凸轮轴用联轴器相连，调速器装在喷油泵的后端。

❶ 分泵：整个喷油泵中有六个结构、尺寸完全相同的分泵。分泵的主要零件有柱塞偶件、柱塞弹簧、弹簧下座、出油阀偶件、出油阀弹簧、减容器、出油阀压紧座等。

❷ 油量调节控制机构：其作用是根据柴油机负荷和转速的变化相应改变喷油泵的供油量，并保证各缸的供油量一致。根据前述的泵油原理，可采用转动柱塞，改变其与柱塞套的相对位置，从而改变柱塞有效行程的方法，来改变喷油泵供油量。Ⅱ号泵采用拨叉式油量调节机构，如图 10-3-12 所示。

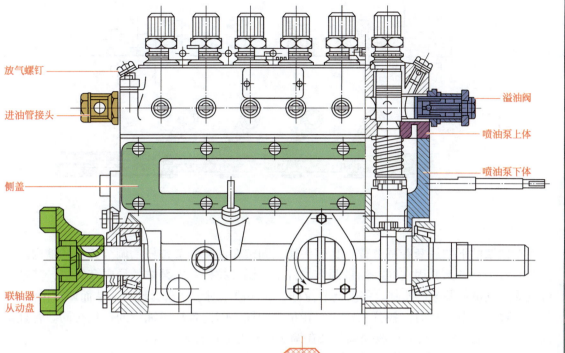

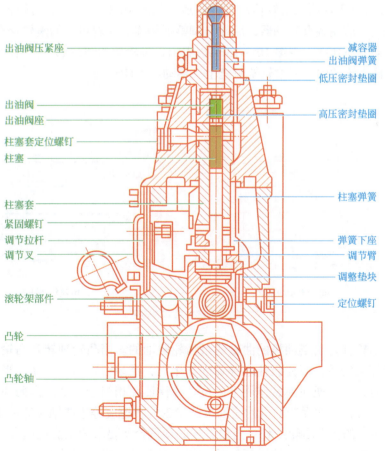

图 10-3-11　Ⅱ号喷油泵的结构

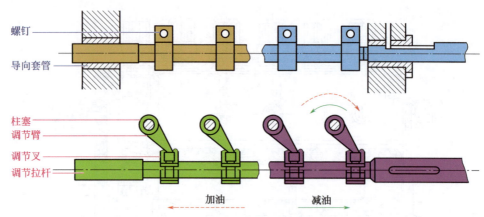

图 10-3-12 拨叉式油量调节机构

在柱塞的下端压套着调节臂,其端头插入固定在油量调节拉杆上调节叉的凹槽内。六缸泵有六个调节叉紧固在同一油量调节拉杆上。调节拉杆装在泵体的导向套管中,其轴向位置受驾驶员或调速器控制。移动调节拉杆,柱塞便相对于柱塞套转动,从而调节供油量。显然,移动调节拉杆时,各分泵柱塞旋转角度相同,因此各缸供油量的变化相同。各缸供油量均匀性的调整,可通过改变调节叉在调节拉杆上的位置来实现。

❸ 传动机构由凸轮轴和滚轮传动部件组成,如图 10-3-13 所示。凸轮轴的两端支撑在圆锥滚子轴承上,前端装有联轴器,后端与调整器相连。带着衬套的滚轮松套在滚轮轴上,轴支撑在滚轮架的座孔中。由图 10-3-13 可以看出,滚轮架的圆柱面上开有轴向长槽,定位螺钉的端头即插入该槽中,使滚轮架只能上下移动而不能转动。

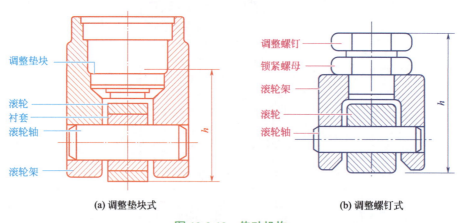

图 10-3-13 传动机构

喷油泵的凸轮轴是由柴油机的曲轴通过齿轮驱动的。当凸轮轴转到凸轮的凸部与滚轮架部件的滚轮相接触后,便克服柱塞弹簧的作用力,推动柱塞向上运动。当凸轮的凸起部分转过最高点时,柱塞便在弹簧作用下回位。为保证在相当于一个工作循环的曲轴转角内各缸都能喷油一次,四冲程柴油机的喷油泵凸轮轴的转速应等于曲轴转速的1/2。当然,凸轮轴上与各缸相应的各个凸轮的相对角位置还必须符合所要求的柴油机点火顺序。

喷油泵供油的迟早决定喷油器喷油的时间,对于柴油机工作性能有很大的影响。为保证形成良好的混合气和改善燃烧过程,必须有一定的喷油提前角。喷油提前角的调整是通过对喷油泵的供油提前角的调整而实现的。

喷油泵的供油提前角的调整方法有两种：一种是改变喷油泵凸轮轴与柴油机曲轴的相对角位置；另一种是改变滚轮传动部件的高度。前者是通过调整联轴器或供油提前角自动调节器来实现的，这种方法可使各分泵的供油提前角作相同数量的改变。后者是通过选用厚度不同的调整垫块而实现的。当调整垫块厚度加大时，滚轮传动部件高度 h 增大，于是柱塞封闭柱塞套进油孔的时刻提前，即供油提前角增大；反之，则供油提前角减小。垫块的硬度很高，不易磨损；磨损后，可将垫块翻过来使用或更换，改变滚轮传动部件的高度只能调整单个分泵的供油提前角，因此可用来调整多缸发动机的供油提前角使其一致。

❹ 泵体分上体和下体两部分，由铝合金铸成。分泵、油量调节控制机构及传动部分都装在泵体上。

上体设有纵向油道，即低压油腔。输油泵输出的柴油经滤清后，由进油管接头进入此油道，再从柱塞套上的油孔进入各分泵的泵腔。输油泵供给的柴油量通常远大于喷油泵的需要量，当低压油腔的油压大于 0.05MPa 时，油道另一端的溢油阀即被顶开，多余的柴油经回油道流回输油泵进油口。上体还设有两个放气螺钉，需要放气时（如喷油泵拆装或柴油机长期停放后），在柴油机启动前将它旋出少许，再按手动输油泵，泵入喷油泵的柴油即可驱净渗入喷油泵内的空气，否则将影响柴油机的正常工作。

在下体内加入润滑油（即柴油机润滑油），保证传动机构的润滑。下体内的润滑油与连在喷油泵后端的调速器壳体内的润滑油是相通的，喷油泵凸轮轴的前端轴承外面装有油封。国产分体式喷油泵系列中的 Ⅰ 号和 Ⅲ 号泵的基本结构及工作原理与上述 Ⅱ 号泵相同，只是结构参数有所改变，以适用于不同缸径的柴油机。

五、调速器

1. 调速器的作用

柴油机工作时，外界负荷经常变化，使用上希望柴油机在外界负荷变化时能自动维持较稳定的转速，但实际上喷油泵的速度特性无法满足这一要求。具体来说，车用柴油机在运行时，由于路面等因素使运转负荷临时增大，此时转速必然降低一些，要想维持原来的转速就必须增大喷油泵的供油量。但喷油泵在转速低时，由于柱塞套回油孔的节流作用减小和柱塞副漏油的增加，供油量也减小，这就是喷油泵本身的速度特性。由此必然使转速进一步降低，甚至熄火。反之，当外界负荷突然减少时，喷油泵供油量上升，转速反而继续升高。若负荷突然减至零，甚至有"飞车"的危险。因此，要想维持柴油机稳定运转，就必须采用一种专门装置来保证在所要求的转速范围内，随柴油机工作时负荷的变化而自动调节供油量，这种装置就是调速器。

2. 调速器的种类

（1）按转速调节范围分类

❶ 全程式调速器。在柴油机所有工作转速范围内都能起调节作用的调速器。它主要用于负荷、转速变化较大的汽车、拖拉机和工程机械上。

❷ 两极式调速器。限制和稳定柴油机最高和最低转速的调速器。它主要用于在道路行驶的柴油汽车上，用来稳定怠速和限制最高转速。

❸ 单程式调速器。只在一个规定的转速下起作用。它主要用于转速要求恒定的柴油机上，如发电机组。

❹ 极限式（限速式）调速器。用于限制最高转速的调速器。它实际上是一种超速保护装置，用于重要的大功率柴油机上，常与一般调速器配套使用。

（2）按感应元件或执行机构分类

❶ 机械式调速器。感应元件是飞锤或飞球等，执行机构为机械的调速器。它结构简单，广泛用于小功率及部分中等功率柴油机上。

❷ 液压式调速器。执行机构为液压伺服器的调速器。它通用性强，稳定性高，但结构复杂，一般用于大功率柴油机。

❸ 气动式调速器。感应元件用膜片等气动元件，感应进气管压力变化，以调节柴油机转速的调速器。它结构简单，但必须在进气道内设置节气门，增加了进气阻力。

❹ 电子调速器。感应元件和执行元件主要是电子装置的调速器。它能在转速明显变化前迅速调整油量，具有很高的静态和动态调节精度。

目前在柴油机上用得较多的是全程式和两级式机械调速器。

3. RSV 型全速调速器

RSV 型全速调速器属于离心式全速调速器，一般与 A 型配用。其主要特点是结构紧凑、工作稳定可靠。

RSV 型全速调速器的结构如图 10-3-14 所示。其结构和 RAD 型两速调速器基本相同，只是增设了如下结构。

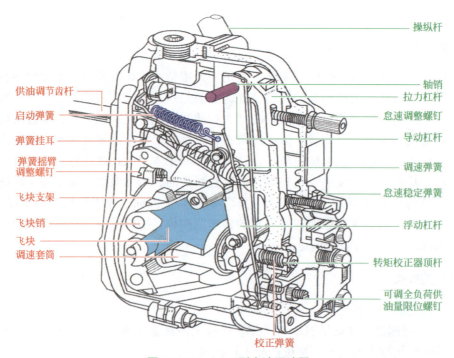

图 10-3-14　RSV 型全速调速器

❶ 可调全负荷供油量限位螺钉，可限制拉力杠杆的全负荷位置；怠速调整螺钉，用以调整怠速的高低，并限制弹簧摇臂向低速摆动的位置。

❷ 调速弹簧的弹簧摇臂上的调整螺钉，用以调整调速弹簧预紧力的大小，以保证调速弹簧长期使用过程中高速作用点的准确性。

❸ 弹力可调的调速弹簧，省去了专用怠速弹簧。

❹ 怠速稳定弹簧，可使怠速运转平稳。

❺ 转矩校正加浓装置，该装置主要由校正弹簧和转矩校正器顶杆组成，以便在超速中运转平稳。

RSV 型全速调速器的工作过程如下：

❶ 启动工况。启动前，启动弹簧（如图 10-3-15 所示）的预紧力通过浮动杠杆、导动杠杆和调速套筒，使飞块处于向心极限位置。启动时，驾驶人将加速踏板踩到底，使操纵杠杆触及高速限位螺钉而置于启动位置 A，浮动杠杆把供油调节齿杆向左推至启动供油位置，使柴油机顺利启动。

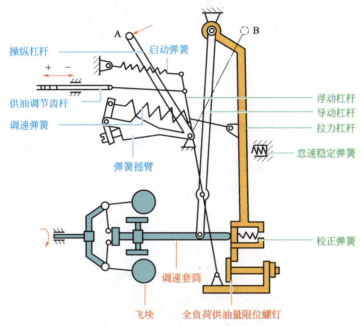

图 10-3-15　RSV 型全速调速器启动工况示意图

❷ 怠速工况。发动机启动后，驾驶人松开加速踏板，操纵杠杆转至怠速位置（如图 10-3-16 所示）。这时，调速弹簧处于放松状态。飞块的离心力通过调速套筒推动导动杠杆向右偏转，并带动浮动杠杆以下端为支点作顺时针方向摆动，克服了较软的启动弹簧的拉力，将供油调节齿杆拉回到怠速位置。与此同时，调速套筒也通过校正弹簧使拉力杠杆向右摆动，其背部与怠速稳定弹簧相接触。怠速的稳定平衡作用，由调速弹簧、怠速稳定弹簧和启动弹簧三者共同来保持。

假如这时候转速升高，怠速稳定弹簧受到更大的压缩，浮动杠杆带动供油调节齿杆向减少供油的方向移动，限制了转速的上升。如转速降低，怠速稳定弹簧推动拉力杠杆向左摆动，通过调速套筒、导动杠杆和浮动杠杆使供油调节齿杆向增加供油的方向移动，使柴油机转速稳定在原怠速值。

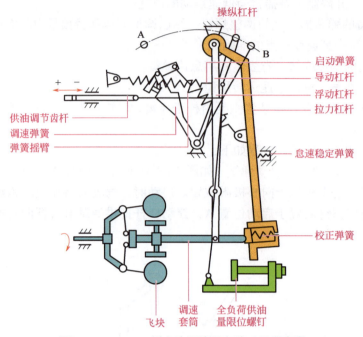

图 10-3-16　RSV 型全速调速器怠速工况示意图

❸ 最高转速工况。驾驶人将加速踏板踩到底，使操纵杠杆处于极限位置 A（如图 10-3-17 所示）。此时，调速弹簧处于最大拉伸状态，拉力最大。张紧的调速弹簧将拉力杠杆拉靠在全负荷供油量限位螺钉上，并通过调速套筒、导动杠杆和浮动杠杆将供油调节齿杆推至全负荷供油位置，柴油机在额定工况下工作。此时，飞块的离心力与调速弹簧的作用力相平衡。

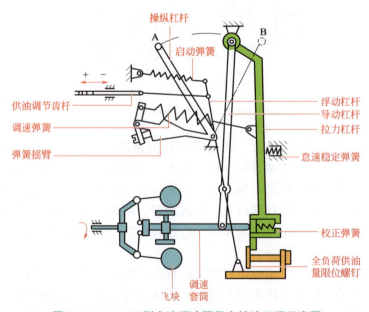

图 10-3-17　RSV 型全速调速器最高转速工况示意图

当负荷减小转速升高时，飞块离心力增大，调速套筒推动拉力杠杆向右摆动，同时导动杠杆、浮动杠杆使供油调节齿杆向供油减少的方向移动，使发动机转速不再升高，从而限制了发动机的最高空转转速。

❹ 超负荷工作工况。汽车经常发生较短时间内阻力突然增大的情况，如果此时柴油机已是满负荷工作，即供油量已是最大，柴油机转速会突然降低而熄火。此时转矩校正装置会参与工作。

如图 10-3-18 所示，图 10-3-18（a）所示为无转矩（油量）校正装置的情况，此时柴油机稳定在最高转速运转，若外界超负荷使转速突然下降，飞块惯性力减少，但是此时拉板与凸肩的间隙已经不存在，油量调节拉杆无法进一步左移加大供油量，因此柴油机必然转速下降甚至熄火。

图 10-3-18（b）所示为加装了转矩（油量）校正机构的工作情况。额定供油量调节螺柱的前部加装了可轴向滑动的校正弹簧座和校正弹簧，两者共同组成校正装置。当油量调节拉杆和拉板处于点画线表示的全负荷供油位置时，垫圈和校正弹簧座之间存在间隙 Δ_2，当柴油机转速突然降低后，由于惯性力减少，调速弹簧推动拉板左移一个距离 a，即可增加供油量，以适应超负荷的需要。当 $a=\Delta_2$ 时，校正转矩（油量）达到最大，此时，弹簧座与垫圈相接触。最大校正行程 Δ_2 可以通过调节螺母来调整。

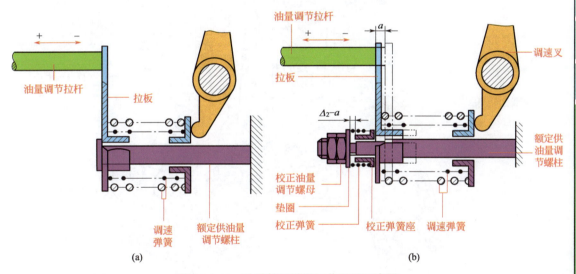

图 10-3-18　油量校正装置工作原理示意图

❺ 一般工况。如图 10-3-17 所示，当驾驶人将操纵杠杆置于怠速与额定工况之间的任一位置时，调速弹簧的预拉力一定，柴油机便在相应的某一转速下稳定运转。此时，拉力杠杆尚未触及全负荷供油量限位螺钉。发动机转速改变时，飞块离心力与调速弹簧作用力的平衡状态被破坏，调速套筒产生轴向位移，并通过导动杠杆、浮动杠杆带动供油调节齿杆轴向移动，自动减少或增加供油量，以维持柴油机在给定的某一转速下稳定运转。

❻ 停油工况。需要停车时，驾驶人将调速器操纵杠杆转至最右边的停车位置 B（如图 10-3-17 所示）。拨动供油调节齿杆右移至停油位置，使喷油泵停止供油，柴油机熄火停车。

4. RAD型两速调速器

(1) RAD型两速调速器的结构

RAD型两速调速器的结构如图10-3-19所示。调速器壳用螺钉与喷油泵连接。两个飞块装在喷油泵凸轮轴上,当飞块向外张开时,飞块臂上的滚轮推动滑套沿轴向移动。导动杠杆的上端铰接于调速器壳上,下端紧靠在滑套上,其中部则与浮动杠杆铰接。浮动杠杆上部通过连杆与供油调节齿杆相连,启动弹簧装在浮动杠杆顶部。浮动杠杆的上端有一销轴,插在支持杠杆的下端的凹槽内。控制杠杆的一臂与支持杠杆相连,另一臂则由驾驶员通过加速踏板与杆系来操纵。速度调定杠杆、拉力杠杆和导动杠杆的上端均支承于调速器壳上的轴销上。用速度调整螺栓顶住速度调定杠杆,使装在拉力杠杆与速度调定杠杆之间的调速弹簧保持拉伸状态。因此在所有中间转速范围内,拉力杠杆始终紧靠在齿杆行程调整螺栓的头部。在拉力杠杆的中、下部位置上有一轴销,它插在支持杠杆上端的凹槽内。急速弹簧在拉力杠杆的下部,用于控制急速。

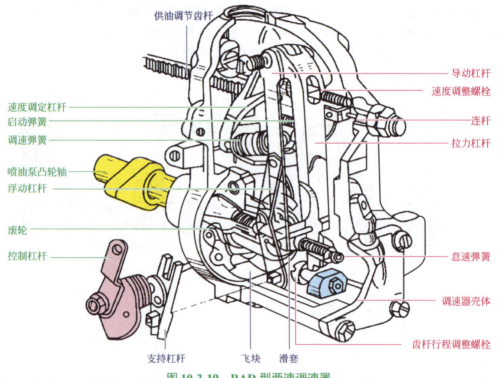

图10-3-19 RAD型两速调速器

(2) RAD型两速调速器的工作原理

❶ 柴油机的启动和急速工作状态:当柴油机静止时,飞块受调速弹簧、急速弹簧和启动弹簧的弹力作用而闭合,如图10-3-20所示。此时,如将控制杠杆向增加供油量方向拉到底,在启动弹簧和急速弹簧的作用下,供油调节齿杆被推到最大供油量位置,直到与限位器接触为止。

当柴油机启动后,驾驶员松开加速踏板,使控制杠杆回到急速位置。在急速范围内运转时,飞块的离心力与急速弹簧和启动弹簧的合力相平衡,保持供油调节齿杆的一定位置,使柴油机能在怠速时平稳地运转。一旦柴油机转速发生变化，飞块的离心力也随着变化，通过滑套经导动杠杆和浮动杠杆传给供油调节齿杆，以调节供油量，使柴油机回到怠速工作时状态，如图10-3-21所示。柴油机怠速转速由怠速弹簧预紧力和控制杠杆的怠速位置决定。

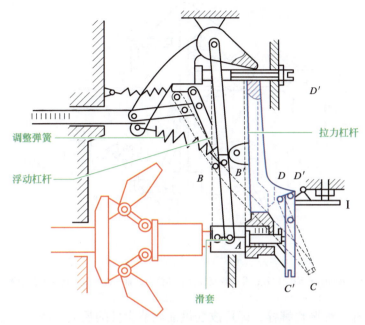

图 10-3-20　RAD 型两速调速器的结构示意图

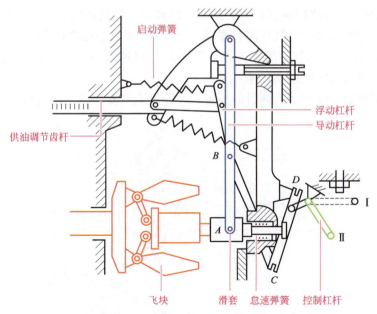

图 10-3-21　两速调速器的怠速工作示意图
Ⅰ—控制杠杆启动位置；Ⅱ—控制杠杆原始位置

❷ 柴油机正常运转时状态：当柴油机转速超过控制范围时，怠速弹簧被完全压缩，于是滑套直接同拉力杠杆接触，如图10-3-22所示。依靠调速弹簧的作用力与最高转速时的

飞块离心力平衡，拉力杠杆被调速弹簧拉得很紧。在常用转速范围内，飞块的离心力较小，不足以推动拉力杠杆，其支点 B 不能移动，调速器不起作用。这样，当直接操纵控制杠杆时，便可以经支持杠杆直接传递到调节齿杆上，可对柴油机转速进行直接控制。

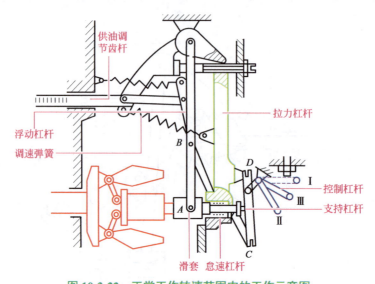

图 10-3-22　正常工作转速范围内的工作示意图

Ⅰ—控制杠杆原始位置；Ⅱ—控制杠杆启动位置；Ⅲ—控制杠杆运转时的位置

利用调节齿杆行程调整螺栓，即可改变供油调节齿杆的最大行程，从而调节喷油泵额定供油量。

❸ 柴油机的最高转速控制状态：当柴油机转到规定的最高转速时，飞块的离心力克服调速弹簧拉力，使滑套和拉力杠杆向右移动，支点 B（如图 10-3-23 所示）移动至 B′，拉力杠杆 D 点则移到 D′，浮动杠杆的下支点 C 移向 C′，供油调节齿杆向减少供油量方向移动，使柴油机转速不超过规定的最高转速。

利用速度调整螺栓改变调速弹簧的预紧力，即可调节发动机的最高转速。

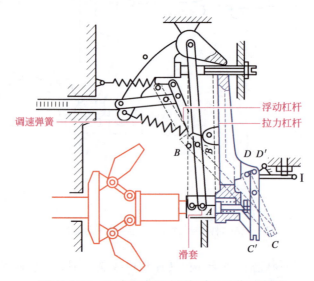

图 10-3-23　两速调速器限制超速的工作示意图

（3）柴油机停车装置的工作状态

RAD 型调速器采用的停车方法，是在柴油机任何情况下，用力把喷油泵供油调节齿杆拉向减少供油量方向，使柴油机供油停止，柴油机停止运转。

5. RFD 型两速调速器

RFD 型两速调速器和 RAD 型两速调速器一样都属于离心式两速调速器，主要应用在解放 CA6110 型和道依茨 BF6M1013EP 型柴油发动机上。其主要特点是比 RAD 型两速调速器增加了转矩校正器，能把部分负荷的转矩改变为一定限度的软特性，因此兼顾了全速调速器的某些功能。

如图 10-3-24 所示为 RFD 型两速调速器的结构图。

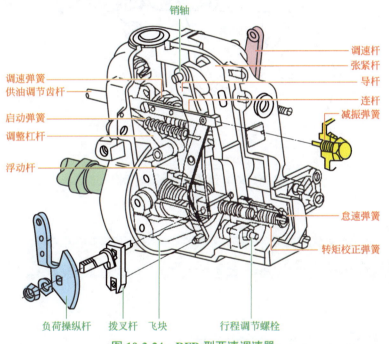

图 10-3-24　RFD 型两速调速器

RFD 型两速调速器的工作原理与 RAD 型两速调速器基本相同，只是校正器参与中间状态的工作。校正器的工作过程如图 10-3-25 所示。

当驾驶人将踏板踩到中间的某一位置时，负荷控制杆既不接触怠速限位螺钉，也不接触全负荷限位螺钉。如果驾驶人踏板的位置不动，则 K 点的位置也不动。此时发动机的转速比怠速滑套高，滑套顶块的 B 端已把怠速弹簧压过了一多半，怠速弹簧顶杆的尾端（T 点）碰到了转矩校正弹簧顶杆，把转矩校正弹簧也压缩了一定数值。此时，若发动机在某一转速下运转，汽车也会在相应的某一车速下稳定行驶。如果此时汽车上坡行驶，行驶阻力变大，车速会下降，发动机转速也随着下降。与此同时，离心飞块的转速也降低，离心力减小，转矩校正弹簧便推动滑套顶块及滑套，迫使离心飞块收拢。通过导杆和浮动杆使供油调节齿杆向右移动，增加供油量，使发动机转速不再下降。反之，如果车辆位于下坡状态，则转矩校正器会减少供油量，使发动机转速不再上升。因此有了校正器，只要驾驶人控制加速踏板位置不动，车速变化就很小。在该机构中，怠速弹簧相对较软，主要是转矩校正弹簧起校正作用。而转矩校正弹簧的预紧力是靠转矩校正弹簧调节螺钉来调整，而后者的位置是根据发动机转矩校正特性而设定的。

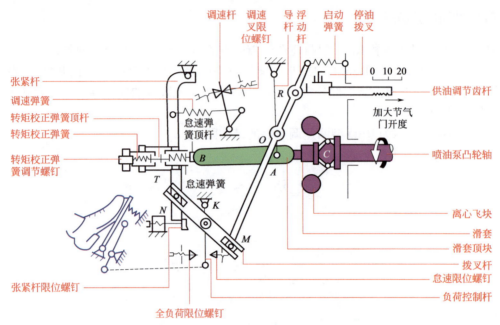

图 10-3-25　RFD 型两速调速器的工作原理图

第四节　柴油机电控燃油喷射系统

一、电控燃油喷射系统的类型

随着对柴油机排放性能要求的日益提高和电子技术的迅速发展，柴油机出现了由电子控制的不同类型的燃油喷射系统（EDC）。一般按照高压燃油机构的不同，EDC 可分为直列泵电控喷射系统、分配泵电控喷射系统、泵喷嘴电控喷射系统和蓄压式共轨电控喷射系统，其中以蓄压式共轨电控喷射系统最先进。它是将多个电控式的喷油器并联在一个高压蓄油器上，由电子控制单元（ECU）控制喷油，称之为共轨（CR）喷油。

蓄压式共轨电控喷射系统（EDC-CR）是柴油机发展的新技术，也是现代柴油机应用最多的电控燃油喷射系统。

二、电控燃油喷射系统的优点

传统的柴油喷射系统是采用机械方式进行喷油量和喷油时间调节和控制，由于机械运动的滞后性，调节时间长，精度差，喷油速率、喷油压力和喷油时间难以准确控制，导致柴油机动力经济性能不能充分发挥，排气超标。研究表明，一般机械式喷油系统对喷油定时的控制精度为2°CA（曲轴转角）左右。而喷油始点每改变1°CA，燃油消耗率会增加2%，HC排放量增加16%，NO_x排放量增加6%。

与传统的机械方式比较，电控柴油喷射系统具有如下优点：

❶ 对喷油定时的控制精度高（高于0.5°CA），反应速度快。

❷ 对喷油量的控制精确、灵活、快速，喷油量可随意调节，可实现预喷射和后喷射，改变喷油规律。

❸ 喷油压力高（高压共轨电控喷射系统高达200MPa），不受发动机转速影响，优化了燃烧过程。

❹ 磨损零部件少，长期工作稳定性好。

❺ 结构简单，可靠性好，维修方便，适用性强，可以在新老发动机上应用。

❻ 具有自诊断、检测功能。

三、电控燃油喷射系统的组成

以电控蓄压式共轨燃油喷射系统的组成为例，如图10-4-1所示。电控共轨系统可以分为两大部分。

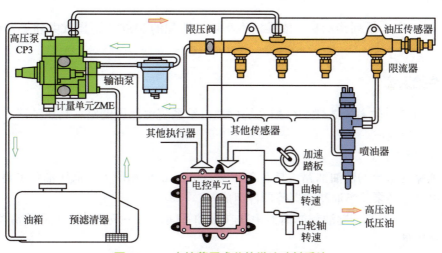

图10-4-1 电控蓄压式共轨燃油喷射系统

1. 控制系统

控制系统分为三个部分：传感器（包括信号开关及传导元件等）、控制单元（ECU）和执行器。

❶ 传感器。实时检测柴油机、车辆运行状态及使用者的操作意图、操作量等信息，并传送给控制单元。

❷ 控制单元（ECU）。负责处理所有收集到的信息，执行程序运算，并将运算结果作为控制指令输出到执行器。

③ 执行器。根据控制单元送来的执行指令驱动调节喷油量及喷油正时的相应机构，从而调节柴油机的运行状态。

控制单元（ECU）根据各个传感器的信息进行分析、计算，完成各种处理后，求出最佳喷油量，并计算出在什么时刻、在多长时间范围内向喷油器发出开启或关闭电磁阀的指令，从而精确控制发动机的工作过程。

2. 燃油供给系统

燃油供给系统主要由高压油泵、共轨和喷油器组成。

高压油泵将燃油加压后，输入共轨内腔。共轨实际上是一个燃油分配管。储存在共轨内的燃油在适当的时刻通过喷油器喷入发动机气缸内。电控共轨系统中的喷油器是一种由电磁阀控制的喷油阀，电磁阀的开启和关闭由 ECU 控制。

柴油机燃油喷射系统与汽油机燃油喷射系统的主要区别是：
① 燃油的喷油压力高，油量控制难度大；
② 燃油必须直接喷入气缸；
③ 喷油正时要求高；
④ 燃油喷射的雾化质量高。

四、电控蓄压式共轨燃油喷射系统的主要部件

以与 8140/43S 系列柴油机（依维柯汽车用）匹配的 MS6.3 蓄压式共轨燃油喷射系统为例。

1. 燃油供给系统

博世 MS6.3 共轨蓄压式燃油喷射系统燃油供给系统由低压油路、高压油路、回油油路和电控喷油器等组成。

（1）低压油路

低压油路为系统的供油油路，具有 250～300kPa 的供油压力。低压油路主要由燃油预滤清器、电动输油泵、燃油滤清器等器件组成。

① 燃油预滤清器。燃油预滤清器串联在输油管间，与一般汽油机纸质滤清器相类似，为一次性使用件。

② 电动输油泵。电动输油泵为偏心转子变容滚子式输油泵，它装在车架左侧可接触的部位，如图 10-4-2 所示。电动输油泵的两端子用导线与电控单元（ECU）的 A7、A8 端子相接，直接受控于 ECU 的启闭指令。其技术特性为：电源电压 12～135V，20℃时的电阻值为 285Ω，输油压力为 250kPa，流量不小于 155L/h。

③ 燃油滤清器。柴油的清洁度对于蓄压式共轨燃油喷射系统是非常重要的。柴油里不能含有杂质和水分，否则会严重损伤该系统机件。燃油滤清器由壳体支架和滤芯两大部分组成，如图 10-4-3 所示。在壳体支架上装有燃油温度传感器、燃油滤清堵塞传感器、旁通阀、燃油预热器等。燃油温度传感器把燃油温度变化参数输送给 ECU，以供 ECU 适当修正喷油量。当输出油压低于输入油压 60kPa 时，将由堵塞信号控制旁通阀打开，保证正常供油。当燃油温度低于 5℃时，燃油预热器将适当加热燃油至合适温度。

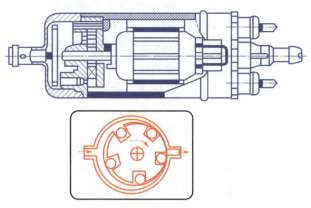

图 10-4-2 电动输油泵结构示意图

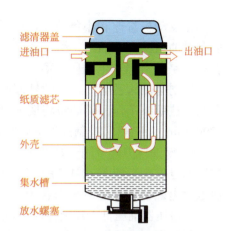

图 10-4-3 燃油滤清器结构

一次性燃油滤芯旋装在壳体支架上，应定期更换。滤芯下方装有积水传感器，当积水达到一定量以后，仪表盘上的积水指示灯将亮起，此时应及时排除积水，防止水分进入高压油路。

（2）高压油路

高压油路的功用是为系统的管路产生、输送高压油，其管路最高油压可达135MPa。高压油路由高压油泵、燃油压力调节阀、共轨蓄压器、共轨蓄压器、燃油压力传感器、共轨限压阀、限流阀、高压油管、电控喷油器等部件组成。

❶ 高压油泵。高压油泵由附件箱驱动轴套驱动，它与VE泵的区别在于高压油泵只产生高压燃油压力，而不负责燃油的分配，因此高压油泵与附件箱驱动轴套的安装无相位要求。它是三腔径向柱塞泵，在三个柱塞泵不断地吸油和压油的过程中，使高压油泵产生25～135MPa的高压燃油，并压送至共轨蓄压器中。

高压油泵的结构如图10-4-4所示。当发动机运转时，驱动轴带动三瓣偏心轮转动，使三个柱塞泵的柱塞上下往复运动，产生吸油和压油作用，转动一周总泵油量约为0.7mL。由燃油滤清器吸来的干净燃油，从进油口经进油阀吸入泵腔，压缩后经出油阀进入共轨蓄压器内。过量的燃油，经燃油压力调节器和回油管流回燃油箱；少量的燃油，经过安全阀的节流孔进入高压油泵内腔，以润滑和冷却油泵本体。

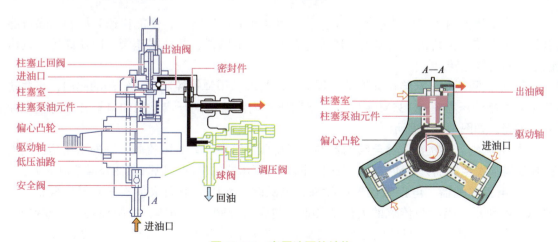

图 10-4-4 高压油泵的结构

在发动机怠速和小负荷工况时，柴油机所需燃油减少，而高压油泵供油量相对过多，多余燃油返回到燃油箱，给发动机功率造成不必要的损失。为此，高压油泵三个柱塞泵中有一个泵装有停油电磁阀（第三泵停油阀）。ECU可以根据发动机转速和加速踏板位置信号，控制电磁阀通电，其停油杆即推动进油阀关闭，使该柱塞泵停止供油。此时，只有其余两个柱塞泵工作，供油量将明显减少。而当柴油机进入大负荷工作时（柴油机转速 $n > 4200 r/min$），ECU又控制停油电磁阀断电，让该泵恢复工作。

❷ 燃油压力调节阀。燃油压力调节阀装在高压油泵后部出、回油道中，是一个由ECU控制的电磁阀，如图10-4-5所示。在阀门和推杆右侧有衔铁盘，它受到预紧弹簧的弹力和通电后电磁线圈的电磁吸力合力作用，此合力可与高压油泵出油道的高压油压力相平衡。当共轨蓄压器油压低于规定值时，ECU按共轨蓄压器压力传感器的信号，使电磁线圈断电，阀门便开启，高压燃油将供应共轨蓄压器；反之，ECU使电磁线圈通电，阀门便关闭。如此敏感地交替启闭，便可稳定地调节燃油压力。同时，在ECU的精确控制下，可以消除电磁喷油器和变容式电动输油泵造成的油压波动，使燃油压力更加稳定，以获得精确的喷油量控制。

❸ 共轨蓄压器。共轨蓄压器是一个高强度铝合金管，如图10-4-6所示。它固定安装在气缸体上，用来储存高压燃油，抑制燃油压力波动，保持燃油压力稳定，以使ECU控制喷油计量更加精确。

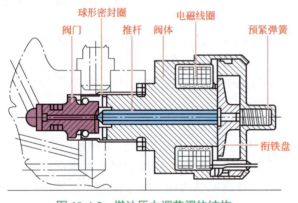

图10-4-5 燃油压力调节阀的结构

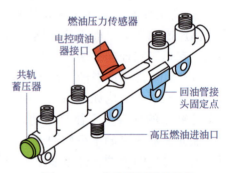

图10-4-6 共轨蓄压器的结构

共轨蓄压器内腔容积并不大，在发动机启动和低速运转时，便能快速升压和消除可能引起的压力波。在共轨蓄压器上，还装有燃油压力传感器、共轨限压阀、限流阀等，以协调系统的正常运转。

❹ 共轨限压阀。它装在共轨蓄压器的回油管端，用弹簧控制溢流锥阀的阀门，当共轨蓄压器内燃油压力超过135MPa时，共轨限压阀内溢流锥阀开启，回油口打开，防止燃油压力过高，如图10-4-7所示。

❺ 限流阀。共轨蓄压器至喷油器的四根高压油管中均装有限流阀。它的功用是：当电控喷油器端发生燃油大量泄漏时，及时切断共轨蓄压器的供油，以防燃油外溢造成火灾。

❻ 电控喷油器。电控喷油器由喷嘴、电磁阀、液压继动伺服系统三大部分组成，如图10-4-8所示。喷嘴与传统的喷油器类似，包含有针阀、针阀体、控制柱塞、柱塞弹簧、压力腔等，其中，针阀与针阀体为一对偶件，针阀体末端有5个直径为0.272mm的喷孔，

上端有压力腔；电磁阀部分由线圈、弹簧、导阀、回油管、电磁阀连接器等组成；液压继动伺服系统部分由高压燃油进口接头、输入油道、控制油道、控制区、控制通道、球形阀等组成。

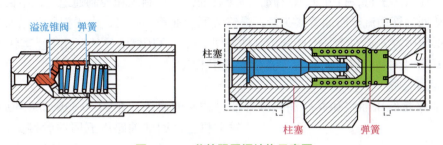

图10-4-7　共轨限压阀结构示意图

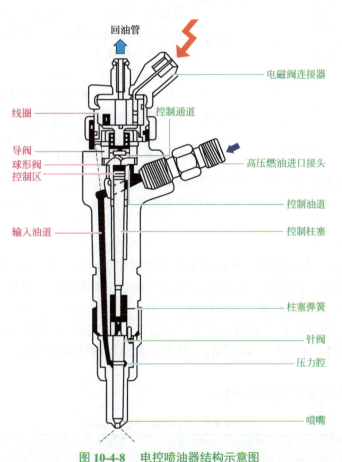

图10-4-8　电控喷油器结构示意图

由图可知，针阀和控制柱塞受到的向下的关闭力有柱塞弹簧的作用力 F 和控制区内的燃油压力 P；而受到的开启力，只有压力腔针阀锥面的向上的燃油压力 N。针阀和控制柱塞的启闭，便是这三种力相互作用的结果。

电控喷油器的工作分成关闭位置和喷射状态两种状态：

❶ 关闭位置——电控喷油器的电磁线圈在没有获得电控中心ECU指令时，线圈无电流通过，产生不了向上的电磁力，铁芯在弹簧作用下，关闭了球形阀，高压燃油的压力，

分别作用在控制区和压力腔。此时作用力 $F+P>N$，针阀和控制柱塞下移，紧紧关闭针阀体上的喷孔，喷油器不喷油。

❷ 喷射状态——线圈得到电控中心 ECU 的指令时，有电流通过，产生的电磁力大于弹簧的张力，使铁芯上行，打开了球形阀，高压燃油将从控制区和控制通道流入电磁阀上方的油腔，并从回油管回流至回油管接头盒，最终流回燃油箱。此时，由于控制区燃油压力 P 的降低，使得作用力 $F+P<N$，针阀和控制柱塞便上行，高压燃油便从喷孔中呈雾状喷出。

针阀开启时刻和开启时间长短，直接受控于 ECU。

(3) 回油油路

回油油路是低压油路和高压油路额外油量的回油通道。在 8140/43S 和 8140/43N 柴油发动机上，回油油路以五回油管接头盒为中心，如图 10-4-9 所示。五回油管接头分别是：电控喷油器至接头盒、接头盒至预热启动电磁阀、燃油压力调节阀至接头盒、接头盒至燃油箱、燃油滤清器至接头盒。

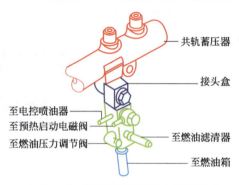

图 10-4-9　五回油管接头盒示意图

回油油路上承受的燃油压力总体上较低（60～80kPa），但瞬时有可能较高，所以也要有足够的耐压性和良好的密封性。

为了保证发动机冷启动时电热启动器获得足够的燃油供应，在共轨限压阀和接头盒的回油管道上，设有直径 3.5mm 的量孔，以维持回油管路内具有稳定的燃油压力。此外，在燃油滤清器中心油管处（如图 10-4-3 所示），有油管直接接至接头盒，以确保燃油的供应。

2. 电子控制系统

博世 MS6.3 蓄压式共轨燃油喷射系统电子控制部分由传感器、电子控制单元（ECU）和执行器三部分组成。传感器部分包括 11 种能探测和反馈发动机各种信息的传感器，将信息及时传输给 ECU；ECU 是整个系统的控制中枢，它将发动机的各种信息，经过内存逻辑对比和计算，再向各执行器准确发出各种控制指令；执行器部分是各种能做出启闭动作的电气元件，它会按 ECU 的指令准确动作，从而完成对发动机运转的最佳控制。

(1) 传感器

传感器的类型及说明见表 10-4-1。

表 10-4-1　传感器的类型及说明

类型	说明
飞轮转速传感器	飞轮转速传感器为感应式传感器，在飞轮前端面周沿制有 58 个信号发生孔，另有两个空缺孔位置，如图 10-4-10 所示。固定在气缸体上的飞轮转速传感器头，将直接感受这些孔的位置变化。发动机飞轮每转一圈所测得的空缺孔位置信号，是电控单元（ECU）识别第一缸活塞至上止点位置的基准信号。此信号被 ECU 用来实现主喷射和预喷射的提前角和喷油时间，同时该信号被 ECU 转换给发动机转速表，以显示发动机的转速 飞轮转速传感器的两接线端子用导线与 ECU 端子 A29、A37 相连接。安装时，传感器感应头与飞轮的间隙为 0.8～1.5mm，并保持垂直。若间隙和位置不当可按如图 10-4-11 所示，检查和调整传感器支架，最后拧紧螺栓

续表

类型	说明
飞轮转速传感器	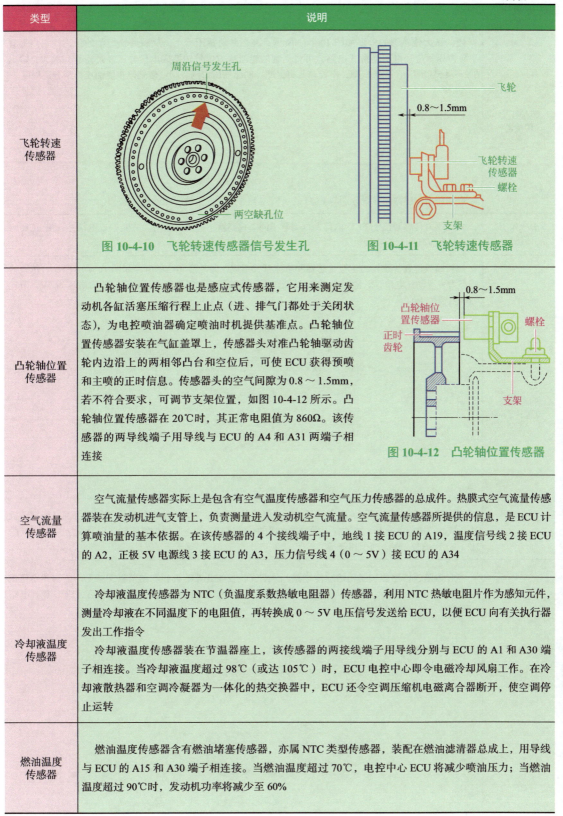 图 10-4-10 飞轮转速传感器信号发生孔　　图 10-4-11 飞轮转速传感器
凸轮轴位置传感器	凸轮轴位置传感器也是感应式传感器，它用来测定发动机各缸活塞压缩行程上止点（进、排气门都处于关闭状态），为电控喷油器确定喷油时机提供基准点。凸轮轴位置传感器安装在气缸盖罩上，传感器头对准凸轮轴驱动齿轮内边沿上的两相邻凸台和空位后，可使 ECU 获得预喷和主喷的正时信息。传感器头的空气间隙为 0.8～1.5mm，若不符合要求，可调节支架位置，如图 10-4-12 所示。凸轮轴位置传感器在 20℃时，其正常电阻值为 860Ω。该传感器的两导线端子用导线与 ECU 的 A4 和 A31 两端子相连接
空气流量传感器	空气流量传感器实际上是包含有空气温度传感器和空气压力传感器的总成件。热膜式空气流量传感器装在发动机进气支管上，负责测量进入发动机空气流量。空气流量传感器所提供的信息，是 ECU 计算喷油量的基本依据。在该传感器的 4 个接线端子中，地线 1 接 ECU 的 A19，温度信号线 2 接 ECU 的 A2，正极 5V 电源线 3 接 ECU 的 A3，压力信号线 4（0～5V）接 ECU 的 A34
冷却液温度传感器	冷却液温度传感器为 NTC（负温度系数热敏电阻器）传感器，利用 NTC 热敏电阻片作为感知元件，测量冷却液在不同温度下的电阻值，再转换成 0～5V 电压信号发送给 ECU，以便 ECU 向有关执行器发出工作指令 冷却液温度传感器装在节温器座上，该传感器的两接线端子用导线分别与 ECU 的 A1 和 A30 端子相连接。当冷却液温度超过 98℃（或达 105℃）时，ECU 电控中心即令电磁冷却风扇工作。在冷却液散热器和空调冷凝器为一体化的热交换器中，ECU 还令空调压缩机电磁离合器断开，使空调停止运转
燃油温度传感器	燃油温度传感器含有燃油堵塞传感器，亦属 NTC 类型传感器，装配在燃油滤清器总成上，用导线与 ECU 的 A15 和 A30 端子相连接。当燃油温度超过 70℃，电控中心 ECU 将减少喷油压力；当燃油温度超过 90℃时，发动机功率将减少至 60%

续表

类型	说明
燃油压力传感器	燃油压力传感器的外形如图 10-4-13 所示，装在共轨蓄压器上，反映共轨燃油的压力。它内部有半导体压敏应变电阻型桥式电路，可将受到的燃油压力信号转换成电信号，经过运算和放大，输出 0.5～4.5V 电压信号给 ECU，电控单元将据此控制燃油压力调节阀，使之修正燃油压力至合适程度 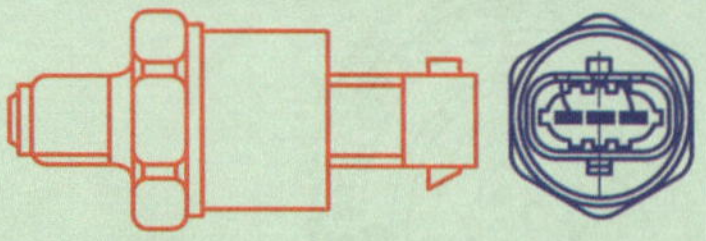 图 10-4-13　燃油压力传感器外形 燃油压力传感器用导线分别与 ECU 的 A6、A14、A33 三个端子相连接
大气压力传感器	大气压力传感器位于 ECU 内部，可测量不同海拔高度下的大气压力，并转换成电信号，供 ECU 修正不同海拔高度下的喷油量
加速踏板位置传感器	加速踏板位置传感器由位置传感器和急速开关组成，其外形和内部电路如图 10-4-14 所示。位置传感器为一滑动式电位计，随时向 ECU 反馈踩下加速踏板节气门开度电压信号，输入电压为 5V，节气门电阻值为 1kΩ 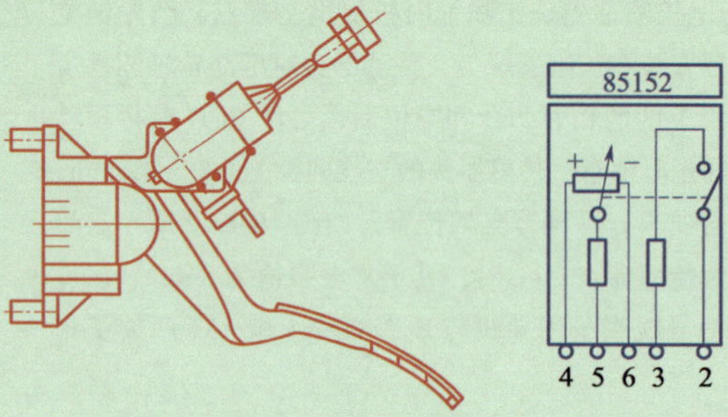 图 10-4-14　加速踏板位置传感器 当加速踏板完全松开并关闭点火开关时，电控单元 ECU 立即控制电控喷油器切断供油；当发动机达到最低转速前急速开关接通，可保持发动机的稳定运转。加速踏板位置传感器用导线分别与 ECU 的 B2、B13、B27、B35 端子相连接
离合器踏板传感器和制动踏板传感器	离合器踏板传感器和制动踏板传感器，分别安装在离合器踏板和制动踏板支架上，结构和原理相同，如图 10-4-15 所示。常规状态为闭合电路，踩下状态为切断电路。当踩下踏板后，ECU 接到电路切断信号，迅速控制电控喷油器减少喷油量  图 10-4-15　离合器踏板传感器和制动踏板传感器

（2）电子控制单元（ECU）

❶ ECU 实质上是一个精心设计的微型电子计算机，它在获得各种传感器的信息后，经过与内存脉谱图的对比和计算，再按设计的工作模式，向发动机各执行元件发出指令信号，从而控制发动机按最优化的模式运转。其具体控制内容如下。

a. 当发动机转速在 2800r/min 以下时，ECU 控制电磁喷油器进行预喷，以减少直喷引起的噪声。

b. 燃油喷射压力按瞬时工况（转速、负荷）需要，ECU 对喷油压力可在 25～135MPa 之间调整，并与喷射时间长短互补，以满足发动机负荷的要求。

c. ECU 对预喷提前角、预喷与主喷间隔时间、主喷提前角均按发动机瞬时工况即时调整确定。

d. 对发动机怠速控制和低速状态下的各缸平衡控制，以及发动机在各种转速下的平滑过渡。

e. 发动机加速时对喷油量的精确控制，以减少排放烟度，使之达到欧Ⅲ标准。

f. 对发动机最高转速的控制。当发动机转速达到 4250r/min 时，ECU 将减少电控喷油器开启时间，来减少喷油量；当发动机转速超过 5000r/min 时，ECU 即令电控喷油器停止工作。

g. 预热指示灯和 EDC 系统故障指示灯控制。当预热系统工作时，ECU 令预热指示灯亮起，预热结束即熄灭；当电控蓄压式共轨喷射系统发生故障时，EDC 系统故障指示灯即亮起或闪烁。

h. 发动机转速表和车速里程表的控制。由 ECU 采集的飞轮转速信号将同时传送至发动机转速表和车速里程表，供驾驶人观察。

i. 发动机熄火后的控制。当用点火钥匙熄火后，ECU 仍获得专用继电器供电若干秒，使电控中心微处理器将有关信息存在电脑中，以便在以后的作业中，通过 EDC 故障诊断接口获得有关故障信息。

❷ 对各电控喷油器的实际喷油定时与喷油量的控制。ECU 根据各种传感器的反馈信号，经过与 CPU 内存数据对比计算后确定。实际喷油量和喷油定时，主要与下列传感器信号有关。

a. 基本喷油量控制信号：发动机飞轮转速信号、加速踏板位置信号、空气流量（进气歧管绝对压力）信号等。

b. 补充喷油量控制信号：冷启动信号、冷却液温度信号、进气温度和压力信号、燃油温度信号等。

c. 修正喷油量控制信号：柴油机运行中因工况改变，各传感器随即反馈控制信号。

d. 喷油时刻控制信号：飞轮转速传感器信号、凸轮轴位置传感器信号等。

博世 MS6.3 系统的 ECU 外形如图 10-4-16 所示。它安装在发动机机舱左侧，其上部有两组 43 个端子的插头 A 和 B。

ECU 除了对各执行器控制外，还有故障记忆功能（故障码）。故障码能用专用仪具或指示灯读出。

图 10-4-16　ECU 外形

(3)执行器

电控喷油器是主要执行器之一,前面已经介绍,现只介绍以下几种执行器。

❶ 电动输油泵。启动发动机时,开启点火开关,ECU 即令电动输油泵工作,并在汽车行驶中维持运转。如果发动机在 9s 内不能启动,ECU 会取消向电动输油泵供电。

❷ 电热冷启动电磁阀。发动机冷启动时,当空气、冷却液、燃油温度传感器中任一传感器温度显示在 0℃ 以下时,ECU 即令冷启动预热电磁阀开启,并向电热冷启动器塞头供电,直至发动机启动后为止。同时,仪表板上的预热指示灯同步显示。

❸ 燃油压力调节和第三泵电磁阀。该阀的功用是调节控制燃油压力和燃油量,ECU 根据从各传感器采集到的发动机负荷的信息,及时向燃油压力调节器电磁阀发出启闭指令,以调节燃油压力;向第三泵电磁阀发出启闭指令,以控制燃油供应量。

❹ 电磁风扇离合器。当发动机冷却液温度达到 (94±2)℃ 时,ECU 即令电磁风扇离合器吸合,冷却风扇开始工作;当发动机冷却液温度降至 (80±2)℃ 时,ECU 又令电磁离合器断开,冷却风扇停止工作。

❺ 空调压缩机电磁离合器。空调压缩机由电磁离合器带动工作,当发动机冷却液温度超过 105℃,ECU 控制电磁离合器断开,使空调压缩机停止转动一段时间,以保护冷气调节系统。

视频精讲

视频精讲

视频精讲

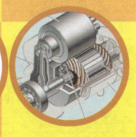

下篇

汽车发动机故障诊断与检修

第十一章　汽车发动机拆装与检修
第十二章　曲柄连杆机构拆装
第十三章　曲柄连杆机构检修
第十四章　配气机构拆装
第十五章　配气机构检修
第十六章　冷却系统拆装与检修
第十七章　润滑系统拆装与检修
第十八章　点火系统检修
第十九章　汽油机燃料供给系统拆装与检修
第二十章　柴油机燃料供给系统拆装与检修
第二十一章　涡轮增压器拆装与检修
第二十二章　汽车发动机装配与磨合

第十一章 汽车发动机拆装与检修

第一节 发动机拆装与检修安全操作规程

发动机拆装与检修安全操作规程见表 11-1-1。

表 11-1-1 发动机拆装与检修安全操作规程

类别	操作规程
作业安全防护措施	发动机拆装与检修作业安全防护措施应遵循以下几点： ①在维修车间内始终戴防护眼镜、戴防护面罩、戴防护手套、穿防护服。遇到强噪声应戴耳塞或护耳罩，如图 11-1-1 所示  图 11-1-1 发动机拆装与检修作业中的安全防护用具 ②车间内不要穿运动鞋和轻便鞋。要穿能充分保护脚的靴或鞋，最好穿带钢质脚趾盖的结实的工作靴。所穿的鞋必须能抵挡落下的重物、飞溅的火星和腐蚀性的液体，鞋底应能抵挡尖锐物的刺扎 ③维修发动机时不要戴手表、珠宝或戒指。这些物品能使某个电接头与地线接触而打火，引发严重的烧伤；珠宝饰物可能挂在某物上，引起伤痛 ④要穿干净的工作服，不要穿浸了油和宽松的工作服。戴好工作帽，不留长发。因为宽松衣服和长发容易卷进旋转部件中 ⑤在多尘环境中工作时，应戴呼吸保护器，以保护肺脏

续表

类别	操作规程
车间安全规范	发动机拆装与检修车间安全规范应遵循以下几点： ①确保拆装与检修的场地通风良好，工作地区的光线要充足。保持检修场地的整洁、干净，收拾起散乱的工具和零部件，一定要保持工作台清洁，不要把旧零件等重东西堆放在工作台上 ②不要在场地内奔跑或喧闹；在场地内工作时不要吸烟。如果车间有指定的吸烟区，只许在指定区域内吸烟，不要在顾客的车内吸烟。另外，香烟或打火机发出的火星能点着工作场所中的易燃物 ③在场地内工作时，绝对不能服用麻醉药品和饮酒。因为少量的麻醉药品或酒精，也能影响大脑的反应速度，在紧急情况下，大脑反应慢很可能导致人身伤害 ④手、长头发和工具要远离发动机上的风扇叶片和传动带等转动部件，因为电扇随时可能开始转动 ⑤喷气软管要始终处于完好状态，不要让空气喷枪喷出的高压空气正对着人体，因为高压空气可能透过皮肤并进入血液中，严重影响健康，甚至有生命危险 ⑥用适当的安全容器把机油、燃油、制动液及其他液体收存好。把诸如汽油、油漆和油抹布之类的易燃物料，存放在经认可的安全容器内 ⑦只用经认可的清洗剂和设备清洗零部件，尽量不要用汽油；用经认可的安全容器存放汽油。汽油箱从汽车上拆下后，不要在地面上拖拉 ⑧熟悉车间内所有灭火器的位置及使用方法。要熟悉各种类型的火源及灭火器，要知道灭不同类型的火源，用不同类型的灭火器 ⑨遵循汽车制造厂家提出的维修程序。操作仪器设备时一定要按照生产厂家推荐的步骤。只有当你熟悉了正确的操作步骤时，才能操作仪器设备 ⑩严格遵守安全用电规程，场地内需要临时布置电源线路时，必须按照正确的操作规程进行施工，工作灯照明用电的电压不得高于36V
作业安全操作规范	发动机拆装与检修作业安全操作规范应遵循以下几点： ①发动机拆卸前必须放出冷却液、机油，释放燃油压力 ②发动机的拆卸必须在完全冷却的状态下进行，以免机件变形 ③发动机起吊时必须连接牢固，以确保起吊安全性 ④使用千斤顶等举升机具时，必须确保支撑点的正确无误，并使支撑稳固可靠，否则不能进入车下操作 ⑤吊装发动机等的总成时，必须由专人负责指挥，操作过程中不可将手脚伸入易被挤压的部位，以免发生危险 ⑥汽车总成解体时，应使用专用工、机具，按照分解顺序进行；对较难拆卸的零件，必须采用合理有效的方法，不能违反操作规程 ⑦对于螺纹连接件的拆卸，应选用合适的专用工具、套筒扳手、梅花扳手或呆扳手，不可使用活扳手或手钳，以免损伤螺母或螺栓头的棱角 ⑧对重要件的拆卸工作，首先要熟悉其结构，并按照合理的工艺规程进行 ⑨拆卸蓄电池接线柱的引线时，应拉动接头本体，以免损坏引线 ⑩在任何零件的加工面上锤击时，都必须垫以软金属或垫棒，不可用锤子直接敲打 ⑪所有零件在组装前必须经过彻底清洗并用压缩空气吹干，经检验确认合格后方可装配 ⑫凡是螺栓、螺母所使用的平垫圈、弹簧垫圈、锁止垫圈、开口销、垫片及其他金属索线等，必须按照规定装配齐全；主要螺栓的螺纹紧固后，螺栓端部应伸出螺母1~3牙；一般螺栓允许螺纹不低于螺母上平面，在不妨碍使用的情况下，也可高出螺母 ⑬螺栓、螺柱，如有变形不可再用，如螺纹断牙、滑牙不可修复时，都应更换。一次性螺栓拆卸后不可再用 ⑭使用手电钻、台钻、砂轮机、空气压缩机等机具时，必须严格遵守有关安全操作规程，防止发生事故

续表

类别	操作规程
作业安全操作规范	⑮装配时，应注意以下几个方面： a. 必须明确配合性质和要求，掌握配合的技术标准。对过盈配合和间隙配合的零件，应严格按照规定的装配工艺进行装合，如冷压、热装、预润滑等工艺要求 b. 严格按照规定的拧紧力矩和拧紧顺序进行螺纹连接件的紧固。例如生产厂对连杆螺栓、主轴承螺栓、缸盖螺栓等重要螺栓以及全车各个螺纹连接件都有规定的拧紧力矩，螺栓组必须分次交叉均匀拧紧。缸盖螺栓应从中央到四周按对角线分次交叉均匀拧紧 c. 止动零件应牢固可靠。螺栓、螺母、锁片、开口销、锁丝等凡是一次性使用的零件，都不能重复使用。锁片的制动爪和倒边应分别插入轴槽和贴近螺母边缘；弹簧垫圈的内径要与螺栓直径相符，间距近似为垫片厚度的两倍；对于成对成组的固定螺栓，可在螺栓头上的每一个面钻上通孔，当拧紧后，用钢丝穿过螺栓头上的孔，使其互相联锁 d. 密封部分应防止"三漏"，即漏油、漏气和漏水。一般三漏的原因是装配工艺不符合要求，或密封件磨损、变形、老化、腐蚀所致。密封的质量往往与密封材料的选用、预紧程度、装配位置有关。凡是一次性使用的密封件，一经拆卸必须更换 e. 高速往复运动和高速回转运动的主要零件，要注意分组质量相等和动平衡，以免造成运行时的剧烈振动。如曲轴的配重不能互换，各缸活塞、活塞连杆组的质量差不能大于允许值等 f. 对于出厂前已涂有密封紧固胶的零件，在重新安装时必须除净残胶、油污，涂上所规定的新密封紧固胶加以密封或紧固 g. 在拆开真空管时，必须在其端头做出位置标签，以保证安装的准确性，如图11-1-2所示。在脱开真空管时，只能拉动管的端头，不允许拉管的中部 h. 在拆卸线束连接器时，只能用手握住连接器拉开，不允许拽动线束，如图11-1-3所示 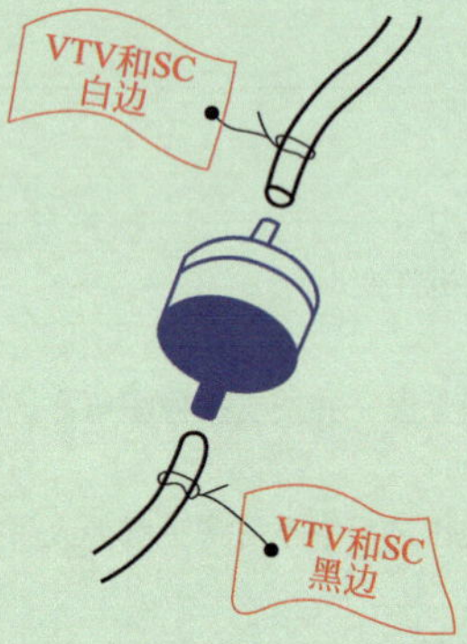 图11-1-2　标出管子安装记号 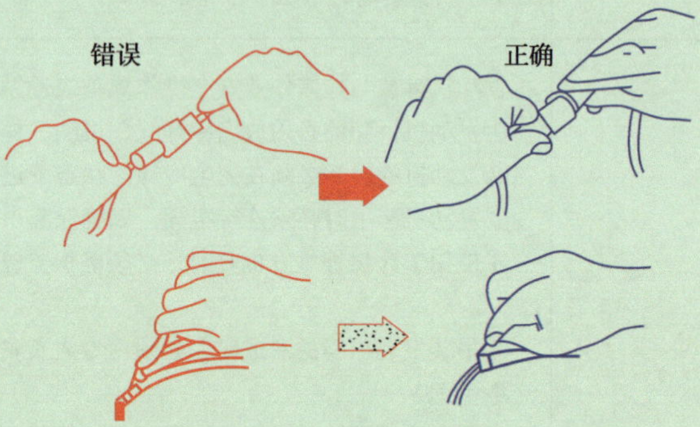　　　图11-1-3　拉开插座时应牵拉插座 i. 在拆卸维修转向盘上的零部件及线路时，应注意气囊的安全性，防止误爆 j. 注意防止漏电、失火，应熟练使用灭火器等
启动发动机时的安全规则	启动发动机时的安全规则应遵循以下几点： ①启动发动机前应首先检查油底壳内的机油是否足够，散热器内的冷却液是否加满，换挡杆是否在空挡位置，拉紧手制动器，并与周围的人打个招呼，方可启动发动机 ②每一台被调整试验的发动机，均应有良好的启动性。在用手摇柄启动发动机时，所有手指应在手摇柄的一侧，自下面上摇动，以免点火时间过早曲轴反转伤了自己 ③在车间内启动发动机进行检查调整时，应打开门窗使空气畅通，必要时将排气管接出室外 ④在发动机运转时进行工作，应防止被风扇打伤和被排气管灼伤 ⑤发动机启动后，应及时注意各仪表、指示灯的工作情况是否正常，并倾听有无异常声响和其他异常 ⑥当柴油机调速器失灵时，应立即切断油路或气路，以免发生"飞车事故"

续表

类别	操作规程
在车底下工作时的安全规则	在车底下工作时的安全规则应遵循以下几点： ①在进行修理的汽车上，应挂上"正在修理请勿转动发动机"的牌子；拉紧驻车制动器，或用三角木块楔住车轮 ②在车底下工作时，不要躺在地上，应尽量使用卧板 ③用千斤顶顶车时，应注意千斤顶顶车的部位，各种车型均有各自的要求，如图11-1-4所示。千斤顶应放置平稳，架车前，应先找好安全支架（如架车凳等），禁止使用砖头、石头、碎木块，以及其他容易破碎、滑动的物体架车 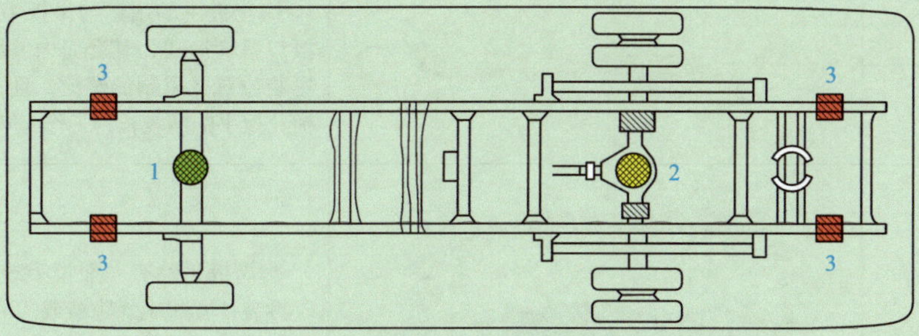 图 11-1-4　汽车顶举举升点和安全支架支撑点 1—举升点前端（发动机安装下横梁）；2—后端（后地板横梁中心）； 3—安全支架支撑点（汽车左右侧共设置四个支撑点，支撑点已焊接加固，绝不能在规定部位以外支撑整车） ④凡用千斤顶顶起的并已卸下车轮的汽车，必须再用架车工具把车架好。否则，不许在其车上或车下工作 ⑤用千斤顶使车轮放下时，打开千斤顶开关要稳要慢，并注意不要压伤自己和他人 ⑥在装配总成时，不准采用不正确的操作方法（如用手试探螺孔、销孔等），以免轧断手指 ⑦当试验发动机时，不得在车下工作

第二节　拆装与检修常用工具及使用

修理工具使用得当，将会便利工作的进行，否则不但会损坏工具，有时还会造成人身事故。

1. 扳手

扳手是用来拆装带有棱角螺母、螺栓的工具。扳手种类很多，用途也各有不同。汽车修理一般常用的有呆扳手、梅花扳手、套筒扳手、活动扳手、扭力扳手和管子扳手等，其说明见表11-2-1。

表 11-2-1　扳手种类及用途

种类	图示	用途
呆扳手	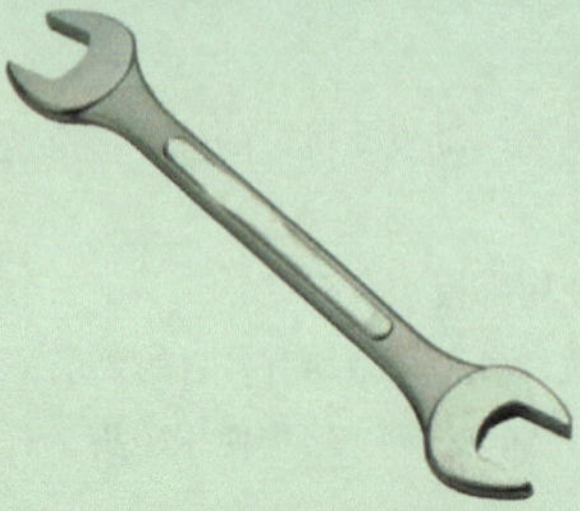	有6件或8件配套的（6～24mm）。它有双头和单头两种，用来拆装一般标准规格的螺母和螺栓。为了便于操作，扳手的开口和它的本体常有一个不同的角度，如左图所示，通常是15°、45°或90°，借以增加扳手的旋转度
梅花扳手		梅花扳手的用途与呆扳手一样，所不同的是两端扳口呈套筒式，其套筒内一般有12个角，因此便于拆装位置受限制的螺栓，且不易滑脱，如左图所示。梅花扳手的柄较长，工作起来较为轻便
套筒扳手	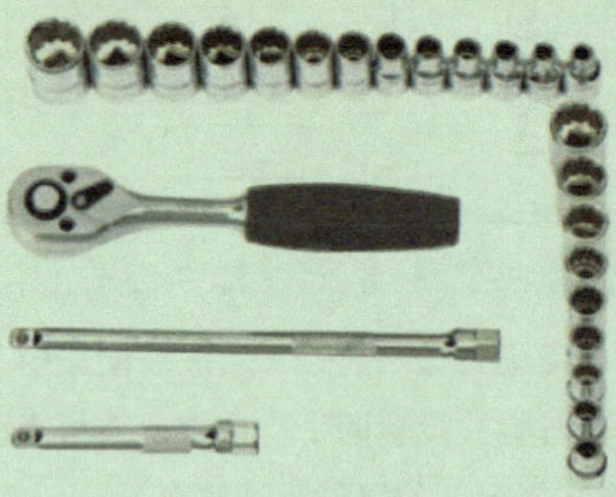	套筒扳手除有一般扳手的功用外，它还特别适用于拆装位置狭小、隐蔽或凹下很深的螺母和螺栓。套筒的套口与梅花扳手相似，加之套筒是做成单体的，工作中可根据需要选用各种不同规格的套筒和手柄，因此它的用途更广泛，工作效率也更高
活动扳手	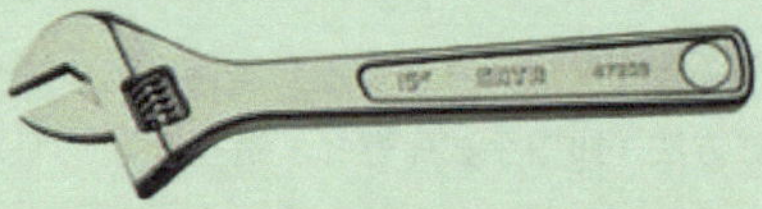	活动扳手的开口是活动的，其开度的大小可在一定范围内自由调节，使用方便，特别是遇到不同规格的螺母或螺栓，更能发挥其作用。使用时，先按螺母或螺栓的大小将钳口调整合适，贴紧对角边免得松动滑出，损坏扳手和螺母。工作时应让扳手可动部分承受推力，固定部分承受拉力，且用力均匀，如左图所示
扭力扳手	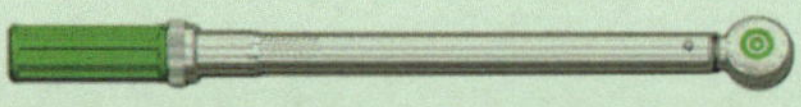	扭力扳手是用来紧固有规定力矩的螺栓、螺母的，它能表示出力矩数值。凡是有力矩规定的螺母，如气缸盖、连杆螺母等，都要使用这种扳手拧紧
管子扳手		管子扳手又叫管钳子，是用来扳动管子、圆棒以及其他扳手难以夹持的光滑的圆柱形工作物。它的扳口上有细牙，工作时常会咬毛工作物表面，故应尽量避免用它拆装螺栓和螺母。管子扳手如左图所示

2. 旋具

(1) 旋具的种类

旋具是用来旋紧或旋松带槽的螺钉、木螺钉的手工工具。在汽车修理中常用的有木柄旋具、穿心旋具、夹柄旋具和偏置旋具等。

❶ 木柄旋具。木柄旋具又叫标准旋具，大小规格有：50（2″）mm、75（3″）mm、100（4″）mm、125（5″）mm、150（6″）mm 等（钢杆部分长度）。

❷ 穿心旋具。它的外形基本和木柄旋具相同。唯一不同点是穿心旋具的钢杆贯穿手柄一直通到木柄顶端，这样可使木柄牢固，便于用力。

❸ 夹柄旋具。它的式样与上两种旋具不同，它的手柄是扁形的，钢杆从刃口直斜上去，在手柄的两边用硬木柄铆牢，如图 11-2-1 所示。这样的旋具更为坚固耐用，还可用手锤敲打。另外，它的手柄为椭圆扁形的，不易从手中滑出。

❹ 偏置旋具。它的两端都有刃口，在旋动螺钉时可以变换使用，如图 11-2-2 所示。它可以拆装其他旋具难以拆装的螺钉，不过，使用这种旋具加给螺钉的压力很小，所以必须使旋具刃口与螺钉槽口完全吻合，才能顺利地拆装。

图 11-2-1　夹柄旋具

图 11-2-2　偏置旋具

(2) 旋具的使用方法及注意事项

❶ 旋具刃口应适当磨砺，磨刃的时候，要保持刃口端边的平行，倘若磨成单边斜形，使用时就会向上滑出螺钉槽。

❷ 旋具刃口端要和螺钉槽口相适应，大小合适，如太薄易断裂，太粗则嵌不进槽口内，都会损坏旋具和螺钉槽口。

❸ 使用旋具前应擦净刃口端上的油污，以免工作时出现滑脱。

❹ 使用旋具时，以右手握持旋具，手心抵住柄端，使旋具刃口与螺钉槽口垂直而吻合，以防旋具滑槽伤手。当开始旋松或最后旋紧时，应用力将起子压紧再用手腕按需要扭转。当螺钉松动后，即可使手心轻压旋具柄，用拇指、中指、食指快速扭转。使用较长的旋具时，可用右手压紧和转动手柄，左手握旋具柄中部，使它不致滑脱，以保证工作安全。

❺ 不可将工作物拿在手上拆装螺钉，一旦旋具滑出，就有伤手的可能，所以需要将工作物夹住进行操作。

❻ 不可用旋具当凿子或撬棒使用（穿心旋具除外），或用手锤敲击旋具头；也不能在旋具柄和刃口处用钳子或扳手来增加扭力，以防扭曲或扭断旋具。

3. 钳子

(1) 火花塞端子插拔钳

火花塞端子插拔钳如图 11-2-3 所示，可在发动机运转状态下插拔火花塞电缆。这种插拔钳的钳柄和钳口均经浸塑处理，浸塑层较厚，可有效地防振和确保对火花塞的夹持力，而且能避免夹伤火花塞电缆的绝缘层。

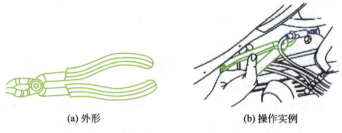

(a) 外形　　　　　　　　　　(b) 操作实例

图 11-2-3　火花塞端子插拔钳外形及操作实例

（2）汽车灯泡专用夹钳

汽车灯泡专用夹钳外形如图 11-2-4 所示，该钳专用于在灯座已受到腐蚀的情况下，从汽车的尾灯、停车灯、转弯灯等灯座内夹取已损坏的灯泡。该钳的钳体由薄钢板冲制而成，两半圆形钳口经浸塑处理，能牢牢地夹持灯泡而又不会损坏它。

◆ 4. 汽车专用试电笔

汽车专用试电笔如图 11-2-5 所示，是专为汽车维修电工设计的一种专用检测仪，利用它不仅可以测试汽车电路，而且可以直接从电笔的灯光指示上判断发电机及调节器的工作是否正常。

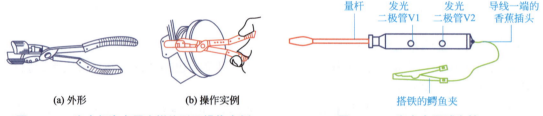

(a) 外形　　　　　(b) 操作实例

图 11-2-4　汽车灯泡专用夹钳外形及操作实例　　　　图 11-2-5　汽车专用试电笔

汽车专用试电笔分 A 型和 B 型两种。A 型适用于 12V 汽车，B 型适用于 24V 汽车。使用时，将电笔负极用鳄鱼夹与搭铁可靠地相接，将电笔头逐次碰触被测点，这时电笔上的两只双色发光二极管 V1 和 V2 可组合指示 6 种颜色，分别对应 6 种不同的电压，显示颜色与电源电压的对应关系见表 11-2-2。

表 11-2-2　汽车专用试电笔显示颜色与电源电压的对应关系

双色发光二极管显示颜色		电源电压		备注
		12V 电系 /V	24V 电系 /V	
双色发光二极管 V1	红	11	23	发光二极管 V2 不亮
	橙	12	24	
	橙、绿	12.6	24.6	
双色发光二极管 V2	红	13	25	发光二极管 V1 不亮
	橙	14	26	
	橙、绿	15	27	

使用注意事项：

❶ 使用前要看清测电笔的量程范围，禁止超出其量程范围使用。

❷ 使用时将导线一端的香蕉插头插入测电笔顶部的金属帽中，并确保接触良好，导线另一端的鳄鱼夹夹在汽车金属外壳搭铁处，即可进行测量。

5. 测试灯

汽车专用测试灯主要用于汽车线路故障的检查，根据测试灯的亮熄及不同的明暗程度来判断汽车线路有无断路、短路和搭铁故障。

如图 11-2-6 所示，汽车专用测试灯有无源测试灯和自带电源测试灯（有源测试灯）两种。

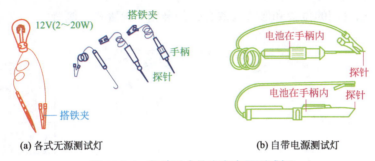

图 11-2-6　各种形式的汽车专用测试灯

（1）12V 无源测试灯

12V 无源测试灯如图 11-2-6（a）所示，由 12V/2～20W 灯泡、导线和各种型号的探针等组成，可用来检查电源电路各线端是否有电。

检测时，将 12V 测试灯鳄鱼夹搭铁，另一端接电器部件电源接头，如灯亮，说明电器部件的电源电路无故障；如灯不亮，应顺电流方向依次找出第二检测点、第三检测点……，直到灯亮为止，则电路故障点可判断在最后两个测试点之间的线路或电器部件上。

（2）12V 有源测试灯

12V 有源测试灯与 12V 无源测试灯的结构基本相同，如图 11-2-6（b）所示，只是在手柄内加装了 2 节 1.5V 干电池。

12V 有源测试灯可用来检查电气线路断路和短路故障。

❶ 断路故障检查。首先断开与电器部件相连接的电源电路，将测试灯一端搭铁，另一端接在电路各接点（从电路首端开始）。如果灯不亮，则断路出现在被测点与搭铁之间；如果灯亮，则断路出现在此时被测点与上一个被测点之间。

❷ 短路故障检查。首先断开电器部件的电源线和搭铁线，将测试灯一端搭铁，另一端与余下电器部件的电路相连接。如灯亮，表示有短路（搭铁）故障存在。然后逐步将电路中插接器拔开，断开开关，拆除各部件，直到灯熄灭为止，则短路出现在最后开路部件与上一个开路部件之间。

 注意：

不可用测试灯检查汽车微机控制系统故障，除非维修手册中有特殊说明，方可进行。

6. 火花塞套筒

火花塞套筒是专门拆装火花塞的专用工具，如图11-2-7所示。使用时套筒应对正火花塞孔，与火花塞螺柱套牢，不可歪斜，再逐渐用力，以防滑脱伤手损物。

7. 气门弹簧拆装架

使用气门弹簧拆装架时，根据需要将拆装架放于合适位置，如图11-2-8所示。其使用方法与注意事项：将拆装架托架抵住气门，压环对正气门弹簧座，然后用力压下手柄，使得气门弹簧被压缩。这时可取下气门弹簧锁销或锁片，慢慢地松抬手柄，即可取出气门弹簧座、气门弹簧和气门等。

使用时应根据气门的位置和形式选取合适的装钳（顶置式、侧置式、液力挺柱式）。

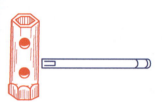

图11-2-7 火花塞套筒

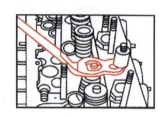

图11-2-8 气门弹簧拆装架

8. 黄油枪

黄油枪是用来加注黄油的工具，如图11-2-9所示。使用黄油枪时应注意：

❶ 装黄油时，要一小团一小团地装入，使黄油互相贴紧以免有空隙。

❷ 注油时，枪头出油口对准黄油嘴，直进直出，不能偏斜。当发现不进油时，应停止注油，进行检查排除。如是否在储油筒内存有空气；枪头压油阀是否堵塞；油枪内弹簧压力是否足够或弹簧是否变形、折断；柱塞是否磨损过甚而漏油；黄油嘴是否被油泥堵死；等。

9. 跨接线

跨接线如图11-2-10所示，实际上就是一段多股导线，两端分别接有鳄鱼夹或不同形式的插头，可在不同场合下使用。汽车电气维修工一般都备有多种形式的跨接线，以备特定位置的检测用。

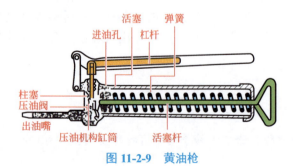

图11-2-9 黄油枪

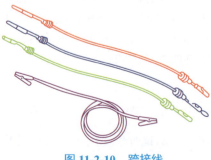

图11-2-10 跨接线

跨接线是非常实用的工具,它可用来替代被怀疑有断路故障的导线,也可以在不需要某部件的功能时,用跨接线将其短路,以检查部件的工作情况。此外,在汽车电控系统的故障自诊断中,常常需要用专门的跨接线(跳线)跨接在专用检测接口内规定的插座或插头上,以完成调取故障码的作业,使检修人员能顺利地进行故障自诊断。

跨接线使用注意事项:

❶ 用跨接线将电源电压加至试验部件之前,必须确认被试部件的电源电压规定值。否则,若将车用电源(12V)直接加在5V用电设备上(如某些车辆的空气流量传感器等),则可能导致用电设备损坏。

❷ 跨接线不可将被测部件"+"端子与搭铁直接跨接,以免造成电源短路。

10. 拉力器、电刷拆卸专用工具

拉力器是用来拆卸起动机、发电机端盖及轴承的专用工具。拉力器的使用如图11-2-11所示。

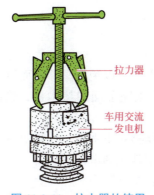

图11-2-11 拉力器的使用

图11-2-12 拆装电刷钢丝钩

电刷拆卸专用工具实际上是一种简易的自制钢丝钩,如图11-2-12所示。该工具在装卸发电机、起动机电刷时,用来钩起电刷压簧,保证发电机、起动机电刷及刷架的顺利拆装。

使用注意事项:

❶ 分离发电机前、后端盖时,如果发电机轴承与端盖配合过紧或者因长期未拆修而使轴承与端盖锈死时,不能用手锤硬敲硬打,必须使用拉力器完成。

❷ 使用拉力器时要顶住轴心,夹紧工件,均匀受力,以免损坏端盖和相关器件。

❸ 不可直接使用尖嘴钳等工具装卸发电机、起动机的电刷。

11. 千斤顶

汽车上通常使用的千斤顶是液压式的,其规格有3t、5t、8t等,如图11-2-13所示。它是一种起重或顶压的工具。使用千斤顶时,先扭紧开关,然后将其底座放平,顶头对正要顶的部位,压动手柄,工作物会逐渐升起;当落下时,可将开关慢慢旋开,工作物便逐渐下降。

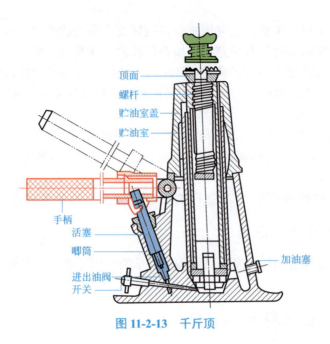

图 11-2-13 千斤顶

使用千斤顶时还应注意：

❶ 用千斤顶顶架汽车时，用三角木将车轮卡住，以免汽车移动而突然下落伤人。

❷ 如在松软路面上顶起重物时，应在千斤顶座下面加垫木板，来减少对地面的单位压力。

❸ 顶起时，注意检查千斤顶是否确实与工作物对正垂直，以防滑脱，造成事故。

❹ 千斤顶缺油时，按规定加注油液，不得用其他油水代替。

❺ 在千斤顶未支牢前和下落时，绝对禁止在车下工作。

12. 起动机磁极拆卸专用工具

起动机磁极拆卸专用工具如图 11-2-14 所示，是用来拆卸起动机励磁铁芯的。

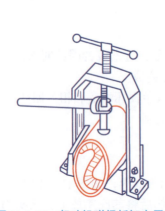

图 11-2-14 起动机磁极拆卸专用工具

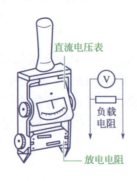

(a) 单格蓄电池高率放电叉

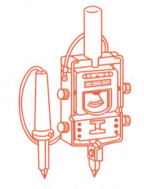

(b) 12V整体蓄电池高率放电叉

图 11-2-15 高率放电叉的外形

使用注意事项：

❶ 使用起动机磁极拆卸专用工具拆卸时首先要保证固定牢固。

❷ 修理中如果没有起动机磁极拆卸专用工具，也可以将起动机外壳水平牢固固定在台虎钳合适位置，用大小恰当的圆木棒顶紧准备拆卸的某一个磁极进行拆卸。

13. 高率放电叉

高率放电叉是使蓄电池在大电流放电情况下，测量蓄电池端电压的一种专用检测工具。由一个阻值很小的电阻（以满足蓄电池大电流放电）和一个直流电压表并联组成。可分为单格蓄电池高率放电叉和 12V 整体蓄电池高率放电叉两种，分别用于测量传统的联条外露式蓄电池和现在普遍使用的整体式蓄电池，外形如图 11-2-15 所示。

使用注意事项：

❶ 采用高率放电叉检测蓄电池的单格电压，测量前应先将蓄电池加液孔盖旋开，将放电叉的两叉头紧抵同一单格的两个极桩，如图 11-2-16（a）所示。

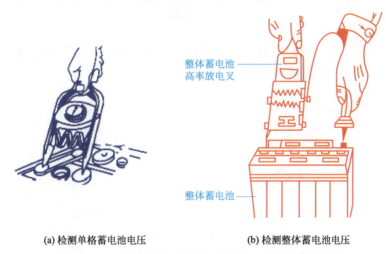

(a) 检测单格蓄电池电压　　(b) 检测整体蓄电池电压

图 11-2-16　使用不同形式高率放电叉测量蓄电池电压

❷ 读数指针稳定时，迅速读出数据并移开放电叉，测量时间不得超过 5s，放电叉读数与蓄电池单格放电程度关系见表 11-2-3。

表 11-2-3　放电叉读数与蓄电池单格放电程度关系

放电叉所示的电压 /V	1.7～1.8	1.6～1.7	1.5～1.6	1.4～1.5	1.3～1.4
蓄电池单格放电程度 /%	0	25	50	75	100

一般技术状况良好的蓄电池，用高率放电叉测量时，单格电压应在 1.5V 以上，并且 5s 内保持稳定；如果 5s 内单格蓄电池电压虽低于 1.5V，但尚能维持稳定，说明该蓄电池过放电；如果 5s 内蓄电池单格电压迅速下降，或者某单格测量示值比其他单格低 0.1V 以上，则说明该单格电池存在故障，应进行修理。

❸ 采用 12V 整体蓄电池高率放电叉检测整体蓄电池电压。使用时可以将两叉尖分别紧密接触蓄电池的正、负极柱，保持 15s，如图 11-2-16（b）所示。如果放电叉的电压能稳定在 10.6～11.6V，说明蓄电池性能良好，存电足；如果电压能保持在 9.6V 以上，说明蓄电池性能良好，但存电不足；如果电压迅速下降，说明蓄电池已经损坏。

第三节　拆装与检修常用量具及使用

1. 钢直尺

钢直尺（如图 11-3-1 所示）可直接用来测量工件的长度和其他尺寸，它的测量精度较低，为 0.5mm。

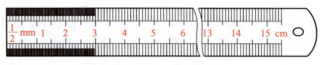

图 11-3-1　钢直尺

用钢直尺测量工件时，要用拇指贴靠工件，如图 11-3-2（a）所示为正确的测量方法，如图 11-3-2（b）所示为不正确测量方法。

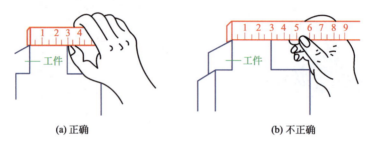

图 11-3-2　用钢直尺测量工件

如图 11-3-3 所示是使用钢直尺测量圆柱形工件直径的情况，先将直尺的左端紧贴住被测工件的一边，并来回摆动另一端，所获得的最大读数值，就是所测直径的尺寸。

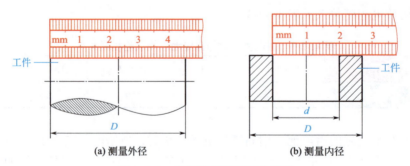

图 11-3-3　用钢直尺测量工件直径

2. 游标卡尺

游标卡尺（如图 11-3-4 所示）是一种测量精度较高的量具，用于测量工件的外径和内径尺寸（如图 11-3-5 所示），带深度尺的三用游标卡尺还可测量深度或高度尺寸，如图 11-3-6 所示。

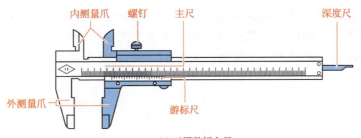

(a) 三用游标卡尺

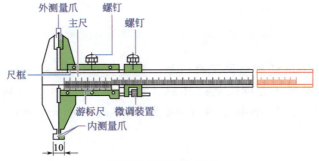

(b) 不带深度尺的游标卡尺

图 11-3-4 游标卡尺

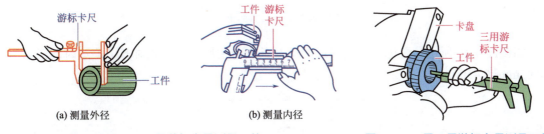

(a) 测量外径　　　　　　(b) 测量内径

图 11-3-5 用游标卡尺测量工件　　　　图 11-3-6 用三用游标卡尺测量工件

(1) 游标类量具的读数原理

游标卡尺上的刻度值就是它的测量精度。游标卡尺常用刻度值有 0.02mm、0.05mm 等。游标卡尺上各种刻度值的读数原理都相同，只是刻度精度有所区别。

❶ 精度为 0.02mm 的刻度原理和读法。游标卡尺精度为 0.02mm 的刻度情况如图 11-3-7 所示。主尺上每小格 1mm，每大格 10mm；两卡爪合拢时，主尺上 49mm，刚好等于游标卡尺上的 50 格。因而，游标尺上每格等于 49mm÷50=0.98mm。主尺与游标尺每格相差为 1mm−0.98mm=0.02mm。

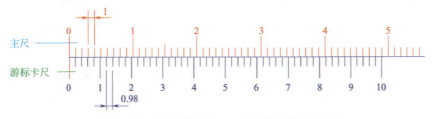

图 11-3-7 精度为 0.02mm 游标卡尺计数原理

读数值时，先读出游标尺上的零线左边主尺上的整数，再看游标尺右边哪一条刻线与主尺上的刻线对齐了，即得出小数部分；将主尺上的整数与游标尺上的小数加在一起，就得到被测尺寸的数值。如图 11-3-8 所示精度为 0.02mm 游标卡尺上的读数为 123.42mm。

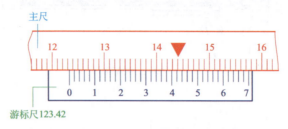

图 11-3-8　游标卡尺上的读数（精度为 0.02mm）

❷ 精度为 0.05mm 的刻度原理和读法。精度为 0.05mm 的游标卡尺，当两卡爪合拢时，主尺上的 19mm 等于游标尺上的 20 格（如图 11-3-9 所示），因而，游标尺上每格等于 19mm÷20=0.95mm，主尺与游标尺每格相差为 1mm–0.95mm=0.05mm。

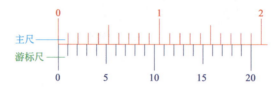

图 11-3-9　精度为 0.05mm 游标卡尺读数原理

如图 11-3-10 所示，游标尺零线右边的第 9 条线与主尺上的刻线对齐了，这时的读数为 9×0.05mm=0.45mm。

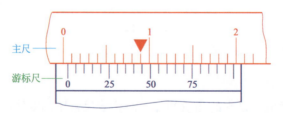

图 11-3-10　游标卡尺上的读数（精度为 0.05mm）

❸ 精度为 0.1mm 的刻度原理和读法。精度为 0.1mm 的游标卡尺如图 11-3-11（a）所示，尺身 1 格为 1mm，游标 1 格为 0.9mm，共 10 格，尺身、游标每格之差为 1mm–0.9mm=0.1mm。

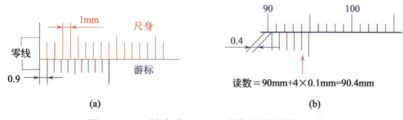

图 11-3-11　精度为 0.1mm 游标卡尺读数原理

读数 = 游标 0 刻线指示的尺身整数 + 游标与尺身重合线数 × 读数值，如图 11-3-11（b）所示。

（2）正确使用游标卡尺

正确使用游标卡尺要做到以下几点：

❶ 测量前，先用棉纱把卡尺和工件上被测量部位都擦干净，然后对量爪的准确度进行检查：当两个量爪合拢在一起时，主尺和游标尺上的两个零线应对正，两量爪应密合无缝隙。使用不合格的卡尺测量工件，会出现测量误差。

❷ 测量时，轻轻接触工件表面（如图 11-3-12 所示），手推力不要过大，量爪和工件的接触力量要适当，不能过松或过紧，并应适当摆动卡尺，使卡尺和工件接触好。

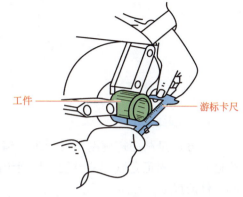

图 11-3-12　正确使用游标卡尺

❸ 测量时，要注意卡尺与被测表面的相对位置，量爪不得歪斜，否则，会出现测量误差。如图 11-3-13 所示，图（a）是量爪的正确测量位置；图（b）是不正确测量位置。测量带孔工件时，应找出它的最大尺寸；测轴件或块形工件时，应找出它的最小尺寸。要把卡尺的位置放正确，然后再读尺寸，或者后量爪不动，将游标卡尺上的螺钉拧紧，卡尺从工件上拿下来后再读测量尺寸。

❹ 为了得出准确的测量结果，在同一个工件上，应进行多次测量。

❺ 看卡尺上的读数时，眼睛位置要正，偏视往往出现读数误差。

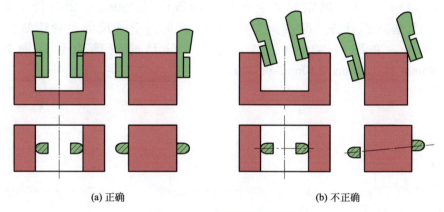

(a) 正确　　　　　　　　(b) 不正确

图 11-3-13　量爪的测量位置

3. 千分尺

千分尺精度可达到 0.01mm。千分尺主要包括外径千分尺、内径千分尺、深度千分尺和螺纹千分尺等。这里只介绍常用的外径千分尺的构造和使用。

外径千分尺（如图 11-3-14 所示）用于测量精密工件的外径、长度和厚度尺寸。其测量范围分为 0～25mm、25～50mm、50～75mm、75～100mm、100～125mm 等多种。它由测砧、测微螺杆、螺纹轴套、固定套管、微分筒、调节螺母、测力装置、锁紧手柄等组成。

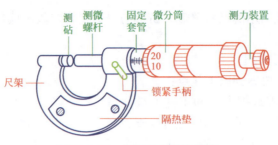

图 11-3-14 外径千分尺的构造

(1) 刻线原理

千分尺是利用螺旋副传动原理，借助螺杆与螺纹轴套的精密配合，将回转运动变为直线运动，以固定套管和微分筒（相当于游标卡尺的尺身和游标）所组成的读数机构读得被测工件的尺寸。

固定套管外面有尺寸刻线，上、下刻线每 1 格为 1mm，相邻刻线间距离为 0.5mm。测微螺杆后端有精密螺纹，螺距是 0.5mm。当微分筒旋转一周时，测微螺杆和微分筒一同前进（或后退）0.5mm，同时，微分筒就遮住（或露出）固定套管上的 1 条刻线。在微分筒圆锥面上，一周等分成 50 条刻线，当微分筒旋转一格时，即一周的 1/50，测微螺杆就移动 0.01mm，故千分尺的分度值为 0.01mm。

(2) 读数方法

先读固定套管上的毫米和半毫米数，再看微分筒上第几条刻线与固定套管的基线对正，即有几个 0.01mm，将两个读数相加就是被测量工件的尺寸读数。

在图 11-3-15（a）中，固定套管上露出来的数值是 7.50mm，微分筒上第 39 格线与固定套管上基线正对齐，即数值为 0.39mm，此时，千分尺的正确读数为 7.50mm+0.39mm=7.89mm。在图 11-3-15（b）（c）中，千分尺的正确读数分别为 7.5mm+0.35mm=7.85mm 和 0.50mm+0.10mm=0.60mm。

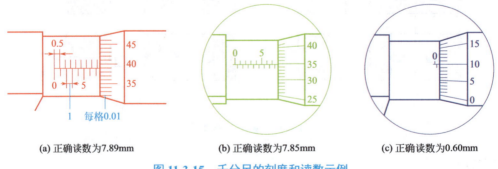

(a) 正确读数为7.89mm　　(b) 正确读数为7.85mm　　(c) 正确读数为0.60mm

图 11-3-15 千分尺的刻度和读数示例

(3) 千分尺使用方法

千分尺使用方法和注意事项如下：

❶ 测量前先将千分尺擦干净，然后使测砧和测微螺杆的测量面（测砧端面）接触在一起，检查它们是否对正零位，如果不能对正零位，其差数就是量具的本身误差。

❷ 测量时，转动测力装置和微分筒，当测微螺杆和被测量面轻轻接触而内部发出棘轮"吱吱"响声时，这时就可读出测量尺寸。

❸ 测量时要把千分尺位置放正，量具上的测量面（测砧端面）要在被测量面上放平或放正。

❹ 测量铜件和铝件时，它们的线膨胀系数较大，切削中遇热膨胀而使工件尺寸增加。所以，加工完毕要用切削液先浇凉后再进行测量，否则，测出的尺寸易出现误差。

❺ 千分尺是一种精密量具，不宜测量粗糙毛坯面。

4. 百分表

百分表是一种精度较高的齿轮传动式测微量具，如图 11-3-16 所示。它利用齿轮齿条传动机构将测杆的直线移动转变为指针的转动，由指针指出测杆的移动距离。因百分表只有一个测量头，所以它只能测出工件的相对数值。百分表主要用来测量机器零件的各种几何形状误差和表面相互位置误差（如平面度、垂直度、圆度和径向圆跳动量），也可测量工件的长度尺寸，也常用于工件的精密找正。它具有外形尺寸小、重量轻、使用方便等特点。

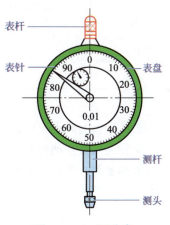

图 11-3-16　百分表

（1）工作原理与读数方法

百分表的工作原理是将测杆的直线位移，经过齿条与齿轮传动转变为指针的角位移。百分表的刻度盘圆周刻成 100 等份，其分度值为 0.01mm。当主指针转动 1 周，则测杆的位移量为 1mm；当小指针转一格，测杆的位移量为 0.01mm，此时读数为 0.01mm。表圈和表盘是一体的，可任意转动，以便使指针对零位。小指针用以指示主指针的回转圈数。常见百分表的测量范围为 0～3mm、0～5mm 和 0～10mm 等。

（2）百分表的安装

百分表使用中需要安装在表座上。如图 11-3-17（a）所示是在磁性表座上的安装情况，如图 11-3-17（b）所示是在普通表座上的安装情况。

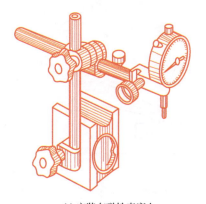
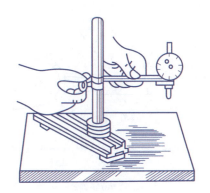

(a) 安装在磁性表座上　　　　　　(b) 安装在普通表座上

图 11-3-17　百分表的安装示意

（3）百分表和内径百分表的正确使用与注意事项

❶ 使用带磁力表架的百分表测量工件时，必须将其固定在可靠的支架上，如图 11-3-18 所示。

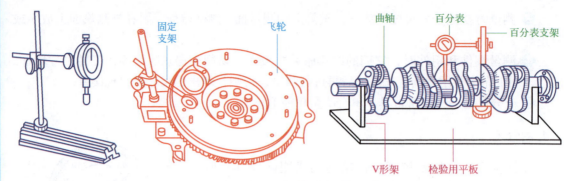

图 11-3-18 百分表支架及百分表的使用

❷ 百分表的装夹要牢固，夹紧力适当，不宜过大，以免装夹套筒变形，卡住测杆。

❸ 装夹后检查测杆是否灵活，夹紧后不可再转动百分表。

❹ 测量时，测杆与被测工件表面必须垂直，否则会产生测量误差。正确位置如图 11-3-19 所示。

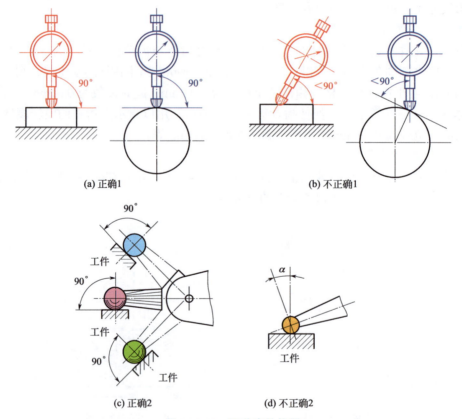

图 11-3-19 百分表的位置

❺ 依被测工件表面的不同形状选用相应形状的测头。如用平测头测量球面工件，用球面测头测量圆柱形或平面工件，用尖测头或曲率半径很小的球面测头测量凹面或形状复杂的表面。

❻ 测量时，应轻提测杆，缓慢放下，使测杆端部的测头抵在被测零件的测量面上，并

要有一定的压缩量,以保持测头有一定的压力,再转动刻度盘,使指针对准零位。测量时,应注意不使测头移动距离过大,不准将工件强行推至测头下,也不准急速放下测杆,使测头突然落到零件表面上,否则将造成测量误差,甚至损坏百分表。

❼ 测量时,使被测量的零件按一定要求移动或转动,从刻度盘指针的变化,直接观察被测零件的误差尺寸,即可测量出零件的平整程度或平行度误差、垂直度误差或轴的弯曲度及轴颈磨折程度等。

❽ 使用中应注意百分表与支架在表架上安装的稳固性,以免造成倾斜或摆动现象。对于磁力表架,一定要注意检查按钮的位置,测杆与测头不应粘有油污,否则会降低其灵敏度;使用后,应将百分表从支架上拆下,擦拭干净,然后涂油装入盒中,并妥善保管。

❾ 用内径百分表测量缸径时,先根据缸径选用合适的固定测杆,将内径百分表放入气缸上部。如果表针能转动1圈左右,则为调整适宜,然后将测杆上的固定螺母锁紧。

❿ 测量缸径时,测杆必须与气缸轴线垂直,读数才能准确。为此,测量时可稍稍摆动内径百分表,当指针指示到最小数值时,即表明测杆已垂直于气缸轴线,记下该处数值(注意:主指针和小指针都要记),然后用外径千分尺测量此位置的读数值即为缸径值。

5. 内径百分表

内径百分表又称量缸表,以百分表为读数机构,配备杠杆传动系统或楔形传动系统。它是用比较法来测量孔径及其几何形状误差。在发动机拆装与检修中主要用来测量气缸的尺寸精度和形状精度,也可以用来测量工件上孔的尺寸精度和形状精度。

如图11-3-20所示为配备杠杆传动系统的内径百分表,它的上部是百分表,下部是量杆装置,上、下部有联动关系。

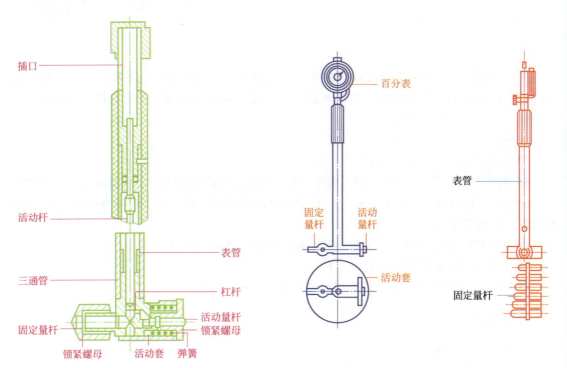

图 11-3-20　内径百分表的外观和结构

测量时，被测孔的尺寸误差借活动测头的位移，通过杠杆和传动杆传递给百分表。因传动系统的传动比为1，因此，测头所移动的距离与百分表的指示值相等。为了测量不同直径的气缸，备有长短不同的固定量杆，并在各量杆上标有测量范围，以便于选用。内径百分表的规格是按测量直径的范围来划分的，如18～35mm、35～50mm、50～160mm等。汽车维修作业中常用规格为50～160mm。

6. 塞尺

塞尺又称厚薄规或测隙片，一般是成套（组）供应，其外形如图11-3-21所示。塞尺由不同厚度的金属薄片组成，每个薄片有两个相互平行平面并有较准确的厚度。塞尺的规格以长度和每组片数来表示。其长度制成50mm、100mm、200mm、300mm，每组片数有11～17等多种。

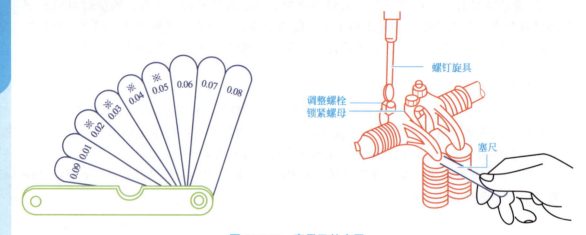

图 11-3-21　塞尺及其应用

塞尺主要用于检查两平面或接合面之间的间隙大小，塞尺与平尺及等高垫块结合使用，可检验平台台面的平面度误差。在汽车检修中，塞尺常用来测量零件之间的配合间隙，如气门间隙、曲轴轴向间隙等。

塞尺使用注意事项：

① 测量时要注意工件和塞尺片的清洁。

② 塞尺测量间隙时，应先用较薄的一片塞尺插入被测间隙内，若仍有间隙，则选较厚的依次插入，也可取若干片相叠插入，直到塞尺插入工件之后，以手感到有摩擦力为合适，此时厚度即为间隙大小。

③ 塞尺的间隙片很薄，容易弯曲和折断，测量时不能用力太大。

④ 不能用塞尺测量温度较高的工件。

⑤ 塞尺用后要擦拭干净，及时合到夹板（保护片）中去。

7. 专用量具

（1）气缸压力表

气缸压力表是一种专门用于检查气缸内气体压力的量具。

根据气缸压力表测量范围的不同，可将其分为 0～1.4MPa（汽油机）和 0～4.9MPa（柴油机）两种；按其连接形式的不同，可将其分为推入式和螺纹接口式两种，如图 11-3-22 所示。

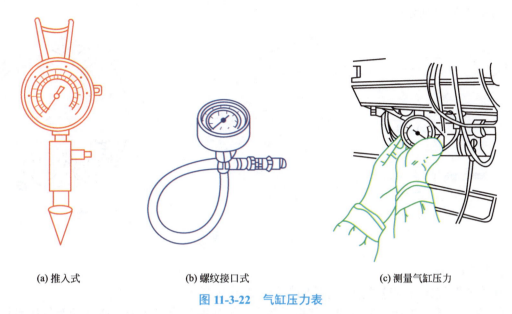

(a) 推入式　　　(b) 螺纹接口式　　　(c) 测量气缸压力

图 11-3-22　气缸压力表

使用注意事项：

❶ 启动发动机并运转到正常工作温度，旋下汽油机火花塞或柴油机喷油器。

❷ 汽油发动机必须将节气门和阻风门完全打开，把气缸压力表的锥形橡胶圈压紧在活塞座孔上。

❸ 柴油发动机必须采用螺纹接口式气缸压力表，将气缸压力表螺纹接口旋入喷油器座孔内。

❹ 用起动机带动曲轴旋转 3～5s，使发动机转速保持在 150～180r/min（汽油机）或 500r/min（柴油机），这时气缸压力表所指示的压力值就是该气缸的气缸压力。

❺ 按下气缸压力表上的放气阀，则压力表指针回零。

❻ 在实际测量气缸压力时，每个气缸应重复测量 2～3 次，取最大压力值。

（2）进气歧管真空表

进气歧管真空表是一种用于测量发动机进气歧管内真空度的工具。进气歧管真空表刻度盘一般分为 100 格，测量范围为 0～100kPa，如图 11-3-23 所示。

使用注意事项：

❶ 将发动机运转到正常工作温度，并使发动机保持稳定怠速运转。

❷ 将真空表用一根胶管连接到进气歧管的真空连接管上。

❸ 观察真空表指针的指示值，改变发动机的转速并观察真空度的变化情况；根据真空度的数值变化，分析和判

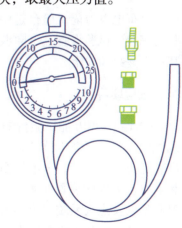

图 11-3-23　进气歧管真空表

断发动机不同工况下的技术状况。

（3）轮胎气压表

轮胎气压表是专门用于测定轮胎气压的量具。常用的轮胎气压表有标杆式和指针式两种，如图11-3-24所示。

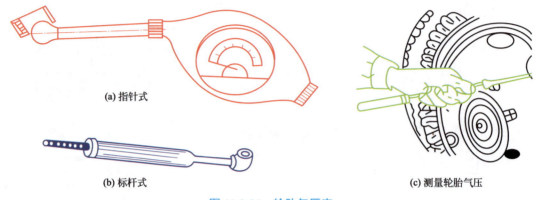

(a) 指针式

(b) 标杆式

(c) 测量轮胎气压

图11-3-24　轮胎气压表

使用注意事项：

❶ 将轮胎气压表测量端槽口与轮胎气门嘴对正压紧。

❷ 轮胎气压表指针发生偏转，其指示值即为该轮胎的充气压力；或者轮胎气压表标杆在气压作用下被推出，则标杆上所显示的数值即为该轮胎的充气压力。

❸ 测量完毕，应仔细检查轮胎气门芯是否有漏气；若有漏气，应予以排除。

第四节　常用汽车电工仪器仪表及使用

一、汽车电器万能试验台

汽车电器万能试验台是用于汽车发动机的调节器、起动机、分电器和点火系统性能试验的综合性试验设备。不同型号的万能试验台结构基本相似。下面以GST-3U型为例介绍其技术参数和性能。

1. 试验项目

GST-3U型万能试验台的试验项目主要有：发电机的负荷试验、功率试验、当作电动机试验、调节器断电器试验、调压器试验、限流器试验、起动机空载试验、负荷试验、小齿轮啮合动作试验、分电器凸轮角度均匀度检验、断电器触点闭合角测量、离心点火提前和真空点火提前装置性能、真空点火提前装置膜片漏气和密封性检验、断电器触点接触电阻测量以及点火系统点火能力试验、点火线圈初级和次级线圈电阻测量、初级电流及次级电压测量、电路通断检验及绝缘电阻测量等。

2. 技术参数

① 主电机：3.7kW 三相异步电机。
② 变速装置：齿形带式无级变速器，最大变速比为 1∶16。
③ 主轴转速：200～2500r/min。
④ 转速表：发电机式，量程 0～5000r/min 及 0～10000r/min。
⑤ 电流表：三挡 –5A～0A～+5A，–10A～0A～+10A，–150A～0A～+150A。
⑥ 量　程：–10A～0A～+10A。
⑦ 电压表：三挡 –1V～0V～+10V，–2V～0V～+20V，–5V～0V～+50V。
⑧ 兆欧表：使用电压为 250V 和 500V，量程 0～∞ MΩ。
⑨ 断电器触点闭合角分电器转速表：角度量程为 0°～70°，转速量程为 0～5000r/min。
⑩ 真空唧筒：手动式。
⑪ 真空度表：量程 0～10^5Pa。
⑫ 转矩表：上刻度线 0～58.8N·m，下刻度线 0～49N·m。
⑬ 发电机磁场电流调节变阻器：瓷管绕线式可变电阻。
⑭ 发电机负荷调节变阻器：瓷管绕线式可变电阻。
⑮ 发电机驱动方式：带传动。
⑯ 电器通断试灯：交流 6V。
⑰ 三针放电器：同步调整式，6 组。

这里只介绍 GST-3U 型万能试验台的测试种类，有关具体的使用和操作请参考产品使用说明书。

二、万用表

万用表基本功能是测量电压、电流、电阻。其测量原理如图 11-4-1、图 11-4-2、图 11-4-3 所示。常用的 MF47 型万用表的功能见表 11-4-1。

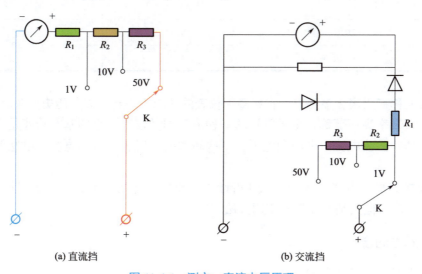

图 11-4-1　测交、直流电压原理

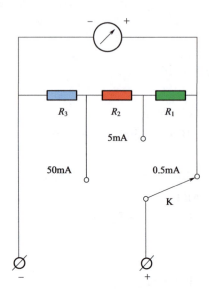

图 11-4-2　直流电流挡

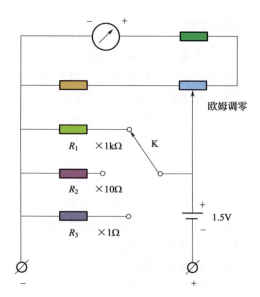

图 11-4-3　电阻挡

表 11-4-1　MF47 型万用表的功能

测量参数	测量范围分挡	灵敏度及电压降	精度等级
直流电流	0～0.05mA～0.5mA～5mA～50mA～500mA～5A	0.3V	2.5
直流电压	0～0.25V～1V～10V～50V～250V～500V～1000V～2500V	20000n/V	2.5 5.0
交流电压	0～10V～50V～250V～500V～1000V～2500V	4000n/V	5.0
直流电阻 /Ω	R×1, R×10, R×100, R×1k, R×10k	"R×1" 中心 刻度为22Ω	2.5
音频电平 /dB	−10～22	0dB/1mW，600Ω	—
晶体管 $\bar{\beta}$ 值 （h_{FE} 值）	0～300		—
电感 /H	20～1000		—
电容 /μF	0.001～0.3		—

万用表又称三用表、多用表。它集多种仪表的功能于一身，以其历史悠久、用途广泛、价格低廉、普及率高而著称，是最常用的一种电工测量仪表。它的基本功能是测量交流电压、直流电压、直流电流、电阻和电平，一些新型的万用表还可测电容、电感及晶体管的参数。

万用表按其显示方式分为模拟式（指针式）和数字式两大类，目前仍以模拟式为多。万用表类型虽多，但其基本原理和使用方法相同。

1. 表盘上符号的含义

表盘上符号的含义见表 11-4-2。

表 11-4-2　表盘上符号的含义

符号	意义	符号	意义
DC 或 —	直　流	→	仪表要求水平放置
AC 或 ~	交　流	V	交流电压
≂	交、直流	V̠	直流电压
∩	表头为磁电式结构	mA	直流电流（mA）
⌒▷	装有整流器	Ω	电　阻
Ⅲ	具有三级防磁能力	20000Ω/V	电压灵敏度（表示该仪表的内阻为 20000Ω/V）
↯	经 6kV 高压试验	—	—
2.5	测直流时，仪表准确度为 2.5 级	—	—
4.0	测交流时，仪表准确度为 4.0 级	—	—

2. 使用方法

（1）使用前准备

❶ 检查机械零点。若不指于零，可调节机械调零旋钮，使指针指于零。

❷ 红表笔插在"+"插孔，黑表笔插在"-"插孔。

（2）测量直流电压

❶ 转换开关旋至"V"挡位，正确选择量程，所选量程应大于被测电压，若不知被测电压大小时，则应先以最大量程试测，然后逐次旋至适当量程上（使指针接近满刻度或大于 2/3 满刻度为宜）。

❷ 万用表并接于被测电路，且注意极性，即红表笔接高电位端，黑表笔接低电位端。如图 11-4-4 所示。

❸ 正确读数。在标有"-"或"DC"符号的刻度线上读取数据。

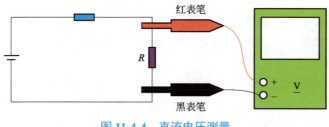

图 11-4-4　直流电压测量

(3) 测量交流电压

❶ 转换开关旋至"V"挡位，正确选择量程，其方法与测直流电压相同。

❷ 万用表并接于被测电路，没有极性之分。

❸ 正确读数。在标有"~"或"AC"符号的刻度线上读取数据。

(4) 测量直流电流

❶ 转换开关旋至"mA"挡位，正确选择量程，方法与测量交直流电压时相同。

❷ 万用表串接于被测电路中，并注意极性，即应使电流从红表笔端流入，由黑表笔端流出（如图11-4-5所示）。

❸ 正确读数。在标有符号"-"或"DC"的刻度线上读取读数。

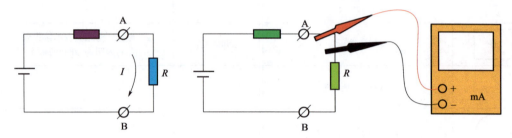

图 11-4-5　直流电流的测量

(5) 测量电阻

❶ 转换开关旋至"Ω"挡位，正确选择量程，即尽量使指针指在刻度线的中间部分。若不知被测电阻大小时，可选择高挡位试测一下，然后选取合适的挡位。

❷ 调节零点。将两表笔短接，调节"Ω"调零旋钮，使指针指在0Ω刻线上。每次换挡后必须调零。

❸ 测量。将表笔接于被测电阻两端。

❹ 正确读数。在标有"Ω"符号的刻度线上读取的数值再乘以转换开关所在挡位的倍率。即：

$$被测电阻值 = 刻度线示数 \times 倍率$$

(6) 使用万用表注意事项

万用表使用不当，不但影响测量精度，还有可能损坏仪表。为此，必须注意下列事项。

❶ 不允许带电测量电阻。

❷ 绝不可误用"Ω"挡或"mA"挡测量电压。

❸ 读数时视线应与表盘垂直，视线、指针和刻度应在一直线上，以提高读数的准确度。

❹ 正确使用有效数字，应读到估计值位。

❺ 为防止因操作粗心、选挡不当而损坏仪表，一般在万用表用毕之后，应将转换开关旋至交流电压挡的最大量程上。

❻ 万用表长期不用时应把内部电池取出，以防止电池变质渗液，使仪表损坏。

❼ 在利用万用表测量高压时，首先要改用专测高压的绝缘棒和引线，测量时，黑表笔预先接地或接被测一端，用单手将红表笔接高压测量点，以确保人身安全。

三、数字式万用表

广泛采用新技术与新工艺并由大规模集成电路构成的数字仪表是近十几年来发展起来的一种新型仪表,它具有测量精度高、灵敏度高、速度快及数字显示等特点。进入 20 世纪 80 年代后,随着单片 CMOS A/D 转换器的广泛使用,新型袖珍式数字万用表也迅速得到普及,尤其现代汽车电器普遍应用微机作中央控制系统。因此,除在测试过程中特殊指明者外,不能用指针式欧姆表测试微机和传感器,以免微机或传感器受损,通常应使用高阻抗的数字式万用表(内阻在 10MΩ 以上)。

1. 数字式万用表的特点

❶ 数字式万用表由功能选择开关把各种输入信号分别通过相应的功能变换,变成直流电压,再经 A/D 转换器直接用数字显示被测量的大小,其分辨率大大提高。

❷ 数字式万用表电压挡的内阻比普通万用表高得多,因而精度高、功耗小。数字式万用表具有比较完善的过流、过压保护电路,过载能力强。

❸ 数字式万用表插入 "+" 插孔的红表笔在测电阻挡时是高电位端,这一点与普遍万用表完全相反,在使用中必须注意。

数字式万用表的显示位数一般为 4～8 位,若最高位不能显示 0～9 的所有数字,即称作 "半位",写成 "1/2" 位。例如,袖珍式数字万用表共有 4 个显示单元,习惯上叫三位半数字万用表。由于采用了数显技术,测量结果一目了然。

3½ 位袖珍式数字万用表与指针式万用表的主要性能比较见表 11-4-3。

表 11-4-3　3½ 位袖珍式数字万用表与指针式万用表的主要性能比较

3½ 位袖珍式数字万用表	指针式万用表
数字显示,读数直观,没有视差	表针指示,读数不方便,且有误差
测量准确度高,分辨率为 100μV	准确度低,灵敏度为 100mV 至几百毫伏
各电压挡的输入电阻均为 10MΩ,但各挡电压灵敏度不等,如 200mV 挡为 50MΩ/V,而 1000V 挡为 10kΩ/V	各电压挡输入电阻不等,量程越高,输入电阻越大,500V 挡一般为几兆欧,各挡电压灵敏度基本相等,通常为 4～20kΩ/V,直流电压挡的灵敏度较高
采用大规模集成电路,外围电路简单,液晶显示	采用分立元件和磁电式表头
测量范围广,功能全,能自动调零,操作简单	一般只能测量电流、电压、电阻,需要调机械零点,测量电阻时还要调欧姆零点
保护电路较完善,过载能力强,使用故障率低	只有简单的保护电路,过载能力差,易损坏
测量速度快,一般为 2.5～3 次/s	测量速度慢,测量时间(不包括读数时间)需 1 至几秒
抗干扰能力强	抗干扰能力差
省电,整机耗电一般为 10～30mW(液晶显示)	电阻挡耗电较大,但在电压挡和电流挡均不耗电
不能反映被测电量的连续变化	能反映变化过程和变化趋势
体积很小,通常为袖珍式	体积较大,通常为便携式
价格偏高	价格较低
交流电压挡采用线性整流电路	采用二极管作非线性整流

下面以 DT-890 型数字万用表为例,来说明数字万用表的性能和使用方法。

2. DT-890 型数字万用表外形结构

DT-890 型数字万用表的面板如图 11-4-6 所示,该表前后面板主要包括:液晶显示器、电源开关、量程选择开关 h_{FE} 插口、输入插孔及在后盖板下的电池盒。

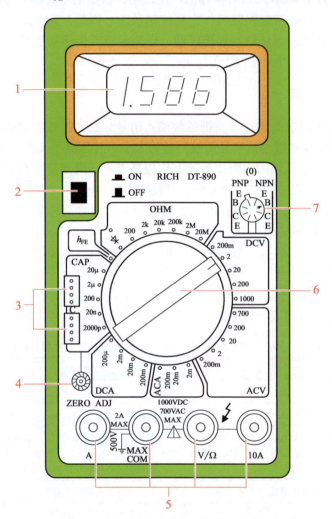

图 11-4-6　DT-890 型数字万用表的面板
1—LCD 显示器；2—电源开关；3—电容插孔；4—测电容零点调节器；
5—输入插孔；6—量程选择开关；7—h_{FE} 插孔

液晶显示器采用 FE 型大字号 LCD 显示器,最大显示值为 1999 或 –1999,仪表具有自动调零和自动显示极性功能,即如果被测电压或电流的极性错了,不必改换表笔接线,而在显示值前面出现负号"–",也就是说此时红表笔接低电位,黑表笔接高电位。

当叠层电池的电压低于 7V 时,显示屏的左上方显示低电压指示符号"LO BAT",超量程时显示"1"或"–1",小数点由量程开关进行同步控制,使小数点左移或右移。

电源开关右侧注有"OFF"(关)和"ON"(开)字样,将开关按下接通电源,即可使用仪表,测量完毕再按开关,使其恢复到原位(即"OFF"状态),以免空耗电池。

量程开关为 30 个基本挡和两个附加挡，其中蜂鸣器和二极管测量为公用挡，h_{FE}（晶体管放大倍数）采用 8 芯插座，分 PNP 和 NPN 两组。

压电陶瓷蜂鸣片装在电池盒下面，当被检查的线路接通时，能同时发出声、光指示，面板上的半导体发光二极管发出红光。

输入插孔共有 4 个，分别标有"10A""A""V/Ω"和"COM"，在"V/Ω"与"COM"之间标有"MAX 700V AC，1000V DC"的字样，表示从这两个孔输入的交流电压不得超过 700V（有效值），直流电压不得超过 1000V，即测量电压、电阻时表笔插入此两插孔。测电阻时插入"V/Ω"插孔的表笔为电源高压端，插入"COM"端插孔的表笔为电源负端。测直流电压时，当"V/Ω"插孔引出的红表笔接被测端高电位时，显示测量数字为正，反之为负。另外，在"A"与"COM"之间标有"MAX 2A"，表示输入的交、直流电流最大不超过 2A，若超过 2A 小于 10A 时，可用"10A"与"COM"两插孔。

仪表背面有电池盒盖板，可按指定方向拉出活动抽板，即可更换电池。为检修方便，表内装 0.2 A 快速熔丝管。

3. DT-890 型数字万用表主要技术特性

DT-890 型数字万用表主要技术特性基本挡（30 个）如下：

❶ DC.V（直流电压测量）：200mV、2V、20V、200V、1000V。
❷ AC.V（交流电压测量）：200mV、2V、20V、200V、700V。
❸ DC.A（直流电流测量）：200μA、2mA、20mA、200mA。
❹ AC.A（交流电流测量）：2mA、20mA、200mA。
❺ Ω：200Ω、2kΩ、20kΩ、200kΩ、2MΩ、20MΩ。
❻ C：2000pF、20nF、200nF、2μF、20μF。

检查二极管及线路通断（蜂鸣器）h_{FE} 测量。

附加挡（2 个）如下：

❶ DC.A：10A。
❷ AC.A：10A。

DT-890 型采用 9V 叠层电池供电，整机功耗 30 ~ 40mW。

4. 测量操作步骤及注意事项

使用时，将黑表笔插入"COM"插孔，红表笔视测量不同参量，可插入"V/Ω"或"A"及"10A"插孔，按下 ON/OFF 开关，如液晶显示屏左上角无"LO BAT"字样，则意味着电池电压正常，可进行测试。

直流电压及交流电压测试时，将量程开关转到相应测量范围。在没测量时，显示屏显示 000，在电流挡测试前，显示也相同。而在电阻测试前，即表笔开路时，液晶屏显示"1"（在 1/2 位上）。

电容测量时，将量程开关置 CAP 的相应挡位，由于各电容挡都存在失调电压，即没有电容时也会显示一些初始值，因而测量前必须调整。转动"ZERO ADJ"（零点调节）旋钮，使初始值为 000 或 –000，然后再插上被测电容进行测量。必须注意，每次更换电容挡，都要重新调零，还应事先将被测电容短路放电，以免造成仪表损坏或测量不准。

二极管及线路通断检测是用同一个挡位。测二极管时,红表笔插入"V/Ω"孔,接二极管正极,黑表笔插入"COM"孔,接二极管负极,则测出数值为其正向压降。据此压降值可确定二极管是锗管(显示 0.150～0.300)还是硅管(显示 0.550～0.700),并确定端子的极性。当用来测线路通断时,若被测两点间电阻小于 30Ω 时,则声、光同时指示。

将量程开关置 h_{FE} 挡,按 PNP 或 NPN 管分类正确插入测试插座,万用表即显示被测晶体管的 h_{FE} 值。

四、汽车诊断仪

现代汽车电控燃油喷射系统的微机内部都有一个故障自诊断系统,它能在发动机运行过程中不断监测控制系统各部分的工作情况,并能检测出控制系统中大部分故障,将故障以代码的形式储存在微机内。只要不拆下蓄电池,这些故障代码将一直保存在微机中。在检修发动机微机控制系统时,利用汽车诊断仪协助查找故障源是十分有效的。

为了方便汽车维修人员对电控燃油喷射系统进行检修,厂家都为自己生产的燃油喷射系统设计了专用的微机检测仪。这些检测仪一般都有诊断接口,将诊断接口与发动机舱内或仪表板下方的故障诊断插座相连,然后打开点火开关,操纵检测仪控制面板上的按键命令,即可对发动机微机控制系统的传感器、执行器及其电路进行检测。这类检测仪的优点是携带方便,操作简单,且能大大提高检修的速度和效率。

现在已生产出了适用于多种发动机微机控制系统的综合微机检测仪(俗称汽车微机解码器),如美国 IAE 公司生产的 OTC 汽车微机检测仪(如图 11-4-7 所示)。该检测仪采用液晶屏以菜单形式显示,它的软件中储存有各国不同牌号和车型的汽车微机及控制系统的检测程序和数据资料,并配有各种专用检测接头。使用时只需将被测汽车的牌号和车辆识别码输入汽车微机解码器,就能从软件中调出相应的检测程序。按照解码器屏幕上的提示,将相应的故障检测插头和汽车上的故障检测插座连接,就可以根据汽车微机故障自诊断电路的功能范围和检修要求,选择对发动机、自动变速器、制动防抱死装置等各个控制系统进行读取故障代码、显示微机运行

图 11-4-7　OTC 汽车微机检测仪

数据资料、测试执行器工作情况、清除微机内储存的故障代码等检测工作。

这种通用的汽车微机解码器能检测美国三大汽车公司(克莱斯勒、福特和通用汽车公司)1982 年以后生产的所有汽车和大部分日本、韩国生产的小轿车。若发动机微机系统改进后,只需使用新修订版本的磁卡即可进行检测。因此,微机解码器能适用于不同年代出厂的各种车型,是维修电控汽油喷射式发动机的首选设备,应用范围较广。

若修理厂为单一车系的专业修理厂,亦可选用相应的专用测试仪,如测试克莱斯勒车系的 DRB Ⅱ(如图 11-4-8 所示)和福特车系的 STAR Ⅱ(如图 11-4-9 所示)。这些专用测试仪的性能及使用方法与 OTC 检测仪基本相同,有些还可与个人微机及打印机联机,使其

功能大大扩展。具体使用方法可参见相应的使用手册。

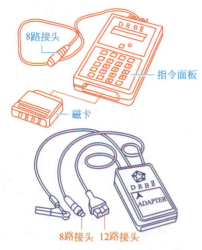
图 11-4-8 克莱斯勒公司的 DRB Ⅱ 测试仪

图 11-4-9 福特公司的 STAR Ⅱ 测试仪

目前，电控汽车常用的检测设备还有多功能汽车专用数字表、示波器、多功能信号模拟检测仪等。掌握这些仪器设备的正确使用方法，对检测诊断电控系统的故障是十分重要的，而且能大大提高检修的速度和效率。

五、点火线圈和电容测试仪

CCT-2 型点火线圈和电容测试仪是一种既可用于电容器测试，又可作点火线圈性能测试的专用测试仪器。

电容器测量包括电容值测量（0.1～0.4μF）、绝缘电阻测量（0～10MΩ）。

点火线圈测试包括 5 个项目：测量火花塞跳火电压；检查点火线圈的短路和断路；用于点火线圈测量前的仪器标定；试验点火线圈性能；预热点火线圈。

下面介绍其中 3 种测试方法。

1. 火花塞跳火试验

火花塞跳火试验装置如图 11-4-10 所示。将功能选至"IGN"挡，把左侧导线束中的红线夹在发动机上，使发动机以 1000r/min 运转，把黑线夹在火花塞尾端，观察表针在标有"IND"字样的刻度线上的示数：在 4～6 之间为正常；若全部火花塞均低于 4，则说明分火头、点火线圈、电容器和中心高压线等部件有断线或接触不良的故障。

2. 点火线圈短路和断路故障检查

点火线圈短路与断路试验装置如图 11-4-11 所示。方法是：将右侧电源线接在 6V 或 12V 蓄电池上，功能选择"CONT"挡，左侧接线如图 11-4-11 所示。若指针在表盘第二条刻度线上示数为 2～3kΩ，则说明点火线圈无故障。若指针指向左面（阻值过大），则说明点火线圈次级内存在断路故障。若阻值过低，则说明线圈内存在短路故障。

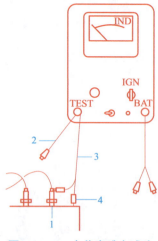

图 11-4-10　火花塞跳火试验

1—火花塞；2—红色连接导线；
3—灰色连接导线；4—黑色线夹

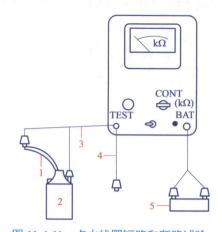

图 11-4-11　点火线圈短路和断路试验

1—中心高压线；2—点火线圈；3—灰色连接导线；4—红色连接导线；5—蓄电池

3. 电容器测量

❶ 将电源线接在车用标准 6V 或 12V 蓄电池上，按图 11-4-12 所示接线。拆掉分电器上的低压导线，用纸将断电器触点分开，保持绝缘状态。

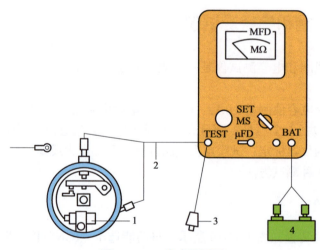

图 11-4-12　电容器测量

1—电容器；2—灰色连接导线；3—红色连接导线；4—蓄电池

❷ 将功能选择至"SET"挡，用电压补偿旋钮将指针调至与表盘上"SET"的刻线重合。

❸ 将开关拨至"MΩ"挡，若指针在第四条刻线上的示数大于 5MΩ，即为合格。

❹ 将开关拨至"μFD"挡位上，从表盘的第三条刻线上即可读出电容数值。

以上介绍了三种测试方法，对于其他使用方法请参考有关的资料和使用说明。这里需指出，在没有专用测试仪的情况下，亦可用普通电子测量仪器测量某些参数，如 RLC 测试仪等。

第十二章 曲柄连杆机构拆装

第一节 机体组拆装

以桑塔纳轿车发动机拆装为例。

1. V带及正时同步带的拆卸

V带及正时同步带的拆卸如图12-1-1所示。

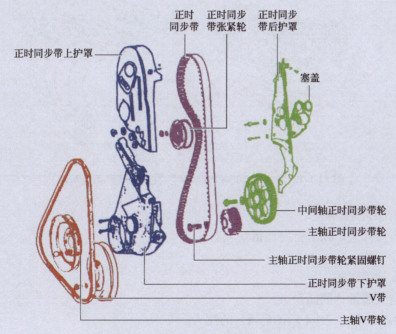

图 12-1-1　V 带及正时同步带的拆卸示意图

① 旋松发动机支承臂的固定螺栓，拆卸水泵、发动机的传动 V 带。
② 拆卸水泵带轮、主轴正时同步带轮，拆卸正时同步带上护罩，注意观察正时标记。
③ 旋松正时同步带张紧轮紧固螺母，转动张紧轮的偏心轴，使正时同步带松弛，取下正时同步带。
④ 拆下主轴正时同步带轮、中间轴正时同步带轮，拆下正时同步带后护罩。

2. 发动机外部附件的拆卸

① 拆卸水泵上未拆卸的连接管。
② 拆卸水泵、发电机、起动机、分电器、机油泵、机油滤清器、进排气歧管、火花塞等。

3. 气缸盖的拆卸与安装

气缸盖的拆卸分解如图 12-1-2 所示。

视频精讲

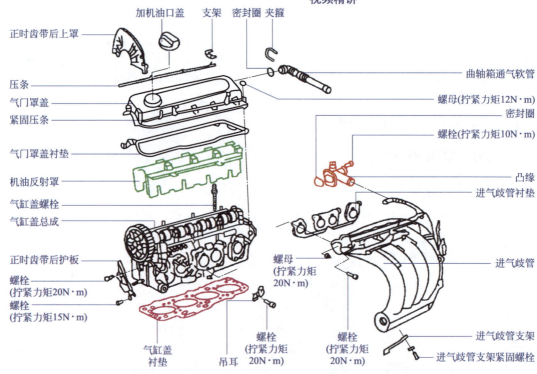

图 12-1-2　桑塔纳 2000GSi AJR 型发动机气缸盖分解图

气缸盖的拆卸步骤如下：

① 关闭点火开关，拔下蓄电池搭铁线。
② 抽取冷却液。
③ 拆下发动机罩盖。
④ 断开空气流量计的插头。
⑤ 断开活性炭罐电磁阀（ACF 阀）的插头。
⑥ 拔下空气滤清器罩壳上的活性炭罐电磁阀。

⑦ 拆下空气滤清器和节气门控制器之间的空气管路，拆下空气滤清器罩壳。
⑧ 拔下散热器底部和发动机上的冷却液软管。
⑨ 拆下冷却液储液罐，拆下至散热器的冷却液软管。
⑩ 如图 12-1-3 所示，拔下燃油分配管上的供油管和回油管。注意：燃油系统是有压力的，在打开管路之前应在开口处放上抹布，然后缓慢地打开接头以排出。
⑪ 拆下节气门拉索（如图 12-1-4 中箭头所示）。

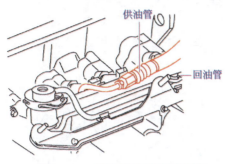

图 12-1-3　拔下供油管和回油管

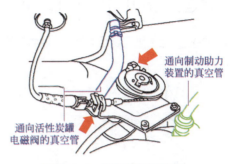

图 12-1-4　拆下节气门拉索

⑫ 拔下通向活性炭罐电磁阀的真空管，如图 12-1-4 所示。
⑬ 拔下通向制动助力装置的真空管，如图 12-1-4 所示。
⑭ 拔下喷油器、节气门控制器、霍尔式传感器、进气温度传感器接头，如图 12-1-5 所示。
⑮ 如图 12-1-6 所示，拔下通向暖风热交换器的冷却液软管。
⑯ 拔下冷却液温度传感器上的插头，拔下机油温度传感器的插头。
⑰ 旋下进气歧管支架的下紧固螺栓，如图 12-1-7 所示。从排气歧管上拆下前排气管的螺栓。
⑱ 如图 12-1-8 所示，拔下氧传感器上的插头。
⑲ 拆下正时齿带上护罩。如图 12-1-9 所示，将凸轮轴正时带轮的标记对准正时齿带护罩上的标记。
⑳ 如图 12-1-10 所示，将曲轴转动到第一缸的上止点位置。
㉑ 松开半自动张紧轮，并从凸轮轴正时带轮上拆下正时齿带。
㉒ 旋下正时齿带后护罩的螺栓。

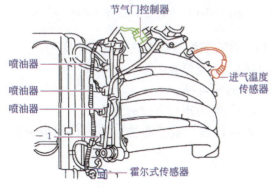

图 12-1-5　拔下各个接头

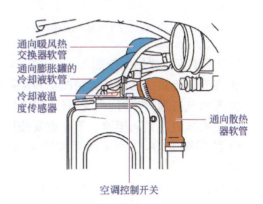

图 12-1-6　拔下通向暖风热交换器的冷却液软管

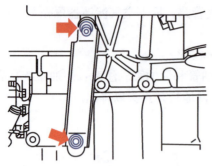

图 12-1-7 旋下进气歧管支架的下紧固螺栓

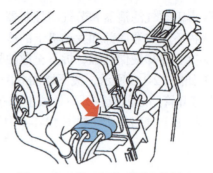

图 12-1-8 拔下氧传感器上的插头

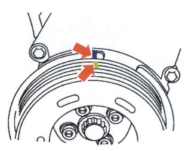

图 12-1-9 凸轮轴正时带轮与正时齿带护罩上的标记

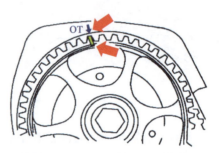

图 12-1-10 第一缸上止点位置标记

㉓ 拔出火花塞插头，并放置在一边。

㉔ 拆下气门罩盖。按图 12-1-11 所示从 1 到 10 的顺序松开气缸盖螺栓。

㉕ 将气缸盖与气缸盖衬垫一起拆下。

㉖ 气缸盖分解全部完成。

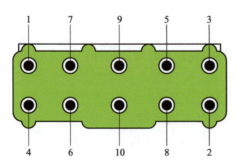

图 12-1-11 气缸盖螺栓拆卸顺序

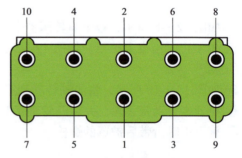

图 12-1-12 气缸盖螺栓拧紧顺序

气缸盖的安装原则上按照先拆后装的顺序进行，并在装配过程中注意以下问题：

❶ 在安装气缸盖之前，要将曲轴转动到第一缸的上止点位置。

❷ 安装气缸盖衬垫时，有标号（配件号）的一面必须可见。

❸ 更换气缸盖紧固螺栓，不能重复使用已经按照拧紧力矩拧紧过的螺栓。

❹ 按照图 12-1-12 所示的顺序以 40N·m 的力矩拧紧气缸盖螺栓，然后再用扳手拧紧 180°。

❺ 安装正时齿带（调整配气相位），安装气门罩盖。

❻ 调整节气门拉索，加注新的冷却液。

❼ 执行节气门控制单元匹配。

❽ 查询故障码。拔下电控单元电子元件插头会导致故障存储，查询故障码，必要时删除故障码。

❾ 注意主要部件螺栓的拧紧力矩。前排气管与排气歧管紧固螺栓拧紧力矩为20N·m，进气歧管支架与发动机之间的紧固螺栓拧紧力矩为20N·m，进气歧管支架与进气歧管紧固螺栓拧紧力矩为30N·m。

4. 气缸体的拆卸与安装

发动机气缸体总成分解如图12-1-13所示。

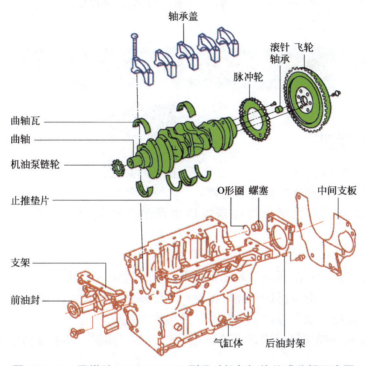

图 12-1-13　桑塔纳2000GSi AJR 型发动机气缸体总成分解示意图

气缸体的分解步骤如下：

❶ 将气缸体反转倒置在工作台上。

❷ 拆下中间轴密封凸缘，拆下气缸体前端中间轴密封凸缘中的油封。

❸ 在汽油泵及分电器已拆卸的情况下，拆下中间轴。

❹ 拆下正时带轮端曲轴油封。不解体更换该油封时，应使用油封取出器。

❺ 拆下前油封凸缘及衬垫。

❻ 分几次从中间到两边逐渐拧松主轴承盖紧固螺栓，如图12-1-14所示。

❼ 拆下曲轴各主轴承。

气缸体的装配可按与拆卸相反的顺序进行，但需注意以下事项：

❶ 装配气缸体时应更换中间轴密封凸缘油封、曲轴前油封凸缘衬垫。

❷ 安装曲轴前油封时，应在油封外圈和唇边涂一层薄机油，在曲轴颈上套上专用工

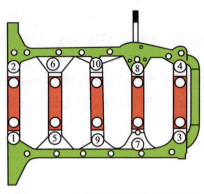

图 12-1-14 曲轴主轴承盖的拆卸顺序

具,通过装在导套上的压套将油封压到位。

❸ 中间轴密封凸缘紧固螺栓拧紧力矩为 25N·m。

❹ 装配中间轴时,中间轴最大轴向间隙应为 0.25mm。

❺ 主轴承盖紧固螺栓拧紧力矩为 65N·m,拧紧顺序与图 12-1-14 所示序号的顺序相反。

❻ 曲轴 3 号主轴承为推力轴承,其两端有半圆形止推环。注意:定位及开口必须朝向滑动轴承安装,各滑动轴承不能互换。

第二节 活塞连杆组拆装

视频精讲

1. 活塞连杆组的拆卸

气缸体的分解步骤如下:

❶ 按照由上至下的顺序拆卸外围附件。

❷ 拆卸气缸盖,需注意:将缸盖螺栓由两端向中间对称分几次旋松,以免缸盖变形。

❸ 拆卸油底壳。

❹ 检查活塞顶部的装配标记,若无则打上标记并标明气缸号。

❺ 转动曲轴,将与准备拆卸的连杆相对应的活塞转至下止点位置。

❻ 拆下连杆螺母,取下连杆盖、轴承,并按次序放好。

❼ 用橡胶锤或铁锤木柄推出活塞连杆组,注意不要倾斜,不要硬撬、硬敲,以免损坏气缸。

❽ 取出活塞连杆组后,应将连杆盖、螺栓、螺母按原位装回,并检查连杆的装配标记。标记应朝向传动带盘,连杆和连杆大头打上对应缸号。

❾ 用活塞环装卸钳拆下活塞环。如图 12-2-1 所示,观察活塞环上的标记,"TOP"朝向活塞顶部。

❿ 拆卸活塞,加热到 60℃后拆下活塞环。

2. 活塞连杆组的装配

(1) 活塞连杆组的检验

活塞圆度的检验: 活塞为椭圆形,其短轴在活塞销方向上。活塞圆度的检验应在圆度检验仪上进行,其圆度的值是 0.40mm。

图 12-2-1 活塞环的拆装

活塞环的检验：

❶ 用塞尺检查活塞环的侧隙，如图 12-2-2（a）所示。标准间隙为 0.02～0.05mm，使用极限为 0.15mm。

❷ 用塞尺检查活塞环的端隙，如图 12-2-2（b）所示。倒置活塞，用其顶部将活塞环垂直推入气缸，在离气缸顶面 15mm 处进行测量。

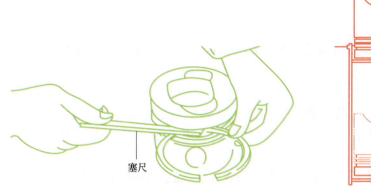
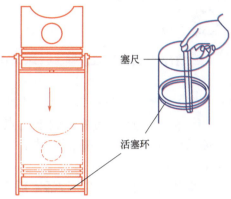

(a) 活塞环侧隙的测量　　　　　　　　(b) 活塞环端隙的测量

图 12-2-2　活塞环间隙的测量

新环： 第一道气环为 0.03～0.45mm，第二道气环为 0.25～0.40mm；油环为 0.20～0.50mm，磨损极限值为 1.0mm。

活塞销为全浮式，即正常工作时活塞销和连杆衬套及活塞销座之间均为间隙配合。在 (25±5)℃时，将涂有润滑油的活塞销用大拇指仅需很小的力就可推入连杆衬套内，同时靠活塞销本身重力（垂直向下时）又会从衬套中滑出一点且无松旷感。

冷态装配时，活塞销与活塞销座为过渡配合。将活塞放入水中加热到 60℃取出，此时用大拇指应可压入，即为合格（如图 12-2-3 所示）。

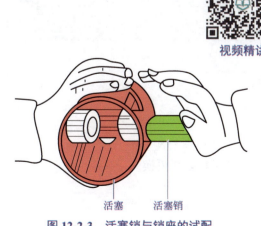
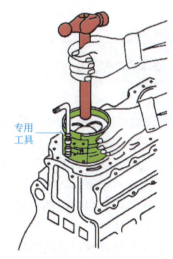

图 12-2-3　活塞销与销座的试配　　　　图 12-2-4　活塞连杆组装入气缸

(2) 安装活塞销卡环

卡环与活塞销端面应有 0.15mm 间隙，以满足活塞销和活塞热胀冷缩的需要。

(3) 安装活塞环

第一道气环是矩形环，第二道气环是锥形环，油环为组合式，用活塞环装卸钳依次装好。

注意：

"TOP"朝向活塞顶部，三环开口错开 120°，第一环开口位置与活塞销中心错开 45°。

(4) 将活塞连杆组装入气缸（如图 12-2-4 所示）

❶ 将第一缸曲柄销转到下止点位置，安装第一缸的活塞连杆总成（不带连杆盖，上轴瓦应放在座内，将油孔对正），各部位进行预润滑，并检验各环口是否处于规定方位。

❷ 用夹具收紧各环。按活塞顶部装配标记将活塞连杆从气缸顶部装入缸筒，用手引导连杆使其对准曲柄销，用木锤柄将活塞轻轻推入。

❸ 按装配标记装上第一缸连杆盖及轴瓦，并按规定力矩交替拧紧连杆螺母。拧紧力矩：

M9×1　45N·m；
M8×1　30N·m。

❹ 按上述方法顺序装上各缸活塞连杆组。

注意事项：

❶ 安装活塞和连杆时，应认清标记，对正方向。

❷ 装合活塞连杆组时应每拧紧一次即转动曲轴，确定转动灵活无阻滞感时再进行第二次拧紧，如此操作直至达到规定力矩。

第三节　曲轴飞轮组拆装

曲轴飞轮组的分解结构如图 12-3-1 所示。

曲轴飞轮组拆卸步骤如下：

❶ 将气缸体翻转倒置在工作台上。

❷ 拆卸中间轴密封凸缘，其紧固螺钉的拧紧力矩是 25N·m。

❸ 拆卸缸体前端中间轴密封凸缘的油封，装配时必须更换。

❹ 拆卸中间轴。

❺ 拆卸传动带盘端曲轴油封。

❻ 拆卸前油封凸缘及衬垫。

❼ 旋出飞轮固定螺栓，从曲轴后端凸缘拆下飞轮。

❽ 拆下曲轴主轴承盖紧固螺栓，不能一次全部拧松，必须分次从两端到中间逐步拧松。该螺栓的拧紧力矩为 65N·m。

❾ 抬下曲轴，再将轴承盖及垫片按原位置装回，并将固定螺栓拧入少许。注意：推力轴承定位及开口的安装方向应正确，且轴瓦不能互换。

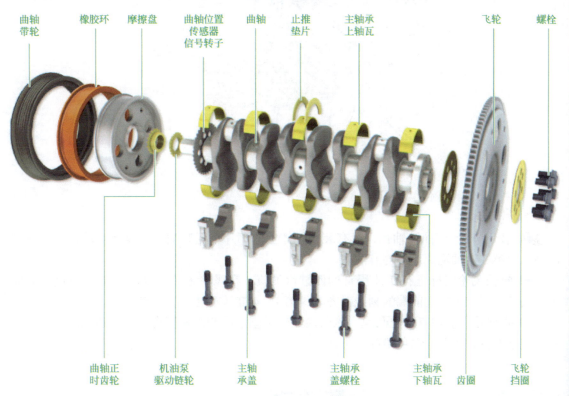

图 12-3-1 曲轴飞轮组的分解结构图

曲轴飞轮组装配步骤如下：

❶ 将经过清洗、擦拭干净的曲轴、飞轮以及选配或修配好的轴承、轴承盖及垫片等零件依次摆放整齐，准备装配。

❷ 将曲轴安装在缸体上。在第 3 道主轴颈两侧安装止推垫片，垫片上带油槽的减摩合金表面必须朝向曲轴。注意：轴承盖按序号安装，不得装错和装反，并由中间向外对称紧固螺栓，力矩为 65N·m。

❸ 安装曲轴前后油封和油封座。

❹ 安装飞轮和滚针轴承。新换飞轮时，还应在飞轮"0"标记（1、4 缸上止点记号）附近打印上点火正时记号。曲轴后端孔内变速器输入轴的滚针轴承标记朝外，外端面距曲轴后端面 1.5mm。

❺ 检验曲轴的轴向间隙（如图 12-3-2 所示）：检验时，在曲轴端装上百分表，然后用撬棍将曲轴撬向一端，通过百分表指针的摆动量测量曲柄与止推垫片之间的间隙。装配新件的间隙值为 0.07～0.17mm，磨损极限为 0.25mm。如曲轴轴向间隙过大，则应更换止推垫片。

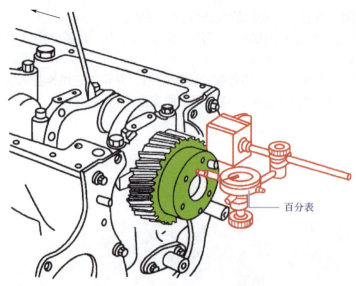

图 12-3-2 曲轴轴向间隙的测量

注意事项：

❶ 第 1、4、5 道曲轴轴瓦，只有装在缸体上的那片轴瓦有油槽，装在轴承盖上的没有油槽；但第 3 道轴瓦两片上均有油槽。

❷ 曲轴飞轮组标记：四冲程直列四缸汽油机，在飞轮上刻有"1、4 缸上止点"的标记，当该标记与飞轮壳前端的刻线对齐时，第 1、4 缸活塞处于上止点。

❸ 曲轴轴承上均有定位凸块，该凸块与轴承座上的凹槽相嵌合。同一道轴承的轴承盖和底座不能分开放置，以免错乱。

视频精讲

视频精讲

视频精讲

第十三章 曲柄连杆机构检修

第一节 气缸盖与气缸体检修

1. 气缸盖的检修

(1) 气缸盖的清理

如图 13-1-1 所示，分别用钢丝刷清理燃烧室内所有积碳，用软性刷或铲刀和溶剂铲刮气缸盖表面，而各气门导管可用气门导管软刷和溶剂清理。然后再清理水套水垢。

> 注意：
> 不要损伤机件和表面。

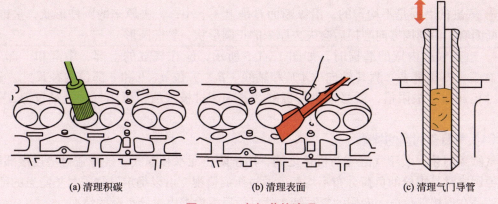

(a) 清理积碳　　　　　　(b) 清理表面　　　　　　(c) 清理气门导管

图 13-1-1　气缸盖的清理

(2) 气缸盖裂纹的检查

气缸盖经清理并洗净后，用染色渗透剂喷射于被检查部位（如图 13-1-2 所示），如燃烧室、进气口、排气口、气缸盖表面等，检查是否有裂痕、纹迹。若渗透剂渗入内部，则表示该部分有裂纹存在，须进行粘接、焊修或更换。

(3) 气缸盖平面的检查

气缸盖与气缸体接触平面，气缸盖与进、排气歧管接触平面的检查如图 13-1-3 所示，用精密的规尺和塞尺检查表面平面度。若超过极限，应予修磨或更换。

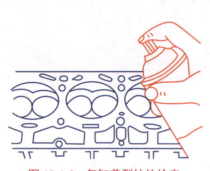

图 13-1-2　气缸盖裂纹的检查

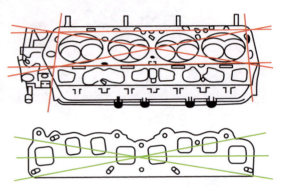

图 13-1-3　气缸盖平面的检查

2. 气缸体的检修

(1) 气缸体的清理和检查

彻底清理气缸体上下平面及内外部的油污、积碳和水垢后，检查是否有裂纹、刮痕、生锈和腐蚀现象。

(2) 气缸体不平度的检测

用精密规尺和塞尺进行平面的检测，如图 13-1-4 所示，在 6 个标线方位上进行，若平面度超过极限值时，应进行修磨。修磨方法与气缸盖相同。

(3) 气缸内壁的检测

气缸内壁的检测主要有以下几点：

❶ 对气缸进行直观检查，目视其垂直方向上是否有刮痕，若有较深的刮痕，则须进行镗缸。

❷ 气缸的磨损是不均匀的，沿纵断面看是上大下小，失去原来的圆柱形状，呈锥形。从横断面看，沿圆周方向磨损后会失去原来的正圆形状，呈椭圆形。

❸ 检查气缸内壁的磨损时，如图 13-1-5 所示，应在气缸的上部、中部和下部三处用量缸表（内径量表）测其轴向（A）和轴线（B）方位 a、b 和 c 部位内径尺寸。若缸径尺寸已超过了极限值，就必须进行镗缸。若未超过极限值，可用气缸缸径铰刀，予以修整。

(4) 气缸盖衬垫的检修

气缸盖衬垫，装于气缸盖与机体之间，用于防止漏水和漏气。气缸盖衬垫连接部位渗漏的原因常常是螺栓的负荷分布不均衡。通过压痕检视，可以确定气缸盖衬垫隐患的部位。其方法是在连接部位放上专用的复写纸，就可凭目视检查出螺栓负荷的情况。

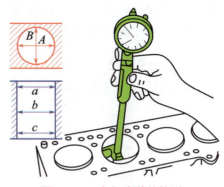

图 13-1-4　气缸体上平面度的检测　　　　　图 13-1-5　气缸内壁的检测

检视程序：

❶ 清洁气缸体和气缸盖的配合面。

❷ 在复写纸上印出所有孔径，用铣子将孔铣出。

❸ 将纸放在气缸体上，放上衬垫，在衬垫上放上复写纸，将气缸盖放妥，按规定扭力顺序将气缸盖拧紧，使纸上出现压痕。

❹ 卸下气缸盖，细心地将气缸盖衬垫上的复写纸揭下，检视螺栓负荷的分布压痕，通过比较，可以看出颜色深的部位其压缩负荷大于颜色浅的部位。

整修方法：

❶ 检查气缸盖衬垫，若稍有不平，经整修后，涂以润滑油脂，或在凹陷处填以石棉，按规定扭力紧固，仍可继续使用。

❷ 气缸盖衬垫的弹性减弱时，可放在机油盆内加热，使其膨胀，增强弹性，以补偿接合面的平面度误差。

❸ 气缸盖衬垫如未损坏，可将其放在温火上均匀地烘烤，由于石棉经加温后会膨胀而恢复到原来的状态和厚度，整修后仍可继续使用。

❹ 气缸盖衬垫的厚度会影响发动机的压缩比。薄了，压缩比会增大，将影响发动机的正常工作；厚了，压缩比会减小，将影响发动机的功率。因此，气缸盖衬垫的厚度，应符合该型发动机的规定。

第二节　气缸检修

气缸经过长期使用后，磨损到一定程度，发动机动力就会显著下降，燃料的消耗急剧增加，使发动机的经济性变得较差。气缸的磨损程度是确定发动机是否需要大修的主要依据。

（1）气缸磨损规律

气缸在使用过程中，其表面在活塞环运动的区域内形成不均匀的磨损。沿气缸轴线方向磨成上大下小的锥形，磨损最大部位是当活塞在上止点位置时第一道活塞环相对应的缸壁，如图 13-2-1 所示。

活塞环不接触的上口，几乎没有磨损而形成台阶。气缸沿圆周方向磨损也不均匀，形成不规则的椭圆形，最大径向磨损区通常接近于进气门的对面，如图 13-2-2 所示。

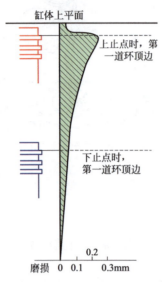

图 13-2-1　气缸的锥形磨损示意图

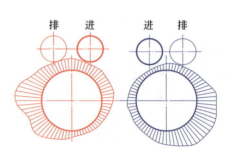

图 13-2-2　气缸磨损呈失圆状态示意图

(2) 气缸磨损测量

在测量气缸磨损情况时（如图 13-2-3 所示），要分析磨损性质。沿活塞行程磨成倒锥形，属于正常磨损；其他则属于非正常磨损。

气缸测量的内容主要是测量气缸的圆度和圆柱度。

❶ 测量气缸的部位：测量时使用量程适当的量缸表，按图 13-2-4 所示的部位和要求进行测量。即：在气缸上部距气缸上平面 10mm 处、气缸中部和气缸下部距缸套下平面 10mm 处等三点，按 A、B 两个方向分别测量一次。注意不要在发动机修理台架上测量发动机气缸的内径，以防因缸体被夹紧变形而测量不准。

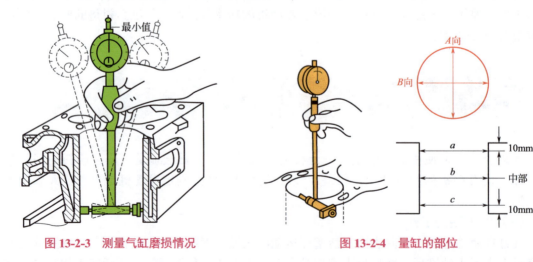

图 13-2-3　测量气缸磨损情况　　　　图 13-2-4　量缸的部位

❷ 测量气缸的方法：气缸测量时，先按气缸标准尺寸将量缸表调整到指针对准刻度 0

处（应使量缸表测杆压缩 1～2mm 以留出测量余量），然后测量缸径。这样测出的读数加上气缸的公称尺寸即为磨损后的气缸直径。

量缸的具体方法如下：

一只手拿住量缸表的绝热套，另一只手托住测杆使之靠近气缸，将测杆倾斜并稍微压缩活动杆放入气缸内。应注意测杆与气缸轴线保持垂直，以保证测量的精确性。当摆动量缸表，其大指针指到最小读数时，即表示测杆已垂直于气缸轴线，这时才能记录数据，否则测量不准确。

（3）气缸磨损程度的确定

❶ 圆度误差是指同一横截面上磨损的不均匀性。同一横截面上不同方向测得的最大与最小直径差值的一半为圆度误差。

❷ 圆柱度误差是指沿气缸轴线的轴向截面上磨损的不均匀性。其数值是被测气缸表面任意方向所测得的最大与最小直径差值的一半。

❸ 多缸发动机的气缸磨损程度，应在对所有气缸进行测量后，将得到的各缸磨损程度的一组数据进行比较，取最大的圆度和圆柱度来判定气缸的修理级别。

❹ 发动机气缸圆度公差：汽油机为 0.05mm，柴油机为 0.065mm。气缸圆柱度公差：汽油机为 0.20mm，柴油机为 0.25mm。如超出此范围，则应进行镗缸处理。

（4）气缸的修理

气缸的修理见表 13-2-1。

表 13-2-1　气缸的修理

类别	说明
气缸的修理方法	当气缸磨损后，其圆度或圆柱度误差超过允许的限度时，对磨损的气缸进行机械加工，使其通过尺寸的改变，恢复气缸正确的几何形状和配合性质，这种方法称为修理尺寸法。扩大后的尺寸叫修理尺寸 气缸经多次修理，当直径超过最大修理尺寸，或气缸壁上有特殊损伤时，可对气缸作圆整加套，用过盈配合的方式镶上新的气缸套，使气缸恢复到原来的尺寸，这种方法称为镶套修复法 气缸的修理就是按修理尺寸法或镶套修复法，通过镗削或磨削加工，使气缸达到原来的技术要求
确定气缸的修理尺寸	气缸的修理尺寸应按修理级别进行确定。修理级别一般分为 4～6 级，每加大 0.25mm 为一级，最大不超过 1.00mm 或 1.50mm。如桑塔纳发动机修理尺寸见附表。由于气缸偏磨，每次气缸大修时都要超过一级修理尺寸，故常用 +0.50mm、+1.00mm、+1.50mm 三级，其余则为辅助级 气缸的修理尺寸 = 气缸最大直径 + 镗磨余量 附表　桑塔纳发动机修理尺寸　　　　　　　　　　　　　　单位：mm | 尺寸名称	气缸直径加大	桑塔纳 1.6L	桑塔纳 1.8L
---	---	---	---
标准尺寸	0.00	79.51	81.01
第一次修理尺寸	0.25	79.76	81.26
第二次修理尺寸	0.50	80.01	81.51
第三次修理尺寸	0.75	80.26	81.76
第四次修理尺寸	1.00	80.51	82.01	 镗磨余量一般取 0.10～0.20mm，在保证加工精度和粗糙度的前提下尽可能小些。计算出的修理尺寸应与修理级别相对应，如与修理级别不相符，应圆整到下一个修理级别。同一台发动机的各气缸必须采用同一级修理尺寸

续表

类别	说明
气缸的镗削	为确保恢复气缸原有的几何形状和尺寸，并保持气缸轴线与主轴承座孔轴线的垂直度，镗缸需要技术熟练工人在专用镗削设备上进行。气缸镗削后的质量要求是：圆柱度公差不超过0.01mm，表面粗糙度 Ra 不超过1.6μm。因为镗削加工后气缸表面会留下加工痕迹，达不到气缸工作表面应有的粗糙度，必须进行珩磨处理。所以，镗缸在解决气缸的圆度和圆柱度要求的同时，应留有0.03～0.05mm的磨削余量
气缸的磨削	气缸磨削的目的是去除镗削刀痕，降低表面粗糙度，提高气缸表面加工质量，达到气缸加工的最终尺寸要求 　　磨缸是用珩磨的方法加工气缸表面。珩磨是一种高精度的加工方法，主要加工工具是带有砂条的珩磨头。珩磨头由磨缸机主轴带动旋转并做上下往复运动。珩磨头工作时是以气缸孔本身进行定位的，它与主轴是挠性连接，因而可以消除磨头与气缸中心间的误差。磨缸与镗缸一样，现在一般在专业修理厂由熟练技术工人完成 　　气缸磨削后，各缸直径差不大于0.005mm，表面粗糙度 Ra 值应不超过0.8μm，气缸与活塞的配合间隙应符合要求，AJR 发动机为0.035～0.045mm
镶气缸套	无修理尺寸的气缸，或气缸虽有加大修理尺寸，但其磨损后的尺寸已接近或超过最后一级修理尺寸时，可用镶气缸套的方法进行修理 　　对于未装干式缸套的缸体，安装新缸套前，应在缸体上加工承孔。承孔内径与缸套外径采用过盈配合，过盈量为0.03～0.08mm，汽油机干式缸套上端面应与气缸体上平面平齐。湿式缸套更换时，只需拆旧装新，不需要对承孔进行机械加工。装配时注意气缸套应高出气缸体上平面0.03～0.10mm，以防漏水

第三节　活塞检修

1. 活塞的磨损

活塞的常见损伤有活塞环槽磨损、活塞裙部磨损和活塞销与活塞销座孔的磨损等，具体说明见表13-3-1。

表13-3-1　活塞的磨损

类别	说明
活塞环槽的磨损	活塞环槽是活塞最大的磨损部位，通常第一道活塞环槽的磨损最为严重，以下二、三、四道环槽的磨损程度依次减轻。磨损后的环槽断面呈梯形，外宽里窄，侧隙增大，导致气缸漏气、窜油，使发动机动力性能下降、润滑恶化和燃烧室大量积碳等
活塞裙部磨损	活塞裙部的磨损较小，通常是由于侧压力和惯性力作用而形成椭圆形磨损和擦伤。当活塞裙部与气缸壁间隙过大时，发动机易出现敲缸和严重的窜油现象
活塞销与活塞销座孔的磨损	通常活塞销与活塞销座孔的磨损是由于气体压力和惯性力作用形成椭圆形磨损，其最大磨损部位是座孔的上下方向，使活塞与销的配合松旷，产生异响

2. 活塞的非正常损坏

活塞在工作中，还会出现以下几种非正常的损坏形式（见表13-3-2），如刮伤、烧伤和脱顶等破损。

表13-3-2 活塞的非正常损坏

类别	说明
活塞刮伤	活塞刮伤（也称"拉缸"）的主要原因有：活塞销与活塞销座孔配合过紧；活塞与气缸壁之间的间隙过小，不能形成良好的润滑油膜；气缸壁表面严重不清洁，存有较大和较多的机械杂质，使活塞刮伤；活塞销卡簧脱出或折断而刮伤气缸壁或活塞；连杆弯曲、扭曲严重，破坏了活塞与气缸的正常配合间隙
活塞顶烧伤	活塞顶烧伤主要原因是发动机在超负荷条件下长时间工作，或在强烈爆震的条件下长时间工作，而造成活塞顶或侧面局部或大面积熔化
活塞破损	常见的活塞破损现象是活塞脱顶，即活塞头部与裙部分离。其主要原因是：活塞销开口间隙过小，工作中受高温膨胀后在气缸中卡死；发动机长时间在高温、大负荷条件下工作，活塞受冲击严重或冷却液不足等，使发动机过热，引起活塞机械强度降低；活塞制造时有缺陷等。严重的活塞销响或活塞敲缸响，若不及时排除，也可能会造成活塞异常损坏

3. 活塞销座孔磨损

活塞在工作时，由于气体压力和交变惯性力的作用，使活塞销与活塞销座孔之间发生磨损，其最大磨损发生在座孔上下方向，垂直于活塞销座孔与活塞轴线平行的方向，导致销与座孔配合松旷，出现类似于敲缸的声音。

4. 活塞的选配

当气缸的磨损超过规定值及活塞发生异常损坏时，必须对气缸进行修复，并且要根据气缸的修理尺寸选配活塞。选配活塞时要注意以下几点：

❶ 选用同一修理尺寸和同一分组尺寸的活塞。活塞裙部的尺寸是镗磨气缸的依据，即气缸的修理尺寸是哪一级，也要选用哪一级修理尺寸的活塞。活塞的分组，只有在选用同一分组活塞后，才能按选定活塞的裙部尺寸进行镗磨气缸。

❷ 同一发动机必须选用同一厂牌的活塞。活塞应成套选配，以保证其材料和性能的一致性。

❸ 在选配的成套活塞中，尺寸差和质量差应符合要求。成套活塞中，其尺寸差一般为0.02～0.025mm，质量差一般为4～8g，活塞销座孔的涂色标记应相同。

新型汽车的活塞与气缸的配合都采用选配法，在气缸的技术要求确定的前提下，重点是选配相应的活塞。活塞的修理尺寸级别一般分为+0.25mm、+0.50mm、+0.75mm、+1.00mm四级，有的只有1～2个级别。在每一个修理尺寸级别中又分为若干组，通常分为3～6组不等，相邻两组的直径差为0.010～0.015mm。

选配时，要注意活塞的分组标记和涂色标记。有的发动机为薄型气缸套，活塞不设置修理尺寸，只区分标准系列活塞和维修系列活塞，每一系列活塞中也有若干组供选配。活塞的修理尺寸级别代号常打印在活塞顶部。桑塔纳（1.8L）发动机活塞的分组与气缸直径见表13-3-3。

表13-3-3　桑塔纳（1.8 L）发动机活塞的分组与气缸的直径

分组	活塞尺寸/mm	气缸尺寸/mm	配合间隙/mm	备注
基本尺寸	80.98	81.01	0.03	测量活塞时，在距活塞裙底边缘15mm处测量
一	81.23	81.26		
二	81.48	81.51		
三	81.98	82.01		

5. 活塞的检修

在正常使用过程中，活塞的主要损伤形式是活塞环槽、活塞销座孔及活塞裙部的磨损，其中以活塞环槽的磨损最为严重，活塞裙部由于承压面积较大，润滑条件较好，且具有良好的弹性，所以其磨损较轻。除此之外，在发动机长期超负荷工作、燃烧不正常、活塞本身存在制造缺陷、活塞环"三隙"过小或润滑不良等特殊情况下，活塞还会出现烧顶、脱顶、环岸断裂及裙部刮伤等损伤。

直观检视法检查：活塞出现烧顶、脱顶、环岸断裂、明显刮伤、活塞环槽磨损成梯形，可用游标卡尺（或内、外径千分尺）测量活塞销与活塞销座孔的配合间隙，过大时，一般应更换新活塞。如果只是活塞销座孔磨损严重，在技术要求允许的条件下，也可用可调铰刀对活塞销座孔进行铰削修复，并更换相应修理尺寸的活塞销与之配合。活塞销座孔的铰削方法见表13-3-4。

表13-3-4　活塞销座孔的铰削方法

类别	说明
选择铰刀	根据活塞销座孔的尺寸选择合适尺寸的长刃铰刀
调整铰刀	将铰刀垂直夹持到台虎钳上，转动铰刀调整螺母，将铰刀调至刀片刚刚露出活塞销座孔
铰削活塞销座孔	如图13-3-1所示，用两手握住活塞，轻轻下压并推动活塞顺时针转动进行铰削。铰至刀片下端接近活塞销座孔的边缘时停止铰削，下压活塞使之从铰刀下方脱出，并松开台虎钳取出铰刀。然后重新将铰刀夹于台虎钳上，将活塞翻转180°（活塞销座孔上、下方向调换）重新铰削一次 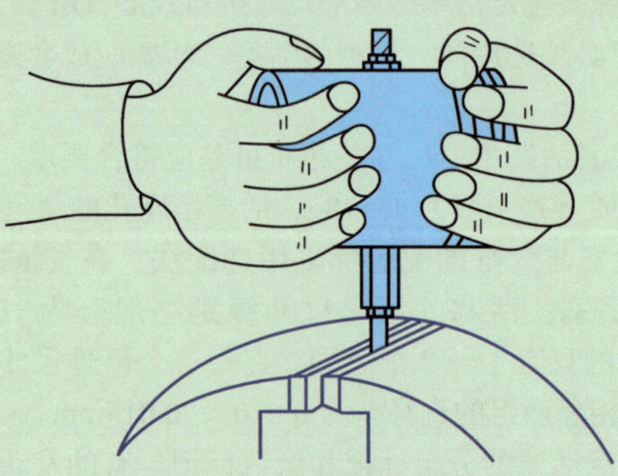

图13-3-1　活塞销座孔的铰削1

续表

类别	说明
试配	手掌的力量能够将活塞销推入一侧活塞销座孔的 1/3 时，表明铰削符合要求（如图 13-3-2 所示），否则应调整铰刀进行进一步铰削。铰削过程中，两手握持要平稳，用力要均匀，而且每调整一次铰刀，要从销座孔两个方向各铰一次 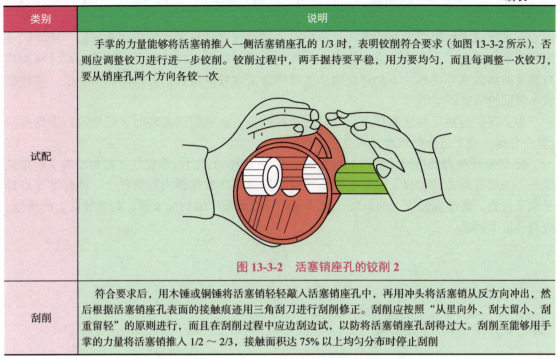 图 13-3-2　活塞销座孔的铰削 2
刮削	符合要求后，用木锤或铜锤将活塞销轻轻敲入活塞销座孔中，再用冲头将活塞销从反方向冲出，然后根据活塞销座孔表面的接触痕迹用三角刮刀进行刮削修正。刮削应按照"从里向外、刮大留小、刮重留轻"的原则进行，而且在刮削过程中应边刮边试，以防将活塞销座孔刮得过大。刮削至能够用手掌的力量将活塞销推入 1/2～2/3，接触面积达 75% 以上均匀分布时停止刮削

第四节　活塞环与活塞销检修

1. 活塞环的检修

（1）活塞环的失效

活塞环在工作时，由于受高温、高压和润滑条件差的影响，其磨损失效往往要比气缸达到磨损极限快。由于活塞环最初不能与气缸壁表面完全密合，磨合磨损较快。经过磨合磨损后，形成光滑的镜面，活塞环转入运行磨损，则磨损速度减慢。随后活塞与气缸壁的间隙逐渐增大，活塞倾斜也增大，活塞环形成不规则的磨损，弹力下降，密封性能减弱，润滑油膜不能防止漏窜气体的侵入，从而加速了磨损。

活塞环除正常磨损失效外，还有断裂损坏。除发动机大修时更换外，在两次大修之间，气缸最大磨损每 100mm 缸径达到 0.18～0.22mm 时，也应更换活塞环，以改善发动机的动力性能。

（2）活塞环的选配及检测

活塞环在安装时应留有一定的端隙、侧隙和背隙，以防活塞环受热后胀死在环槽内或卡死在气缸内，造成损坏。

端隙：又称开口间隙，是指活塞环置于气缸内时在开口处呈现的间隙。

侧隙：又称边隙，是指活塞环高度方向与环槽之间的间隙。

背隙：是指活塞环随活塞装入气缸后，环的背面（即内圆柱面）与环槽底部之间的间隙。

在发动机大修时应更换活塞环，更换时应按照气缸的修理级别选用与气缸、活塞同一修理级别的活塞环。在维护或小修中，如需更换活塞环时，选用的活塞环修理尺寸级别应与被更换的活塞环相同。不允许使用加大级别的活塞环通过锉削开口端面的方法，来代替较小级别的活塞环使用。

为了保证活塞环与活塞环槽及气缸的良好配合，在选配活塞环时，还应进行下列检验（其中任何一项不符合要求时，均应重新选配）。

❶ 活塞环弹力的检验（如图 13-4-1 所示）。活塞环的弹力是保证气缸密封性的主要条件之一。一般在弹力检验仪上进行检验。检验时把活塞环放在弹力检验仪上，使环的开口处于水平位置，移动检验仪上的量块，把活塞的开口间隙压缩到标准值，观察秤杆上的质量，应符合技术要求。

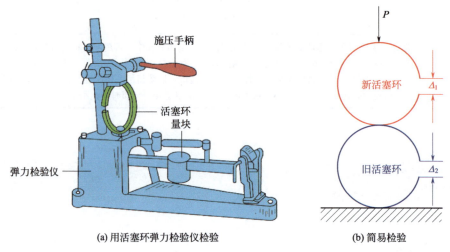

图 13-4-1　活塞环弹力的检验

❷ 活塞环漏光度的检验（如图 13-4-2 所示）。将活塞环平放在已镗磨好的气缸内，用活塞顶部推平活塞环。

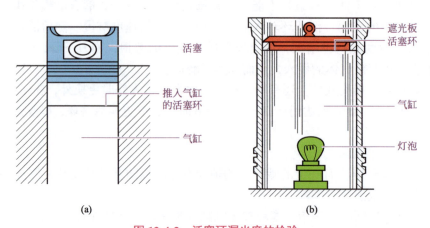

图 13-4-2　活塞环漏光度的检验

在活塞环上盖一个比缸径略小的硬纸板做成的遮光板,在气缸下部放置灯光照明。观察活塞环外圆与气缸壁之间是否漏光,用塞尺和量角器测量其漏光度,应符合技术要求:开口处左右对应圆心角 30° 范围内不允许漏光;同一活塞环上漏光不应多于两处,每处漏光弧长所对应的圆心角不得超过 25°;同一活塞环上漏光弧长所对应的圆心角总和不超过 45°,漏光缝隙不大于 0.03mm。

❸ 活塞环端隙的检验(如图 13-4-3 所示)。将活塞环放在气缸内,用活塞顶将活塞环推正。

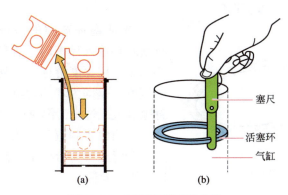

图 13-4-3　活塞环端隙的检验

用塞尺插入活塞环开口处进行测量,其间隙值应符合以下要求。

a. 6BTA5.9 发动机。

第一道气环:0.40～0.70mm;

第二道气环:0.25～0.55mm;

　　油　环:0.25～0.55mm。

b. AJR 发动机。

第一道气环:0.20～0.40mm;

第二道气环:0.20～0.40mm;

　　油　环:0.25～0.50mm。

❹ 活塞环边隙的检查(如图 13-4-4 所示)。检查时,将环放在环槽内。使活塞环围绕环槽转动一圈,环在环槽内应能自由转动,即无阻滞现象。

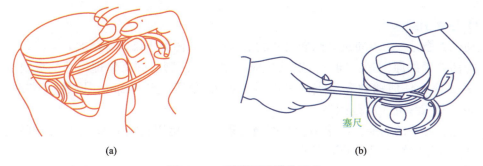

图 13-4-4　活塞环边隙的检查

用塞尺测量边隙,应符合以下要求。

a. 6BTA5.9 发动机（最大边隙）。
第一道环槽：0.115mm；
第二道环槽：0.13mm；
油环环槽：0.085mm。
b. AJR 发动机。
气环：0.06～0.09mm。极限值：0.20mm。
油环：0.03～0.06mm。极限值：0.15mm。
边隙过大、过小都应重新选配。

❺ 活塞环背隙的检查（如图 13-4-5 所示）。将活塞环放入环槽内，活塞环的宽度应低于活塞环槽岸；用深度游标卡尺测量时，环槽深度与环的宽度之差即为环的背隙，一般为 0～0.35mm。背隙过大或过小，都应重新选配。

目前由于制造工艺比较先进，一般活塞环的边隙和背隙都符合要求，修理厂很少检查活塞环的边隙和背隙。

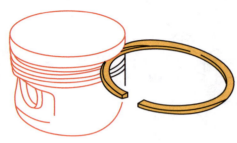

图 13-4-5　活塞环背隙的检查

2. 活塞销的检修

（1）活塞销的磨损和变形

活塞销是连接活塞与连杆的重要零件，其失效的主要形式有磨损和弯曲。

全浮式活塞销的主要损伤部位是其与活塞和连杆的连接配合处，其径向磨损后圆度超差，轴向磨损成台阶。在工作中，活塞会慢慢转动，使磨损减轻，并沿圆周均匀分布。由于全浮式活塞销载荷分布均匀，提高了活塞的抗弯曲能力，因此，全浮式活塞销的弯曲变形很小。

半浮式活塞销在微型车上用得较多。由于活塞销与连杆小头衬套无相对转动，其磨损部位一般发生在与活塞销座孔配合表面，且沿圆周方向的磨损也不均匀。这种连接形式的活塞销在磨损的同时，会伴随弯曲变形。

活塞销的磨损过大，使配合间隙增大而松旷，引起不正常的敲击和机件的损坏，甚至出现打坏气缸的现象。活塞销如弯曲变形过大，将会引起销座的应力集中，可能造成销座的破裂。

（2）活塞销的选配

发动机大修时，一般应选择标准尺寸的活塞销，以便为小修留有余地。

选配活塞销的原则是：同一台发动机应选用同一厂牌、同一修理尺寸的成组活塞销；活塞销表面应无任何锈蚀和斑点；表面粗糙度 Ra 值不大于 0.2μm，圆柱度误差不大于 0.0025mm，质量差在 10g 范围内。

为了适应修理的需要，活塞销设有四级修理尺寸，可以根据活塞销座和连杆衬套的磨损程度来选择相应修理尺寸的活塞销。

全浮式活塞销与活塞销座的配合，对于汽油机，在常温下应有微量的过盈，过盈量一般为 0.0025～0.0075mm。当活塞处于 75～80℃时，又有微量的间隙，活塞销能在座孔内转动，但无间隙感觉，且要求接触面积在 75% 以上。

（3）活塞销的安装

更换活塞时应选用与活塞同级修理尺寸的活塞销，活塞销应与活塞销座孔进行选配。采用固定连杆小头的半浮式连接的活塞销，将活塞放置在活塞销座孔处于垂直方向的位置上，在常温下活塞销应能靠自重缓缓通过座孔。

采用全浮式连接的活塞销安装时先将活塞在温度为 70～80℃的水中或机油中加热，然后用手指将涂有润滑油的活塞销推入座孔，如图 13-4-6 所示。

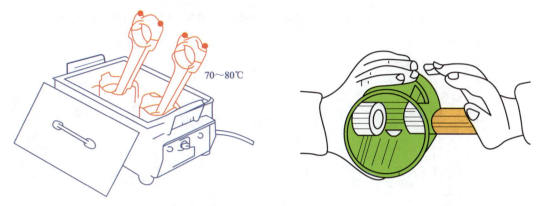

图 13-4-6　活塞销的安装

第五节　连杆检修

1. 连杆的外观检查

连杆体、轴承盖等不得有裂纹和损伤，必要时采用磁力探伤检测连杆的裂纹；轴承盖与轴承座应密合，结合面无损伤，定位槽完整无损；用塞尺检查连杆大头两端面与曲柄臂间隙，应符合规定，否则应予以更换；检查连杆螺栓及螺母，如螺纹有损伤（在两个以上），螺栓有裂痕或有明显的缺陷，螺栓长度变化，螺栓螺母相互配合间隙过大，有明显松旷现象，应更换螺栓及螺母。

2. 连杆裂纹的检验

连杆在工作中受到交变载荷作用，有时会出现裂纹，严重时会导致连杆断裂。连杆裂纹一般采用磁力探伤检查。磁力探伤的基本原理是在磁力线通过被检测的零件时，如果零件存在表面裂纹或内部裂纹时，因磁阻大而中断、偏散而形成磁极。此时在零件表面撒上的铁粉会被磁化，吸附在裂纹处，从而显现出裂纹的位置及形状。零件经过磁力探伤后，必须进行退磁处理。连杆出现任何形式的裂纹，均应更换。

3. 连杆变形的检测

连杆变形的检测见表 13-5-1。

表 13-5-1　连杆变形的检测

类别	说明
连杆变形的原因	连杆变形主要是弯曲变形和扭曲变形。其原因是：连杆在工作中承受的气体压力、离心力和惯性力的作用，特别是发动机不正常工作时（如超负荷、爆震、用汽车惯性启动发动机等），会引起连杆弯曲、扭曲以及双重弯曲；另外镗缸定位不准，也会留下连杆变形的隐患。连杆变形的主要危害是导致发动机活塞偏缸、偏磨，引起气缸敲缸、拉缸等故障
连杆变形的检测	连杆有无弯曲、扭曲变形，一般是在连杆检验器上进行检验，如图13-5-1和图13-5-2所示 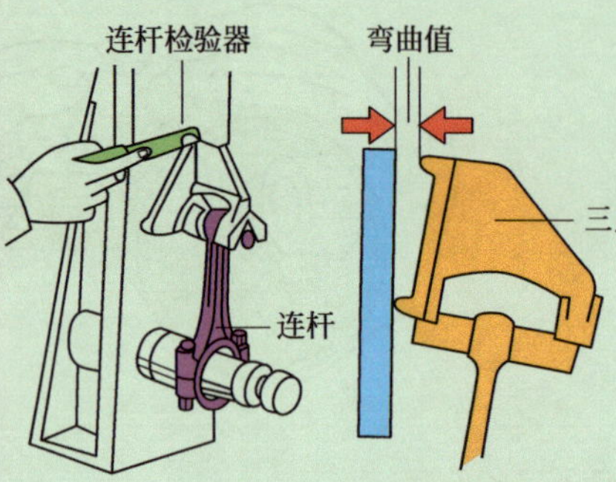 图13-5-1　连杆弯曲的检测 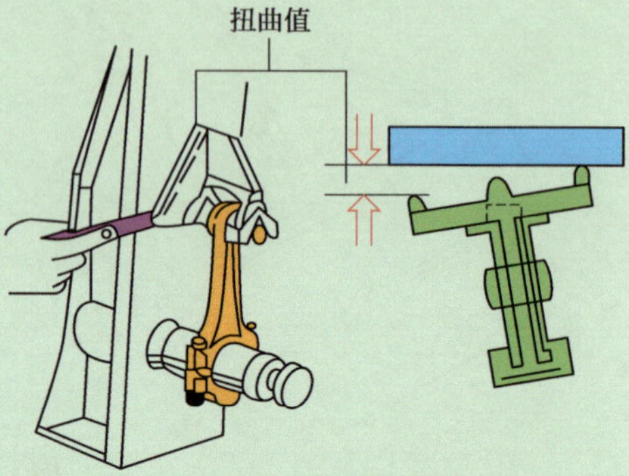　　　图13-5-2　连杆扭曲的检测 连杆变形的检测步骤如下： ①检验时，应将连杆大端轴承取下，将承孔清洁干净（轴承被镗削后的连杆在校正时不可以拆下轴承），然后将轴承盖装在连杆体上，并按标准力矩拧紧连杆螺栓，连杆大端安装在连杆检验器可调横轴上，拧动调整柄使半圆键向外扩张，将连杆固定在检验器上 ②检验工具是带有V形槽的三点规。三点规上的三个测点在同一平面上，并与V形槽相垂直，下面两测点的距离为100mm，而上面的一个测点，处在下面两测点连线的垂直等分线上，与下面两测点连线的距离也是100mm ③检测时，将三点规放在连杆小端的心轴或活塞销上，使三点规的三个测点与检验器的平板相接触。根据三测点与平板的接触情况，便可判断连杆有无弯曲、扭曲变形 a.若三点规的三测点都与检验器的平板相接触，说明连杆无变形 b.若三点规仅上测点（或两下测点）与平板接触，用塞尺测量两下测点与平板接触处，如两下测点与平板间隙相等，说明连杆有弯曲变形。这时用塞尺测得的测点与平板的间隙值，便是连杆在100mm长度上的弯曲值 c.检验时若只有一个下测点与检验平板相接触，且上测点与检验平板的间隙等于另一个测点与平板间隙的一半，则表明连杆发生了扭曲，其下测点与平板的间隙便是连杆在100mm长度上的扭曲值。连杆扭曲量的检测如图13-5-3所示 d.检验时若一个下测点与检验平板相接触，但上测点与检验平板的间隙不等于另一个测点与平板间隙的一半，则表明连杆同时存在弯曲、扭曲变形。下测点与平板的间隙为连杆在100mm长度上的扭曲值。上测点与平板的间隙和下测点与平板的间隙的一半的差值，为连杆在100mm长度上的弯曲值 e.使连杆大端端面与平板贴靠，测出连杆小端端面与平面的距离；将连杆翻转180°，用同样方法测出该距离，若两次测出的数值不等，说明连杆存在双重弯曲，两次测得的数值之差即为双重弯曲值。连杆双重弯曲的检查如图13-5-4所示 汽车修理技术标准规定：连杆在100mm长度上弯曲值不应大于0.03mm，扭曲值不应大于0.06mm，超过允许极限时，应进行校正或更换连杆

续表

类别	说明
连杆变形的检测	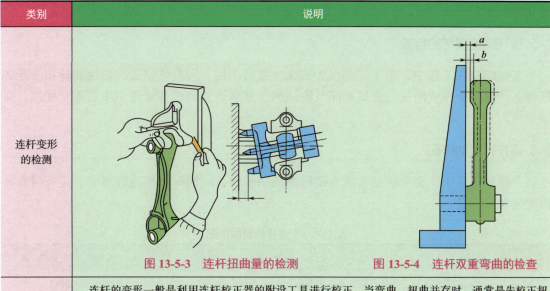 图 13-5-3　连杆扭曲量的检测　　　图 13-5-4　连杆双重弯曲的检查
连杆变形的校正	连杆的变形一般是利用连杆校正器的附设工具进行校正。当弯曲、扭曲并存时，通常是先校正扭曲，后校正弯曲 ①连杆扭曲变形的校正：将连杆大端轴承盖装好，套在检验器的心轴上，然后用扳钳进行校正，直到合格为止，如图 13-5-5 所示 ②连杆弯曲变形的校正：如图 13-5-6 所示，将弯曲的连杆置于压具上，使弯曲的部位朝上，施加压力，使连杆向已弯的反方向发生变形，并使连杆变形量达到已弯曲部位变形量的数倍以上，停止一定时间，等金属组织稳定后，再去掉外载荷。重新复查校正情况，确定是否需要再校正 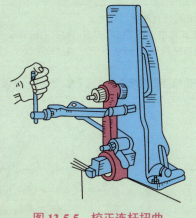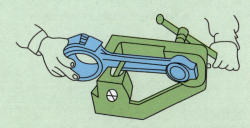 图 13-5-5　校正连杆扭曲　　　　图 13-5-6　校正连杆弯曲 连杆的校正通常是在常温下进行冷压校正，卸除压力后，连杆有恢复原状的趋势。因此，在校正弯曲、扭曲变形较大的连杆后，最好进行时效处理：将连杆加热至 300℃ 左右，并保温一段时间。校正弯曲、扭曲变形较小的连杆时，只需在校正负荷下保持一定时间即可 连杆经弯、扭校正后两端座孔轴线的距离变化应不大于 0.15mm，否则，会影响气缸的压缩比

4. 连杆大头内孔磨损的检修

连杆大头内孔磨损将产生失圆和锥形，当其圆度误差和圆柱度误差超过 0.025mm，而内孔圆周尺寸未变时，可通过对连杆轴承进行镗削来保证与连杆轴颈的装配精度。轴承内孔与对应连杆轴颈的径向间隙一般应为 0.01～0.116mm。AJR 发动机的连杆轴颈径向间隙为 0.01～0.05mm；6BTA5.9 发动机的连杆轴颈径向间隙为 0.038～0.116mm。

5. 连杆螺栓损伤的检验

连杆螺栓在工作中，由于受到很大的交变载荷作用，会发生拉长、裂纹和丝扣滑牙等损坏，严重时会导致断裂，造成敲坏气缸体的严重事故。螺栓在修理中不能重复使用，必须更换。

6. 连杆衬套的修配

在修理过程中，如果活塞、活塞销已换成了新件，应同时更换连杆衬套。连杆衬套的修配见表 13-5-2。

表 13-5-2　连杆衬套的修配

类别	说明
连杆衬套的选择	衬套与连杆小头承孔的配合，应有 0.10～0.20mm 的过盈，以保证衬套工作时不发生转动 新衬套垫上垫块后，可用台虎钳压入连杆小头，压入前，应进行以下几项检查： ①检查连杆小头承孔是否有损伤、毛刺 ②衬套倒角端应对着连杆小头有倒角的一侧，且要求对正 ③要对准油孔。露出小头端面的部分用锉刀修平 有的发动机的连杆衬套无加工余量，压装后不需修配，对有加工余量的衬套，压入连杆小头后需进行铰削或镗削，恢复它与活塞销的正常配合。AJR 发动机和 6BTA5.9 发动机的连杆衬套均有加工余量，安装时需进行铰削或镗削
连杆衬套的铰削	①选择铰刀：根据活塞销实际尺寸，选择相应的可调铰刀 ②调整铰刀：连杆小头承孔套入铰刀，使其互相垂直，以刀刃露出衬套上端面 3～5mm 为第一刀的铰削量来进行铰削。铰刀每次调整量以旋转螺母 60°～90° 为宜，当接近配合尺寸时，铰刀每次宜调整 30°～60° 或调整量更小一些 ③铰削：铰削时，一手托住连杆大头，一手把持住连杆小头。向下略施压力，并保持连杆杆身与铰刀轴线垂直，如图 13-5-7 所示 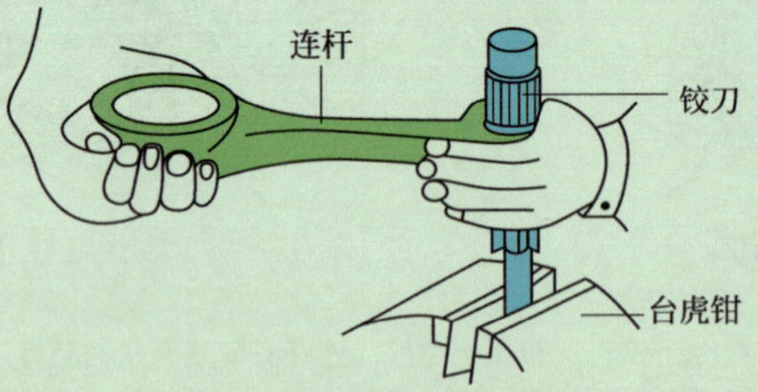 图 13-5-7　铰削连杆衬套 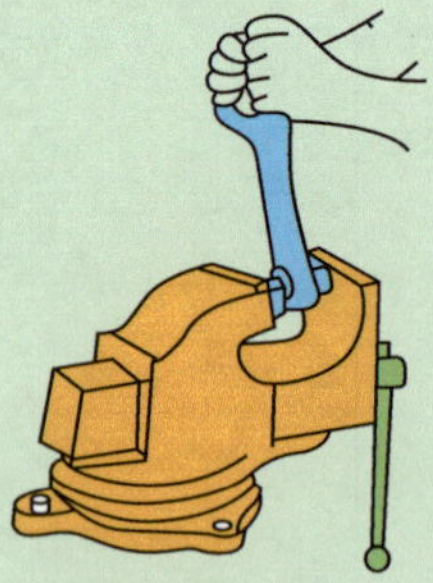　　图 13-5-8　检验活塞销与连杆衬套的接触面 ④试配：在铰削过程中要不断用活塞销试配，以防止铰大，当铰削到用手掌力量能将活塞销推入衬套 1/3～2/5 时，应停止铰削。将活塞销压入连杆小头衬套内，并夹在台虎钳上，往复扳转连杆，如图 13-5-8 所示，然后压出活塞销，查看衬套的接触情况，正常接触面积应在 75% 以上，且接触点分布均匀，轻重一致 ⑤修刮：根据活塞销与衬套的接触面和松紧度情况，用刮刀修刮，直至能用手掌力量把活塞销推入连杆衬套为止

续表

类别	说明
连杆衬套的镗削	镗削连杆衬套时，以衬套的内孔为定心基准，固定好连杆大头，支撑好连杆小头，最后一刀用比标准活塞销小 0.01mm 的尺寸进行镗削。镗削后进行试配和必要的修刮，图 13-5-9 所示为在小型镗削机上镗削定位的情况 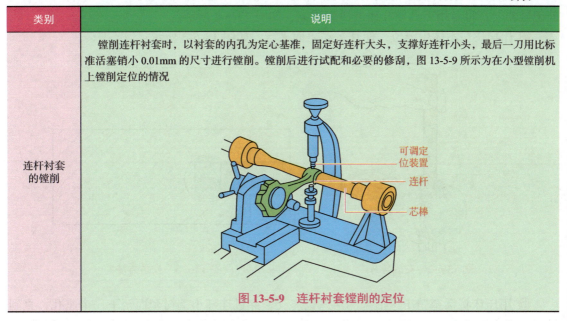 图 13-5-9　连杆衬套镗削的定位

第六节　活塞连杆组的组装

活塞、连杆件的组装直接影响着发动机的工作状况和使用时间的短长。因此，活塞与连杆配件装配，是发动机装配重要的一环，必须特别仔细。

活塞连杆组是由活塞、活塞销和连杆三部分组成的，它们三者之间的组装技术要求很高，除个别检修合格外，组装后的质量更为重要，因为它们是生产动力和传递动力最主要部分。

装配前应进行彻底清洗，特别是当连杆有油道时，要清洗干净连杆油道中的污垢。活塞连杆组的组装方法如下。

1. 活塞、活塞销和连杆件的组装

活塞、活塞销和连杆件的组装要点如下：

❶ 以专用工具将推杆、导杆与活塞销相结合，在活塞销外部涂以机油，如图 13-6-1 所示。

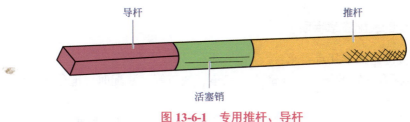

图 13-6-1　专用推杆、导杆

❷ 将活塞及连杆置于专用工具的本体上，使活塞顶上的向前记号，以及连杆杆身的向前记号朝上，将专用工具导杆插进活塞销座，如图 13-6-2 所示。

❸ 让导块在本体中定位，使其运动表面平行，如图 13-6-3 所示。

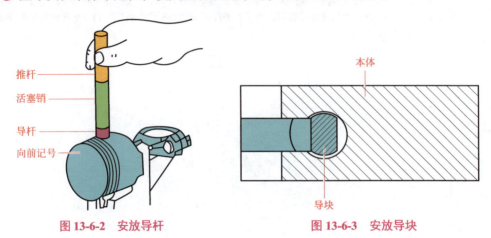

图 13-6-2　安放导杆　　　　图 13-6-3　安放导块

❹ 用压床将活塞销压进活塞的活塞销座孔，穿过连杆小端衬套而至下一个座孔，直到导块碰到止挡块为止。如果紧密的配合负荷超出标准，则应予以更换，如图 13-6-4 所示。

❺ 活塞及连杆组合后，仍应在连杆直线度检验仪上检查活塞裙部中心线对连杆下端大孔中心线的垂直度。若有误差，应予以校正后重新组装。

❻ 装配好的连杆总成，与同一发动机的重量差不得超过 40g。

❼ 组装后的活塞连杆组总成，如图 13-6-5 所示。

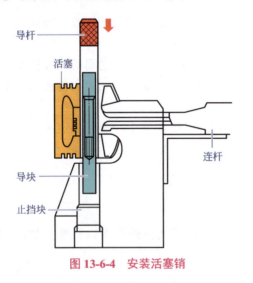
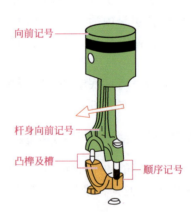

图 13-6-4　安装活塞销　　　　图 13-6-5　活塞连杆组总成

2. 活塞和活塞销的装配注意事项

活塞的装配应遵循如下几点要求：

❶ 活塞顶上标有一定的记号，如箭头、三角、缺口等，装配时，记号必须朝向发动机的前方，如图 13-6-6 所示。

❷ 如果活塞上留有气门窝，装配不当时，将会造成气门顶碰撞活塞。

❸ 如果把记号方向装反（朝向发动机后方），将会发生撞击和异响。

活塞销的装配应遵循如下几点要求：

❶ 活塞上的活塞销座孔和连杆小端在活塞上的活塞销承孔必须是正圆的，中心线必须准确。

❷ 与活塞销配合的孔必须是平直的，没有圆柱度误差，或两端成喇叭口形状。

❸ 要求有一定的油膜间隙。

❹ 表面粗糙度必须合适，以便保持和支撑油膜。

❺ 将活塞加温到 70～80℃，如图 13-6-7 所示，在活塞销上涂一层润滑油，用大拇指自如地将销推进到座孔中。

❻ 活塞销冷却后，测量活塞裙部圆度误差，应保持原状，若发现有反椭圆现象，即为活塞销座孔过紧，应重新修配校正。

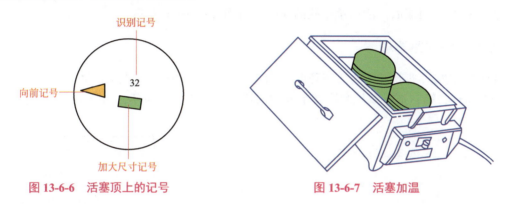

图 13-6-6　活塞顶上的记号　　　　　图 13-6-7　活塞加温

3. 活塞销的装配形式

活塞销是空心管形，中部穿过连杆小端孔衬套，两端装在活塞的活塞销座孔内，作铰链式连接，用以连接活塞与连杆，使活塞气体压力传给连杆，经曲轴而输出动力。通常采用浮式装配。浮式装配分全浮式和半浮式。

❶ 全浮式：活塞销在活塞销座孔中及连杆小端在衬套孔中能同时转动，降低了连杆衬套与活塞销表面之间的相对滑动速度，降低了磨损，磨耗也较均匀，装配也比较简单。采用挡圈（锁环）安装在活塞销座孔两端的环槽内，以防止活塞销横向移动，如图 13-6-8 所示。轻金属活塞都采用这种形式。

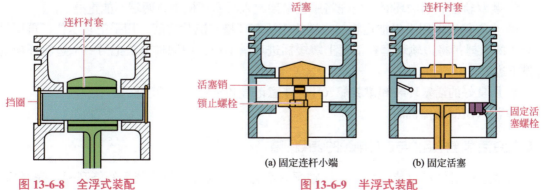

图 13-6-8　全浮式装配　　　　　图 13-6-9　半浮式装配

❷ 半浮式：又称摆动式。活塞销夹紧在连杆小端中，活塞销可以在活塞销座孔内做微量摆动，如图 13-6-9（a）所示。活塞销固定在活塞上，连杆可在活塞销上微量摆动，如图 13-6-9（b）所示。半浮式装配一般使用在铸铁制的活塞上。

4. 连杆装配注意事项

连杆装配应遵循如下几点要求：

❶ 连杆装配时，应检查连杆轴承（瓦）凸榫和凹槽是否切实密合。
❷ 连杆件的组装都是按顺序先行修配校正再组装的。组装时应将顺序记号、方向记号分别对准，如图 13-6-10 所示。
❸ 喷油孔是促进对气缸壁和活塞销的润滑，必须畅通无阻塞，喷油孔的喷射方向要正确。
❹ 连杆小端两端面与活塞销座孔的间隙，每面应在 1mm 左右。

5. 活塞环装配注意事项

现代新型发动机上采用的活塞环配置为三道环，第一道气环是鼓形面环，第二道气环是扭转锥面环，第三道是双轨和胀簧组成的油环，又称三片式油环，如图 13-6-11 所示。

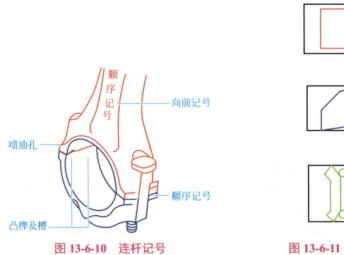

图 13-6-10　连杆记号　　图 13-6-11　新型活塞环

❶ 装双轨组成的油环时，应先将胀簧格架放入活塞环槽中，两端不能重叠。
❷ 小心仔细地用手先把边轨的一端放于活塞环槽和隔片之间，用手把它压住，再用另一只手的大拇指将边轨环套在活塞上缓缓插进环槽下边，用同样方法把另一个边轨环插进环槽下边。
❸ 用良好的活塞环装卸钳装配气环，注意记号和角度，不要装反。
❹ 注入清洁的稀机油。

6. 检查活塞连杆组件与连杆轴颈的装配间隙

活塞连杆组件经组装合格，连杆轴颈修磨合格，两者之间的装配经修刮配合完好后，应进行连杆轴瓦与曲柄连杆轴颈的径向间隙的检查和连杆大端侧面与曲轴臂之间的轴向间隙的检查。

（1）径向间隙的检查

❶ 清洁连杆轴颈，在轴颈中间放上一条塑料间隙规（或软金属丝），如图13-6-12（a）所示。

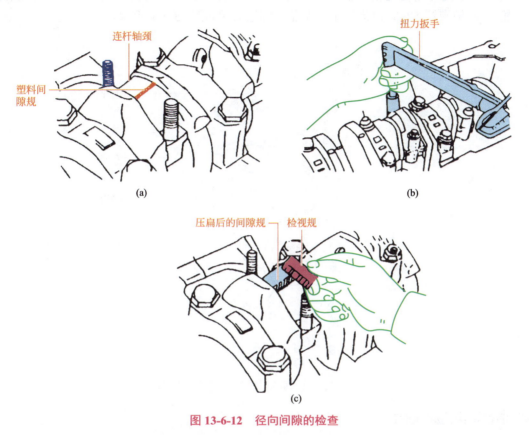

图 13-6-12 径向间隙的检查

❷ 装上清洁了的连杆大端轴承座（轴瓦已配装好）与盖，按规定扭力用扭力扳手拧紧轴承盖螺栓，如图13-6-12（b）所示。

❸ 拆卸连杆盖，用检视规检查被压扁的塑料间隙规，测量其最宽点的宽度，并换算成径向间隙值（或测金属丝的厚度，即为其间的间隙），如图13-6-12（c）所示。

（2）轴向间隙的检查

❶ 活塞连杆总成与曲柄连杆轴颈装配并经检查径向间隙均已合格后，尚需检查其轴向间隙，即连杆大端的端隙。

❷ 用塞尺在连杆大端的侧面与曲轴臂之间检查，如图13-6-13所示。

❸ 其间一般应有0.15～0.50mm的间隙。如超过0.50mm时，可在连杆大端侧面堆焊修复。

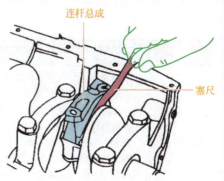

图 13-6-13 轴向间隙的检查

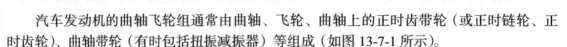

第七节　曲轴飞轮组的检修

汽车发动机的曲轴飞轮组通常由曲轴、飞轮、曲轴上的正时齿带轮（或正时链轮、正时齿轮）、曲轴带轮（有时包括扭振减振器）等组成（如图13-7-1所示）。

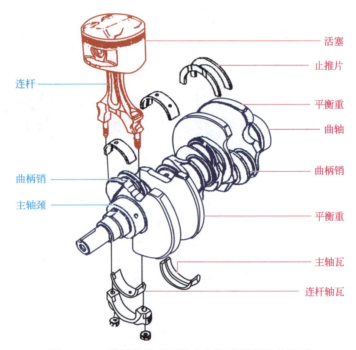

图13-7-1　曲轴的构成以及它与相关零部件的关系

1. 曲轴常见的耗损形式

曲轴在高速运转过程中，将周期性地受到气体压力、往复惯性力和离心力的作用，可能导致曲轴的弯曲、扭转、断裂、疲劳破坏和轴颈磨损等。因此曲轴必须具有足够的强度、刚度、耐磨性及旋转平稳性。

曲轴常见的耗损形式有轴颈磨损、弯扭变形及曲轴断裂，具体说明见表13-7-1。

表13-7-1　曲轴常见的耗损形式

类别	说明
轴颈磨损	轴颈磨损主要包括连杆轴颈磨损和主轴颈磨损两种形式 ①连杆轴颈磨损的特点和原因：发动机在工作中，沿着连杆轴颈的周围面上，作用负荷是不均匀的。各种发动机曲轴磨损规律表明，连杆轴颈磨损的最大位置，是在靠近曲轴中心线的内侧面上。轴颈磨损将导致连杆轴颈失圆和变成锥体形状 ②连杆轴颈失圆的原因：发动机在工作循环中气体压力、活塞连杆的惯性力及连杆大头的离心力等长时间作用在连杆轴颈靠曲轴中心线的内侧面 ③连杆轴颈变成锥体的原因：润滑油中所含的机械杂质偏积。因为润滑油是沿着倾斜油道，从主轴颈流向连杆轴颈的。润滑油中所含的机械杂质因曲轴旋转的离心力作用，沿着倾斜油道的上面，随润滑油进入连杆轴颈的一侧。由于机械杂质偏积于此，其结果便造成同一轴颈上不均匀磨损的锥体形状

续表

类别	说明
轴颈磨损	④主轴颈磨损的特点和原因：主轴颈的磨损也是不均匀的，与连杆轴颈方向对称，磨损最大的位置处于连杆颈这一侧。轴颈失圆过大，会破坏油膜，降低轴承的负荷能力，加剧轴承及轴颈的磨损 曲轴轴颈在正常的磨损情况下其磨损量是很小的。磨损过大主要是由对汽车使用不正确、保养不及时造成的。例如，当轴颈与轴承之间的配合间隙磨损增大后，未能及时地进行维修更换轴承，则供油压力降低，使冲击负荷增大，导致加速磨损。不按期清洗和更换发动机润滑油等，也将使轴颈产生不正常的磨损
弯扭变形	曲轴弯曲是指主轴颈的同轴度误差大于0.05mm。如果连杆轴颈的分配角误差大于0.5°，则称为曲轴扭曲 曲轴产生弯曲和扭曲变形是由使用和修理不当造成的。如发动机在爆震和超负荷条件下工作，个别气缸不工作或者工作不平衡，各道主轴承松紧度不一致，主轴承座孔同轴度偏差增大等，都会造成曲轴承载后的弯曲变形。曲轴弯曲变形后，将迅速加剧活塞连杆组和气缸的磨损，以及曲轴和轴承的磨损，甚至加剧曲轴的疲劳折断。曲轴扭曲变形，也将影响发动机的配气正时和点火正时
曲轴断裂	曲轴断裂对汽车来说属于严重的机件故障。曲轴的裂纹一般发生在曲柄和主轴颈的连接圆角处或轴颈油孔等应力集中部位。前者是径向裂纹，严重时将造成曲轴断裂；后者多为轴向裂纹，沿斜置油孔的锐边轴向发展。曲轴的径向、轴向裂纹主要是由应力集中造成。曲轴断裂的主要原因有以下几种： ①个别用户选用机油不当，不注意"三滤"的清洗更换，严重超载造成发动机长期超负荷运行而出现烧瓦事故，从而使曲轴受到严重磨损。另外，修理手段及工艺问题，也会造成曲轴局部应力集中，从而使曲轴的材料结构发生变化而断裂 ②发动机修好后，装车没经过磨合期，即超载超挂，发动机长期超负荷运行，使曲轴负荷超出容许的极限 ③在曲轴的修理中采用了堆焊，破坏了曲轴的动力平衡，又没有做动平衡校验，不平衡量超标等导致曲轴的断裂 ④由于路况不佳，车辆又严重超载超挂，发动机经常在扭振临界转速内行驶等会造成曲轴扭转振动疲劳破坏而断裂

2. 曲轴的检修

（1）曲轴弯曲的检查与校正

❶ 将曲轴两端未磨损的部位放于平板上的V形架上，如图13-7-2所示。或将曲轴支撑在车床的前后顶针上，以前端正时齿轮轴颈（未发生磨损部分）为基面，以后端装飞轮突缘为基面。

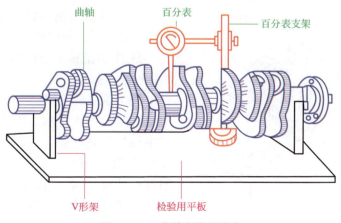

图13-7-2 曲轴弯曲的检查

❷ 校对中心水平后,用百分表进行测量。

❸ 由于中间轴颈受负荷和振动较大,弯曲变形也较明显,百分表的量头应对准曲轴中间的一道(或两道)曲轴轴颈,用手慢慢转动曲轴一圈后,百分表上所指出的最大和最小的两个读数之差的 1/2,即为曲轴的弯曲度。

注意:

a. 测量时,不可将百分表的量头放在轴颈的中间,而应放在轴颈的一端,否则由于轴颈不圆,而对曲轴的弯曲量做出不正确的结论。

b. 必须指出,这样测出的结果,因为牵涉到两端轴颈不圆所增加的误差,故为一近似值。因不圆和弯曲的方向往往不重合。

c. 弯曲度多用弯曲摆差来表示,弯曲摆差为弯曲度的两倍。其摆差一般不超过 0.10mm。

d. 曲轴中间轴颈中心弯曲,如未超过 0.05mm 时,可不加修整。

e. 若超过 0.05mm 而小于 0.10mm 时,可以在轴颈磨削时一并予以修正;若超过 0.10mm,则须加以校正。

这里介绍的是就机校正法,其校正程序如下:

❶ 把气缸体倒放在工作平台上,使其平正。

❷ 在前后两轴承座上,仍装上旧轴承(瓦),中间轴承(瓦)则拿去。

❸ 在轴承上加少许润滑油,然后将曲轴放上。

❹ 在缸体边沿装置百分表,用手轻轻转动,在中间轴颈上找出最高点的位置,并做出记号。

❺ 在弯曲最大的轴颈上,将轴承盖垫实,根据需要徐徐扭紧轴承盖螺栓予以校正。为克服弹性变形,压下的数值应是弯曲值的 10～15 倍。

❻ 用百分表测量是否已校正,如未达到允许标准,再继续校正。

❼ 校妥后,采用球形锥锤敲击曲轴臂,以消除应力,如前述。

(2) 曲轴扭转的检查

❶ 曲轴检查弯曲以后,将连杆轴颈(如 1、6,或 2、5,或 3、4)转到水平位置。

❷ 用百分表测出相对应的两个连杆轴颈的高度差,即为扭转度。

❸ 曲轴扭转一般很微小,可在修磨曲轴轴颈时予以修正。

(3) 曲轴的磨损量

如图 13-7-3 所示,用外径千分尺测量曲轴主轴颈和连杆轴颈的圆度和圆柱度,其标准值应为 0.01mm,磨损极限值为 0.02mm。超过标准要求时,可用曲轴磨床按修理尺寸法对轴颈进行修磨。曲轴磨损后维修技术数据见表 13-7-2。

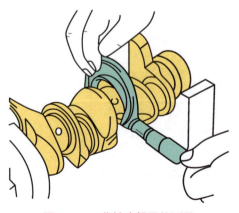

图 13-7-3　曲轴磨损量的测量

表 13-7-2　曲轴磨损后维修技术数据

尺寸	曲轴主轴承轴颈 /mm	连杆轴颈 /mm	尺寸	曲轴主轴承轴颈 /mm	连杆轴颈 /mm
标准尺寸	$54.00_{-0.042}^{-0.022}$	$47.80_{-0.042}^{-0.022}$	第二次缩小尺寸	$53.50_{-0.042}^{-0.022}$	$47.30_{-0.042}^{-0.022}$
第一次缩小尺寸	$53.75_{-0.042}^{-0.022}$	$47.55_{-0.042}^{-0.022}$	第三次缩小尺寸	$53.25_{-0.042}^{-0.022}$	$47.05_{-0.042}^{-0.022}$

（4）轴颈的检修

轴颈的检查是检查其圆度（椭圆）和圆柱度（锥形）误差。用外径千分尺在轴的同一横断面进行多点测量（先在轴颈油孔的两侧测量，旋转 90° 再测）。直径在 80mm 以下的圆度及圆柱度误差超过 0.025mm，直径在 80mm 以上的超过 0.040mm，均应按规定修理尺寸进行修磨。或进行振动堆焊、镀铬、镀铁后，再磨削到规定的尺寸或修理尺寸。

当轴颈的圆度和圆柱度都未超过规定限度，最大直径与最小直径之差，即为圆度误差。两侧端测得的直径差，即为圆柱度误差，如图 13-7-4 所示。

仅有擦伤、起槽、毛糙、疤痕和烧蚀，以及轻微的磨损，可用以下方法进行修整。

❶ 用与轴颈宽度相同的细砂布长条缠绕在轴颈上，再用麻绳或布条在砂布上绕两三圈，用手往复拉动绳索的两端进行光磨，检视伤痕是否消失。

❷ 对于轻微的磨损，一般小型修配单位或自修发动机者，可用细锉刀将轴颈仔细地用手工锉圆，边锉边用外径千分尺仔细地检测，反复进行，再用绳索、细砂布或打磨夹具予以抛光。这样修整，只有具备熟练的良好的钳工技术基础才能保证一定的修整质量。

（5）曲轴的轴向间隙

曲轴的轴向间隙是指轴承承推端面与轴颈定位肩之间的间隙。间隙过小，机件会因膨胀而被卡着；间隙过大，前后窜动，则给活塞连杆组的机件带来不正常的磨损，止推轴瓦或止推垫圈表面逐渐磨损，使间隙改变，形成轴向位移。因此，在装配曲轴时，应进行曲轴轴向间隙的检查。

检查时，先将曲轴定位轴肩和轴承的承推端面的一边靠合，用撬棍将曲轴挤向后端，然后，用塞尺片在曲轴臂与止推轴瓦或止推垫圈之间测量，如图 13-7-5 所示。

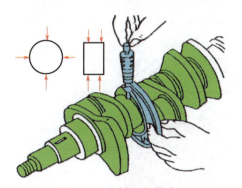

图 13-7-4　轴颈的检查

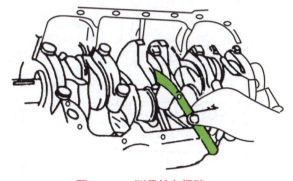

图 13-7-5　测量轴向间隙

曲轴轴向间隙一般为 0.05～0.18mm。如轴向间隙过大或过小，则应更换或修整止推轴瓦或调整止推垫圈。

(6) 曲轴的径向间隙

曲轴轴承间隙是指曲轴的径向和轴向间隙。这两种间隙都是为了适应发动机在运转中机件受热膨胀时的需要而规定的。轴承（瓦）与轴颈之间的间隙，称为径向间隙，检查方法有如下几种：

❶ 将轴承盖螺栓按规定顺序及扭力拧紧后，用适当的扭力（四道轴承的用 30～40N·m，七道轴承的用 60～70N·m）转动曲轴，以测试其松紧度。或用双手扭动曲轴臂使曲轴旋转，试其松紧，这是最简单的方法，但须有一定的技术经验。

❷ 用内径千分尺和外径千分尺分别测量轴颈的外径和轴承（瓦）的内径，测得的这两个尺寸的差，就是它们之间的间隙。一般径向间隙为 0.02～0.05mm。

❸ 清洁轴颈和轴瓦。在它们之间，放一个比轴承标准间隙约大两倍的软铅片（或软纸片），按规定扭力旋紧轴承盖，然后卸下盖取出铅片（或纸片），用千分尺测其厚度，这个厚度就是这个轴承（瓦）与轴颈的径向间隙。

❹ 用塑料间隙规测量检查。

a. 剪取与轴瓦宽度相同的塑料间隙规，与轴颈平行放置，盖上轴承盖按规定扭力拧紧螺栓。

注意：

不要转动曲轴。

b. 拆下螺栓，取下轴承盖，使用塑料间隙规上的量尺，对比测量被压扁的塑料最宽点的宽度，换算成径向间隙值，如图 13-7-6 所示。如果其值不在规定的范围内，就要更换轴瓦。

测量后，应立即彻底清洁塑料间隙规。

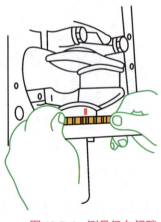

图 13-7-6　测量径向间隙

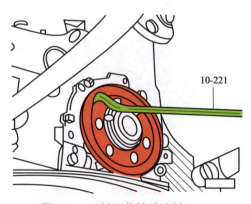

图 13-7-7　拆下曲轴后油封

(7) 更换曲轴后油封

❶ 拆下变速器,再拆下飞轮和压盘。

❷ 用专用工具 VW10-221 拆下曲轴后油封,如图 13-7-7 所示。

❸ 安装油封时,在其外圈和唇边涂一层薄油,使用专用工具 VW2003/2A 装上油封,并用专用工具 VW2003/1 将油封压到底。

(8) 更换曲轴前油封

❶ 拆下 V 形带,再拆下正时带轮。

❷ 将油封取出器 VW2085 内件(图 13-7-8 箭头 A 所示)从外件中旋出两圈(约 2mm),并用滚花螺钉(图 13-7-8 箭头 B 所示)锁紧。

❸ 旋出气缸螺栓 3083,将油封取出器 VW2085 旋进曲轴,拆出油封。

❹ 安装曲轴前油封时,在曲轴颈上套上导套,在油封外圈和唇边涂机油。

❺ 经导套推入压套,用压套和气缸螺栓将油封压到底。

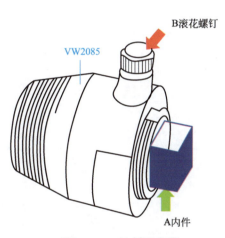

图 13-7-8　油封取出器

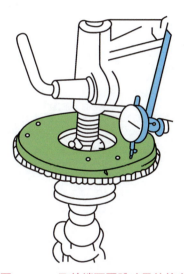

图 13-7-9　飞轮端面圆跳动量的检查

3. 飞轮的检修

❶ 飞轮工作表面的检查:检查飞轮工作表面是否有明显的划伤沟槽,用钢直尺、塞尺或百分表检查飞轮的平面度,应不大于 0.20mm,否则应更换飞轮。

❷ 飞轮端面圆跳动量的检查(如图 13-7-9 所示):将曲轴与飞轮固定在车床的两端,呈中心水平状态,百分表固定在顶针座上,表的量头靠在飞轮的光滑端面上,旋转表盘,使 "0" 位对正指针,转动飞轮一圈,百分表的读数差除以表量头至飞轮旋转中心距离的两倍,即为端面圆跳动量。每米一般不大于 0.20mm。

❸ 飞轮径向圆跳动量的检查:将百分表的量头靠在飞轮的光滑外圆(或内圆)上,旋转表盘,使 "0" 位对正指针,转动飞轮一圈,百分表的读数差,即为径向圆跳动量。一般不大于 0.15mm。

❹ 跳动量的修整:飞轮跳动量超过允许限度,可以在曲轴飞轮突缘盘(结合盘)与飞轮之间加减垫片,予以调整。

注意：

不可用机械加工的方法调整。

❺ 飞轮平面的修整：当飞轮工作平面磨损成波浪形或起沟槽，其深度超过 0.50mm 时，应光磨；波浪形深度未超过 0.50mm 时，允许有不多于两道的环形沟痕存在，但应去掉毛刺。经过修整后，和新飞轮比较，减薄的厚度不得多于 2.00mm。

❻ 飞轮齿圈轮的检查：飞轮齿圈轮磨损严重或出现裂纹时，可将齿圈均匀加热至 50～200℃，然后轻轻敲下，再将新齿圈加热到 200℃，趁热压装到飞轮上。更换齿圈后，必须对飞轮进行静平衡试验，不平衡量不得超过 10g·cm。

第十四章 配气机构拆装

第一节 正时链条和正时齿轮拆装

以丰田卡罗拉车型为例。

1. 正时齿带与正时齿轮的结构

正时齿带与正时齿轮为气门驱动组的重要零件。此外，气门驱动组还有凸轮轴与挺柱、推柱、摇臂及摇臂轴等。

气门驱动组是由曲轴通过传动装置驱动的，其传动装置有齿带式、齿轮式与链条式。

正时齿带式传动装置通常由曲轴正时齿带轮、凸轮轴正时齿带轮、正时齿带张紧器、正时齿带等构成。如图14-1-1所示为采用四气门双凸轮轴正时齿带传动装置结构实例，如图14-1-2所示为该传动装置外盖结构。

正时齿带轮、正时齿轮等均标有正时记号。

2. 拆装作业

正时齿带与正时齿轮拆装作业要点如下：

❶ 将1号气缸设置到TDC/压缩。

a. 如图14-1-3所示，转动曲轴带轮，直到其凹槽与正时链条盖上的正时标记"0"对准。

b. 如图14-1-4所示，检查并确认凸轮轴正时齿轮和链轮上的各正时标记和位于1号与2号轴承盖上的各正时标记对准。如果没有对准，则转动曲轴1圈（360°），如上所述对准正时标记。

视频精讲

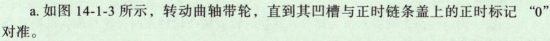

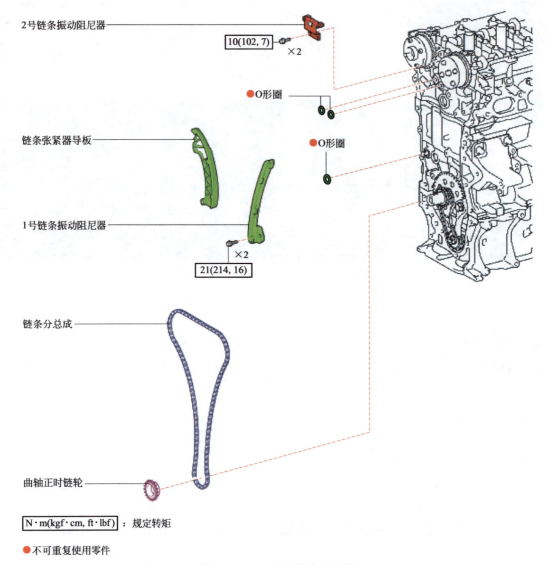

N·m(kgf·cm, ft·lbf)：规定转矩

● 不可重复使用零件

图 14-1-1　正时齿带传动装置

❷ 拆卸曲轴带轮。
❸ 拆卸 1 号链条张紧器总成。
❹ 拆卸正时链条盖分总成。
❺ 拆卸正时链条盖油封。
❻ 拆卸链条张紧器导板。
❼ 拆卸 1 号链条振动阻尼器。
❽ 拆卸链条分总成。

视频精讲

a. 用扳手固定住凸轮轴的六角头部分，并逆时针旋转凸轮轴正时齿轮总成，以松开凸轮轴正时齿轮之间的链条（图 14-1-5）。

b. 链条松开时，将链条从凸轮轴正时齿轮总成上拿开，并将其放置在凸轮轴正时齿轮总成上。

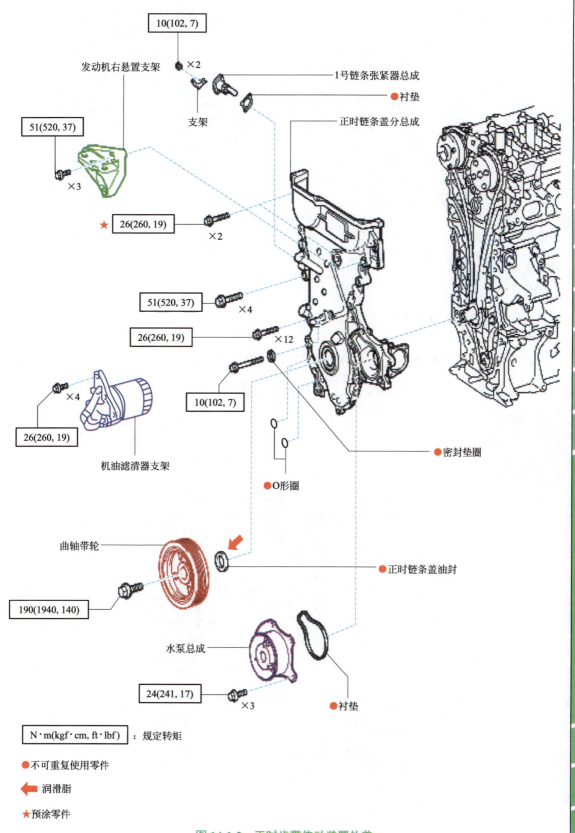

图 14-1-2 正时齿带传动装置外盖

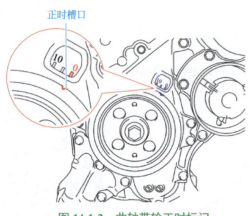
图 14-1-3 曲轴带轮正时标记

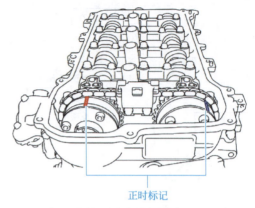
图 14-1-4 凸轮轴正时齿轮和链轮上的正时标记

> **提示：**
>
> 确保将链条从链轮上完全松开。

c. 顺时针转动凸轮轴，使其回到原来位置，并拆下链条。

视频精讲

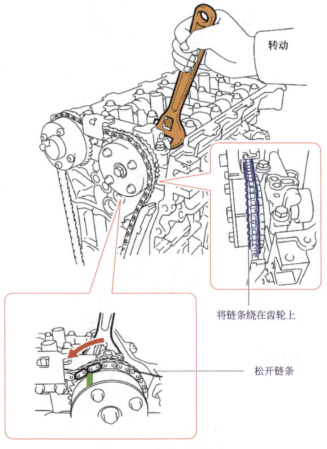
图 14-1-5 拆卸正时链条

⑨ 拆卸凸轮轴正时齿轮总成。

固定凸轮轴的六角头部分的同时，拆下凸缘螺栓，然后拆下凸轮轴正时齿轮总成（图 14-1-6）。

 注意：

a. 拆下凸轮轴正时齿轮前，确保锁销已松开。
b. 不要拆下另外 4 个螺栓。
c. 将凸轮轴正时齿轮总成从凸轮轴上拆下时，要使其保持水平。

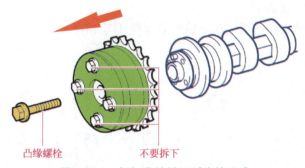

图 14-1-6　拆卸凸轮轴正时齿轮总成

⑩ 装配时可按上述方法相反顺序进行，要特别注意正时标记（如图 14-1-7），因为即使稍有偏差，也将影响发动机的性能。

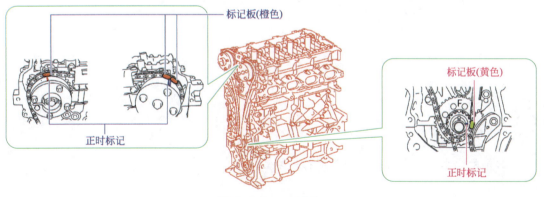

图 14-1-7　正时标记

 第二节　凸轮轴的拆装

以丰田卡罗拉车型为例。

如图 14-2-1 所示为凸轮轴的结构。凸轮轴主要由凸轮和凸轮轴颈组成，下置凸轮轴汽油机还有驱动分电器的螺旋齿轮。

图 14-2-1　凸轮轴的拆装分解示意图

凸轮轴拆装作业要点如下。

❶ 按顺序均匀地拧松并拆下 10 个轴承盖螺栓（图 14-2-2）。

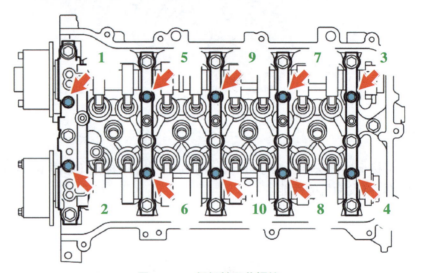

图 14-2-2　拆卸轴承盖螺栓

> 注意：
>
> 曲轴处于水平状态的同时均匀地拧松螺栓。

❷ 拆下 5 个轴承盖。

> 提示：
>
> 按正确的顺序摆放拆下的零件。

❸ 拆卸凸轮轴。
❹ 安装凸轮轴轴承盖。

a. 在凸轮轴轴颈、凸轮轴壳和轴承盖上涂抹发动机机油。
b. 确认各凸轮轴轴承盖上的标记和号码，并将其置于正确的位置和方向。
c. 按如图 14-2-3 所示顺序，紧固 10 个螺栓。
力矩：16N·m。

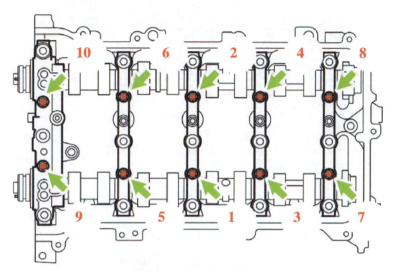

图 14-2-3 安装轴承盖螺栓

第三节　气门组和气门传动组拆装

以丰田卡罗拉车型为例。

1. 拆卸步骤

提示：

按正确的顺序摆放拆下的零件。

（1）拆卸气门杆盖
从气缸盖上拆下气门杆盖（图 14-3-1）。
（2）拆卸进气门
a. 用专用工具和木块压缩并拆下气门锁片座圈（图 14-3-2）。
b. 拆下弹簧座圈、气门弹簧和气门。
（3）拆卸排气门
a. 用专用工具和木块压缩并拆下气门锁片座圈（图 14-3-3）。
b. 拆下弹簧座圈、气门弹簧和气门。

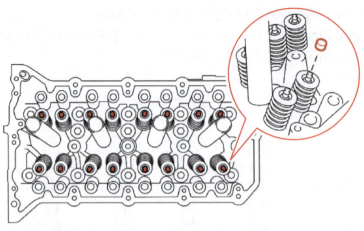

图 14-3-1　从气缸盖上拆下气门杆盖

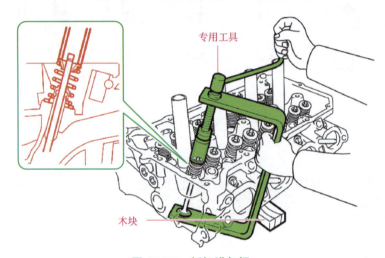

图 14-3-2　拆卸进气门

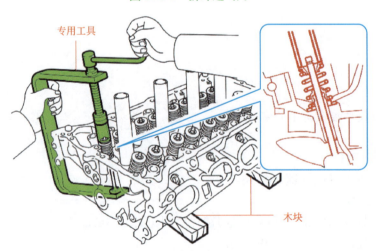

图 14-3-3　拆卸排气门

（4）拆卸气门杆油封

用尖嘴钳拆下油封（图 14-3-4）。

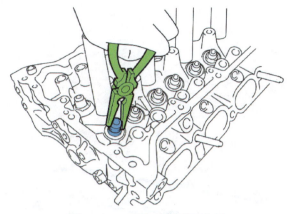

图 14-3-4　用尖嘴钳拆下油封

（5）拆卸气门弹簧座

用压缩空气和磁棒，吹入空气以拆下气门弹簧座（图 14-3-5）。

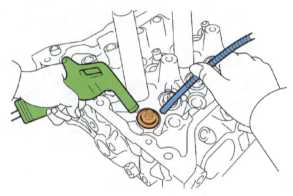

图 14-3-5　拆卸气门弹簧座

2. 安装注意事项

① 按照与拆卸相反的顺序进行安装。
② 安装油封时，一定要压到位，防止油封变形或损坏。
③ 安装锁片时，一定要安装到位，防止弹簧弹出。

第四节　配气机构的拆装示例

以桑塔纳轿车发动机配气机构的拆装为例。

1. 配气机构的拆卸

桑塔纳轿车的配气机构装配在气缸盖上，气缸盖的分解（如图 14-4-1 所示）步骤如下：

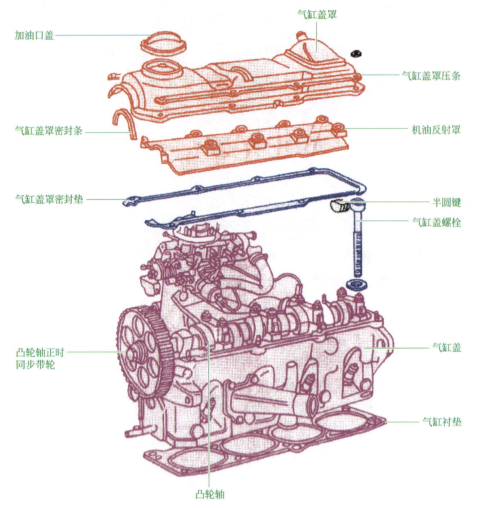

图 14-4-1　1.8L JV 型发动机气缸盖的分解示意图

❶ 拆卸加油口盖。
❷ 拆卸气缸盖罩，分次逐渐松开紧固螺母。
❸ 取下气缸盖罩压条、密封条及密封垫。
❹ 拆卸机油反射罩。
❺ 拆卸凸轮轴前端正时同步带轮紧固螺母，取下凸轮轴正时同步带轮及半圆键。
❻ 先拆第 1、3、5 号轴承盖固定螺栓，然后对角交替松开第 2、4、6 号轴承盖固定螺栓。
❼ 拆下轴承盖。
❽ 拆卸凸轮轴（如图 14-4-2 所示），再将轴承盖按原位置装回，以免错位。
❾ 取出液压挺柱总成。
❿ 检查气门顶部有无标记，若无应按顺序用钢字做出标记。
⓫ 用专用工具压下气门弹簧，取下气门锁片。
⓬ 取下气门弹簧、气门锁片座圈。
⓭ 拆卸气门及气门油封（如图 14-4-3 所示）。

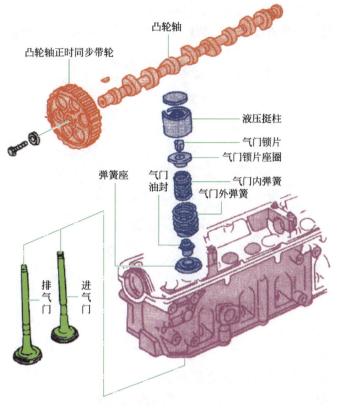

图 14-4-2 配气机构零部件分解示意图

图 14-4-3 拆卸气门专用工具的使用方法

⑭ 分解完毕后,将零件进行清洗、分类和检验。

2. 配气机构的组装

(1) 安装气门

装上气门后,再往气门导管上装上新的气门油封。安装气门油封时应先套上塑料保护套,最好用专用工具压入。气门杆部先涂以润滑油,插入导管中不要损伤油封。装上气门弹簧和气门锁片后,用橡胶锤轻敲几下,以确保气门锁片安装可靠(凡是使用过的锁片不许再用)。

(2) 检查凸轮轴轴向间隙（如图 14-4-4 所示）

测量轴向间隙时，不装液压挺柱，装好 1 号和 5 号轴承盖，轴向间隙 $\varDelta \leqslant 0.15\text{mm}$。

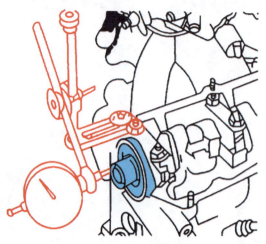

图 14-4-4　凸轮轴轴向间隙的检查

(3) 装入液压挺柱总成
(4) 安装凸轮轴和油封

❶ 安装凸轮轴时，第 1 缸的凸轮必须朝上。

❷ 安装凸轮轴轴承时，注意轴孔上下两部分必须对准。

❸ 将凸轮轴放入各轴承座上，按拆卸的逆顺序安装、紧固轴承盖固定螺栓，拧紧力矩为 20N·m。

❹ 用专用工具安装凸轮前油封时，不要压到底，否则会堵塞油道。

❺ 放入半圆键，安装凸轮轴正时同步带轮并加以紧固，拧紧力矩为 80N·m。

> 注意：
> 凸轮轴转动时，曲轴不可位于上止点，否则将损坏气门和活塞顶部。

3. 安装气缸盖

安装气缸盖顺序与拆卸顺序相反，但应注意以下几点：

❶ 安装气缸垫时，气缸垫上有"OPEN TOP"字样的一面朝向气缸盖。

❷ 将定位螺栓旋入第 8、10 号位的气缸盖螺栓孔内，以便起到定位作用。待气缸盖装合并用手拧紧螺栓后，再旋出定位螺栓，然后旋入第 8、10 号螺栓。

❸ 拧紧气缸盖螺栓的顺序按拆卸的逆顺序分 4 次进行，前三次力矩均为 40N·m，第四次再用扳手转动 1/4 圈。使用中不允许将气缸盖螺栓再次拧紧。

❹ 安装气缸盖时，各缸活塞不可置于上止点，否则会损坏气门和活塞。当任一活塞被确认为处于上止点时，必须再旋转 1/4 圈。

❺ 将各机油道清洗干净，并用压缩空气吹通。

4. 安装正时同步带

① 将正时同步带套在曲轴和中间轴正时同步带轮上。
② 装上曲轴带盘（螺栓不必拧紧），注意带盘的定位。
③ 将凸轮轴正时同步带轮上的标记与正时同步带护罩上的标记对齐。
④ 使曲轴带盘上的上止点标记和中间轴正时同步带轮上的标记对齐。
⑤ 将正时同步带套在凸轮轴正时同步带轮上。
⑥ 转动张紧轮，以张紧正时同步带，张紧至用手指捏住正时同步带中间刚好可以扭转90°为宜（如图14-4-5所示）。
⑦ 拧紧中间轮紧固螺钉，转动曲轴两周，再次检查正时标记是否正确。
⑧ 拆下曲轴V带盘，装上正时同步带下护罩，再安装V带盘，并以20N·m的力矩拧紧固定螺栓。

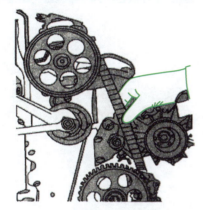

图14-4-5　正时同步带张紧度的检查

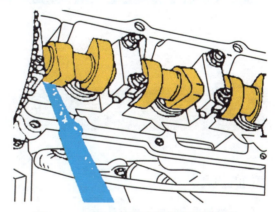

图14-4-6　1.6L发动机气门间隙的调整

5. 气门间隙的调整

① 1.8L发动机采用液压挺柱，气门间隙不需调整。
② 1.6L发动机气门间隙仍需调整（如图14-4-6所示）。

a. 调整时，活塞不可位于上止点，曲轴反转1/4圈，使气门在挺柱下压时不致碰到活塞。

b. 用钳子取出调整垫片，换上适当厚度的垫片，有字的一面必须朝下，如果用最薄的垫片仍调整不好，则可更换短一点的气门。

视频精讲

视频精讲

第十五章 配气机构检修

第一节 气门组零件检测

1. 气门的检测

气门的检测类别及检测方法见表 15-1-1。

2. 气门导管与气门弹簧的检测

气门导管与气门弹簧的检测方法见表 15-1-2。

表 15-1-1 气门的检测类别及检测方法

类别	检测方法	操作示意图
气门外观检测	用肉眼观察气门有无裂纹、磨损和严重烧蚀等，如有应更换	—
气门杆弯曲的检测	摆放 V 形架，使其间距为 100mm，用百分表测头测量气门杆中部的弯曲度，使气门旋转一周，百分表上最大与最小读数之差的一半为直线度误差。其值大于 0.05mm 时，应更换或校正，校好后直线度误差不得大于 0.02mm	

续表

类别	检测方法	操作示意图
气门杆磨损的检测	用外径千分尺测量气门杆径向磨损量的大小。大于 0.05mm 时，应更换。AJR 发动机进气门杆直径为（6.98±0.007）mm，排气门杆直径为（6.965±0.007）mm	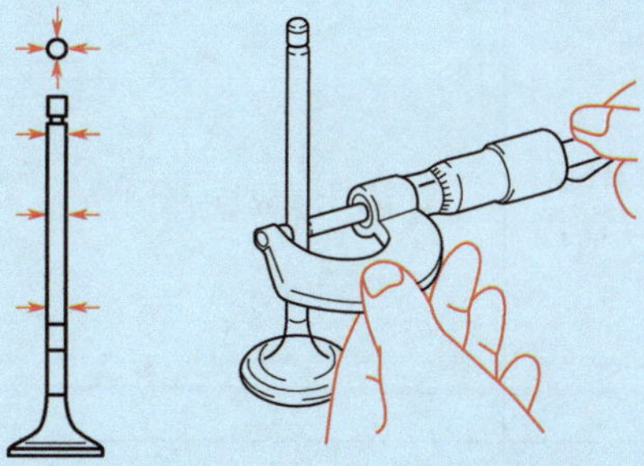
气门尾端磨损的检测	用钢直尺在检测平台上检测气门长度，磨损量大于 0.5mm 时，应更换。AJR 发动机进气门长度为 91.85mm，排气门长度为 91.15mm	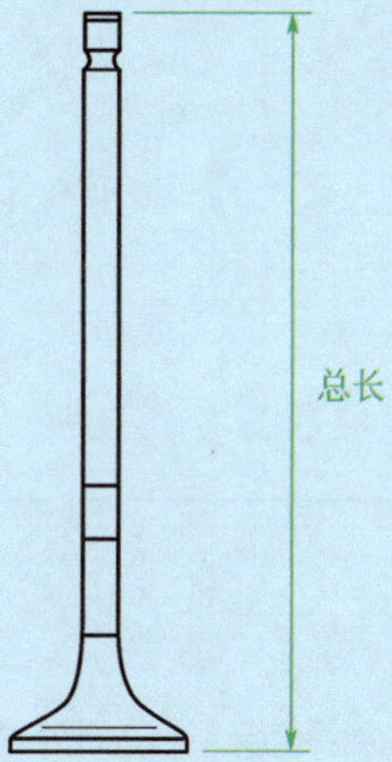
气门头部倾斜度的检测	转动气门一周，百分表指针最大与最小读数之差的一半为头部倾斜度误差。其值大于 0.02mm 时，应更换或校正	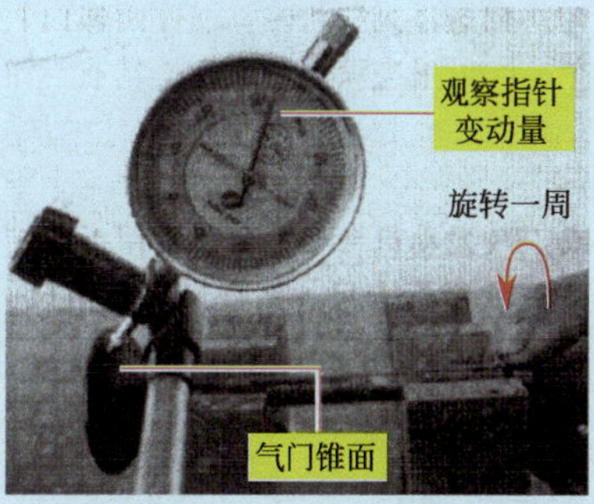
气门头部圆柱面厚度的检测	可用钢直尺或游标卡尺测量，若厚度小于 1.0mm 应更换。一般为 1~3mm	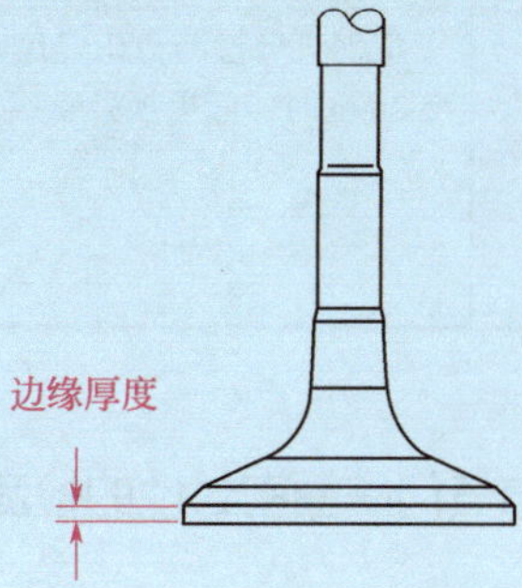

表 15-1-2 气门导管与气门弹簧的检测方法

类别	检测方法	操作示意图
将气门杆插入到导管中	气门杆末端应与导管平齐	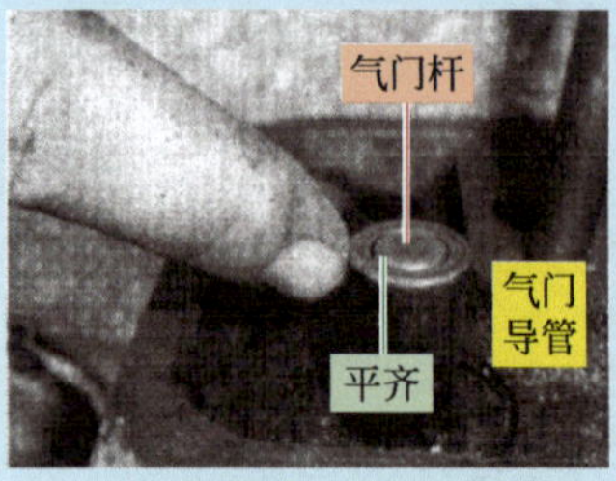
安装百分表	使百分表测头顶在气门头部圆柱面边缘	
检测晃动量	晃动气门杆,百分表最大与最小指示值之差,即为晃动量。AJR发动机进气门导管最大晃动量为1.0mm,排气门导管最大晃动量为1.3mm	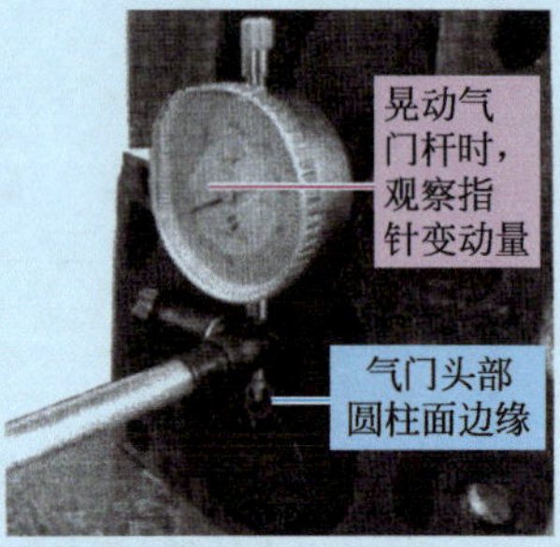
检测弹簧垂直度误差和自由高度	将直角尺垂直摆放在水平检测台上。将待检弹簧靠向直角尺,检查弹簧顶端与直角尺的距离,该距离则为垂直度误差,如大于1.5mm,弹簧即报废 用钢直尺检测自由高度,当自由高度缩小2mm时,应更换弹簧	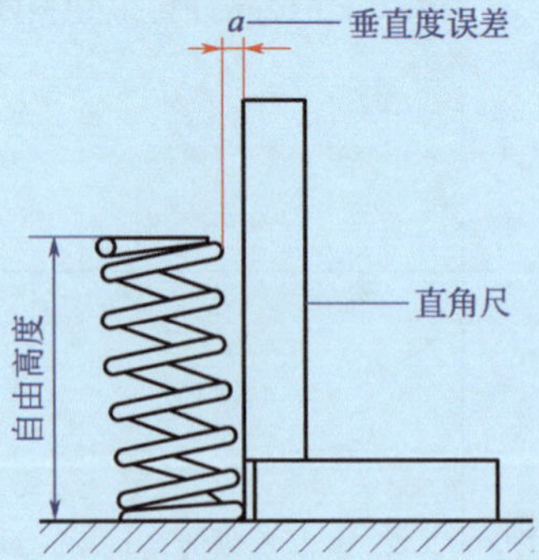

3. 气门与气门座圈密封性的检测

气门与气门座圈密封性的检测方法见表 15-1-3。

表 15-1-3　气门与气门座圈密封性的检测方法

类别	检测方法	操作示意图
软铅笔或红丹痕迹检测法	用软铅笔在气门锥面上沿轴向均匀地画上若干条直线，然后使其与气门座圈接触，略压紧并转动90°，取出气门，检查铅笔画线是否被切断。若被切断，说明密封性良好，否则研磨气门	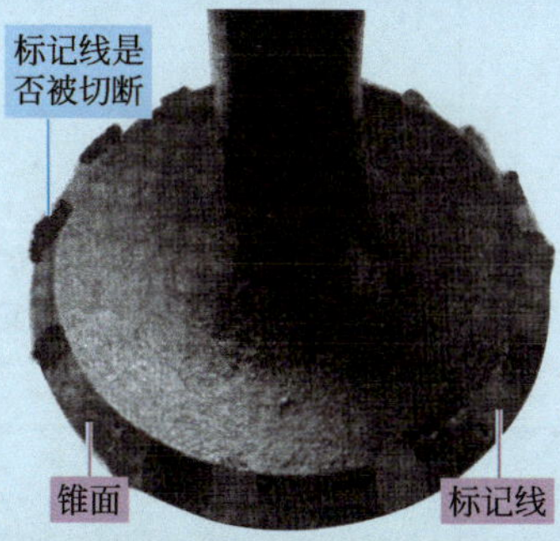
注油检测法	将气缸盖倒放在检测平台上，并装上待检测气缸的气门和火花塞，向燃烧室注入汽油，5min内气门与座圈接触处应无渗漏现象	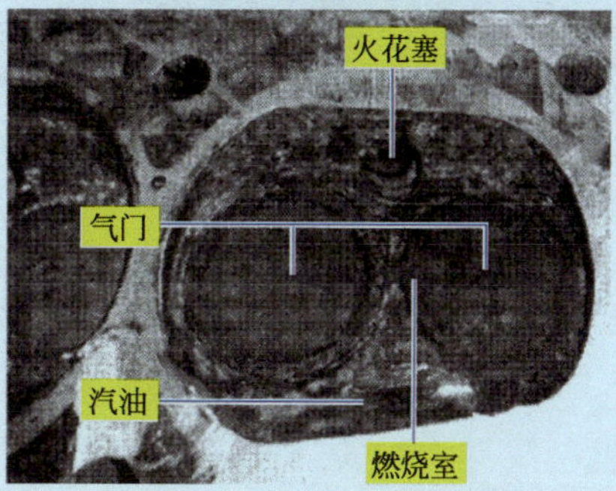

第二节　气门传动组零件检测

1. 正时同步带及带轮的检测

正时同步带及带轮的检测方法见表 15-2-1。

表 15-2-1　正时同步带及带轮的检测方法

类别	检测方法	操作示意图
正时标记的检查	曲轴带轮和凸轮轴带轮上都有标记，一般是"0"。装配时，检查标记和气缸体上正时齿轮带轮室上的标记是否对齐	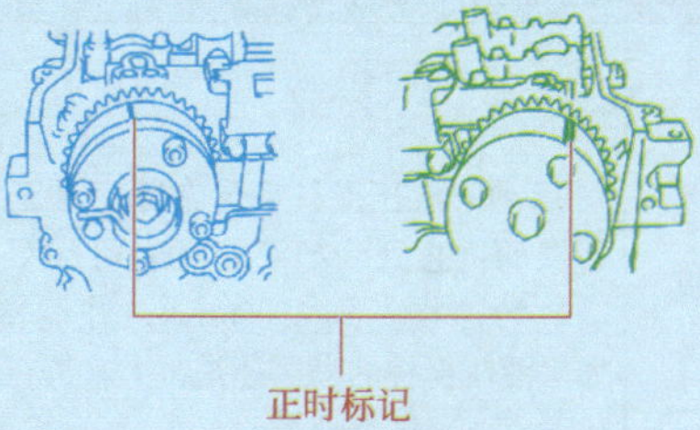 凸轮轴正时标记

续表

类别	检测方法	操作示意图
正时标记的检查	曲轴带轮和凸轮轴带轮上都有标记,一般是"0"。装配时,检查标记和气缸体上正时齿轮带轮室上的标记是否对齐	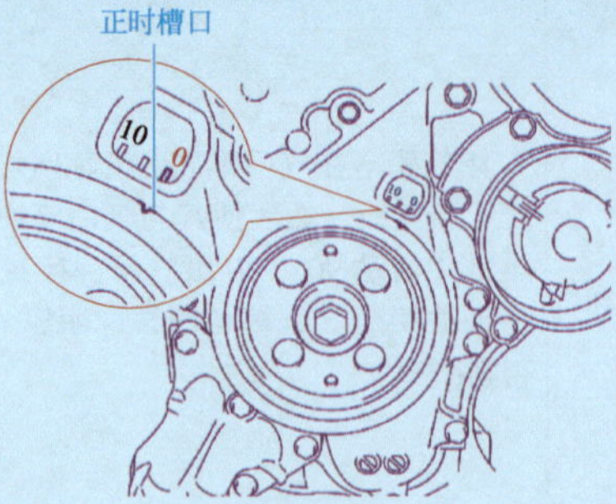 正时槽口 曲轴正时标记
同步带外观检查	看有无开裂、齿形残缺等	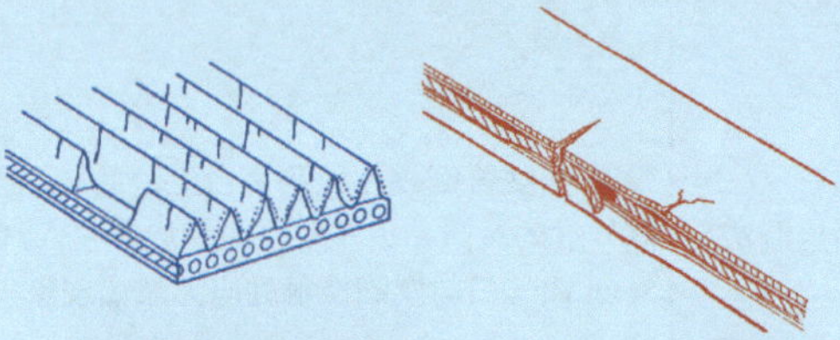
正时同步带张紧度的检测	用手指在正时齿轮和中间齿轮之间捏住正时同步带,以刚好能转 90° 为合适,调整张紧轮固定螺母并拧紧。将曲轴转动 2～3 圈后复查确认	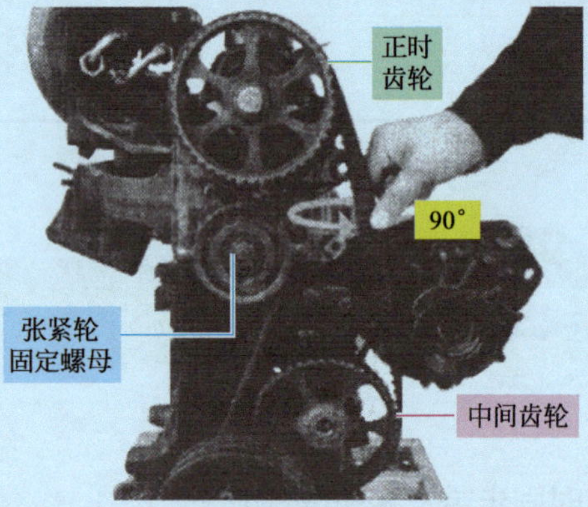 正时齿轮 90° 张紧轮固定螺母 中间齿轮

2. 液压挺柱的检测

液压挺柱的检测类别及检测方法见表 15-2-2。

表 15-2-2　液压挺柱的检测类别及检测方法

类别	检测方法	操作示意图
启动发动机并运转	启动时液压挺柱有异常噪声是正常的运转发动机直到冷却液温度达到 80℃,将发动机转速提高到 2500r/min,并运转 2min,如果液压挺柱的噪声还是很大,进行必要的检测	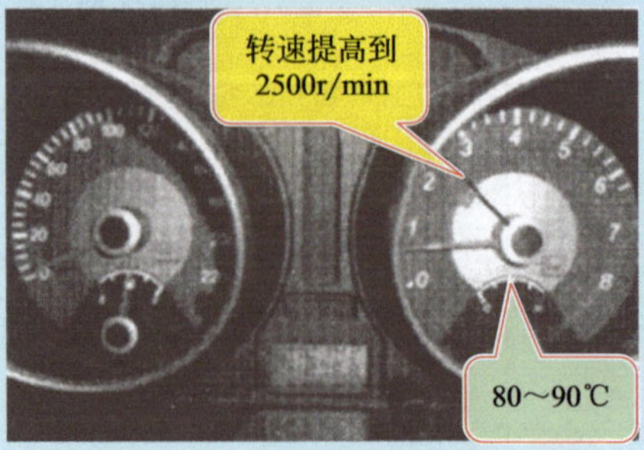 转速提高到 2500r/min 80～90℃

续表

类别	检测方法	操作示意图
拆卸气缸盖罩	按要求拆卸气缸盖罩	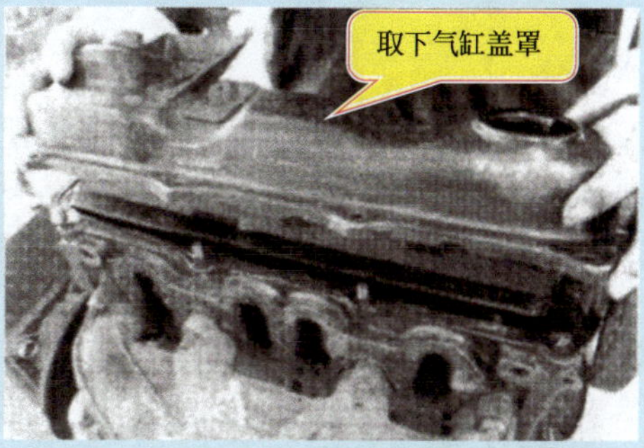 取下气缸盖罩
旋转曲轴，调整凸轮轴位置	按顺时针方向转动曲轴，直到待检测的液压挺柱对应的凸轮朝上为止	 凸轮尖端朝上，检测其对应的液压挺柱
测量凸轮和挺柱之间的间隙	用塞尺检测间隙大小，如果间隙大于 0.20mm，则更换挺柱	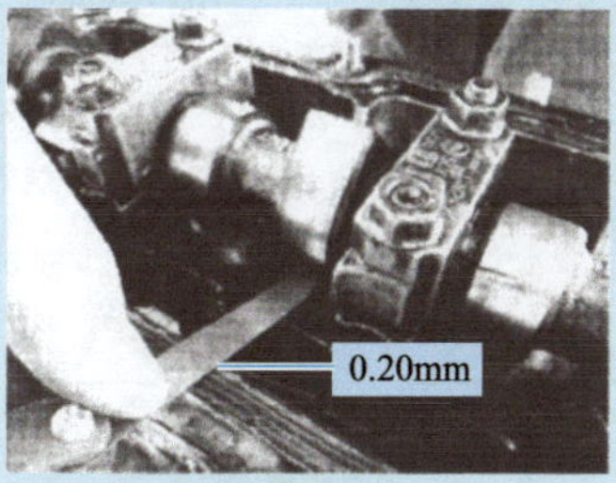 0.20mm
检测液压挺柱与导孔的配合间隙	当超过 0.10mm 时，应更换	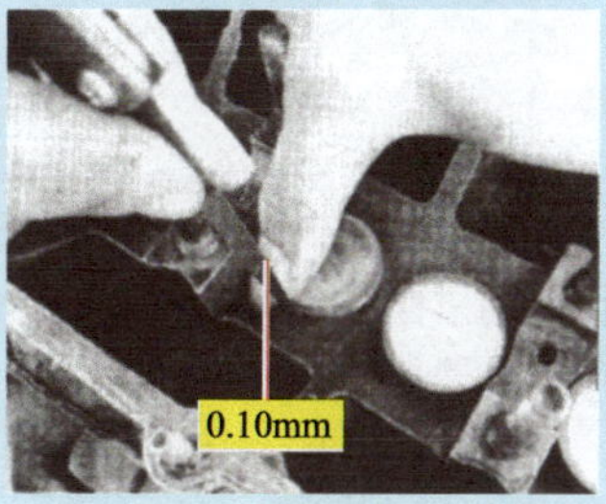 0.10mm

▶ 3. 凸轮轴的检测

凸轮轴的检测类别及检测方法见表 15-2-3。

表 15-2-3 凸轮轴的检测类别及检测方法

类别	检测方法	操作示意图
凸轮磨损的检测	用千分尺测量凸轮的最大高度 H，计算其与基圆直径 D 的差值，此差值即表示凸轮的磨损程度。其升程减小 0.40mm 以上时，应更换新凸轮轴	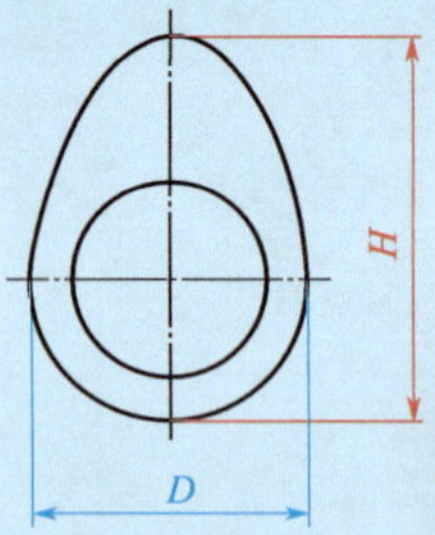 示意图 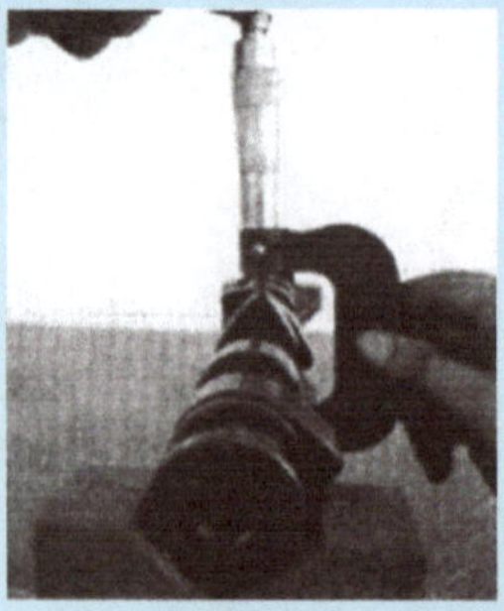　操作图
凸轮轴轴颈的检测	用千分尺测量各轴颈的圆度和圆柱度误差（参照曲轴轴颈的测量）。一般当圆度误差大于 0.015mm、各轴颈的同轴度误差超过 0.05mm 时，应按修理尺寸法进行磨修（每级减小 0.10mm）。磨修后轴颈的圆柱度误差应小于 0.005mm，中间任一轴颈的径向圆跳动误差应小于 0.025mm	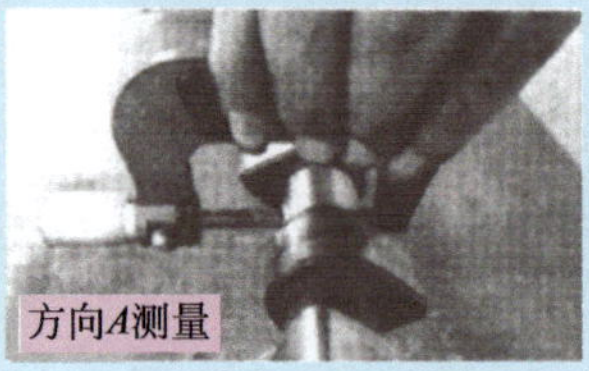  方向A测量　方向B测量
凸轮轴弯曲变形的检测	取下凸轮轴，使凸轮轴两端轴颈支撑在V形架上，用百分表测头与中间轴颈表面接触，并缓慢转动凸轮轴一圈，观察百分表指针摆差。摆差在 0.05～0.10mm 时，可以磨修；摆差大于 0.10mm 时，应冷压校正	 观察指针变动量　转动凸轮轴一圈
凸轮轴轴向间隙的检测	测试前拆下液压挺柱，然后用 1 号和 5 号轴承盖安装好凸轮轴（用 20N·m 的力矩拧紧），安装百分表在气缸盖一侧，使测头顶在凸轮轴端部，用撬棒轴向来回拉动凸轮轴，百分表指针摆差即为凸轮轴轴向间隙。磨损极限为 0.15mm	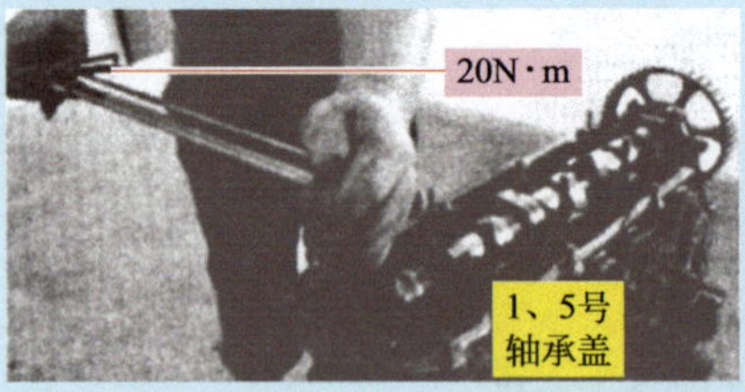 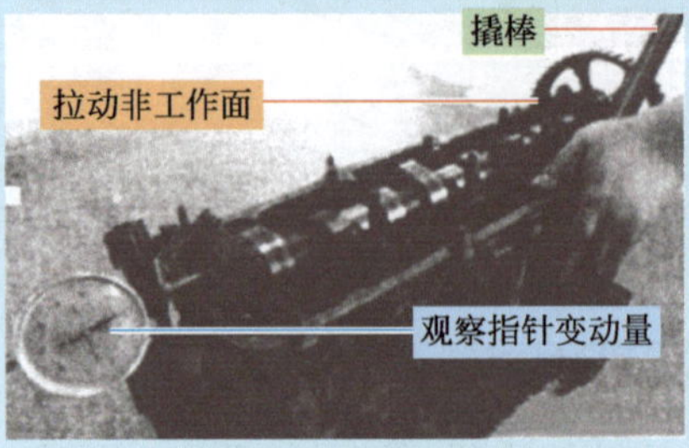 20N·m　1、5号轴承盖　撬棒　拉动非工作面　观察指针变动量

续表

类别	检测方法	操作示意图
凸轮轴径向间隙的检测	参照曲轴轴颈径向间隙的检测。磨损极限为 0.10mm	20N·m 力矩安装；塑料间隙规片；不许转动

第三节　配气机构故障诊断与排除

配气机构故障现象、原因及诊断排除见表 15-3-1。

表 15-3-1　配气机构故障现象、原因及诊断排除

(1) 气门响	
现象	①发动机怠速运转时发出有节奏的"嗒嗒"声 ②发动机转速升高时，响声也随之增高 ③发动机工作温度变化时，声响无明显变化
原因	①发动机气门杆端和调整螺钉或摇臂磨损 ②气门间隙调整不当 ③凸轮磨损过度，运转中挺柱产生跳动 ④气门座圈脱落，气门导管积碳过多而咬住气门 ⑤气门挺柱固定螺母松动或调整螺栓端面不平
诊断排除	①使发动机处于怠速运转状态，在气门室盖处察听，声响随着发动机转速的变化而变化，并且存在明显且有节奏的"嗒嗒"声。若稍加大节气门，响声更明显，逐渐加油时响声随转速的提高节奏加快，在发动机温度变化时或做断火试验时，响声无变化，则说明为气门响 ②拆下气门室盖，检查气门间隙，若气门间隙正常，说明气门杆端处润滑不良，或气门与气门导管配合间隙太大或气门座圈松动 ③往发响的气门杆端处加少许机油，启动发动机并怠速运转。若响声减弱或消失，说明响声为润滑不良所致，清洗油道后再检查。若响声不减弱，说明气门座圈松动
(2) 液压挺柱响	
现象	发动机在工作温度正常的情况下，以各种转速运转时，在气门室内均有类似气门响的有节奏的"嗒嗒"声，由怠速升到中速以上，响声杂乱但不会消失

续表

	(2) 液压挺柱响
原因	①通往柱塞的润滑油压力不足 ②液压挺柱与导孔的配合间隙过大 ③液压挺柱体中的柱塞过紧 ④柱塞弹簧过软甚至折断 ⑤球阀泄漏 ⑥液压挺柱导孔内有灰尘或胶黏物而使得挺柱卡住 ⑦润滑油品质不良，或润滑油起泡沫
诊断排除	①若所有的挺柱都响，则首先检查机油压力是否正常。若正常，可能是由于液压挺柱导孔内有灰尘或胶黏物而使挺柱卡住，通往柱塞的润滑油压力不足，润滑油品质不良，或因润滑油起泡沫所致。可拔出润滑油标尺，检查其上润滑油是否有泡沫。若有，说明润滑油中有水或油面太高（太低），应拔出机油尺检查油面高度及油品质量 ②若一个或几个挺柱响，可断定是液压挺柱损坏或液压挺柱与导孔的配合间隙过大
	(3) 正时齿轮响
现象	①声响比较复杂，有时有节奏，有时无节奏，有时间断响，有时又是连续响 ②发动机急速运转或转速有变化时，在正时齿轮室盖处发出杂乱而轻微的噪声；转速提高后噪声消失；急减速时，此噪声随之出现 ③有的声响不受温度和单缸断火试验的影响；有的声响受温度影响，温度低时无噪声，温度正常后，才出现噪声 ④有的声响伴随正时齿轮室盖振动，有的声响不伴随振动
原因	①正时齿轮啮合间隙过大或过小 ②曲轴和凸轮轴中心线不平行，造成齿轮啮合失常 ③更换曲轴和凸轮轴轴承后，改变了齿轮啮合位置 ④凸轮轴正时齿轮松动 ⑤凸轮轴正时齿轮轮齿折损，或齿轮径向破裂
诊断排除	①发动机急速运转时有轻微异响，中速时异响明显，高速时声音杂乱，正时齿轮室盖有振动，这种异响是由齿轮啮合间隙过大造成的 ②随发动机运转而产生有节奏的撞击声，为正时齿轮个别齿损坏

第四节　气门间隙检查与调整

在发动机的维护与修理中，气门间隙的检查与调整是一项重要的作业内容。发动机在使用中配气机构零件的磨损，或在分解检修中更换零部件等原因，会导致原有气门间隙的变化，应检查和调整气门间隙，使之符合技术要求（采用液力挺柱的发动机不需要调整气门间隙）。

气门间隙必须在该气门处于完全关闭的状态下才能进行调整。不同的汽车生产厂家对气门间隙的调整都有具体的规定和不同的技术要求，如是否在冷态或热态下调整，调整的间隙值应多大，等。大多数汽车是在冷态（即冷车）调整的。但也有部分汽车要求在热态（即热车，水温达正常工作温度后）调整。还有部分汽车在冷态、热态时均可进行调整，但气门间隙值在冷态、热态时有所不同。

气门间隙的调整部位取决于配气机构的结构形式。有摇臂的配气机构，其气门间隙是用摇臂推杆一端的调节螺钉进行调整，如图 15-4-1（a）所示。调整时，先松开锁紧螺母和调整螺钉，将与气门间隙规定值相同厚度的厚薄规插入所调气门脚与摇臂之间的间隙中，通过旋转调整螺钉调整气门间隙，并来回拉动厚薄规，当感觉厚薄规有轻微阻力时即可。拧紧锁紧螺母后还要复查，如间隙有变化均需重新进行调整。没有摇臂的上置凸轮轴式发动机，其气门间隙通常是通过更换挺柱上的不同厚度的垫片来调整的，如图 15-4-1（b）所示。

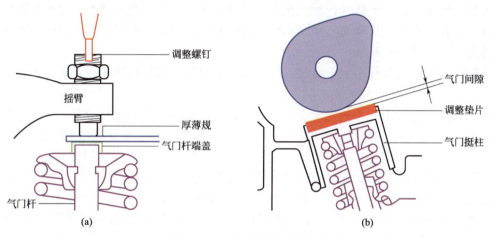

图 15-4-1　气门间隙的调整

由于发动机各缸气门不可能同时处于关闭状态，因此气门间隙不能一次性全部调整，通常可采用逐缸调整法或两次调整法。

1. 逐缸调整法

逐缸调整法的调整步骤如下：

❶ 转动发动机曲轴，使某一气缸处于压缩行程上止点位置，此时该缸的进、排气门均处于关闭状态。判定某一气缸处于压缩行程上止点位置的方法很多，例如：a. 根据曲轴带轮上的第一缸上止点位置记号判定。先转动曲轴使第一缸活塞处于压缩行程上止点位置，此后每转动 $720°/i$（气缸数），根据发动机各缸的做功次序，即可使另一个气缸处于压缩行程上止点位置。b. 通过观察对应气缸的气门是否处于叠开状态判定。转动曲轴，同时观察所要调整气门间隙气缸的对应缸（即活塞与其同时上下的气缸）的气门，当其排气门快要完全关闭且进气门开始打开时，该缸即处于气门叠开状态，此时所要调整气门间隙的气缸即处于压缩行程上止点位置。

❷ 检查与调整该缸进、排气门的间隙。如果是有摇臂的配气机构，可使用扳手和螺丝刀，松开摇臂上的气门调整螺钉及锁紧螺母，将厚薄规插入气门杆与摇臂之间，拧动调整螺钉，使厚薄规被轻轻压住，抽出时稍有压力即可，如图 15-4-1（a）所示。调好后拧紧锁紧螺母，然后用厚薄规复查一次。

❸ 转动曲轴，以同样方法检查调整其余各缸的气门间隙。

由此可见，对于多缸发动机而言，用逐缸调整法时需摇转曲轴数次，总的时间花费较多。但此法调整气门间隙较为准确。

2. 两次调整法

两次调整法就是把发动机上所有气门分两次调整完毕，此法操作简单，工作效率高。所有的发动机，不论气缸数目多少，都只需调整两次就可以将所有气门全部调完。

两次调整法是先让发动机的第一缸处于压缩行程上止点，此时以点火顺序为 1→3→4→2 的四缸发动机为例分析：1缸处于压缩行程上止点，其进、排气门均关闭（均可调）；3缸处于进气行程下止点，其排气门关闭（可调），进气门由于有迟闭角尚未完全关闭（不可调）；4缸处于排气行程上止点，其进、排气门处于叠开状态（均不可调）；2缸处于做功行程下止点，其排气门开启（不可调），进气门关闭（可调）。即可调整的气门有4个，其余4个气门不可调。

当第4缸位于压缩行程上止点时，按上述方法分析，可知原来不可调的4个气门均为可调。

再以点火次序为 1→5→3→6→2→4 的六缸发动机为例进行分析：当第1缸位于压缩行程上止点时，进、排气门均关闭（可调）；第5缸处于压缩行程约1/3处，由于存在进气门迟闭角，所以不能确定进气门是否完全关闭（不可调），而排气门在前一个行程中就已经关闭了（可调）；第3缸此时处于进气行程约2/3处，可确定此缸排气门已关闭（可调）；第6缸此时处于排气行程上止点，处于气门叠开状态，所以进、排气门均开（均不可调）；第2缸则处于排气行程约2/3处，因为进气门是关闭的（可调），而排气门则呈打开状态（不可调）；第4缸此时正处于做功行程2/3处，此时因有排气提前角，所以排气门是否关闭不能确定（不可调），而进气门可以确定是关闭的（可调）。综上所述可归纳为：1缸进、排气门均可调，5缸排气门可调，3缸排气门可调，6缸进、排气门均不可调，2缸进气门可调，4缸进气门可调。同样，当曲轴旋转一周使第6缸位于压缩行程上止点时，用上述相同的方法对各缸工作情况进行具体分析后，就可知原来不可调的气门均为可调。

以上分析方法较为烦琐，实际工作中常采用"双排不进法"进行分析。

"双排不进法"是根据发动机气缸的工作状况，把气门的调整分成四种情况。即："双"表示某缸进、排气门均可调整；"排"表示某缸只可调整排气门；"不"表示某缸进、排气门均不可调整；"进"表示某缸只可调整进气门。

采用"双排不进法"时，应根据发动机的做功顺序进行分析，例如：

❶ 工作次序为 1→3→4→2 的四缸发动机：当第1缸活塞处于压缩行程上止点位置时，第1缸进、排气门均可调整；第3缸可调整排气门；第4缸进、排气门都不可调整；第2缸可调整进气门。第一次调整完后，旋转活塞，使第4缸处于压缩行程上止点位置，此时第1缸进、排气门均不可调整；第3缸可调整进气门；第4缸进、排气门均可调整；第2缸可调整排气门。

❷ 工作次序为 1→5→3→6→2→4 的六缸发动机：当第1缸活塞处于压缩行程上止点位置时，第1缸进、排气门均可调整；第5、3缸可调整排气门；第6缸进、排气门都不可调整；第2、4缸可调整进气门。第一次调整完后，旋转活塞，使第6缸处于压缩行程上止点位置，此时第1缸进、排气门均不可调整；第5、3缸可调整进气门；第6缸进、排气门均不可调整；第2、4缸可调整排气门。

第五节　气门组检修

气门组零件在工作时，受高温气体的冲刷和零件往复运动的惯性力和冲击力的作用，同时润滑条件较差，容易造成气门头部工作锥面过度磨损、烧伤和腐蚀，使气门与气门座失去密封性。另外，气门杆与气门导管的磨损使二者的配合间隙增大，气门杆在气门导管中上下运动时发生摇晃，导致气门落座时不同心，还容易造成气门杆弯曲，同时易使机油窜入燃烧室，在气门座与气门导管口处烧结，阻滞气门的正常工作。

1. 气门的检修

气门的检修方法见表15-5-1。

表15-5-1　气门的检修方法

类别	检修方法
气门的损伤与检验	气门常见的损伤有头部工作锥面磨损、接触面变宽、烧蚀氧化出现斑点和凹陷，气门杆部磨损和弯曲变形等 ①如图15-5-1所示，用千分尺测量气门杆的磨损量，载货汽车气门杆的磨损量大于0.10mm，轿车气门杆的磨损量大于0.05mm或出现明显的台阶形磨损，应更换新件 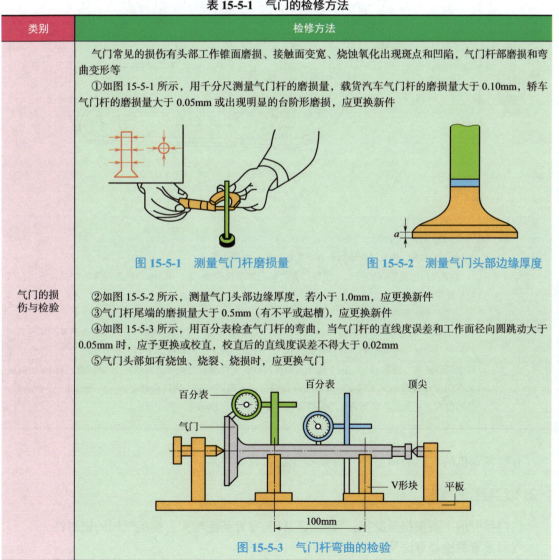 图15-5-1　测量气门杆磨损量　　图15-5-2　测量气门头部边缘厚度 ②如图15-5-2所示，测量气门头部边缘厚度，若小于1.0mm，应更换新件 ③气门杆尾端的磨损量大于0.5mm（有不平或起槽），应更换新件 ④如图15-5-3所示，用百分表检查气门杆的弯曲，当气门杆的直线度误差和工作面径向圆跳动大于0.05mm时，应予更换或校直，校直后的直线度误差不得大于0.02mm ⑤气门头部如有烧蚀、烧裂、烧损时，应更换气门 图15-5-3　气门杆弯曲的检验

续表

类别	检修方法
气门头部工作锥面的修理	当气门头部工作锥面起槽、接触面变宽、烧蚀氧化出现斑点和凹陷不是很严重时，可在气门光磨机上进行修磨后继续使用，如图 15-5-4 所示  图 15-5-4 气门光磨机 气门的光磨工艺如下： ①光磨前应先将气门杆进行校直，并检查砂轮面是否平整 ②将气门杆紧固在夹架上，使气门头的横向伸出长度为 30～40mm。调整夹架的位置，使之与气门工作锥角相符 ③先开动夹架电动机，观察气门是否摇摆，若摆动较大应先校正 ④开动砂轮电动机和冷却液开关进行光磨。光磨进刀时，一手转动横向手柄慢慢移动夹架作横向进给，另一手转动纵向手柄，将砂轮移向气门工作面，并来回转动横向手柄，使转动着的气门工作面在砂轮工作面左右慢慢移动，但不能让气门移出砂轮工作面。光磨时进刀量要小，冷却液要充足，以提高气门工作锥面的加工精度和降低表面粗糙度，等到把旧痕、缺陷全部磨去，再进行 3～5 次走刀，直到没有火花为止。光磨后气门头部边缘厚度应不小于 1.0mm

有些发动机的气门磨损后不允许修整光磨，只能更换。

▶ 2. 气门导管的检修

气门导管的主要损伤是磨损，导致气门杆与导管间隙增大，影响气门的密封性。
气门导管的检修方法见表 15-5-2。

表 15-5-2　气门导管的检修方法

类别	检修方法
气门导管与气门杆配合间隙的检查	气门导管的磨损情况可通过测量导管与气门杆间隙的方法来检查。测量气门导管与气门杆间隙的方法有两种： ①用小孔内径百分表测量气门导管内径，用外径千分尺测量气门杆的外径，如图 15-5-5 所示。气门导管内径与气门杆外径之差即为气门导管与气门杆的配合间隙 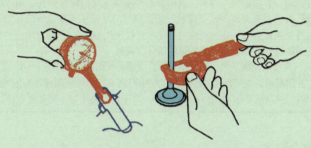 图 15-5-5　测量气门导管与气门杆的配合间隙 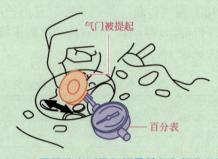 图 15-5-6　用百分表测量气门导管与气门杆的配合间隙 ②将气门提起至距气缸盖平面 15mm 左右，将百分表架固定于气缸盖上，百分表杆顶触在气门顶部边缘处，来回推动气门，如图 15-5-6 所示。百分表指针差值即为气门导管与气门杆的配合间隙 气门导管与气门杆的配合间隙使用限度为：进气门不得超过 1.0mm，排气门不得超过 1.3mm。超过标准值，应更换气门导管
气门导管的更换	更换气门导管的方法如下： ①将气缸盖放置在平板上，接合面朝下，露出燃烧室，用最大外径略小于气门导管外径的阶梯形冲头插入气门导管孔内，用手锤或压床从燃烧室一侧将气门导管逐个小心压出。有些发动机的气门导管拆卸前需先用铜棒将气门导管打断，取出定位卡环，再将气门导管从燃烧室一侧压出 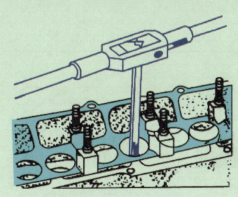 图 15-5-7　气门导管的铰削

续表

类别	检修方法
气门导管的更换	②选择外径尺寸符合要求的新气门导管。要求新气门导管的内径应与气门杆尺寸相配合，外径与承孔应有 0.03～0.07mm 的过盈量。在维修过程中，这一过盈量通常用比较法来判断，一般新气门导管的外径比相对应的旧气门导管的外径大 0.01～0.02mm 即可 ③镶装气门导管。用细砂布打磨气门导管承孔口，翻转气缸盖，使燃烧室向下，在气门导管外表面上涂少许机油，并放正气门导管，将阶梯形冲头插入气门导管内孔，用压床或手锤将气门导管从缸盖上方压入承孔内，直至台肩与承孔接触。无台肩气门导管压入后，气门导管上端高度（与缸盖基本平面的距离）应符合规定要求，这一高度过小（导管打入气道过多），会增加进、排气阻力；高度过大，会影响气门导管的散热性能，还容易使摇臂压坏气门油封 ④气门导管的铰削。气门导管镶入后，应检查气门杆与气门导管的间隙是否符合技术要求。如气门杆在运动中有阻滞感，说明间隙过小，在工作中可能卡死，可采用成形专用气门导管铰刀铰削，如图 15-5-7 所示。铰削时进给量要小（0.03～0.04mm），双手用力要均匀，转动要平稳，边铰边试配，直到间隙合适

3. 气门弹簧的检验

气门弹簧的常见损伤有裂纹折断、歪斜变形、自由长度缩短、弹力减弱等，这些损伤将导致气门关闭不严，并可能出现异响，影响发动机的正常工作。

气门弹簧的检验方法见表 15-5-3。

表 15-5-3　气门弹簧的检验方法

类别	检验方法
外观检查	目测检查气门弹簧，如有折断或明显变形，应更换
变形的检查	气门弹簧的外圆柱面在全长上对底面的垂直度应不大于 1.5mm，可用 90°角尺检查，如图 15-5-8（a）所示，若不合格应更换新弹簧
自由长度的检查	一般可用游标卡尺进行测量，如图 15-5-8（b）所示，也可用新的气门弹簧相比较。气门弹簧的自由长度一般可允许缩短 3%～4%（减小值一般不得超过 2.0mm），超过时应予更换
弹力的检查	在弹簧弹力试验器上进行，如图 15-5-8（c）所示。将弹簧压缩到规定的长度，观察相应的弹力值是否符合原厂规定。当弹簧弹力的减小值大于原厂规定 10% 时，应予更换

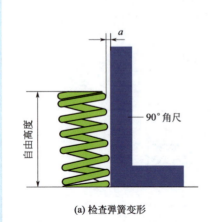

(a) 检查弹簧变形　　(b) 检查弹簧自由长度　　(c) 在弹簧弹力试验器上测弹簧弹力

图 15-5-8　气门弹簧的检验

第六节　气门传动组检修

气门传动组的检修主要包括凸轮轴的检修、挺柱的检修、气门推杆的检修、正时链条和链轮的检修、正时同步带的检修等检修作业。

1. 凸轮轴的检修

凸轮轴的检修包括凸轮轴弯曲变形的检查、凸轮轮廓的磨损检查、凸轮轴轴颈磨损的检查、凸轮轴裂纹的检查，其检修方法见表15-6-1。

表15-6-1　凸轮轴的检修方法

	类别	检修方法
凸轮轴的常见损伤与原因	凸轮的轮廓磨损	凸轮轴的主要损伤是凸轮轮廓的磨损。由于凸轮与挺柱的接触面积小，单位压力大，相对滑动速度又很高，因此使用中常出现凸轮轮廓表面磨损、拉毛和点蚀等现象，尤其是凸轮顶部附近的磨损最大。凸轮轮廓的磨损将直接影响气门的开启规律，使气门升程减小，造成气门开启时间和气流通道截面的减小，从而使气流阻力增大，进气不足，排气不畅，残余气体量增加，使发动机充气效率下降、功率下降、燃油消耗增加，还会使发动机噪声增大
	凸轮轴的轴颈磨损	凸轮轴轴颈的磨损一般较小，但如果发动机的润滑系统出现故障，机油压力不足，常会导致上置式凸轮轴的轴颈润滑条件变差，出现磨损。轴颈磨损会使轴颈与轴承的配合间隙增大，出现振动和异响
	凸轮轴的弯曲变形	凸轮轴在正常工作中不会产生弯曲变形。但由于凸轮轴的抗弯强度较差，常由于拆装中的错误操作而导致其弯曲。此外，若因润滑不良导致凸轮轴轴承出现高温卡死，也会造成凸轮轴弯曲的后果。凸轮轴弯曲变形后，会影响发动机的正常工作，使配气相位和气门间隙失准，凸轮轴轴颈和轴承偏磨，还会加剧正时齿轮和机油泵、分电器的驱动螺旋齿轮磨损
凸轮轴的检修	凸轮轴弯曲的检查和校正	凸轮轴的弯曲是以凸轮轴中间轴颈相对两端轴颈的径向圆跳动来衡量的。将V形块和百分表座放置在平板上，凸轮轴两端轴颈架在V形块上，如图15-6-1所示，使百分表的触头与凸轮轴中间轴颈垂直接触。转动凸轮轴，观察百分表的摆差（径向圆跳动量），若摆差大于一定值时，则应在压力机上进行校正修复或更换凸轮轴 

图15-6-1　凸轮轴弯曲的检查

续表

类别	检修方法
凸轮轴的检修 — 凸轮磨损的检查和修理	凸轮磨损一般以凸轮的最大升程减小值来衡量，也可以直接测量凸轮的高度来判断 凸轮高度可用千分尺测量，如图 15-6-2（a）所示，若凸轮的高度低于允许值，应更换凸轮轴。凸轮最大升程的检查，是先用千分尺测量凸轮的高度值 H，此值减去凸轮的基圆直径 D，即为凸轮的最大升程，如图 15-6-2（b）所示。当凸轮的最大升程减小 0.40mm 或凸轮表面累积磨损量超过 0.80mm 时，应更换凸轮
凸轮轴轴颈的检修	用千分尺测量凸轮轴轴颈的直径，计算圆度和圆柱度，如图 15-6-3 所示，若凸轮轴轴颈的圆度、圆柱度和各轴颈的同轴度超过规定值时，应更换凸轮轴
凸轮轴轴向间隙的检查和调整	凸轮轴轴向间隙的检查，应在不装气门及气门挺柱的情况下进行：用支架百分表的测头触在凸轮轴的前端，轴向推拉凸轮轴，百分表的摆动量即为凸轮轴的轴向间隙，如图 15-6-4 所示。如果轴向间隙过大，应更换凸轮轴的推力轴承或卡块式止推垫片

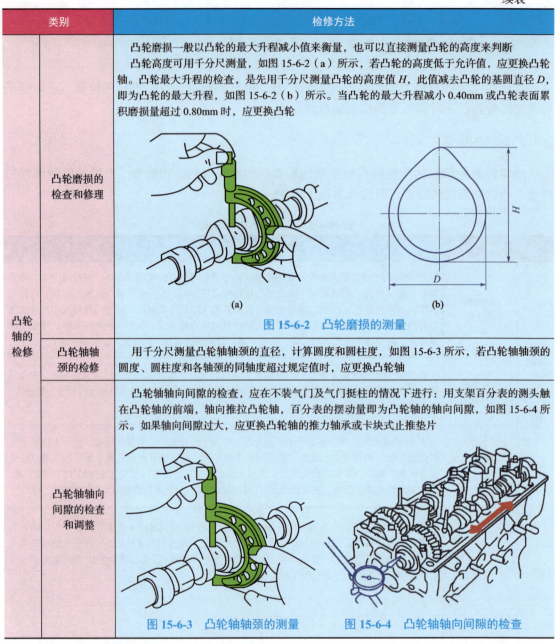

图 15-6-2　凸轮磨损的测量

图 15-6-3　凸轮轴轴颈的测量　　图 15-6-4　凸轮轴轴向间隙的检查

2. 正时链条和链轮的检修

采用链条传动的上置凸轮轴式配气机构，在发动机工作中，由于正时链条的磨损，会造成节距变长，工作噪声增大，严重时还会使配气正时失准。因此，在维修中应对链条和链轮进行检查。

（1）正时链条的检查

按图 15-6-5 所示方法将链条的一端固定，另一端用弹簧秤拉住，在拉力为 50N 时，测量链条长度。若链条长度大于极限值，应更换链条。

（2）正时链轮的检查

正时链轮磨损程度的检查方法是：将链条套在正时链轮上，用手指捏紧链条后，用游标卡尺测量其直径，如图15-6-6所示。如直径小于允许值，则应更换链轮和链条。

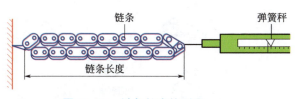

图15-6-5 链条长度的测量

图15-6-6 链轮最小直径的测量

3. 正时齿带和带轮的检修

正时齿带为帘布层或玻璃纤维层结构，具有较长的使用寿命，正常情况下，一般在汽车行驶10万千米时才需要更换。正时齿带经过一段时间的使用后，会发生老化和损伤，因此使用中应该经常检查和维护，避免发生折断、滑齿，造成活塞与进、排气门相撞，从而使活塞与气门损坏，严重时还会造成气门摇臂、摇臂轴、凸轮轴、气缸盖的损坏。

正时齿带和带轮的检修方法见表15-6-2。

表15-6-2 正时齿带和带轮的检修方法

类别	检修方法
正时齿带张紧度的检查	许多车型发动机的正时齿带的张紧度是自动调整的，使用和维修中无需调整。部分车型发动机的正时齿带需要人工调整，其调整方式和张紧度检查因车型而各不相同。有些车型的发动机正时齿带张紧度的检查方法是：用拇指和食指捏住两带轮之间同步带的中间部位，用力翻转，若刚好能翻转90°，即为张紧度合适；否则，应松开张紧轮紧固螺母，将张紧轮压紧同步带，保持适当张紧力后紧固张紧轮紧固螺母，然后复查，直至合适，如图15-6-7所示
正时齿带的更换	如果在检查正时齿带时发现有表面剥离、脱齿、齿面磨损、开裂、边缘磨损、帘线外露等损坏现象（如图15-6-8所示），则应予以更换。 安装齿形带时，应认准其旋转方向。先将凸轮轴正时带轮上的正时记号与气缸盖上的正时记号对准，再转动曲轴使带轮上的第一缸上止点记号与缸体或正时齿带护罩上的正时记号对正，然后才能安装正时同步带，并安装好正时齿带张紧轮，调整好齿带张力。 安装后，应按发动机旋转方向转动曲轴2圈，再让第一缸活塞处于压缩行程上止点位置，再重新检查凸轮轴正时带轮和曲轴带轮上的气门正时记号位置是否正确；否则，说明安装有误，应重新安装
正时同步带张紧轮的检修	正时同步带张紧轮的常见损坏形式是表面磨损和轴承有异响。检查时可用手转动张紧轮，通过手感和声响判断轴承有否卡滞现象和非正常响声，并检查同步带张紧轮与同步带的接触表面有无磨损和损伤。如有不正常现象，应更换轴承或张紧轮

4. 挺柱的检修

挺柱的检修方法见表15-6-3。

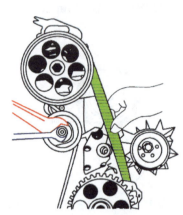

图 15-6-7 正时同步带张紧度的检查

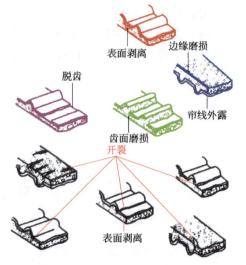

图 15-6-8 正时齿带损伤形式

表 15-6-3 挺柱的检修方法

类别	检修方法
普通挺柱的检修	普通挺柱的缺点是底面极易产生疲劳磨损，且在低润滑条件下工作容易产生运动卡滞，造成磨损不均匀等现象。检修普通挺柱时，出现以下情况应更换。如图 15-6-9 所示为挺柱底部常见的损伤形式 (a) 环形光环　(b) 裂纹　(c) 疲劳剥落　(d) 擦伤划痕 图 15-6-9 挺柱底部常见的损伤形式 ①挺柱底部出现环形光环时 ②挺柱底部出现擦伤或者划痕时 ③挺柱底部出现疲劳剥落时 ④挺柱的圆柱面部分与导孔的配合间隙一般为 0.03～0.10mm。如果超过 0.12mm，应视情况更换挺柱或导管支架。装有衬套的结构可更换衬套
液压挺柱的检修	以桑塔纳2000GSi发动机的液压挺柱为例，说明其检修步骤： ①液压挺柱工作情况的检测。启动发动机并升温至正常工作温度，将发动机转速提高到2500r/min并运转约2min。若液压挺柱一直有异响，则应熄火停机进行以下检查：一查机油的数量和质量，若机油量不足应补充，若机油过脏、黏度不合要求应更换；二查自由行程，如图15-6-10所示，拆下气门室盖，检查所有凸轮尖向上（即气门处在关闭状态）时液压挺柱的自由行程，用木棒压下挺柱，用塞尺测量气门打开之前挺柱的自由行程，此值应不大于0.1m，否则，应更换液压挺柱。当凸轮尖顶压挺柱时，可转动曲轴使凸轮尖向上后，再按以上方法逐个检查 ②液压挺柱与凸轮接触面的检查。该接触面即液压挺柱的端面，如有轻微的凹坑、磨痕、麻点等，可将其在磨床上磨平。若上述现象较严重，则应更换新的液压挺柱

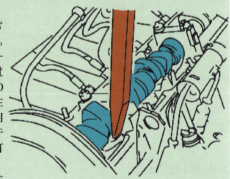

图 15-6-10 检查液压挺柱的自由行程

续表

类别	检修方法
液压挺柱的检修	③挺柱体圆柱工作面的检查。当圆柱工作面磨损严重或出现沟槽时，应更换新挺柱。检查时，还应注意挺柱体在其导孔内能否上下滑动自如，有无卡滞现象。如有上述情况也应更换新的液压挺柱 ④挺柱体与导孔配合间隙的检测。用外径千分尺测量挺柱体外径，用内径千分尺测量导孔内径，两者数值之差即为其配合间隙，其极限值应不超过 0.1mm。间隙过大，应更换液压挺柱 ⑤液压挺柱柱塞与柱塞套密封性的检查。先将清洗后的液压挺柱浸泡在汽油或柴油中，用力压缩（可就地取材，如用气门杆等）柱塞若干次，以排出腔体内的空气。将排净空气后的挺柱放置在泄漏回降试验台上，在手柄上施加 196N 的力，先使柱塞套下降 2mm，然后再测它下降 1mm 所需的时间，此值应在 7～10s 之间。若小于 7s，说明柱塞与柱塞套配合间隙过大；若大于 10s，说明柱塞有卡滞现象。若泄漏回降试验不符合标准，应更换新的液压挺柱

5. 摇臂组件的检修

摇臂组件的检修方法见表 15-6-4。

表 15-6-4 摇臂组件的检修方法

类别	检修方法
摇臂组件的外观检查	主要是检查摇臂和摇臂轴上有无裂纹和严重的磨损、弯曲变形等，如有，应更换摇臂轴，摇臂头部磨损量大于 0.5mm 时，可采用堆焊修磨
摇臂轴外径尺寸及径向圆跳动的检查	用千分尺测量摇臂轴的外径尺寸，如图 15-6-11 所示。先用 V 形铁将摇臂轴支撑起来，再用固定在磁力表架上的千分表，在摇臂轴的中间测量摇臂轴的径向圆跳动量，测量时，用手慢慢转动摇臂轴，切勿划伤摇臂轴的外表面，如图 15-6-12 所示。当外径尺寸与各车型设计值差别太大，或者径向圆跳动量太大时，则应更换摇臂轴
摇臂衬套与摇臂轴的配合间隙检查	摇臂衬套与摇臂轴的配合间隙超过规定值时应更换衬套。与摇臂轴铰配，恢复配合间隙镶装衬套时，衬套油孔与摇臂油孔对准，如图 15-6-13 所示

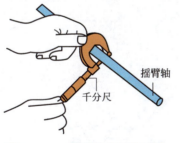

图 15-6-11 摇臂轴外径的测量

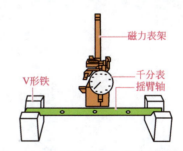

图 15-6-12 摇臂轴径向圆跳动的测量

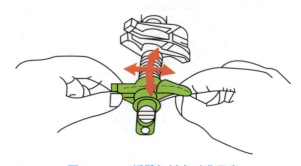

图 15-6-13 摇臂与衬套对准示意

第十六章 冷却系统拆装与检修

第一节 冷却系统主要部件拆装

水冷却系统零部件组成如图 16-1-1 所示。

视频精讲

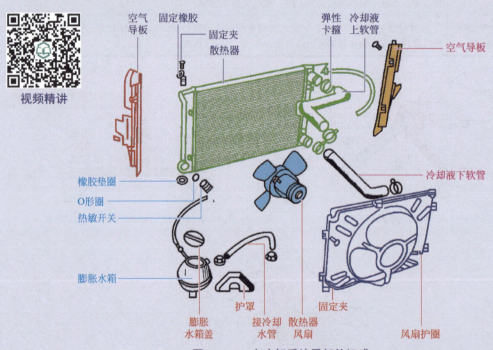

图 16-1-1 水冷却系统零部件组成

在发动机冷却液冷却后,才允许进行散热器的拆卸。首先将蓄电池的正、负极导线拆下后，再拆下蓄电池。

冷却系统主要部件的拆装方法见表 16-1-1。

表 16-1-1 冷却系统主要部件的拆装方法

项目	拆装方法
散热器的拆装	①拆下散热器盖 ②拆下散热器出水管，将冷却液放干净 ③拆下散热器进水管和旁通水管 ④拆卸散热器和风扇总成 ⑤散热器的安装按照与拆卸相反的顺序进行
水泵的拆装及检查	（1）拆卸 ①放出冷却液 ②拆下多楔带 ③从水泵的正时同步带轮上取下正时同步带 ④从水泵上拧下紧固螺栓，并拆下水泵，如图 16-1-2 所示 （2）安装 ①用冷却液浸润新 O 形密封圈 ②装上水泵，安装位置：外壳上的堵塞向下 ③将水泵装到气缸体上并拧紧紧固螺栓，如图 16-1-2 所示 ④注意同步带的安装和配气相位的调整 （3）检查 ①检查泵体及带轮有无磨损及损伤，必要时应更换 ②检查水泵轴有无弯曲、轴颈磨损程度、轴端螺纹有无损坏 ③检查叶轮上的叶片有无破碎、轴孔磨损是否严重 ④检查水封和胶木垫圈的磨损程度，如超过使用限度应更换新件 ⑤检查轴承的磨损情况，可用表测量轴承的间隙，如超过 0.10mm，则应更换新的轴承 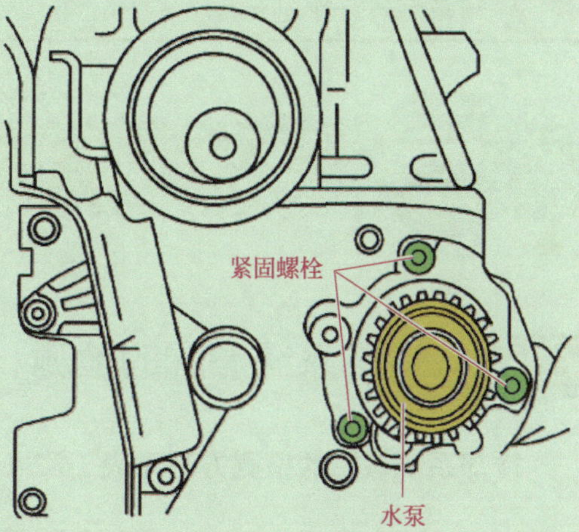 图 16-1-2 水泵的拆装
节温器的拆装与检查	（1）拆卸 ①关闭点火开关，断开蓄电池接地线，排放冷却液 ②转动张紧器，拆卸 V 带及发电机 ③拆下冷却液管 ④如图 16-1-3 所示，拧下螺栓，拆下连接管、O 形密封圈和节温器 ⑤按与拆卸相反顺序安装节温器 （2）检查 将节温器放在水中加热。节温器的开启温度应约为 87℃，全开温度应约为 102℃（不可测量），节温器的开启行程应至少 8mm。如果检查与要求不符，则更换节温器 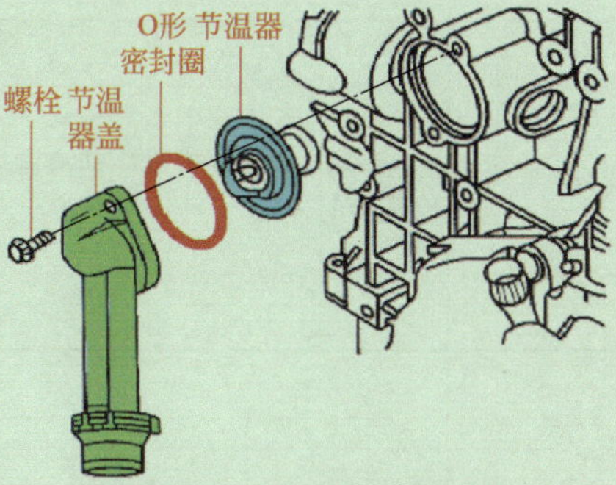 图 16-1-3 节温器的拆卸

续表

项目	拆装方法
排放和加注冷却液	（1）排放 ①打开膨胀水箱盖 ②通过散热器下软管放出冷却液 ③从连接管上拆下冷却液软管，如图 16-1-4 所示 ④拧下螺栓，将连接管连同 O 形密封圈和节温器一起取下 （2）加注 ①慢慢注入冷却液，直到膨胀水箱上最大标记处 ②盖上膨胀水箱盖并拧紧 ③启动发动机，直到风扇开启 ④检查冷却液液面高度，如需要，补充冷却液。热机时液面应在最大标记处；冷机时，液面应在最小和最大标记之间 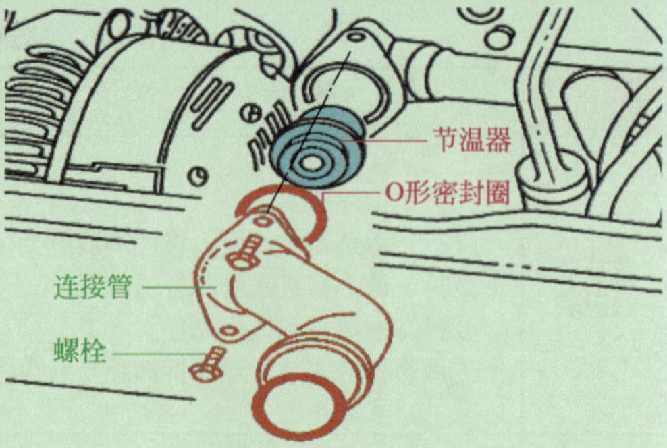 节温器 O形密封圈 连接管 螺栓 图 16-1-4 冷却液排放

第二节 冷却系统检测

一、冷却系统渗漏的检测

视频精讲

冷却系统渗漏的检测方法见表 16-2-1。

表 16-2-1 冷却系统渗漏的检测方法

检测项目	检测方法	操作示意图
外观检查	仔细观察冷却系统组成部件外表是否有漏水痕迹	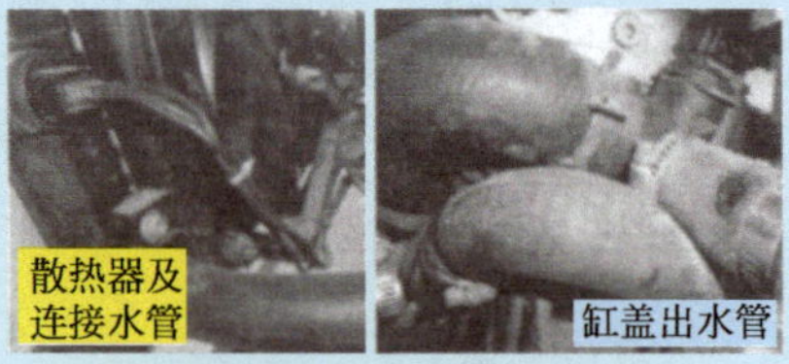散热器及连接水管 缸盖出水管
暖机	启动发动机暖机至冷却液温度达到正常温度时停机	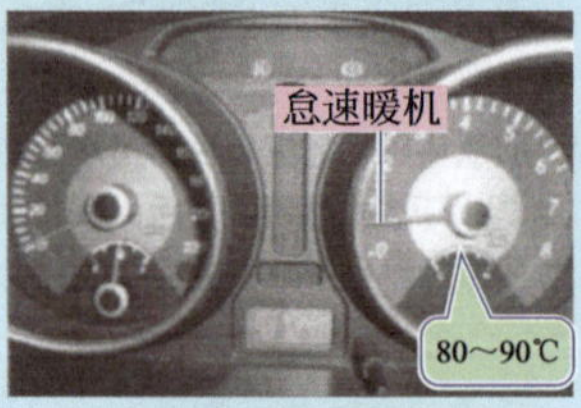怠速暖机 80～90℃
打开冷却液储液罐盖	在打开冷却液储液罐时，可能会有蒸气喷出，在盖子上包上抹布慢慢拧开	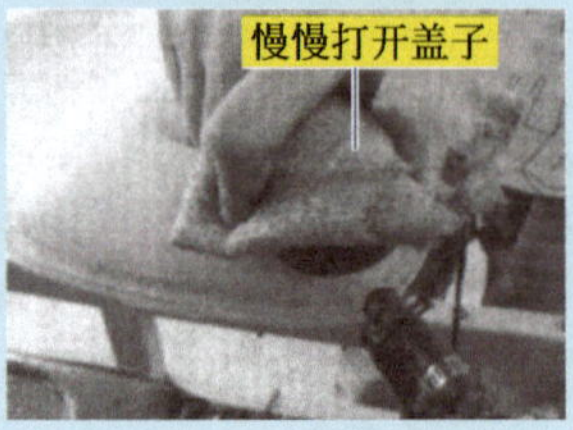慢慢打开盖子

续表

检测项目	检测方法	操作示意图
安装压力测试仪，加压，观察压力变化情况	将压力测试仪 V.A.G1274 及 V.A.G1274/8 安装到膨胀水箱加液口 使用手动真空泵产生约 2.0bar 的气压（表压） 如果压力迅速下降，则找出渗漏的位置，排除故障	V.A.G1274　2.0bar V.A.G1274/8
检测散热器盖的密封性	蒸气阀的开启压力为 0.12～0.15MPa；真空阀的开启压力为 0.09MPa；将散热器盖套在 V.A.G1274/9 上；使用真空泵使压力上升到 1.5bar 当压力达到 1.2～1.5bar 时，蒸气阀必须打开；当压力大于或等于 –0.1bar（绝对压力 0.9bar）时，真空阀应打开	蒸气阀　真空阀 蒸气阀打开　真空阀打开 接头 压力表 测试器 散热器盖 散热器盖密封性检测

注：1bar=0.1MPa。

二、冷却系统主要组成部件的检测

1. 水泵的检测

水泵的检测方法见表 16-2-2。

表 16-2-2　水泵的检测方法

检测项目	检测方法	检测项目	检测方法
水泵传动带张紧度的检查	在传动带中部用大约 100N 的力下压时，应有 6～8mm 的下陷，传动带张紧度过大会消耗更多的发动机动力，过小会导致传动带打滑，水泵泵水能力下降 调整螺栓　F=100N　6～8mm	启动发动机，缓慢加速，观察冷却液循环情况	观察加液口内冷却液的循环情况，若不断加快，则水泵工作正常，叶轮也不打滑；反之，水泵有问题
打开发动机散热器盖	便于观察冷却液循环情况	拆卸气缸盖通往散热器上贮水室接头的胶管，检测水泵（另一种检测水泵的方法）	当不易从加液口观察冷却液循环情况时，让发动机在冷却液温度较高时熄火，并迅速拆下气缸盖通往散热器上贮水室接头的胶管，再用布团将上贮水室接头塞住，从加液口向散热器内加注冷却液，再启动发动机，若气缸水套内和散热器中的冷却液被水泵泵出胶管外 200mm 左右，说明水泵工作正常，叶轮也不打滑，反之则异常

续表

检测项目	检测方法	检测项目	检测方法
拆卸水泵	按拆卸要求进行	安装水泵	按水泵安装要求操作。拧紧水泵螺栓，拧紧力矩为 15N·m
检查带轮和水泵轴承	检查水泵轴承转动是否平稳和有无噪声。如转动不顺或轴承间隙太大，应更换水泵		

2. 节温器的检测

节温器的检测方法见表 16-2-3。

表 16-2-3 节温器的检测方法

检测项目	检测方法
拆下节温器	按拆卸要求从发动机上拆下节温器 1—螺栓 2—节温器盖 3—O形密封圈 4—节温器
检测节温器	在水中加热节温器，观察节温器的开启温度和升程。节温器开始打开的温度为（87±2）℃，结束打开的温度约120℃，升程约为8mm
安装节温器	按安装要求装复节温器。清洁O形密封圈表面，节温器感温部分必须在气缸体内，用冷却液浸湿新O形密封圈（按与拆卸时相反的顺序安装）

3. 散热器水管堵塞的检测

散热器水管堵塞的检测方法见表 16-2-4。

表 16-2-4 散热器水管堵塞的检测方法

检测项目	检测方法
打开散热器加液口盖，调整散热器内的液面高度	使上贮水室的水位低于加液口10mm左右
启动发动机并运转，观察冷却液液位变化，判断堵塞情况	启动发动机，先以怠速运转，注意观察水流和冷却液液位，随后使发动机转速提高到1200r/min左右，仔细观察转速提高时的冷却液液位变化 ①若高速比怠速时冷却液液位升高，甚至冷却液溢出加液口，则说明管道堵塞 ②若高速比怠速时冷却液液位略低，而且随着发动机转速的稳定，冷却液液位相对保持不变，则表明散热器畅通，水管无堵塞

续表

检测项目	检测方法
添加冷却液，盖上加液口盖，进行路试	检查冷却液温度是否偏高，检查冷却液量等

4. 电动风扇与热敏开关的检测

电动风扇与热敏开关的检测方法见表 16-2-5。

表 16-2-5　电动风扇与热敏开关的检测方法

检测项目	检测方法
启动发动机，使冷却液的温度高于 98℃，观察风扇是否转动	当冷却液的温度高于 98℃时，冷却风扇应该旋转
检查熔丝	当冷却液温度高于 98℃时，风扇不转，应先检查熔丝是否熔断
判断风扇是否损坏	如果熔丝良好，再拔下热敏开关插头，将两插片直接接通。此时若风扇仍不转，表明电动冷却风扇损坏，应予更换
判断热敏开关是否损坏	若热敏开关的两插片接通后风扇转动，表明热敏开关损坏，应更换热敏开关（热敏开关应以 25N·m 的力矩拧紧）
热敏开关的电阻检测法	将热敏开关拆下并放入水中，然后逐渐加热并用万用表电阻挡测量热敏开关接线端与外壳间的电阻。当水温达到 93～98℃时，万用表指针应指示热敏开关导通；当水温下降至 88～93℃时，万用表指示热敏开关断开（电阻为无穷大）。否则表明热敏开关损坏，应更换新件 热敏开关的检测

第三节　冷却系统维修

一、散热器清洗、常见损伤与维修

1. 散热器的清洗

先用压缩空气和清水清洗外部，然后放在洗涤池内，用氢氧化钠或铬酸水溶液煮洗。如果内部积垢严重，应先拆去上下水室，用通条进行通插，清除水管内积垢，然后再用压缩空气或清水冲洗内部。清洗液的成分及温度为：

❶ 氢氧化钠：750g；

水温：70～80℃；

水：10L。

❷ 铬酸酐：50 g；
水：0.9L。
❸ 磷酸（H_3PO_4）：0.1L；
温度：30℃。

2. 散热器的常见损伤

散热器的常见损伤现象有：散热器积聚水垢、铁锈等杂质，形成管道淤塞，阻碍水流；芯部冷却管与上、下水室焊接部位松脱漏水或冷却管破裂漏水；上、下水室出现腐蚀斑点、小孔或裂纹；因外伤损坏而漏水。

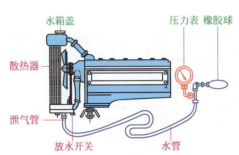

图 16-3-1 散热器渗漏的检验

（1）散热器渗漏的检验

散热器渗漏可用气压表来检验，如图 16-3-1 所示。

先向散热器内注满水，盖上散热器盖，将试验器水管接至放水开关，并打开放水开关，捏动橡胶球，向散热器中的水加压，当散热器泄气管放出空气时，压力表上的读数应在 27～37kPa 的范围内变动。然后关闭放水开关，将试验器管接在泄气管上，加压至 50kPa，检查散热器有无渗漏现象。如压力表读数不能稳定地保持在 50kPa 的压力不下降时，则应查明散热器的漏水部位，而后进行修补。

（2）用压缩空气法检查散热器

对于清除水垢后的散热器的漏水检验，可以将散热器的进水管用膨胀式橡胶塞堵塞，如图 16-3-2 所示，然后放入清水池内，再向散热器注入压缩空气。如散热器各处冒气，形成气泡，则说明散热器已严重腐蚀。如冒气地点不多，说明不严重，应在冒气地点找出渗漏位置，做好记号准备修复。

（3）检查水容量

检查散热器中水的容量，可以分析水管是否淤塞或堵住（用新、旧散热器水容量对比）。

图 16-3-2 用压缩空气法检查散热器的密封性

3. 散热器的维修

（1）散热器上、下水室

散热器的渗漏部位大多出现在冷却管与上、下水室间的接触部位。

上、下水室腐蚀不严重，只有少数小孔或腐蚀斑点时，可用镀锡法修理。其方法是将水室浸于稀盐酸盆内以清除水垢，取出后用钢丝刷在清水中清除残留水垢，并用毛刷在内外表面涂以氯化锌铵溶液，再放入焊锡锅内，从内、外表面将砂眼焊住。

当上、下水室有洞孔或裂缝时，可用补板封补方法来修理。在裂缝两端终点打两个小孔，用厚 0.8mm 的铜片，按裂缝长度加 10～20mm 剪下补板，将补板盖在裂缝上，涂以氯化锌铵溶液或氯化锌溶液，然后在四周用焊锡焊牢。

当散热器裂纹在 0.3mm 以内时，可用散热器堵漏剂进行修补，此方法操作简单，适合途中修理。其方法如下：

❶ 清洗散热器,加入2%纯碱水后,发动机在80℃左右运转5min,趁热把碱水放掉,再加满冷却水,启动发动机,升温至80%时,再运转数分钟,把水放掉。

❷ 拆除节温器。

❸ 在冷却系统中加入堵漏剂与水。堵漏剂与水的比例为1∶20。

❹ 启动发动机,将水温升到80～85℃,保持30min。

❺ 待散热器完全冷却后,再启动发动机,保持10min,此后就可以行车。堵漏剂在冷却系统中保留3～4天,保留时间越长,效果越好。

(2) 散热器冷却管的修复

可根据损坏情况分别采用不同的修复方法。

❶ 接管法。当散热器外层少数冷却管有部分损坏,且长度不大时,采用接管法修复,其方法如下:

a. 剪去损坏的冷却管,并将断口修平齐。

b. 取一段旧管,其长度为镶接部分加长10mm,然后将端口扩大,套在损坏管的断口处。

c. 将通条插入冷却管,用尖嘴钳修理平整端口。在接口处涂以氯化锌溶液。

d. 用乙炔火焰加热,用焊锡焊牢。

❷ 换管法。当冷却管损坏长度较大时,可采用换管法修复,需将损坏的冷却管抽出,然后再装入新冷却管并焊合。采用换管法需具备电阻加热器(如图16-3-3所示)和乙炔加热器。

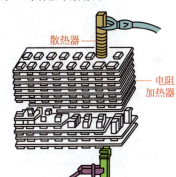

图16-3-3 电阻加热器

更换工艺如下:

a. 将散热器固定好,用一根与冷却管内孔尺寸相接近的扁铜条,插入需更换的冷却管内,抽拉几次,以清除水垢。

b. 将电阻加热器插入准备更换的冷却管内,两端接通24V电源,约1min后,冷却管外面的焊锡熔化。

c. 用乙炔加热器将冷却管与上、下底板连接处焊锡熔化,使冷却管脱离上下底板。

d. 切断电源,用手钳将冷却管及电阻加热器一起抽出,待冷却后,取出电阻加热器。

e. 在缠有棉纱的扁铜条上浸沾盐酸溶液,插入安装冷却管的孔中抽拉几次,清除污垢。

f. 将表面挂有焊锡的新冷却管插入孔内,再插入电阻加热器并通电加热,待冷却管表面焊锡熔化后,切断电源,焊牢后,抽出电阻加热器。

g. 最后用乙炔加热器烧热电铬铁,粘焊锡,将冷却管与底板接合处焊牢。

4. 散热器芯底板的维修

散热器芯底板与冷却管焊缝脱离而发生漏水现象或散热器底板有砂眼、裂缝情况时,可按下列工艺修理。

用喷灯或烙铁熔下冷却管与底板连接处的焊锡,卸下损坏的芯底板,浸入稀盐酸内,加热至40℃,约几分钟后取出,用清水冲洗,用钢丝刷清除残存污垢。在底板上涂以氯化锌铵溶液,注意不要进入冷却管内。用焊锡焊上或浸入熔化的焊锡内,使芯底板焊接于芯管上。焊锡温度约360～400℃,浸入深度约10mm,镀锡时间约为30s。散热器芯底板取出后,应抖掉多余的焊锡。

二、水泵常见损伤与维修

1. 水泵的常见损伤

水泵损伤以后，将出现吸水不佳、压力不足、循环不良、漏水、高温等故障，影响发动机的正常运转。常见的损伤有：水泵体破裂；水泵轴磨损或弯曲；叶轮片破裂；胶木垫圈与垫圈座磨损，橡胶水封变形老化，水封与封座不平，密封弹簧的弹力不足；带轮毂与水泵轴松旷；水泵轴承松旷及磨损；键槽磨损，键或销被剪断等。

2. 水泵的检修

水泵的检修方法见表 16-3-1。

表 16-3-1 水泵的检修方法

项目	检修方法	项目	检修方法
水泵壳体的检修	水泵壳体砂眼可采用铸铁焊条电焊或用环氧树脂胶粘接。水泵壳体平面发生翘曲变形，其接合面翘曲变形超过 0.15mm 时，应车平或磨平。但车削总厚度不应大于 0.50mm。装配时，应根据车削厚度加厚水泵盖衬垫 轴承孔由于承受振动、不对称受力及轴承的压入压出，使轴承座孔发生磨损，可采用过盈配合的镶套法修复，然后镗出座孔	水封的检查	水封座圈外径磨损，水封老化、变形，水封转动环与静止环接触面磨损起槽，表面剥落或破裂导致漏水时，均应更换水封总成
水泵轴的检修	水泵轴与轴承内径的配合间隙应不大于 0.03mm，如超过规定，应换用新件。水泵轴弯曲超过 0.50mm 时，应冷压校直	水泵装复后的试验	水泵装复后应进行性能试验，首先用手转动带轮，泵轴转动应自如，叶轮与泵壳应无碰擦感觉。用手转动带轮，测试径向间隙，应无松旷感觉，前后拉动带轮，测试轴向间隙，以稍有旷动为宜。堵住水泵进水孔，将水灌入水泵腔中，转动水泵轴，泄水孔应无漏水现象 然后在试验台上，按原厂规定进行压力-流量试验。例如：CA6102 型发动机水泵转速为 2000r/min 时，水泵流量不少于 140L/min，压力不得低于 0.04 MPa；当转速为 3300r/min 时，水泵流量不少于 240L/min，压力不得低于 0.121MPa
水泵叶轮的检修	水泵叶轮破裂，应换用新件		

三、节温器检修

将节温器放在盛水的容器中，用温度计测量水温，观察节温器的工作情况（如图 16-3-4 所示）。桑塔纳发动机节温器，水温上升到 87℃±2℃时，主阀门开始开启，温度上升到 102℃±3℃时，主阀门完全开启，升程应不少于 8mm；否则，应更换节温器。

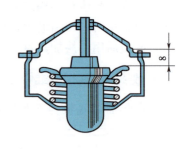

图 16-3-4 节温器的检查

注意：

在使用中，不允许随意拆除节温器。

四、风扇传动带检查与调整

（1）检查 V 带状况与张紧度

检查 V 带有无损伤、剥落、裂纹。V 带在断裂之前，会出现滑磨声，V 带表面会出现龟裂的裂纹、磨损以及剥落等前兆现象。因此，应仔细观察，如出现上述现象应及时更换 V 带。检查 V 带张紧度时，用拇指以 98～147N 的力按压 V 带中间部位，挠度应在 10～15mm。如果不符合要求，应进行调整。

（2）调整 V 带张紧度

松开发电机在移动支架上的固定螺栓，用撬棍向外或向内转动发电机，即可改变风扇传动带的松紧度。调整后，拧紧发电机的固定螺栓。

五、冷却液的检测与更换

视频精讲

1. 冷却液消耗异常的故障现象、原因及故障诊断方法

冷却液消耗异常的故障现象、原因及故障诊断方法见表 16-3-2。

表 16-3-2　冷却液消耗异常的故障现象、原因及故障诊断方法

故障现象	故障原因	诊断方法
冷却液消耗过快	①散热器及进、出水胶管破裂漏水 ②水泵水封损坏或叶轮垫圈磨损过度而漏水 ③气缸垫水道孔与气缸窜通 ④节温器盖松动或密封圈损坏	①发动机运转状态下，首先检查冷却系统外部是否漏水 ②若外部无漏水部位，则应检查排气管处的尾气状态。若尾气中含有水蒸气，且散热器盖处有水溢出，拔出机油尺发现机油中有水，则为水套破裂或气缸垫水道孔破损，致使冷却液进入气缸及曲轴箱

2. 冷却液的检测与更换

冷却液的检测与更换方法见表 16-3-3。

表 16-3-3　冷却液的检测与更换方法

检测项目	检测方法
（1）冷却液的检测	
检查冷却液液面位置	冷却液的液面位置应在低（LOW）和满（FULL）两条标记线之间。如果液面位置低，则应检查是否有渗漏，并添加冷却液至"FULL"线位置
检查冷却液质量	在散热器盖或散热器注水口的周围应没有任何锈迹或积垢。如果过脏，则应更换冷却液
（2）冷却液的更换	
拧开冷却液储液罐盖，放置收集盘	在打开冷却液储液罐时，可能会有蒸气喷出，在盖子上包上抹布慢慢拧开。在发动机下放置冷却液收集盘
放出冷却液	松开夹箍，拔下散热器下水管，放出冷却液，然后连接散热器下水管
简单清洗	将发动机冷却系统加满清洁水，启动发动机运转 5min 后放出
加注冷却液	加至冷却液储液罐最高点标志处
运转发动机，打开热风开关	使发动机运转 5～7min，同时打开空调热风开关，调到最大风量，使冷却系统充满循环液
视情况补加冷却液	继续从加水口处加冷却液进行排空，直到无气泡冒出为止。把发动机的转速固定在 2000r/min，往散热器加满冷却液后盖紧散热器盖。同时往膨胀水箱加冷却液到 FULL、LOW 刻线中间位置即可
路试	检查冷却液温度是否偏高，检查冷却液量等

第十七章 润滑系统拆装与检修

 第一节 润滑系统拆装

润滑系统的拆装如图 17-1-1 所示。

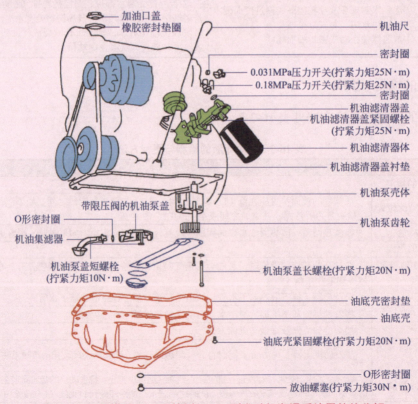

图 17-1-1 桑塔纳 2000 型轿车 AFE 型发动机润滑系统零件的分解

1. 油底壳的拆装

拆装油底壳时应按下列步骤进行：
❶ 拧下油底壳放油螺塞，放出发动机机油。
❷ 拆下离合器防尘罩。
❸ 以交叉对称的顺序拧下油底壳上的所有螺栓，拆下油底壳（必要时用橡胶锤轻轻敲出）。
❹ 油底壳的安装与拆卸顺序相反，但安装时应更换密封垫，并注意各螺栓的拧紧力矩。同时，安装后，加注规定的润滑油，启动发动机，油底壳周围及放油螺塞应无漏油现象。

2. 机油泵的拆装

❶ 旋松分电器轴向限位卡板的紧固螺栓，拆下卡板。
❷ 拔出分电器总成。
❸ 旋松并拆下机油泵体与机体连接的 2 个长紧固螺栓，将机油泵及吸油部件一起拆下。
❹ 拧松并拆下吸油管组紧固螺栓，拆下吸油管组，检查并清洗滤网。
❺ 旋松并取下机油泵盖短紧固螺栓，取下机油泵盖组，检查泵盖上的限压阀，观察泵盖接合面的磨损情况。
❻ 分解主从动齿轮，再分解齿轮和齿轮轴。
❼ 机油泵的安装与拆卸顺序相反，但安装时应更换垫片，注意各螺栓的拧紧力矩。

3. 机油滤清器的拆装

图 17-1-2　拆卸机油滤清器

使用一年或行驶 12000km，机油滤清器必须整体更换，即外壳与滤芯一起更换，其具体操作工艺如下：
❶ 应趁热放出发动机机油。
❷ 用专用工具拆卸机油滤清器，如图 17-1-2 所示。更换时，注意清洗滤清器的安装表面。
❸ 安装新滤清器时，应在密封圈上涂上干净的机油，如图 17-1-3 所示。若不涂机油，安装时密封圈与接合面发生干摩擦，密封圈易翘曲和损坏，造成密封不良而漏油。
❹ 用手轻轻拧进机油滤清器，直到感觉有阻力为止，再用专用工具重新拧紧机油滤清器 3/4 圈，如图 17-1-4 所示。

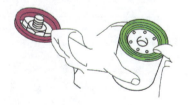 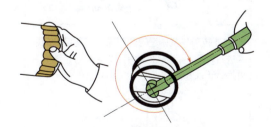

图 17-1-3　在密封圈上涂机油　　　图 17-1-4　安装机油滤清器

4. 注意事项

❶ 正确操作，注意人身及机件安全。

❷ 注意拆装顺序，保持场地整洁及零部件、工具清洁。

第二节 机油泵检修

1. 不解体机油泵的简易检测方法

不解体机油泵的简易检测方法见表17-2-1。

表17-2-1 不解体机油泵的简易检测方法

项目	简易检测方法	项目	简易检测方法
检查主动轴间隙	径向晃动和轴向推拉主动轴，有间隙但不松旷，表明磨损不严重	检测内、外转子之间的间隙	用塞尺检测内、外转子齿顶间隙。当其值大于0.20mm时，应成组更换转子 检查内、外转子之间的间隙
机油泵出油量检测	把集滤器浸入清洁的机油中，按机油泵工作时主动轴的旋转方向转动机油泵主动轴，机油应从出口流出		
泵油压力的检测	如泵油无泡沫，用手堵住出油口，继续转动机油泵。手指应有压力感，同时感到转动主动轴的阻力明显增大，直到转不动或机油被压出，则表明机油泵技术状况良好		
分解机油泵	按拆卸要求分解	检测端面间隙	端面间隙即内、外转子端面与泵盖之间的间隙。如图所示，用钢直尺或刀口尺垂直放在转子端面，然后用塞尺插入检测 当其值大于0.20mm时，应成套更换转子和泵体 检测端面间隙
检测限压阀	观察限压阀是否有刻痕或损坏，在阀门上涂上一层润滑油，检查其是否能够靠自重缓慢地降落到阀孔内，即阀芯在阀体内的移动要平顺。否则应更换 检查限压阀		
检测泵体间隙	即外转子与泵体之间的间隙。用塞尺纵向插入进行检测。当其值大于0.20mm时，则成套更换转子或泵体 检测泵体与外转子间隙	装复转子式机油泵	按安装要求操作 转子式机油泵

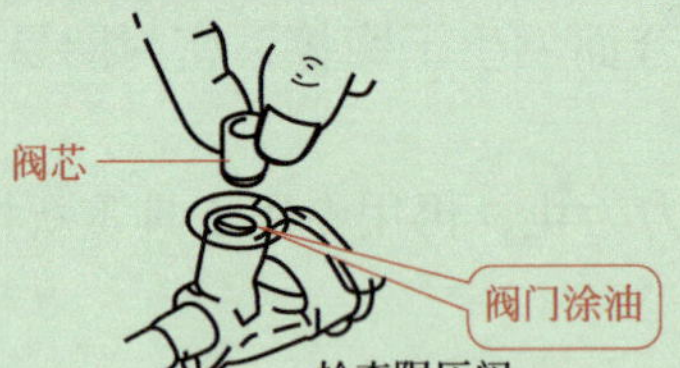

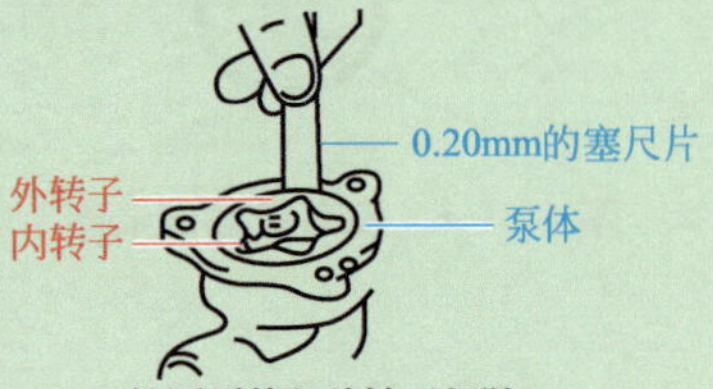

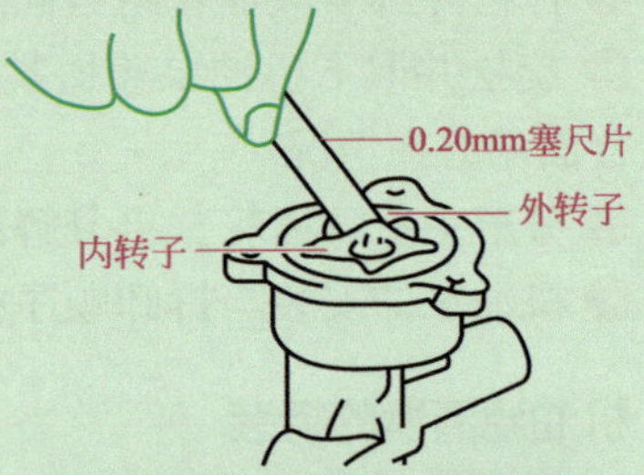

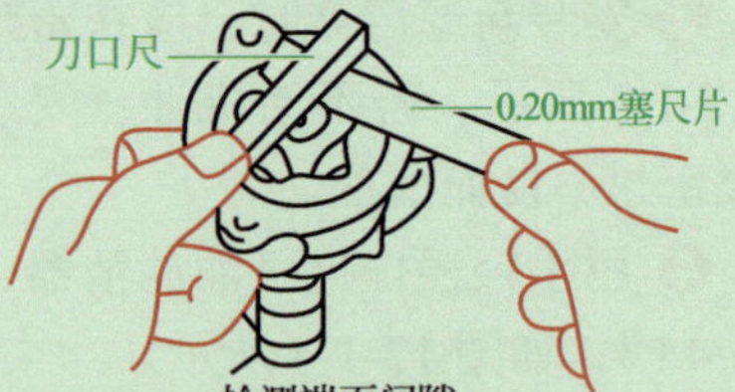

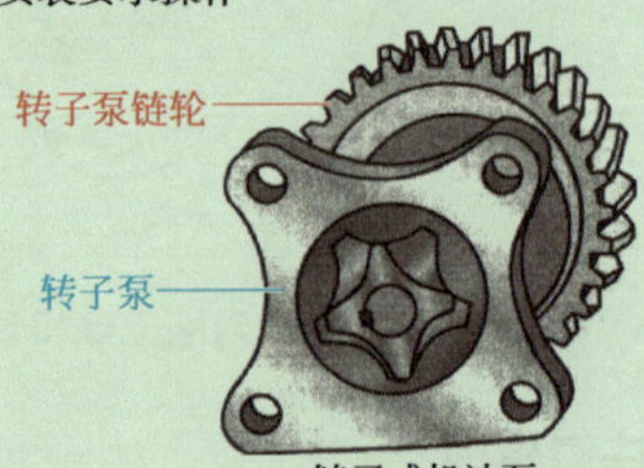

2. 机油泵的修理

机油泵是润滑系统中的重要部件，它的技术状况直接影响润滑系统的正常工作。机油泵经长期工作受到磨损时，将造成泵油压力降低和泵油量减少，以及其他机械故障。桑塔纳2000GSi 的机油泵结构如图 17-2-1 所示。以桑塔纳 2000GSi 型发动机为例，其检修过程见表 17-2-2。

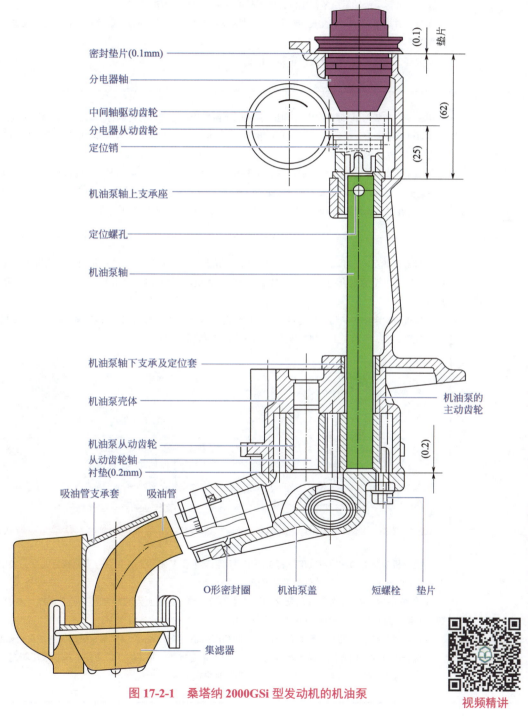

图 17-2-1　桑塔纳 2000GSi 型发动机的机油泵

视频精讲

表 17-2-2 机油泵的修理过程

项目	修理过程
机油泵的拆卸	①旋松分电器轴向限位卡板的紧固螺栓，拆下卡板 ②拔出分电器总成 ③旋松并拆下两个机油泵壳与发动机机体连接的长紧固螺栓，将机油泵及吸油部件一起拆下 ④旋松并拆下吸油管组紧固螺栓，拆下吸油管组，检查并清洗滤网 ⑤旋松并取下机油泵盖短螺栓，取下机油泵盖组，检查泵盖上限压阀（旁通阀）。观察泵盖接合面的磨损情况 ⑥分解主从动齿轮，再分解齿轮和齿轮轴
机油泵的安装与试验	机油泵的安装与拆卸顺序相反。但安装时应更换垫片，注意各螺栓的拧紧力矩。机油泵装复后，用手转动机油泵齿轮，应转动自如，无卡阻现象。将机油灌入机油泵内，用拇指堵住油孔，转动泵轴应有油压出，并能感到有压力 机油泵装车后，通过压力表观察润滑油压力。在发动机温度正常的情况下，急速运转时，润滑油压力不应低于 19.4kPa；当发动机高速运转时，润滑油压力不应大于 49.0kPa。如不符合标准，应调整限压阀，可在限压阀弹簧的一端加减调整垫片的厚度，使机油压力达到规定值
机油泵的检修	①检查齿轮啮合间隙。检查时，将机油泵盖拆下，用塞尺在互成 120° 角的三个位置处测量机油泵主、从动齿轮的啮合间隙，如图 17-2-2 所示。新机油泵齿轮啮合间隙为 0.05mm，磨损极限值为 0.20mm ②检查机油泵主、从动齿轮与机油泵盖接合面的间隙。主、从动齿轮与机油泵盖接合间隙的检查方法如图 17-2-3 所示，正常间隙应为 0.05mm，磨损极限值为 0.15mm 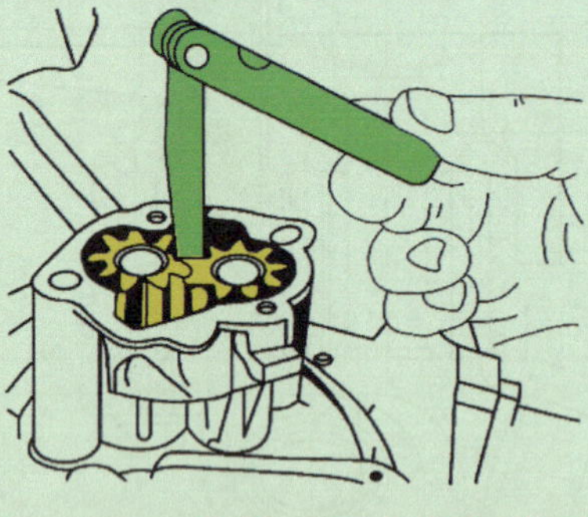 图 17-2-2　检查机油泵齿轮啮合间隙 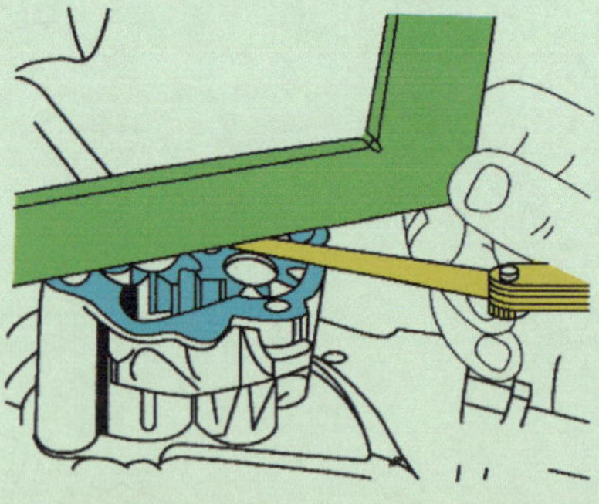　　图 17-2-3　检查机油泵主、从动齿轮端面间隙 ③检查机油泵主动轴的弯曲度。将机油泵主动轴支承在 V 形架上，用百分表检查弯曲度。如果弯曲度超过 0.03mm，则应对其进行校正或更换 ④检查主动齿轮与机油泵壳的配合间隙。主动齿轮轴与机油泵壳的配合间隙应为 0.03～0.075mm，磨损极限值为 0.20mm。否则应对轴孔进行修复 ⑤检查机油泵盖。机油泵盖如有磨损、翘曲和凹陷超过 0.05mm，应以车、研磨等方法进行修复 ⑥检查限压阀。检查限压阀弹簧有无损伤，弹力是否减弱，必要时予以更换。检查限压阀配合是否良好、油道是否堵塞、滑动表面有无损伤，必要时更换限压阀

第三节 机油滤清器拆装与检修

1. 机油滤清器的拆装与检测

（1）粗滤器的拆装与检测

粗滤器的拆装与检测方法见表 17-3-1。

视频精讲

表 17-3-1 粗滤器的拆装与检测方法

类别	检测方法
分解图	按图 17-3-1 所示分解粗滤器。具体操作工艺如下： 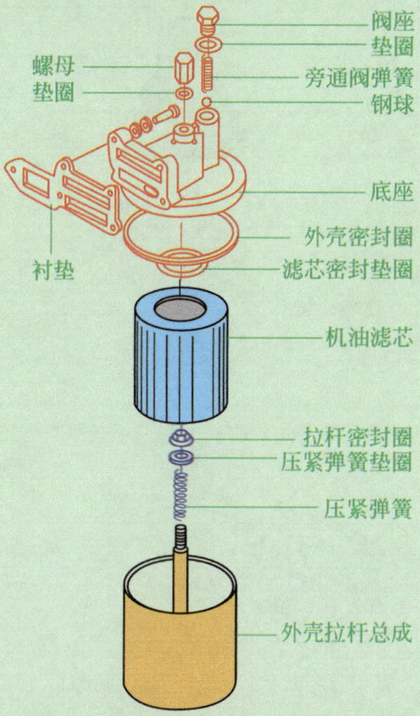 图 17-3-1 机油粗滤器分解图
粗滤器的拆装	①松开紧固螺母，分解底座和外壳拉杆总成 ②取出密封垫圈、滤芯、压紧弹簧垫圈和弹簧 ③取下上下密封圈，若有损伤应更换新件 ④松开阀座，取出旁通阀弹簧和钢球，并仔细观察旁通阀的工作情况
粗滤器的检测	（1）纸质滤芯可拆式机油粗滤器的检测 在使用中，对纸质滤芯可拆式机油粗滤器，一般只需按规定里程（每行驶 6000～8000km）进行维护，主要包括更换滤芯和清洁外壳、端盖及油孔 （2）塑料锯末滤芯可拆式机油粗滤器的检测 ①在正常使用中，一般只需按规定里程清洁滤清器外壳（每行驶 2000km）或更换滤芯（每行驶 6000～8000km） ②一般旁通阀不允许拆卸，但若发现滤芯堵塞后指示灯不亮，应拆下旁通阀检查其触点 ③检查滤芯密封垫圈，若有损伤应更换新件 ④清洁滤芯，若达到规定行驶里程需更换滤芯，应将新滤芯在清洁的润滑油中浸泡 4h 以上

续表

类别	检测方法
粗滤器的装复	清洗各零件后,用汽油或煤油将滤清器外壳、端盖及油孔清洗干净并晾干。按拆卸的相反顺序装复粗滤器,注意不要损坏各密封垫圈 注意:滤清器外壳与端盖装合前,应在滤清器外壳内注满清洁的润滑油

(2) 离心式机油细滤器的拆装与检测

离心式机油细滤器的拆装与检测方法见表 17-3-2。

表 17-3-2 离心式机油细滤器的拆装与检测方法

类别	检测方法
分解图	按图 17-3-2 所示分解转子式机油细滤器。具体操作工艺如下: 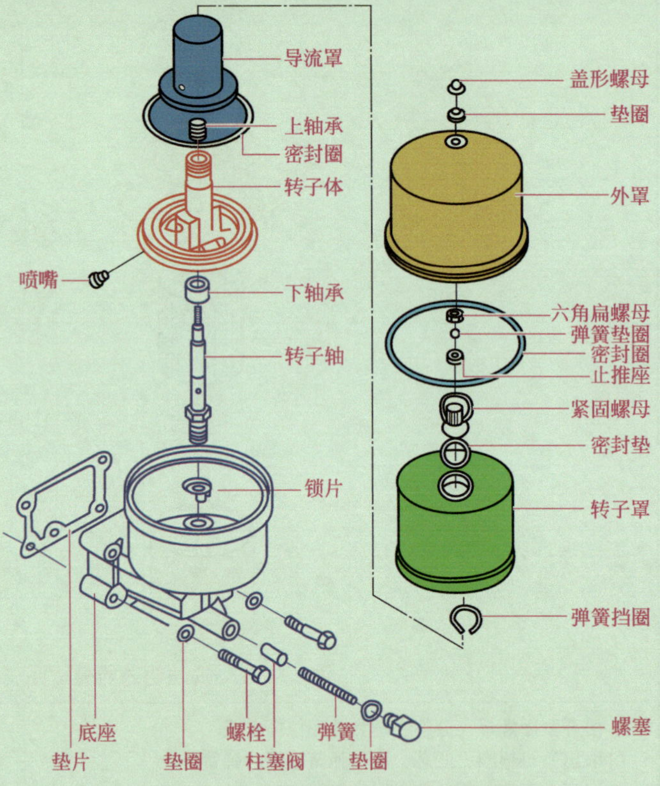 图 17-3-2 转子式机油细滤器的分解 (标注:导流罩、上轴承密封圈、转子体、喷嘴、下轴承、转子轴、锁片、底座垫片、垫圈、螺栓、柱塞阀、弹簧、垫圈、盖形螺母、垫圈、外罩、六角扁螺母、弹簧垫圈、密封圈、止推座、紧固螺母、密封垫、转子罩、弹簧挡圈、螺塞)
机油细滤器的拆卸	①拧下顶部盖形螺母,取下外壳,再旋下六角扁螺母,取下垫圈及止推轴承,取出转子总成 ②将转子总成侧置,转动转子罩上的紧固螺母,便可取下转子罩;然后取下密封圈,从转子罩内取下弹簧挡圈,拆下紧固螺母,取下密封垫 ③机油细滤器在使用中和一般维护时,不需要拆卸转子轴,如确需拆卸时可在台虎钳上固定转子底座,撬开锁片,拧下转子轴。重新装合时,应用丙酮清洗转子轴与底座上的螺纹,然后涂上 914 黏合剂,再用 50N·m 力矩拧紧并将锁片锁死 ④拆下进油限压阀螺塞,取出垫圈、限压阀弹簧和柱塞阀。一般情况下,不允许拆卸进油限压阀,若其开启压力不符合标准时,可拧开限压阀螺塞,更换适当厚度的垫片,使之符合要求。如:CA6102 发动机机油细滤器限压阀开启压力为 147~196kPa

续表

类别	检测方法
机油细滤器的检测	一般汽车每行驶 6000～8000km 应清洗一次机油细滤器的转子，清除转子盖内壁的沉积物，并疏通喷嘴。检修机油细滤器的具体操作方法如下： ①清洗各零件。一般维护时，为避免损坏转子罩，应使用竹片、木条和塑料板擦除转子内壁杂质，然后清洗。清除喷嘴中的油污可使用线径 0.48mm 以下的细铜丝，切勿使用钢丝 ②检查转子盖密封圈、滤清器盖密封圈是否完好，若有损伤，应更换
机油细滤器的装配	具体操作工艺如下： ①将进油限压阀各零件装回。进油限压阀的开启压力为 147～196kPa，维修时可用 150～200kPa 的压缩空气进行开启压力测定，并可通过调整限压阀弹簧后边的垫片厚度或增减垫圈来提高或降低进油阀的开启压力 ②安装转子总成。装复时，必须将转子罩与转子体上的装配标记对准，否则会破坏转子总成的平衡。不要漏装密封圈，最好更换所有密封圈，并检查其密封性。转子总成安装到转子轴上时，应将止推轴承光滑面朝下套入转子轴。转子罩压紧螺母不能旋得过紧（旋紧力矩不得超过 30～50N·m），拧紧后，应保证转子总成的轴向间隙为 0.4～0.8mm，转子总成应转动灵活 ③安装滤清器盖，拧紧盖形螺母。应将壳体与盖之间的密封圈接触面清洗干净
注意事项	①更换滤芯时，要将新滤芯在清洁的润滑油中浸泡 4h 以上 ②不允许拆卸机油细滤器的进油限压阀 ③整体式机油细滤器不需维护。通常，汽车每行驶 5000km，应更换机油细滤器

2. 机油滤清器的检修

机油滤清器在使用过程中应该在规定周期内进行维护与更换。发动机的机油滤清器为一次性、可分解的元件，因此需要拆开维护。应严格执行定期更换规定，其使用周期为：新车行驶 1000～5000km 磨合后，应更换发动机的润滑油和机油滤清器；从磨合后起，每行驶 10000km，更换一个机油滤清器；根据发动机润滑油的污染程度，可以视情况缩短机油滤清器的更换周期。

第四节　机油压力开关拆装与检修

机油压力开关的拆装与检测方法见表 17-4-1。

表 17-4-1　机油压力开关的拆装与检测方法

类别	检测方法
机油压力开关的拆卸	当仪表不工作或工作不良时，应用万用表对其线路、机油压力传感器进行检查。对其工作不良或失效的部分应进行检修或更换 发动机机油压力传感器/开关的拆卸操作工艺如下： ①断开蓄电池接地（负极）拉线，参见发动机电源系统中的蓄电池负极电缆断开及连接程序 ②升起并适当支撑车辆 ③断开发动机机油压力开关上的电气插头 ④拆卸发动机机油压力开关

续表

类别	检测方法
机油压力开关的检测	机油压力开关的检测（以桑塔纳 2000GSi 型轿车 AJR 型发动机为例） （1）检测条件 ①机油液面高度正常 ②当点火开关接通时，机油报警灯应该闪亮 ③机油温度约 80℃ （2）检测过程 机油压力开关检测的操作工艺如图 17-4-1 所示。 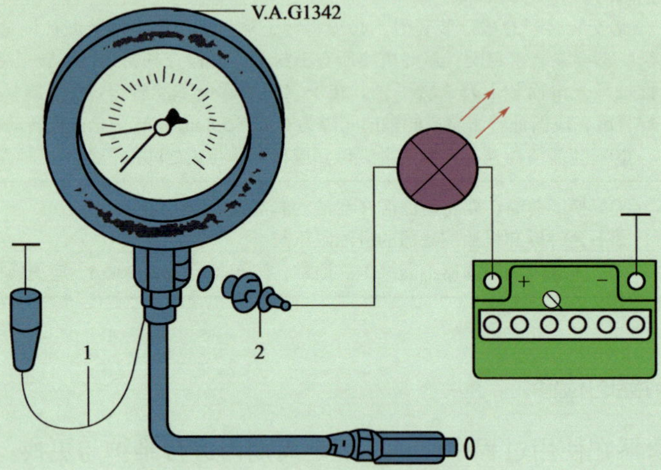 图 17-4-1 机油压力开关的检测 1—棕色导线；2—机油压力开关 ①拔下低压开关（0.025MPa，棕色绝缘层），将其连接到 V.A.G1342 机油开关测试仪上 ②将测试仪连接到机油滤清器支架上的机油压力开关的位置上 ③将测试仪的棕色导线搭铁 ④将发光二极管 V.A.G1527 连接到机油压力开关和蓄电池正极上，发光二极管必须点亮 ⑤启动发动机，并缓慢提高发动机转速。当机油压力达到 0.015～0.045MPa 时，发光二极管必须熄灭，否则，更换机油压力开关 ⑥将发光二极管连接在高压开关上（0.18MPa，白色绝缘层）。当机油压力达到 0.16～0.20MPa 时，发光二极管必须点亮，否则，更换机油压力开关 ⑦继续提高发动机转速，在 2000r/min 转速和 80℃的机油温度下，机油压力至少应维持在 0.20MPa。转速继续升高，机油压力不得超过 0.70MPa
机油压力开关的装配	①安装发动机机油压力开关，将开关拧紧力矩紧固到 16N·m ②将电气插头连接到发动机机油压力开关上 ③降下车辆 ④连接蓄电池接地（负极）拉线
注意事项	①检测电路时要正确使用万用表，否则会损坏其他电气元件 ②安装机油压力传感器/开关时要注意紧固力矩

第五节 机油质量检查与选用

1. 机油质量的检查

对车辆机油进行的检查主要是对机油量的多少、机油内是否混入水、机油颜色和质量等的检查。如果油量少则需要添加机油;如果发现混入水造成缸垫损坏,就要更换机油。其检查步骤见表 17-5-1。

表 17-5-1 机油质量的检查步骤

类别	检查步骤
机油油量的检查	启动发动机暖机直至机油温度高于60℃,将发动机熄火,并使汽车停在水平路面上。等待数分钟,待机油回流至油底壳后方可进行下面步骤 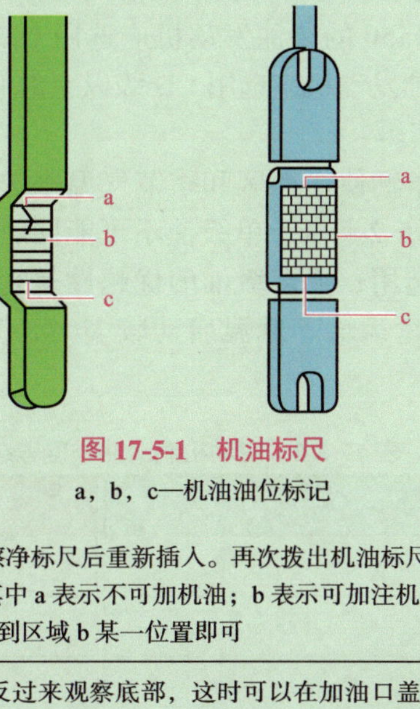 图 17-5-1 机油标尺 a,b,c—机油油位标记 拔出机油标尺,用干净布擦净标尺后重新插入。再次拔出机油标尺,读取油位,机油标尺上的油位标记如图17-5-1所示,其中a表示不可加机油;b表示可加注机油,加注后油位可达a区;c表示必须加注机油,使油位达到区域b某一位置即可
检查加油口盖	拧下机油加油口盖,将它反过来观察底部,这时可以在加油口盖底部看到旧油甚至脏油的痕迹,没有关系,这属于正常现象。如果加油口盖底面有一层具有黏稠度的深色乳状物,如果还有与油污混合的小水滴,这就是不正常的情况了,可能是气缸垫、气缸盖或气缸体有损坏,使冷却液渗入机油中造成的。如果有这种情况发生,被污染的机油会对发动机内部造成危害
通过尾气检查	如果排气是蓝烟,表明气门油封失效,机油进入了气缸燃烧室;还可能是活塞销与气缸壁间隙过大或活塞销断裂等故障;或是由于发动机各润滑油的密封和油封老化及损坏,造成机油泄漏,消耗过多的机油
机油颜色	机油颜色可以采用油迹对比法检查。取两片洁净的白纸,在纸上分别滴下同种新机油和正在使用的机油各一滴。比较二者变化情况,如果在用的机油中间黑点里有较多的硬质沥青及炭粒等,表明机油滤清器的滤清作用不良,但并不说明机油变质;如果机油中间黑点较小且色较浅,周围的黄色痕迹较大,油迹的界线不很明显而且逐渐扩散,说明机油仍可继续使用;如果黑点较大,且油是黑褐色,均匀无颗粒,黑点与周围的黄色油迹界线清晰,有明显的分界线,则说明机油已变质,应及时更换

2. 机油的选用

发动机机油的选用，首先，根据车辆使用说明书或发动机的工作条件，确定发动机机油的质量等级；其次，根据车辆使用地区的气温情况选择合适的发动机机油黏度等级。

（1）质量等级的选用

发动机机油质量等级的选用，必须严格按照汽车使用说明书的规定。在无车辆使用说明书的情况下，可根据发动机工作条件的苛刻程度，选用合适质量等级的润滑油。具体选用方法如下：

❶ 汽油发动机机油质量等级的选用。汽油发动机工作条件的苛刻程度与发动机进、排气系统中有无附加装置及其类型有关。由此，可按附加装置选用机油质量等级，如装有PCV装置的汽车可选用SD级润滑油；装有EGR装置的汽车可选用SE级润滑油；装有废气催化转换装置的汽车可选用SF级润滑油；采用电喷燃油系统的汽车要求使用SF级以上的润滑油，如桑塔纳2000型轿车等。

❷ 柴油发动机机油质量等级的选用。柴油发动机工作条件的苛刻程度可用柴油发动机强化系数来表示。强化系数越高，表示润滑油工作条件越苛刻，要求选用的润滑油质量等级越高。强化系数小于50的柴油发动机应选用CC级，如黄河JN1171型柴油发动机等；强化系数大于50的柴油发动机应选用CD级以上的润滑油，如南京依维柯等。

（2）黏度等级的选用

黏度等级是根据车辆使用地区和季节气温来选择的，我国发动机润滑油黏度等级与适用温度范围见表17-5-2。由于单级油不可能同时满足低温及高温的要求，因此只能根据当地季节气温适当选用；而多级油的优越性是它的黏温性能好，适用温度范围宽，特别是在严寒地区、短途运输、低温启动较多时，其优越性更为明显，故应尽量选用多级油。

表17-5-2 发动机润滑油黏度等级与适用温度范围

SAE黏度级别	适用气温/℃	SAE黏度级别	适用气温/℃
5W/30	−30～30	20W/20	−15～20
10W/30	−25～30	30	−10～30
15W/30	−20～30	40	−5～40以上
15W/40	−20～40以上		

（3）发动机机油的选用实例

部分汽油车发动机要求选用的机油规格见表17-5-3。

表17-5-3 部分汽油车发动机要求选用的机油规格

发动机型号	机油规格	发动机型号	机油规格
AJR	VW标准50000或API SJ级以上，机油黏度等级（SAE）标准根据环境温度选择	K20A1/K24A/J30A4	API SG级以上，润滑油黏度等级（SAE）标准根据环境温度选择
		CA488	SF10W/30

续表

发动机型号	机油规格	发动机型号	机油规格
ANQ	VW 标准 50000 或 50101，机油黏度等级（SAE）标准根据环境温度选择	CA6102	SD30 或 SD10W/30
ATX/APS	API SF 级或 API SG 级，机油黏度等级（SAE）标准根据环境温度选择	JUZ–FE（LS400）	SG 或 SH，润滑油黏度等级（SAE）标准根据环境温度选择
IA6W	API SJ 级以上，润滑油黏度等级（SAE）标准根据环境温度选择	M1 17（BENZ560）	SG 或 SH，润滑油黏度等级（SAE）标准根据环境温度选择

（4）发动机机油的使用注意事项

❶ 如果不是通用油，则汽油发动机机油不能用于柴油发动机上。同样，柴油发动机机油也不能用于汽油发动机上。不同牌号的润滑油不得混用。

❷ 质量等级较高的润滑油可替代质量等级较低的润滑油，反之则不能。

❸ 经常检查润滑油的液面高度。检查时应使发动机处于水平位置，发动机停转几分钟后再进行，机油标尺上的油痕应在 max 与 min 之间。

❹ 注意车辆使用地区的气温变化，及时换用黏度等级适宜的机油。在满足使用要求的前提下，润滑油的黏度应尽可能选择小些。

❺ 适时（定期或按质）换油。可按车辆使用说明书或该车型规定的换油里程要求换油。

❻ 严防水分、杂质等污染润滑油。

第六节　润滑系统维护

1. 日常维护

驾驶员在出车前、行车中和收车后，应坚持检查机油质量，视情况补充或更换。行车中注意观察指示油压。每次出车前应抽出机油尺检查机油油面的位置，必要时添加机油。机油油面位置检查的操作工艺如下：

❶ 将车停在水平路面上。

❷ 当发动机停机后，等候几分钟以使机油回流到油底壳。

❸ 拔出油位指示器（机油尺）。

❹ 将油位指示器擦干净，并将它完全插回到底。

❺ 拔出油位指示器，并查看上面显示的油位。机油油面位置应在机油尺上刻度线和下刻度线这两条刻度线之间。

❻ 获取读数后，将油位指示器完全插回到发动机中。

❼ 必要时添加机油，使机油液面保持在 min（最低）线以上且处于标记为"Operating Range"（工作范围）的区域内。不要加注过量的发动机机油，否则可能会

导致发动机损坏。添加机油时，一定要添加相同牌号的机油，以免引起机油变质。若无同一牌号的油，则应全部更换。

如果在发动机冷态时查看机油液面，不要先启动发动机（冷机油不会很快流回储油盘），以便立即获得正确的机油液面读数。

2. 一级维护

根据机油质量变化适时地更换机油，汽车每行驶 5000km 时应更换滤芯或滤清器总成。汽车在完成磨合里程后以及汽车每行驶 5000km 或 3 个月，应更换一次机油。

(1) 更换滤芯或滤清器总成

具体操作见机油滤清器的拆装。

(2) 更换机油

具体操作工艺如下：

❶ 在发动机熄火的热机状态下，拧下油底壳底部的放油螺塞；
❷ 用专用的容器收集发动机内的旧机油（或直接用抽油机将旧机油抽出）；
❸ 按规定力矩装回并上紧放油螺塞；
❹ 拧开位于气缸盖罩上的加油盖，从加机油口加注新的机油，直到油面位置符合要求为止；
❺ 启动发动机，检查机油油面位置及滤清器和放油螺塞处有无漏油。

3. 二级维护

检查规定转速下的机油油压；检查机油报警器系统性能是否良好、可靠；拆检机油细滤器，恢复过滤能力；定期拆卸曲轴箱和机油集滤器；清洗机油散热器。

(1) 机油压力的检测方法

❶ 在驾驶室仪表盘上有机油压力表的汽车，可由机油压力表直接读取主油道机油压力。
❷ 在驾驶室仪表盘上装有机油压力报警灯的汽车，当汽车在正常行驶中，若报警灯点亮即表示机油压力过低。
❸ 若进一步检测主油道的机油压力，则需要拧下安装在主油道上的机油压力传感器，利用其连接螺纹，安装机油压力表，由此检测发动机工作时主油道内的机油压力。

(2) 机油压力异常的处理

❶ 将车辆停放在水平面上，运行几分钟后停机，等待足够的时间（2～3min），使机油沉降，并检测发动机机油油位高度。若油位高度达不到要求，则按要求添加规定级别的发动机机油，直到机油油位指示器检测符合要求。
❷ 短暂运行发动机（10～15s），确认压力表测量的压力是否很低，或无机油压力。
❸ 拆卸机油压力传感器，如图 17-6-1 所示。
❹ 在机油压力传感器位置，安装机油压力表转换接头，如图 17-6-2 所示。
❺ 连接机油压力传感器至机油压力表转换接头。
❻ 启动发动机并使其达到正常工作温度。

图 17-6-1　拆卸机油压力传感器

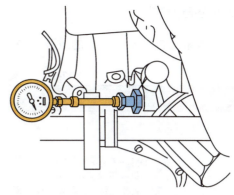

图 17-6-2　安装机油压力表转换接头

4. 注意事项

❶ 润滑油要按照厂家规定的来选择、添加和更换。

❷ 检查发动机机油液面高度时最好在机油温热时进行,而且机油液面高度不能超过上刻度线。

❸ 启动发动机并使其达到正常工作温度后,方可检测机油压力。

第七节　润滑系统故障诊断与排除

1. 机油消耗异常

润滑系统机油消耗异常故障现象、原因及故障诊断方法见表 17-7-1。

表 17-7-1　故障现象、原因及故障诊断方法

故障现象	故障原因	诊断方法
车辆正常行驶,但每天检查机油时均发现机油消耗量过多;排气管冒蓝烟,机油加注口也出现脉动冒烟;燃烧室积碳增多	①活塞与缸壁间隙过大 ②活塞环弹力不足或磨损量过大 ③扭曲活塞环装反 ④活塞环抱死或活塞环端隙对口 ⑤气门杆油封损坏 ⑥进气门导管与气门杆间隙过大 ⑦曲轴箱通风不良 ⑧正时齿轮室、曲轴前后油封、凸轮轴后端油堵等密封不严而漏油 ⑨油底壳或气门室盖密封不严漏油 ⑩空气压缩机的活塞与缸壁间隙过大 ⑪空气压缩机曲轴的前、后端盖漏油;润滑系统各零部件外露	①检查发动机油底壳周围是否有漏油痕迹,若有则说明油底壳固定螺栓松动或衬垫损坏 ②检查发动机曲轴的前、后端是否有漏油痕迹,若有则应检查曲轴的前、后油封是否损坏,曲轴带轮与油封接触面磨损是否严重,后轴承盖的回油小孔是否被堵塞等 ③检查发动机气门室盖处是否有漏油痕迹,若有则应检查气门室盖螺栓是否松动,密封衬垫是否损坏等 ④检查润滑系统的其他部件是否有漏油痕迹,若有则应先紧固其固定螺栓,再检查其密封垫是否损坏 ⑤上述检查过程中,若发现发动机多处有机油渗出,但又找不出明显的漏油处,则应检查曲轴箱强制通风装置,清理曲轴通风管道中流量控制阀处的积碳和结焦 ⑥若发动机外部无漏油痕迹,则应使发动机正常运转,检查排气管排出的废气颜色和机油加注口处是否有烟冒出 若排气管冒蓝烟,同时机油加注口也向外冒蓝烟,则为活塞、活塞环与气缸壁磨损过大,活塞环的端隙、背隙和边隙过大,多个活塞环的端隙对口,或扭曲活塞环装反等情况,由机油窜入燃烧室燃烧造成;若排气管冒蓝烟,机油加注口不冒烟,而气门室盖向外窜烟,则应检查气门杆处的气门油封是否有损坏,气门导管与气门杆的间隙是否过大等

2. 机油压力过低

润滑系统机油压力过低的故障现象、原因及故障诊断方法见表 17-7-2。

表 17-7-2 故障现象、原因及故障诊断方法

故障现象	故障原因	诊断方法
发动机在正常工作温度和转速下运转时，机油压力表读数始终低于规定值	①机油量不足或机油黏度太低 ②机油粗滤器堵塞且旁通阀打不开；机油泵齿轮磨损、泵盖磨损或泵盖衬垫太厚，使供油压力过低，或机油泵外壳裂缝漏油，机油泵轴与连接键销断裂 ③机油集滤器滤网堵塞或集滤器漏气 ④内、外管路或放油螺塞处漏油，曲轴主轴承、连杆轴承或凸轮轴轴承间隙过大 ⑤机油限压阀调整不当、关闭不严或弹簧折断，汽油泵膜片破裂使汽油漏入油底壳或燃烧室内，未燃的气体漏入油底壳内，使机油的黏度下降 ⑥气缸垫或气缸体损坏，使冷却液漏入油底壳，将机油稀释，机油压力表或其传感器连接导线断路或接触不良	行车中，应随时观察机油压力表或机油压力过低报警灯，若发现机油压力为零或报警灯闪亮，则应立即熄火、停车检查 ①拔出机油标尺，检查机油量及品质。若机油液面低于"L"或"MIN"线，说明机油量不足，应及时添加或更换机油；若机油颜色无变化，而黏度降低，且有燃油气味，说明机油中渗入了燃油；若机油呈乳浊状并有泡沫，说明机油中渗入了水分，应查明漏水部位并修复，再更换新的机油 ②检查机油压力表和机油压力传感器的工作状况。检查压力表、机油压力传感器的连接导线是否松脱。若连接良好，则应将传感器端的导线拆下，并将其搭铁，接通点火开关，观察机油压力表的状态：若机油压力表的指针急速上升，说明机油压力表良好；若机油压力表指针不动，则应根据仪表的控制电路进行检查。在仪表指示正常的条件下，检查传感器工作是否正常，测量传感器的电阻值，其值应在规定范围内（具体车型参照维修手册） ③若上述检查均正常，则应拧松压力传感器，启动发动机，观察连接处机油流出的情况。若机油流出有力，则应进一步检查机油压力的示值是否准确；若机油流出无力，应检查润滑系统各工作部件的工作状况

3. 机油压力过高

润滑系统机油压力过高的故障现象、原因及故障诊断方法见表 17-7-3。

表 17-7-3 故障现象、原因及故障诊断方法

故障现象	故障原因	诊断方法
接通点火开关，机油压力表即显示压力值；发动机在正常工作温度和转速下运转，机油压力表读数始终高于规定值；发动机在运转过程中，机油压力突然升高	①机油黏度过大；限压阀调整不当或移动发卡 ②通往各摩擦表面的分油道内积垢堵塞 ③曲轴主轴承、连杆轴承或凸轮轴轴承间隙过小 ④机油压力表或传感器工作不良 ⑤机油粗滤器滤芯堵塞且旁通阀开启困难等	发动机运转过程中，若发现机油压力过高应熄火排除故障，否则压力过高的机油容易冲坏机油滤清器及其连接部件 ①发动机运转过程中，机油压力突然升高，但没有其他异常现象，应首先检查机油压力传感器的导线搭铁是否良好。可接通点火开关，但不启动发动机，观察机油压力表指针是否升至最大值。若指针升至最大值，则故障系导线搭铁引起；若指针指示"0"，则应检查机油滤清器的滤芯是否堵塞，限压阀柱塞或钢球是否卡死，限压阀弹簧是否过硬等 ②发动机运转过程中，机油压力表指示始终偏高，则应接通点火开关，检查机油压力表的指针是否指"0"。若指针不在零位，则应拆下机油压力传感器上的导线，再检查机油压力表的指针指示状态：若压力表指针仍有指示，说明压力表工作状况不良；若指针指示"0"，则说明压力传感器有故障 ③检查机油的黏度是否过大，若机油黏度过大，则应更换规定牌号和规格的机油 ④检查机油压力限压阀是否调整不当或不能正常开启 ⑤若过高的机油压力已冲坏机油滤清器的密封垫，而机油压力表的读数却较低，则为机油粗滤器的滤芯堵塞且旁通阀开启困难或缸体上的油道堵塞 ⑥对于大修后新装的发动机，若曲轴主轴承、连杆轴承或凸轮轴轴承间隙过小，会引起机油压力偏高

4. 机油易变质

润滑系统机油易变质的故障现象、原因及故障诊断方法见表 17-7-4。

表 17-7-4　故障现象、原因及故障诊断方法

故障现象	故障原因	诊断方法
机油在使用过程中，质量不断变化，润滑性能逐渐变坏，使发动机磨损增大，并有可能引起事故	（1）使用原因 ①机油使用时间过长 ②曲轴通风不良及机油内混入燃油 ③滤清器堵塞，机油未经滤清器过滤 （2）零件磨损 ①活塞与缸臂间隙过大，燃油下泄严重 ②缸垫或缸体损坏，导致冷却液进入机油 以上机油变质的原因主要有： ①润滑油受热氧化，会生成胶质和炭渣，阻碍活塞的运动，甚至使活塞环黏结在活塞环槽内，引起密封不良和机件过热，造成严重磨损 ②发动机工作时，一部分燃烧生成物与气缸内冷凝水结合而生成酸性物质混合润滑油，对机件有腐蚀作用 ③空气中的灰沙、机件磨损下来的金属屑和燃烧后的炭渣等机械杂质混入润滑油中，会加速机件磨损 ④由于混合气燃烧不完全、汽油泵膜片漏油或者曲轴箱通风不畅，一部分汽油混入润滑油中，使润滑油黏度显著降低而失去润滑性能；气缸垫密封不良，冷却液混入润滑油，也会影响到润滑油的性能，并加速机件、金属的锈蚀	防止机油变质的措施主要有以下几点： ①经常查看机油的油位。此项检查应在发动机启动之前或停机 10min 以后进行，待 10min 后再次检查油位。补充机油时应严格注意清洁并检查是否有渗漏现象 ②经常检查机油的质量。在检查油位时，应注意检查机油的污染程度，机油尺上的机油不应有变色（机油变黑除外）的现象。当机油达到使用的间隔里程或达到换油指标时，应及时更换机油 ③适时更换机油 ④选用合适的机油。选择合适的机油是保证发动机正常工作的重要因素：柴油机、汽油机机油不能混用；在保证柴油机可靠润滑的前提下，机油黏度应尽可能小些；应尽量使用多级油 ⑤避免机油温度过高而氧化变质。保证水冷式发动机冷却系统工作状况良好，避免过热。当冷却系统出现异常时，应及时检查并排除；保证曲轴箱通风装置工作状况良好，定期清洗通风管、通风阀；保持机油温度为 70～80℃；适时打开机油散热器开关；保持正常的机油油面高度 ⑥把好清洁关。防止脏物、杂质进入润滑系统；定期更换机油滤清器；彻底清洗润滑系统，定期更换机油；检查机油中是否混入水分；更换或添加机油时也应防止雨雪或其他杂质进入机油；当气缸盖、机体有裂纹，缸套阻水圈老化失效或缸垫冲坏时，应及时维修；拆卸缸盖时一定要先将冷却液放净，以防冷却液流入油底壳 ⑦避免柴油或汽油流入机油 ⑧避免缸内废气对机油的侵蚀。当活塞与缸套、气门与气门导管的配合间隙过大时，燃烧室内的高温高压废气会由此窜入曲轴箱，加速机油的老化变质，并形成胶质、积碳及酸性有害物质。因此，要及时更换磨损超限的上述配合件，恢复其正常配合间隙，保持良好的技术状况

视频精讲

视频精讲

第十八章 点火系统检修

第一节 点火系统主要部件检测

1. 点火线圈的检测

点火线圈的检测主要包括外部检验，初次级绕组断路、短路、接地检验以及点火强度检验。

（1）外部检验

检查点火线圈的外表，若绝缘盖破裂或外壳破裂，因容易受潮而失去点火能力，应予以更换。

（2）初次级绕组断路、短路、接地检验

用万用表测量点火线圈的初级绕组、次级绕组以及附加电阻的电阻值，应符合技术标准，否则说明有故障，应予以更换。电子点火系统的点火线圈为高能点火线圈，初级绕组的电阻一般较小，检测时可参考维修手册。如桑塔纳轿车点火线圈初级绕组的电阻为 0.52～0.76Ω，次级绕组的电阻为 2.4～3.5kΩ；奥迪轿车点火线圈初级绕组的电阻为 0.6～0.7Ω，次级绕组的电阻为 2.5～3.5kΩ。

① 检查初级绕组电阻：用万用表电阻挡测量"+"与"-"端子间的电阻，如图 18-1-1 所示。

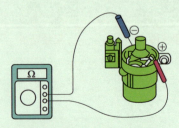
图 18-1-1 初级绕组的检查

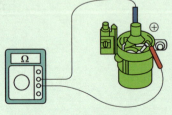
图 18-1-2 次级绕组的检查

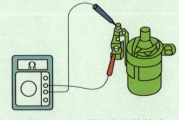
图 18-1-3 附加电阻的检查

❷ 检查次级绕组电阻：用万用表电阻挡测量"+"与中央高压端子间的电阻，如图 18-1-2 所示。

❸ 检查附加电阻的电阻：用万用表直接接于附加电阻的两端子上，如图 18-1-3 所示。

2. 断电器触点间隙的检测

当断电器凸轮顶开触点最大间隙时，用塞尺测量其间隙，应为 0.35～0.45mm。

3. 传统点火系统各端子电压的检测

如图 18-1-4 所示，用万用表的直流电压挡测量出在断电器的触点闭合和断开两种状态下各端子间的电压值，并将检测结果记入表中。通过此项检测，可在一定程度上判断传统点火系统初级电路的故障情况。当蓄电池电压为 12.6V 时，各测量点测量结果见表 18-1-1。

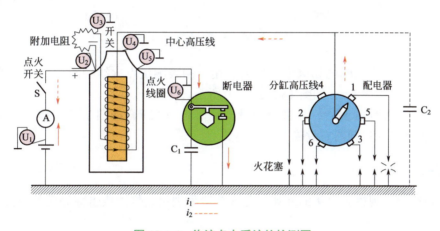

图 18-1-4　传统点火系统的检测图

表 18-1-1　传统点火系统各端子检测数据

触点开闭	端子电压 /V					
	U_1	U_2	U_3	U_4	U_5	U_6
触点闭合	12.6	12.6	6.3	6.3	0.2	0.2
触点断开	12.6	12.6	12.6	12.6	12.6	12.6

第二节　磁感应式电子点火系统检测

1. 磁感应信号发生器的检测

❶ 检查信号发生器的间隙，信号转子与传感线圈铁芯之间的间隙一般为 0.2～0.4mm。如果不符合标准值，应进行调整。

❷ 用万用表测量信号发生器感应线圈的电阻，应符合标准值。

2. 磁感应式点火控制器的检测

❶ 如图 18-2-1 所示，用一只 1.5V 的干电池代替信号发生器，接到点火控制器信号输入端子上。

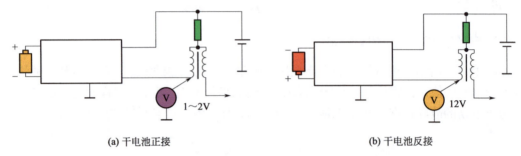

(a) 干电池正接　　　　　　　　　　　　(b) 干电池反接

图 18-2-1　磁感应式点火控制器的检测

❷ 正接时，点火线圈的初级绕组导通，用万用表测量点火线圈的"-"接线柱与接地之间的电压，应为 1～2V，如图 18-2-1（a）所示。

❸ 将电池的极性颠倒后，再进行测量，其值应为 12V，如图 18-2-1（b）所示。若与上述不符，说明点火控制器有故障，应更换。

3. 分火头的检测

❶ 外观检测。观察分火头的外观，分火头应无裂痕、烧蚀或击穿等现象，否则应更换新件。

❷ 漏电检查。将分火头倒放在缸体或缸盖上，用跳火正常的分缸高压线将高压电引到分火头上，如果分缸高压线有明显跳火现象，说明分火头已漏电，应更换新件。

❸ 电阻的测量。用万用表测量分火头顶部的电阻，如图 18-2-2 所示，正常值应为 (1±0.41)kΩ。

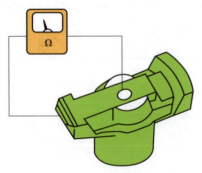

图 18-2-2　分火头电阻的测量

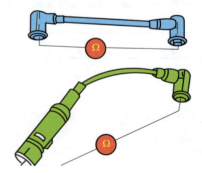

图 18-2-3　高压线电阻的检查

4. 高压导线的检查

❶ 高压线电阻的检查。高压线电阻的检查如图 18-2-3 所示，中央高压线电阻标准值一般均不相同，如桑塔纳轿车的中央高压线电阻标准值不大于 2.8kΩ，奥迪轿车中央高压线

电阻标准值不大于 2kΩ；分缸高压线电阻标准值一般也不相同，如桑塔纳轿车分缸高压线电阻标准值不大于 7.4kΩ，奥迪轿车分缸高压线电阻标准值不大于 6kΩ。

❷ 火花塞插头电阻的检查。如图 18-2-4 所示，用万用表测量火花塞插头的电阻值，一般为（1±0.4）kΩ（无屏蔽）和（5±1）kΩ（有屏蔽）。

❸ 防干扰接头电阻的检查。如图 18-2-5 所示，用万用表测量防干扰接头的电阻值，一般为（1±0.4）kΩ。

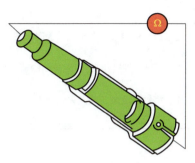 

图 18-2-4　火花塞插头电阻的检查　　　　图 18-2-5　防干扰接头电阻的检查

第三节　传统点火系统检修与故障排除

一、主要部件故障及检修

1. 点火线圈的故障与检修

点火线圈的故障主要有：一、二次绕组断路、短路和搭铁，绝缘盖破裂漏电，附加电阻烧断或短路等。检修方法见表 18-3-1。

表 18-3-1　点火线圈的故障与检修

检查项目		检修方法
点火线圈的检查	直观检查	检查的主要内容和要求是：检查绝缘盖有无裂纹或破损，绝缘盖与外壳封装是否完好；周围不得有绝缘物溢出；各接线柱焊接应牢固，高压插座孔应完好无损，高压线插头应能顺利插入和拔出；支架、接线插片、附加电阻、橡胶套、螺钉、螺母、垫片等可拆卸零件应完整无损
	一、二次绕组断路、短路和搭铁的检查	首先用万用表电阻挡测量点火线圈一、二次绕组以及附加电阻的电阻值，电阻值在规定的范围之内，表明点火线圈良好，否则说明有故障。然后，用交流试灯检查一、二次绕组与外壳是否搭铁，如试灯亮表示绕组与外壳间搭铁
	热态绝缘电阻的检查	当点火线圈温度为 80℃时，用兆欧表测量点火线圈外壳与各接线柱之间的绝缘电阻值，要求其值应大于 200MΩ；当点火线圈温度上升到 120℃时，其绝缘电阻值仍能达到 200MΩ 以上，说明其热态绝缘性能优良

续表

检查项目		检修方法
点火线圈点火性能试验	在试验台上检验	检查时，将放电电极间隙调整到7mm，先以低速运转，待点火线圈的温度升高到工作温度（60～70℃）时，再将分电器的转速调至规定值（一般四、六缸发动机用的点火线圈为1900r/min，八缸发动机用的点火线圈为2500r/min），在0.5min内若能连续地发出蓝色火花，即表示点火线圈情况良好
	用对比跳火的方法检验	这一方法在试验台上或车上均可进行，可将被检验的点火线圈与好的点火线圈分别接上进行对比，看其火花强度是否一样
	就车试验	在发动机上用高压跳火法对点火线圈性能进行粗略检查。在车上试验时，蓄电池必须充足电，拔下分电器中央高压线，使其端头距缸体7～8mm，接通点火开关，用工具拨动断电器触点使其不断开闭，若高压线端部与机体间产生强烈的连续无间断的蓝白色电火花，则点火线圈点火性能良好；否则为性能不良 点火线圈经过检验，如内部有短路、断路、搭铁等故障，或点火强度不符合要求时，一般均应更换为新件

2. 分电器的故障与检修

分电器常见故障与检修方法见表18-3-2、表18-3-3。

表18-3-2　分电器常见故障

故障类别	说明
断电器	①触点表面氧化、烧蚀。当电容器失效或容量选择不当（太小）时，由于触点之间产生强烈的电火花，触点表面会发生氧化、烧蚀。触点表面氧化、烧蚀后，由于接触不良，将使一次电流减小，二次电压降低 ②触点间隙调整不当（过大或过小）。触点间隙过大，则触点闭合时间缩短，一次断开电流减小，使二次电压降低，发动机可能在高速时断火，并且触点提前打开，使点火时间提前；触点间隙过小，触点闭合时间虽增长，但由于触点分离不彻底，触点间产生较强的火花，也会使二次电压降低，并且触点打开得晚，使点火时间推迟 ③触点臂弹簧弹力不足，使触点臂在发动机高速时被"甩开"，触点不能及时闭合，因而一次电流减小，二次电压降低而发生高速断火现象 ④凸轮磨损不均或传动轴松旷，致使各缸点火时间不准，甚至触点不能断开，导致不点火
配电器	配电器常见故障主要有分电器盖或分火头裂损、受潮、积污而漏电，引起发动机"缺火"和"错火"现象，致使发动机运转不均匀，甚至不运转
离心调节装置	离心块弹簧失效使发动机在中低速时，点火提前角过大；拨板销磨损，点火提前角失准等
真空调节装置	膜片破裂。发动机小负荷时不能增大点火提前角，膜片弹簧弹力减小，使点火提前角过大等

表18-3-3　分电器的检修

类别	说明
断电器的检修	①检查触点接触情况。将触点分开，查看接触面是否有油污、烧蚀、凹凸不平及触点间接触面积能否达到80%以上。如触点有油污，可用干布稍蘸些汽油将其擦净；如触点有轻微烧蚀，可用"00"号细砂纸打磨；如烧蚀较重表面凹凸不平时，应拆下触点在细油石上加少许机油磨平。修磨后的触点（钨）单片厚度不得小于0.5mm，否则应更换触点臂总成或用铆接法单独换装新触点 动触点与静触点的中心线应重合，偏差不得超过0.2mm，否则应用尖嘴钳校正 ②检查触点间隙。用厚薄规检查断电器触点间隙，如图18-3-1所示，断电器触点间隙一般为0.35～0.45mm。若不符合规定，可旋松固定螺钉，拧转偏心螺钉进行调整

续表

类别	说明
断电器的检修	③检查触点臂弹簧的张力。触点闭合时,用弹簧秤的挂钩钩在活动触点的一端,沿着触点的轴向拉动弹簧秤,如图18-3-2所示,当触点刚刚分开时弹簧秤的读数应符合规定值,一般为4.9～6.9N。若弹簧张力过小,则予以更换 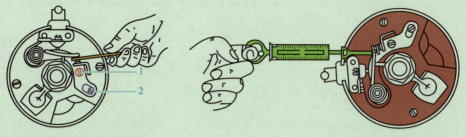 图18-3-1 检查触点间隙　　　　　图18-3-2 检查触点臂弹簧张力 1—固定螺钉;2—偏心螺钉 ④检查凸轮磨损状况。凸轮工作表面应光洁,各顶端的径向跳动不得大于0.03mm,各对角磨损处的直径差不得超过0.4mm,各凸角使触点打开的间隙差不得大于0.05mm,否则,说明凸轮磨损不均匀,应更换
分电器轴与衬套的检修	①检查分电器轴与衬套之间的间隙。分电器轴与衬套的正常配合间隙为0.02～0.04mm,最大不得超过0.07mm ②分电器轴的径向跳动应不大于0.05mm ③分电器轴轴向间隙的检查。用手上、下推拉分电器轴,如图18-3-3所示,其上下窜动间隙不应超过0.25mm。如窜动量过大,可在分电器壳与驱动齿轮或轴下端的固定环(靠插头驱动)之间换装加厚垫片,加以调整 ④分电器轴下端插头磨损超过0.30mm时,应更换或修理。横销松旷时,应换新横销 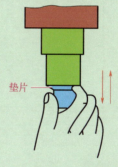 图18-3-3 分电器轴向间隙的检查
调节装置的检修	①离心调节装置的检修。用弹簧秤将离心提前机构弹簧拉长一定长度,其拉力应符合以下附表的规定,不符合规定时应更换。实际检查中常采用一种简易方法:如图18-3-4所示,先将分电器轴固定好,然后使凸轮沿工作时转动的方向拧到极限位置后松手,若凸轮能自动回到原位,表示弹性良好,否则表示弹簧失效,应更换为新件。离心块销与销孔的配合间隙应为0.025～0.08mm,保养时应加润滑油润滑 附表 离心提前机构弹簧参数　　　　　　　　　　　　单位:mm | 分电器型号	弹簧直径	钢丝直径	弹簧长度	螺旋距	圈数	拉长4mm时所需的力/N
---	---	---	---	---	---	---
FD25	5.0 5.1	0.6 0.4	17.5 14.5	0.75 0.4	10 11	4.5 1
FD12	5.5 5.1	0.7 0.4	18.0 14.5	0.8 0.4	11 11	7.5 1
FD13	5.5 5.2	0.7 0.5	18.5 15.5	0.9 0.5	8 11	10.5 2	 ②真空提前机构的密封性检查。真空提前机构的密封性必须良好,真空调节装置的检查方法如图18-3-5所示,当真空度为33.2kPa(250mmHg)时,1min内真空度降低不得大于3.32kPa。在无仪器时,可用嘴吸吮检查,若漏气应更换总成,或用汽油泵膜片代替

续表

类别	说明
调节装置的检修	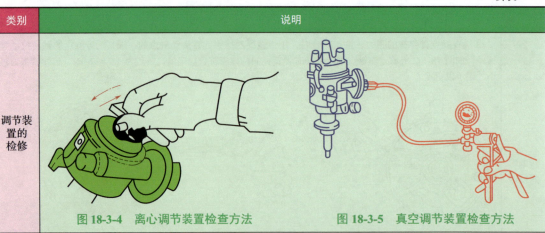 图 18-3-4　离心调节装置检查方法　　　图 18-3-5　真空调节装置检查方法
配电器的检查	①分火头的检查。分火头常见的故障是漏电，检查分火头是否漏电可在汽车上利用点火线圈的高压电进行跳火试验，如图 18-3-6 所示，拔下分火头反放在金属机体上，使分火头的导电片与机体接触而搭铁，将点火线圈的高压线端头放在距分火头座孔约 5～7mm 处。接通点火开关，用工具拨动断电器触点使其反复开闭。此时，若高压线端头与分火头座孔之间有火花跳过，说明分火头漏电，应更换 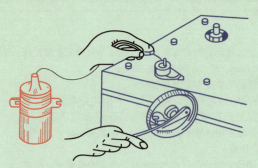 图 18-3-6　用高压试火法检查分火头是否漏电 ②分电器盖的检查。用肉眼仔细检查分电器盖，如有裂缝、缺损，应更换。如分电器盖各导电柱间有条状纹痕，表示导电柱间漏电，也应更换 在汽车上用高压电检查分电器盖是否有裂纹而漏电，其方法是：首先将火花塞上的高压线全部拔下，并将分电器盖打开而悬空，一手拿着所有高压分线，使端头距机体 3～4mm；然后用另一只手拨动活动触点臂，如图 18-3-7 所示，使触点反复开闭，若高压线端头与机体间有火花跳过，说明中央高压插孔与高压分线插孔间漏电 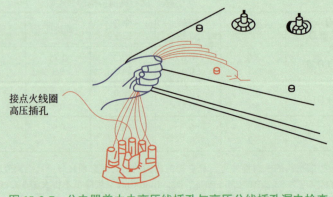 图 18-3-7　分电器盖中央高压线插孔与高压分线插孔漏电检查

续表

类别	说明
配电器的检查	检查各高压分线插孔间是否漏电的方法与上述基本相同，但应拔下分电器盖上的所有高压线，把中央高压线插在任意高压分线的插孔中，并在其两边邻近的分线插孔中各插入一根高压分线，如图18-3-8所示，使线端距气缸体约3～4mm，然后拨动触点，观察高压线与机体间有无火花跳过，如有火花，说明所检查的分线插孔之间已击穿漏电，应更换 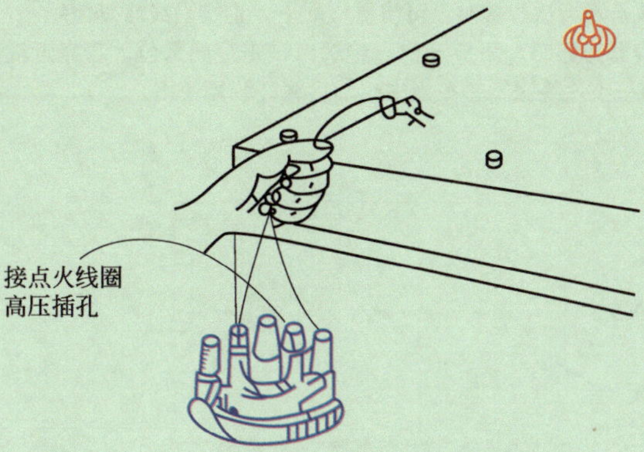 图18-3-8 分电器盖高压分线插孔漏电检查 汽车在行驶途中分电器盖击穿漏电时，可用胶、蜡烛或从蓄电池上刮点沥青熔化后涂在清洁过的裂缝上使其绝缘暂用

3. 电容器的故障与检修

电容器的故障与检修见表18-3-4。

表18-3-4 电容器的故障与检修

类别		说明
电容器的故障检查	感觉法	打开分电器盖，接通点火开关，转动曲轴使触点闭合，一手摸电容器外壳，一手拨动触点臂使触点分开。若手有麻木的感觉，说明电容器已击穿而短路
	比较法	打开分电器盖，拔下分电器中央高压线，使线端头距缸体6～8mm，转动曲轴使触点闭合，接通点火开关，拨动触点臂，观察火花强弱。拆除电容器引线重新试火，若高压火花明显减弱，说明电容器良好；若两次跳火强度一样或基本一样，说明电容器失效
	跳火法	将电容器引线从分电器上拆下悬空（或将拆下的电容器放在金属机体上使其外壳搭铁，引线悬空），拔下分电器中央高压线，并使线端头距离电容器引线4～6mm，接通点火开关，用手拨动断电器触点，使其反复开闭约3～5次，此时在高压线端头与电容器引线之间应有火花跳过。然后再将电容器引线对其外壳自放电，若出现蓝色的强烈火花，说明电容器良好；若无火花，说明电容器击穿。当用手拨动触点时，如高压线端头与引线间无火花跳过，说明电容器内部引线断路
	氖灯法	用200～300V的直流电作为电源，并按图18-3-9接线，先将闸刀开关放在左边，向电容器充电，然后再将闸刀开关放在右边，使电容器放电，电容器充电和放电的瞬间，氖灯若发出短时间的闪光，说明电容器良好；若氖灯一直发亮，说明电容器短路；若氖灯每隔1～2s闪亮一次，说明电容器漏电；若闸刀放在左边充电时，氖灯不亮，说明电容器断路

续表

类别	说明
电容器的检修	经检查发现电容器损坏后，一般均换新而不予修复，但若汽车在途中行驶，无法更换新件时，可视损坏情况，选择下列适宜的方法予以修复，以便应急，确保汽车能正常行驶 ①电容器铝箔与绝缘纸松脱时，可按图18-3-10所示的方法急救修理。将电容器拆下，在其外壳上凿许多小凹坑。凿时应注意：要轻轻地凿，只要有瘪痕，不可穿孔；瘪痕要有规律，间隔要相等，每一行要交叉，切勿乱凿。装合时按原规定要求，外壳要保持可靠搭铁 ②引线折断无法焊接时，可将盖板取下，别接引线修复使用 ③电容器短路时，可拆开检查绝缘纸被击穿的部位。若靠近端部，可将击穿部位截去；若靠近中部，可剪一小片绝缘纸垫在当中，然后缠好装复使用 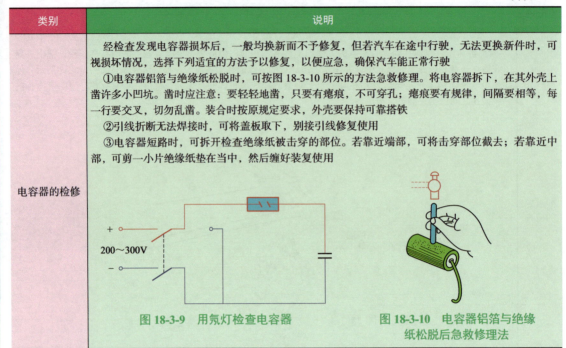 图18-3-9　用氖灯检查电容器　　图18-3-10　电容器铝箔与绝缘纸松脱后急救修理法

二、常见故障诊断方法

点火系统如发生故障，发动机便不能正常工作，严重影响汽车的正常运行，必须及时判断并排除。

传统点火系统常见故障诊断方法见表18-3-5。

表18-3-5　传统点火系统常见故障诊断方法

故障类别		诊断方法
发动机不能启动		先按喇叭或开大灯，确定电源供电是否正常。确知电源供电正常后，再判断故障是在高压电路还是在低压电路。打开发动机罩，拔出分电器中央高压线，使其距缸体5～7mm，接通点火开关，摇转曲轴，查看火花情况： ①火花强，表示低压电路和点火线圈良好，故障在分电器和火花塞高压电路中。再从火花塞上端拆下高压线对缸体试火，如无火花，应检查分火头、分电器及高压分线是否漏电；有火花时需检查点火正时和火花塞的工作情况 ②无火花，说明低压电路有短路、断路，或点火线圈、中央高压线有故障，可开、闭触点观察电流表指针读数。若电流表指示放电3～5A并间歇摆动，说明低压电路良好，表明故障发生在高压电路；若电流表指针不摆动，指示为零，表明低压电路有断路；若电流表指示放电3～5A而不摆动或指示大电流放电，表示低压电路中有搭铁故障
发动机动力不足	故障现象	突然加大油门时，发动机转速不能随之迅速提高，反而感到"发闷"无力，甚至产生发动机过热、排气管"放炮"或化油器"回火"、启动困难等故障
	故障原因	①点火时间过迟 ②断电器触点间隙过小或烧蚀 ③个别缸火花塞有故障 ④电容器开路或漏电 ⑤点火线圈内部短路等

续表

故障类别		诊断方法
发动机动力不足	故障诊断方法和步骤	①检查分电器外壳固定螺栓是否松动。用手转动分电器外壳，如能转动，应检查是否由于分电器外壳固定螺栓松动而引起点火时间过迟 ②检查点火时间是否过迟。用手逆着分火头旋转方向转动分电器外壳，如发动机工作情况好转，说明点火时间过迟 ③检查触点表面及触点间隙。触点表面如烧蚀不平应予打磨。用厚薄规检查触点间隙是否过小，如间隙过小，则应进行调整 ④上述检查后，如发动机仍运转无力，则应按图18-3-11所示诊断方法进行检查和排除
发动机高速运转不良	故障现象	发动机怠速或低速运转时正常，但高速运转时不平稳，排气管放炮
	主要原因	触点间隙过大或触点臂弹簧弹力不足，活动触点臂绝缘套管装配过紧，火花塞间隙过大，或点火线圈、电容器工作不良等
	诊断方法和步骤	从火花塞上拆下高压线，使线端距机体5~7mm，启动发动机，并逐渐提高其转速，观察跳火情况 ①如有断火情况，应进一步检查分电器。打开分电器盖，慢慢摇转曲轴，检查触点间隙是否过大。如触点间隙正常，将触点闭合，用手拨动触点试火，如高压火花很强且不断火，说明活动触点臂的弹簧片过软或绝缘套与轴装配过紧 ②如火花弱，跳火距离短，应检查触点是否烧蚀或接触不良，触点的铆接是否松动，以及点火线圈和电容器的工作是否正常
启动时着火、松开点火开关后发动机立即熄火	故障现象	点火开关旋至启动挡，发动机能顺利启动，但松开点火开关时，发动机立即熄火
	主要原因	①点火线圈附加电阻或附加电阻线断路或松脱 ②点火开关损坏 ③点火开关至点火线圈的点火引线损坏
	诊断方法和步骤	启动时着火、松开点火开关后立即熄火的诊断方法和步骤如图18-3-12所示

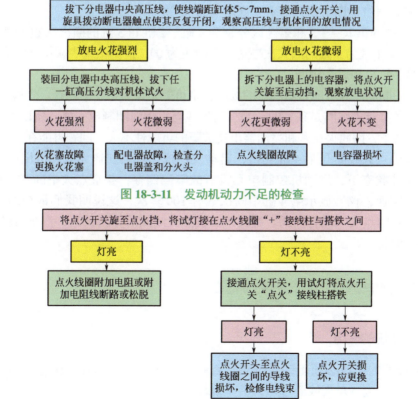

图18-3-11　发动机动力不足的检查

图18-3-12　启动时着火、松开点火开关后发动机立即熄火的检查

三、维修案例

案例：宝来轿车行驶无力，发动机抖动。

❶ 故障现象。一辆豪华型手动变速器宝来 1.8T 轿车，行驶无力，低速时（2挡、3挡）有明显的"发冲""后挫"现象，挂高挡行驶最高车速仅为 110km/h，在原地空挡踩加速踏板，发动机严重抖动。

❷ 故障检查与排除。接车后，首先查询发动机故障码。连接 V.A.G1551 故障诊断仪，输入功能 02，结果显示发动机电控系统存在两个故障码，分别为"16684"和"16688"。

> 06A906 0181.8LR4 / 5VMOTR HSV01
> Codierung 16684 WSC00000

> 06A906 0181.LR4 / 5VMOTR HSV01
> Codierung 16688 WSC00000

从宝来轿车维修手册查得，故障码 16684 为发动机控制系统识别出燃烧中断，故障码 16688 为发动机控制系统识别出某缸燃烧中断，遂根据这条线索查找故障源。

宝来 1.8T 轿车的发动机为 4 缸多点顺序喷射，各缸独立点火。维修人员猜测可能是某一缸在工作时出现断火，所以发动机电脑识别出燃烧中断并存储了故障码。为了查清是哪一缸断火，再次连接 V.A.G1551 故障诊断仪，利用其功能 08（读取数据流）中的第 15 和第 16 显示组，查询气缸的断火次数总和（规定值为 05 次）。

显示组 15 中的第 1、第 2 和第 3 区分别为 1 缸、2 缸和 3 缸的断火次数（规定值为 0）；显示组 16 中的第 1 区为 4 缸的断火次数（规定值也为 0）。检测结果表明第 2 缸有多次断火，因此判断是第 2 缸出现燃烧中断。

造成燃烧中断的原因可能是喷油器的故障，也可能是点火系统的问题。先检查点火系统，发现宝来轿车各缸点火线圈是独立的，并将高压线与点火线圈制成一体，所以不存在高压线故障。由于是新车，因此火花塞和喷油器出现故障的可能性不大，问题可能在点火线圈。

将第 2 缸的点火线圈与第 4 缸互换，启动发动机，依然加速无力，再用 V.A.G1551 进行检查，在怠速状态下，发动机控制单元没有故障码储存，各缸点火中断数据也为 0，在低速时挂高挡加速，仪器显示第 4 缸中断次数有 100 多次，这说明我们最初的判断是正确的，就是第 2 缸的点火线圈有问题。更换第 2 缸点火线圈后重新试车，汽车行驶强劲有力，故障现象完全消失。

四、传统点火系统使用与调整

1. 传统点火系统的使用

❶ 点火线圈的接线必须正确、可靠，否则会造成正常工作时一次电流不经过附加电阻，使一次电流过大，点火线圈过热，甚至烧坏。

❷ 车辆停驶时，应及时切断点火开关并拔出钥匙。

③ 使用中应经常检查断电器触点状况及触点间隙值（0.35～0.45mm），必要时应打磨触点，调整触点间隙。

④ 点火线圈附加电阻线、高压阻尼线损坏后，不允许用普通导线、铜芯高压线替代。

⑤ 应经常检查火花塞绝缘体的表面状况，必要时应清除积碳。更换火花塞时，一般应同时换下所有气缸的火花塞。

⑥ 线路连接应牢固。真空管路应密封不漏气。

2. 点火正时的调整

所谓点火正时，就是人工调整起始点火提前角，以使发动机获得最佳点火时刻的工作。为了保证发动机气缸中的混合气在正确的时间被点燃，在往发动机上安装分电器总成和更换燃油品种时，均需要靠人工调整起始点火提前角，这一工作通常叫"点火正时"。

点火正时的调整均以第一缸为基准，调整方法随发动机的不同而略有差别，一般步骤如下：

① 检查并调整断电器触点间隙至规定值，一般为0.35～0.45mm。

② 找出第一缸压缩行程上止点的位置。

方法：先拆下第一缸的火花塞，用大拇指堵住（或用干净的棉纱塞住）火花塞座孔，摇转曲轴，当感到有较大的气体压力（或棉纱被冲出）时，即为压缩行程。再徐徐摇转曲轴，使正时记号对准。如解放牌汽车使飞轮罩壳上的刻线与飞轮上的正时标记对准；东风汽车应使飞轮上的钢球与检查孔边的刻线对准；北京BJ2020汽车使正时齿轮盖上的指针与曲轴前端带轮上的正时标记对准。

③ 确定断电器触点刚打开时的位置。旋松分电器壳体夹板固定螺钉（东风EQ1090型汽车则为松开压板的紧固螺栓），拔出中央高压线，使其端头离开缸体3～4mm，接通点火开关，先按分电器轴正常工作时的旋转方向转动分电器壳体，使断电器触点闭合，再反向转动壳体至中央高压线端头与缸体之间跳火，也即断电器触点刚处于打开位置。拧紧分电器外壳上的夹紧螺钉，扣上分电器盖，装回火花塞。

④ 按发动机点火顺序接好各缸高压线。第一缸的高压线应插在正对分火头的旁电极的插孔内，然后顺着分火头的旋转方向，按点火次序接好其他各缸火花塞的高压线。一般直列式六缸发动机的点火次序为1—5—3—6—2—4，四缸发动机为1—2—4—3（如北京BJ2020，且分火头为逆时针旋转）或1—3—4—2。红旗轿车V型八缸发动机的点火次序为1—8—4—3—6—5—7—2（气缸次序是自车前向后看，左列为1、3、5、7，右列为2、4、6、8）。但也有与上述不同的，应以制造厂的说明为准。

⑤ 启动发动机，检查点火正时。启动发动机，使水温上升到70～80℃，在发动机急速运转时急踩加速踏板，突然加速。如发动机转速迅速增加，发出轻微的爆震声并立即消失，表示点火时间正确；如转速不能随节气门的打开而迅速增高，感到"发闷"，或在排气管中有"突突"声，则为点火过迟；如发动机内出现较强的金属敲击声且不消失，则为点火过早。点火过早时，应顺着分电器轴旋转方向转动分电器壳体；点火过迟时，则应逆着分电器轴旋转方向转动分电器壳体。

⑥ 汽车在行驶中进行检查。将发动机预热至水温为70～80℃，在平坦的道路上以直接挡行驶，突然将加速踏板踏到底，如在车速急增时能听到缸内有微弱的敲击声，且很快

消失，表示点火时间正确；如听到有明显的金属敲击声，说明点火过早；如加速时感到发闷，且无敲击声，说明点火过迟。点火过早或过迟，均应停车，转动分电器壳体进行调整，经反复试验，直至合适为止。

第四节　电子点火系统检修与故障排除

一、主要部件故障与检修

1. 分电器的故障与检修

电子点火系统中分电器的故障与检修与传统点火系统相同，见表18-3-2、表18-3-3。

2. 电容器的故障与检修

电容器的常见故障与检修说明见表18-4-1。

表18-4-1　电容器的常见故障与检修

故障类别		说明
电容器的常见故障	电容器短路	使点火线圈一次电流不能切断而使点火系统不能产生高压
	电容器断路	相当于分电器没有接电容器，使触点的火花严重，最高二次电压下降
	电容器漏电	电容器漏电消耗了点火系统的点火能量，导致二次电压下降
	电容器容量值不当	电容量过大、过小均易使触点烧蚀，并使二次电压下降
电容器的故障检修	用万用表检查法测电容器的好坏	用指针式万用表的 R×100Ω 挡或 R×1kΩ 挡测量电容器的电阻。若电阻为零或指示某一个较小电阻值不动，就说明电容器已短路或漏电，需更换；若万用表指针开始向电阻为 0 方向摆动，并马上摆回，指示电阻＞100Ω，则说明电容器良好
	用氖灯法检查电容器的好坏	按图 18-4-1 所示接线，用 200～300V 左右的直流电和氖灯进行检查。将测试电路置于左侧接通电源，电容充电，这时氖灯闪亮一次；再将开关置于右侧，电容放电，这时氖灯又闪亮一次，说明电容器良好。若在接通电源时氖灯不停地闪亮，说明电容漏电；若氖灯一直亮着，则说明电容已短路 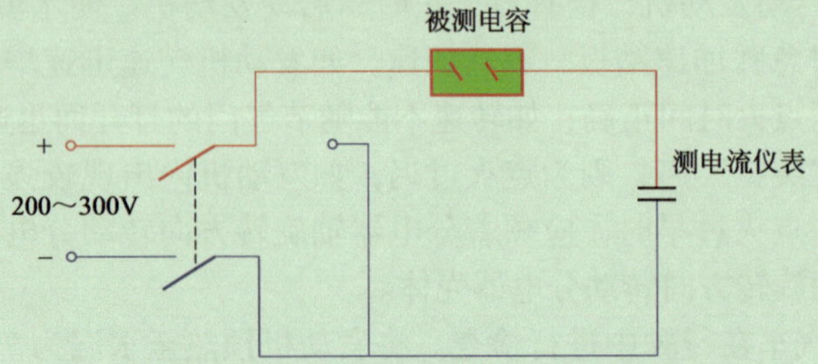

图 18-4-1　用氖灯法检查电容器好坏的电路原理

续表

故障类别		说明
电容器的故障检修	测定电容器的电容量	可用测电容的专用仪表测量电容器的容量，在没有测电容的仪表时，也可以用普通万用表按如下方法测量电容器的容量： ①将万用表拨到交流毫安挡，接成如图 18-4-2 所示的测量电路 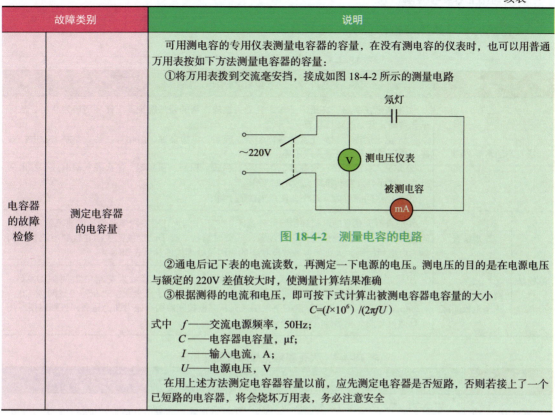 图 18-4-2　测量电容的电路 ②通电后记下表的电流读数，再测定一下电源的电压。测电压的目的是在电源电压与额定的 220V 差值较大时，使测量计算结果准确 ③根据测得的电流和电压，即可按下式计算出被测电容器电容量的大小 $$C=(I\times 10^6)/(2\pi fU)$$ 式中　f——交流电源频率，50Hz； 　　　C——电容器电容量，μf； 　　　I——输入电流，A； 　　　U——电源电压，V 在用上述方法测定电容器容量以前，应先测定电容器是否短路，否则若接上了一个已短路的电容器，将会烧坏万用表，务必注意安全

3. 点火线圈的故障与检修

点火线圈的常见故障与检修说明见表 18-4-2。

表 18-4-2　点火线圈的常见故障与检修

故障类别		说明
点火线圈的常见故障		①一次绕组或二次绕组断路、短路、搭铁，造成二次电压下降或不产生二次电压 ②绝缘盖破裂漏电，使二次电压下降或不产生二次电压 ③附加电阻烧断，造成点火线圈一次电路断路
点火线圈的检修	直观检查	检查点火线圈的绝缘盖有无脏污破裂，接线柱是否松动锈蚀。若有脏污锈蚀可予以清洁后作进一步检查，若绝缘盖有破损则应更换点火线圈
	检查点火线圈一、二次绕组	用万用表的电阻挡测量点火线圈一次绕组、二次绕组的电阻，其值与标准值比较，以此来判断点火线圈绕组是否有短路或断路
	检查点火线圈绕组的绝缘性	用万用表的电阻挡测量点火线圈任一接线柱与外壳之间的电阻，其值应不小于 50MΩ，否则说明点火线圈绝缘不良，应更换点火线圈
	检查附加电阻	用万用表的电阻挡测量附加电阻，其值应与标准值相符，若测得电阻无穷大，说明附加电阻已烧断，需更换点火线圈
	点火线圈的性能检验	点火线圈的性能好坏的检查也需专用的电气试验台。它是将点火线圈的高压接于一个可调间隙的三针放电器，测定跳过规定间隙时的分电器转速是否达到要求。跳过规定间隙时的最高转速低或在规定的转速下能够不间断跳火的间隙小，都说明点火线圈性能不良，应更换点火线圈

4. 火花塞的故障与检修

火花塞的常见故障与检修说明见表18-4-3。

表18-4-3 火花塞的常见故障与检修

故障类别		说明
火花塞的常见故障		火花塞是在高温、高压下工作,且受到燃烧产物的强烈腐蚀,工作环境极为恶劣,故障率非常高,常见故障现象有: ①火花塞烧损,如火花塞绝缘体起皱、破裂、电极烧蚀、熔化等,使火花塞击穿电压升高,从而导致发动机缺火或不能工作 ②火花塞有沉积物,火花塞的沉积物有积碳、积油、积灰等,使火花塞漏电或击穿电压升高,从而导致发动机缺火或不能工作 ③火花塞间隙过大或过小,使点火性能下降
火花塞的检修	直观检查	仔细查看火花塞的电极和绝缘体外观,正常工作的火花塞绝缘体裙部呈浅棕色到灰白色,轻微的积碳和电极烧蚀仍属正常现象,必要时清洁、锉平已烧蚀的表面并检查与调整好间隙后可继续使用。火花塞各种故障状态的原因及处理措施参见表18-4-4
	检查、调整火花塞电极间隙	用圆形塞尺检查火花塞电极间隙,其值应符合规定,普通火花塞电极间隙为0.6~0.7mm,进口车火花塞电极的间隙要求0.7~0.9mm,电子点火系统火花塞电极间隙1.0~1.2mm。测量时,用规定厚度的塞尺插入火花塞电极间隙稍有阻力即为适当,否则需用专用工具通过弯曲火花塞旁电极来调整间隙

表18-4-4 火花塞常见故障及处理措施

火花塞故障状态	可能的故障原因	故障处理措施
绝缘体呈白色,电极熔化	燃烧室积碳过多、排气不畅、冷却系统不良等而引起燃烧室的温度过高,火花塞未拧紧而导致火花塞电极散热困难	更换火花塞,并检查与排除引起火花塞电极温度过高的原因
绝缘体顶端起皱疤,电极烧损	火花塞的热值过低而引起早燃,点火时间过早、冷却系统不良而引起早燃	更换火花塞,并检查冷却系统、点火提前角
绝缘体顶端破裂	因点火时间过早、燃烧室温度过高、混合气过稀而导致发动机爆震	更换火花塞,并检查和排除可能导致发动机爆震的原因
积碳	火花塞的热值过大、混合气过浓、缸壁间隙过大、空气滤清器堵塞、点火系统性能不良、点火时间过迟等	积碳不严重时,清除积碳后可继续使用;积碳严重时则更换火花塞,并检查与排除容易积碳的原因
积油	气缸壁间隙过大或气门导管处间隙过大而窜机油、曲轴箱通风管道堵塞或机油过多而窜机油	清除机油后可继续使用,但若积油情况依旧,则需检修发动机
积灰	汽油中含有添加剂	清除积灰、检查并调整电极间隙后可继续使用
绝缘体有油亮积层	混合气燃烧产生的沉渣来不及排出,熔化在高温的火花塞绝缘体表面	更换火花塞,若故障依旧,应更换热值低一些的火花塞

5. 信号发生器的故障与检修

信号发生器的常见故障与检修说明见表18-4-5。

表 18-4-5　信号发生器的常见故障与检修

类别	说明
磁感应式信号发生器的检修	①测量传感线圈的电阻值：先将分电器与线束之间的插接器拆开，然后用万用表欧姆挡测量与分电器相连接的两根导线之间的电阻值，如图 18-4-3 所示。测量时还可用螺丝刀把轻轻敲击传感线圈或分电器壳，以检查其内部有否松旷和接触不良的故障。表 18-4-6 给出了几种常见车型传感线圈的电阻值。若测量结果与标准阻值相差较大，说明传感线圈已经损坏；若电阻值为无穷大，说明传感线圈有断路，一般断路点多在导线接头处，如焊点松脱等，可将传感线圈拆下进一步检查，发现焊点松脱，可用电烙铁焊上即可 ②检查、调整信号转子与线圈铁芯间的间隙值：可用厚薄规进行测量，如图 18-4-4 所示，标准值约为 0.2～0.4mm，如不符合，可松开紧固螺钉 A、B 做适当的调整，如图 18-4-5 所示，直至间隙符合上述规定，再将螺钉 A、B 拧紧即可 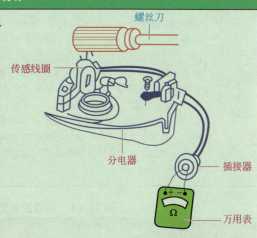 图 18-4-3　测量传感线圈的电阻值 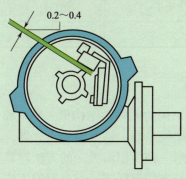  图 18-4-4　信号转子与传感线圈间隙的测量　图 18-4-5　信号转子与传感线圈铁芯的间隙调整
霍尔式信号发生器的检修	现以上海桑塔纳轿车的霍尔式信号发生器为例，介绍该型信号发生器的检修过程。霍尔式信号发生器系有源器件，需输入电源电压才能工作，故应先测量其输入电压是否正常。方法是用直流电压表的"+""−"表笔分别接与分电器相连接的插接器"+"与"−"接线柱，如图 18-4-6 所示，接通点火开关，电压表应显 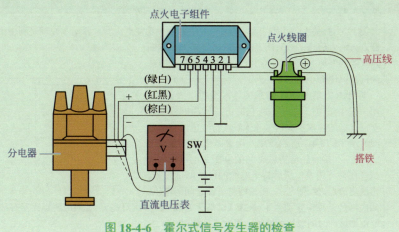 图 18-4-6　霍尔式信号发生器的检查

续表

类别	说明
霍尔式信号发生器的检修	示接近蓄电池电压，约 11～12V，否则说明点火电子组件没有给霍尔式信号发生器提供正常的工作电压，应检查点火电子组件。若电压表显示电压正常，可进一步测量点火信号发生器的输出信号电压。方法是用同一只电压表在点火开关接通时测量分电器的信号输出线与搭铁线之间的电压。当触发叶轮的叶片在霍尔式传感器的空气隙中时，电压表应显示与输入电压值相近的电压，即 11～12V；而当触发叶轮的叶片不在霍尔式传感器的空气隙中时，电压表所显示的电压应接近于零，约 0.3～0.4V。经测量电压表读数正常，可认为霍尔式信号发生器无故障 对于其他车型的霍尔式信号发生器，可参照上述方法检查。但需注意，车型不同或同种车型而生产年代不同，其霍尔式点火信号发生器的内部结构、电路和有关工作参数也不完全相同，其工作电压、信号输出电压幅值也会有所不同，检查时应与同期生产的同种车型的测量值作对比，方可准确判断点火信号发生器的好坏

表 18-4-6 磁感应式信号发生器传感线圈电阻参数

厂家/型号	线圈电阻/Ω	厂家/型号	线圈电阻/Ω	厂家/型号	线圈电阻/Ω
丰田	140～180	本田	600～800	切诺基	450～800
日产	140～180	克莱斯勒	920～1120	CA1091	600～800
三菱	500～700	富康	385	JFD667 分电器	500～600

6. 点火器（点火电子组件）的检查

因配用的信号发生器形式不同，点火器所采用的元器件结构形式和电路结构（如分立元件、集成电路、晶闸管等）也会有所不同，即使是同一种类型的点火器，其生产厂家不同，电路结构及参数也不尽相同。因此，很难用一种简单而统一的方法对其进行检查及测量。故对点火器的检修应根据其配用的点火信号发生器形式、点火器的工作原理、电路特点、功能及在车上的具体连接、工作情况，选用适当的方法进行故障检查和判断。常用的方法主要有以下几种（见表 18-4-7）。

表 18-4-7 点火器（点火电子组件）的检查方法

类别	检查方法
干电池法	这种方法适用于配用磁感应式信号发生器的单功能点火器，其基本原理是利用干电池的电压作为点火器点火输入信号，然后用万用表或试灯来大致判断点火器的好坏。下面以丰田汽车的点火器检查方法为例加以说明 拆开分电器上的线路插接器，接通点火开关，用一只 1.5V 的干电池，将它的正、负两极分别接至点火器的两根点火信号输入线（粉红色线与白色线），如图 18-4-7 所示。用万用表电压挡检查点火线圈 "-" 接线柱与搭铁之间的电压，也可用 12V 试灯代替万用表，然后将干电池的极性颠倒过来，再次测量点火线圈 "-" 接线柱与搭铁之间的电压，两次测量结果应分别为 1～2V（试灯灭）和 12V（试灯亮），否则说明点火器有故障。但需注意，加干电池测试的时间应尽可能短，每次不能超过 10s 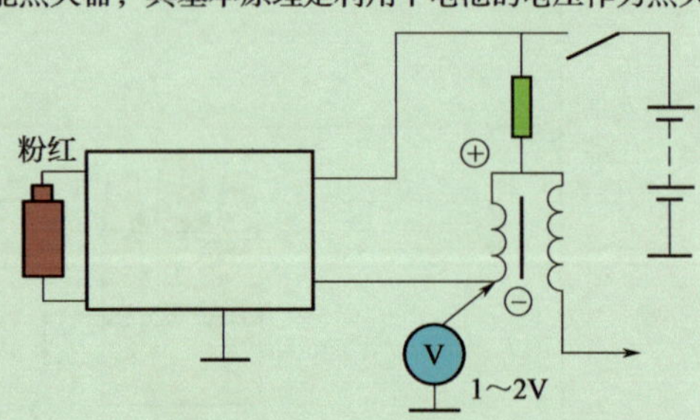

图 18-4-7 干电池法检查点火器故障

续表

类别	检查方法
跳火试验法	在确认低压电路各连接导线、插接器、点火线圈及信号发生器基本完好的情况下，可采用跳火试验法判断点火器是否有故障 如 EQ 1090 汽车装用的 JFD667 型、CA1092 汽车装用的 6TS2107 型具有失速断电保护功能的磁感应式电子点火系统等，可将分电器盖拆下，并拔出分电器盖上的中央高压线，使其端头离开缸体 5～10mm，接通点火开关，然后用螺丝刀头快速地碰刮定子爪，以改变通过传感线圈的磁通而使其产生点火脉冲，触发点火器，如图 18-4-8 所示。若每次碰刮时高压线端都能跳火，则说明点火器良好，否则说明点火器有故障，应检修或更换 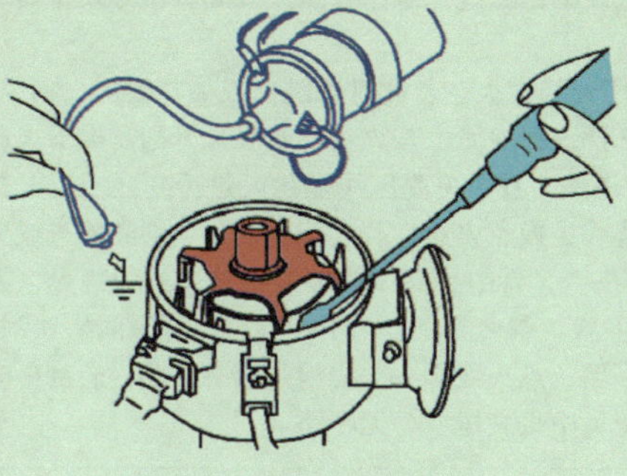 图 18-4-8 磁感应式点火电子组件的跳火试验 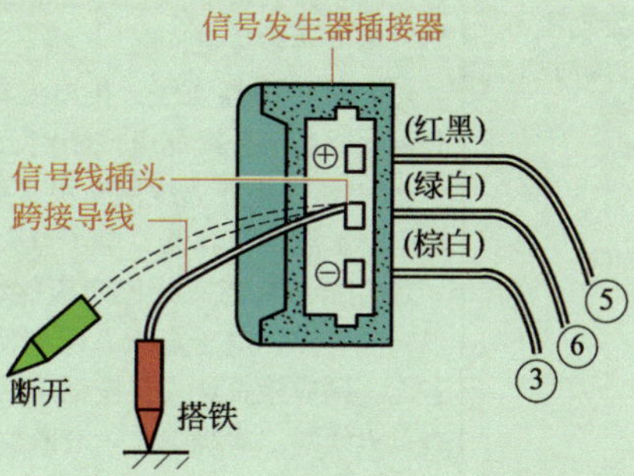　　图 18-4-9 用跨接导线代替霍尔式信号发生器的跳火试验 而桑塔纳、奥迪等汽车装用的霍尔式电子点火系统也可打开分电器盖，拆下分火头和防尘罩，转动曲轴，使触发叶轮的叶片不在霍尔式传感器的空气隙中，拔出分电器盖上的中央高压线，使其端部距离气缸体 5～10mm，然后接通点火开关，用小螺丝刀或钢锯条在霍尔式传感器的空气隙中插入后迅速拔出，同时在拔出时查看高压线端部是否跳火，如跳火说明点火器良好，否则应更换点火器。另外，也可不用霍尔式信号发生器对点火器做跳火试验，方法是：断开点火开关，拔下分电器盖上的中央高压线并使其端部距离缸体 5～10mm，再拔下分电器上霍尔式信号发生器的插接器，用跨接导线一端接在信号线插头上，然后接通点火开关，将跨接导线的另一端反复搭铁，如图 18-4-9 所示，同时观察中央高压线端是否跳火，如跳火说明点火器完好，否则说明点火器有故障，应更换
替换法	即用同规格的点火器替换怀疑有故障的点火器，如故障排除，则证明点火器损坏。该方法是判断点火器故障最简单、最有效的方法，但必须备有相同规格的新点火器或功能完好的在用点火器

二、常见故障诊断方法

了解故障可能的原因及可能的故障部位，就可以用适当的检测方法确定故障的部位。下面以发动机不能启动和怠速不稳为例，介绍点火系统故障诊断方法（见表 18-4-8）。

表 18-4-8　点火系统故障诊断方法

故障类别	诊断方法
故障分析	点火系统常见故障有断火、火花弱、点火时间不当、缺火、错火等，使发动机不能工作或工作不正常，表 18-4-9 给出了发动机常见故障现象及可能的故障点，供大家参考
发动机不能启动	发动机启动时，启动转速正常，但发动机无着火迹象或发动机突然熄火后，再不能启动。点火系统不点火或火花太弱均可能造成发动机不能启动，可能的故障原因及部位如表 18-4-9 所示，故障诊断如下： ①外观检查。查看点火线圈和分电器上的高压导线、低压线路有无松脱

续表

故障类别	诊断方法
发动机不能启动	②中央高压线试火。拔出分电器上中央高压线，使高压线端距发动机机体 5～8mm，接通点火开关，转动发动机，看高压线端与机体间是否跳火。有三种可能，即火花很强（火花线较粗、呈蓝白色，且可听到较清晰的"叭叭"声）、火花很弱（火花很细，呈暗红色）或不跳火。若火花很强，说明点火系统低压电路和点火线圈等基本正常，故障在高压回路或火花塞，按③作进一步的诊断；若火花很弱，传统点火系统可能的故障部件有断电器、电容器和点火线圈等，电子点火系统可能的故障部件则是点火线圈和电子点火器，可按④作进一步的诊断；若完全无火花，传统点火系统可能的故障部位有断电器触点接触不良、活动触点或电容短路，点火线圈有断路或短路，或点火开关和火花线圈低压线路有接触不良处等，电子点火系统可能的故障部位则是点火线圈低压电源电路、点火线圈、信号发生器、点火器等，可按⑤作进一步故障诊断 ③插回中央高压线，拔出火花塞上的高压分线试火。若此时不跳火或火花很弱，则说明是分电器盖、分火头或高压分线漏电或断路，需对这些部件进行检修；若火花仍然很强，则需拆下火花塞进行检查 ④用导线将点火线圈负极接线柱作瞬间搭铁，看中央高压线端跳火是否变强。若火花变强，需检查断电器触点、电容器，电子点火系统则检查或更换点火器；若火花仍很弱，则需检查或更换点火线圈 ⑤用导线将点火线圈负极接线柱作瞬间搭铁，看中央高压线端是否跳火：若跳火，需检查断电器触点、电容器，电子点火系统则检查信号发生器、点火器；若仍不跳火，注意瞬间搭铁刮碰时有无火花。若无，则应检查点火系统低压回路是否有断路，点火线圈一次绕组是否有断路；若刮碰时有火花，则检查点火线圈二次绕组是否有断路或短路故障，中央高压线有无断路
发动机怠速不稳	发动机怠速不稳定甚至于熄火，排气管有"突突"声，动力下降。此故障现象一般是由个别气缸不工作、窜缸、点火时间不正常等原因造成的，可能的故障部位参见表18-4-9 ①寻找不工作气缸。发动机怠速运转情况下，逐一短路分缸高压线使其断火，观察发动机的反应。若发动机转速没变化，则说明该缸不工作或工作不良，按步骤③作进一步诊断；若发动机转速明显下降，说明该缸工作基本正常。依次检查其他各缸，若各缸断火时发动机转速均有下降，则按步骤②作进一步诊断 ②高压线试火。拔出高压线做跳火试验，看火花是否强。若火花强，则需检查和调整点火正时，若点火正时正确或调整点火正时后发动机怠速仍不稳，则需检查或调整油路；若火花弱，则应检查断电器触点、点火线圈、分火头等 ③分缸高压线试火。拔出分缸高压线做跳火试验，看是否跳火。若不跳火，则需检查分电器盖、分缸高压线；若跳火，则需检查火花塞，视情况予以检修或更换

表 18-4-9　发动机常见的故障现象与点火系统可能的故障部位

发动机故障现象与点火系统可能的故障部位		发动机不启动	启动后即熄火	怠速不稳	加速不良	发动机回火	排气管放炮	发动机爆震
断电器①	触点接触不良或触点间隙过大	◎		◎	◎		◎	
	触点间隙过小	◎					◎	
	动触点搭铁	◎						
配电器	分火头烧损、漏电	◎					◎	
	分电器盖脏污、破损而漏电	◎		◎			◎	
电容器	电容器短路	◎						
	电容器断路、漏电或电容值不符	◎		◎	◎		◎	
点火提前装置	真空点火提前装置不良						◎	
	离心点火提前装置不良				◎			◎

续表

发动机故障现象与点火系统可能的故障部位		发动机不启动	启动后即熄火	怠速不稳	加速不良	发动机回火	排气管放炮	发动机爆震
高压导线	高压导线破损漏电、松脱或断裂	◎		◎			◎	
	高压导线插错	◎		◎		◎	◎	
点火线圈	一、二级绕组有断路	◎		◎	◎			
	点火线圈附加电阻断路		◎					
火花塞	火花塞积碳	◎		◎	◎		◎	
	火花塞电极烧损或间隙过大	◎		◎	◎		◎	
信号发生器[②]	点火信号发生器有故障	◎						
	信号发生器连接线路接触不良	◎						
点火器[②]	点火器内部电路或元件有故障	◎					◎	
	电子点火器接地不良	◎						
开关与线路	点火开关不良	◎	◎					
	点火线圈一次电路有断路、短路	◎						
点火正时	初始点火提前角过小						◎	
	初始点火提前角过大	◎		◎	◎			◎

① 只针对传统点火系统。
② 只针对电子点火系统。

三、维修案例

案例1： 桑塔纳轿车冷启动困难。

❶ 故障现象。一辆上海桑塔纳普通型轿车，装用 JV 型发动机，随着天气变冷，冷启动越来越困难，但启动运转升温后，发动机工作正常。

❷ 故障诊断。拔下分缸高压线，距气缸体 5～7mm 试火，火花较弱，呈红黄色。而正常情况下试火，火花强烈，呈蓝色。根据经验，故障大多发生在点火线圈上，用万用表检测点火线圈的初级绕组、次级绕组的电阻值，发现次级绕组的电阻值达 8kΩ，远大于 2.4～3.5kΩ 的标准值。更换点火线圈试车，故障排除。

❸ 故障分析。发动机冷启动时混合气浓，气缸内温度低，要求有较高的高压电来击穿火花塞的电极间隙才能顺利启动。而发动机升温后，混合气也由浓变稀，对火花塞电极的击穿电压要求较低。这就是发动机冷启动难，但发动机升温后工作正常的根本原因。

案例2： 奥迪轿车发动机不能启动。

❶ 故障现象。奥迪轿车发动机不能启动。

❷ 故障诊断与排除。当发动机因点火系统故障不能启动时，故障可能出在低压电路，也可能出在高压电路，可采用高压导线对机体试火的方法进行诊断。具体诊断步骤：打开点火开关，观察交流发电机充电指示灯及其他警告灯，灯亮。关闭点火开关，从分电器盖上拔下中央高压线，使其端部距缸体 5～7mm，然后接通点火开关，启动发动机，中央高压线端无火花，说明点火系统有故障。检查各连接导线及线束插头，均正常。

将万用表置于直流电压挡,红表笔接点火线圈"-"(绿色)接线柱,黑表笔接地。接通点火开关,启动发动机,表针始终指向12V左右不动,即初级电路不能正常通断,说明霍尔式信号发生器或点火控制器可能有故障。

为进一步判别出故障部位,在实际工作中常用旁路信号发生器法进行检查。其方法是断开点火开关,拔下分电器盖上的中央高压线,使其端部距缸体5～7mm。拔出分电器信号发生器线束插接器与点火控制器相连的插头,用一跨接线,一端接在信号线插头上,另一端断续瞬间接地。接通点火开关,中央高压线跳火,说明故障可能在霍尔式传感器。进一步确定:先断开点火开关,将中央高压线从分电器接线柱上拔下,并将其接地;从点火控制器上拔下绝缘套,撬开接头,将万用表红表笔接触点6(绿/白色线),黑表笔接触点3(棕/白色线),打开点火开关,按发动机旋转方向转动发动机曲轴,万用表读数始终指向6V不变,说明霍尔式传感器有故障。换上一个新的霍尔式传感器,发动机工作正常,故障排除。

第五节　点火正时检查与调整

一、点火正时检查

就车判断点火正时时,应使发动机处于正常工作温度(70～80℃)下怠速运转,当突然加速时,如果发动机转速急速提高并伴有短促而轻微的突爆声(轻微爆震),而后很快消失则为点火正时;如果发动机转速不能随节气门开大而增大,发动机发闷且排气管出现"突突"声,则为点火过迟;如果发动机出现严重的金属敲击声,即爆震(敲缸),则为点火过早。点火过早或过迟的一般调整方法是松开分电器壳体固定螺栓,将分电器轴按顺时针或逆时针方向转动少许,直至调好点火正时。

使用点火正时灯检查点火正时的步骤如下。

如图18-5-1所示,查找并验证飞轮或曲轴前端带轮上1缸压缩终了上止点标记和点火提前角标记,擦拭使之清晰可见,如标记不清晰,最好用粉笔或油漆将标记描白。

将点火正时灯(如图18-5-2所示)正确连接到汽车发动机上,将传感器中央连接在1缸高压线上。

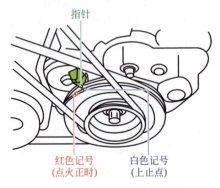

图18-5-1　点火正时记号

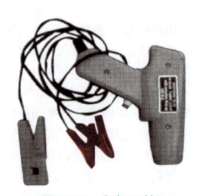

图18-5-2　点火正时灯

启动发动机至正常工作温度状态，保持在怠速下稳定运转。打开正时灯并对准正时标记，调整正时灯电位器，使正时标记清晰可见，就如同固定不动一样。此时表头读数即发动机怠速运转时的点火提前角。用同样的方法分别测出不同工况、转速时的点火提前角并记录。

二、点火正时调整

1. 静态调整

为了保证发动机气缸中的混合气在正确的时间被点燃，在往发动机上安装分电器总成和更换燃油品种时，要靠人工调整起始的点火提前角，这一工作通常被称为"点火正时"。点火正时就是点火系统的高压电火花准时点着发动机气缸内的混合气。调整点火正时是在将分电器安装到发动机上时，通过调整和校正点火时机，使点火系统的高压电火花能准时点着气缸内的混合气。

2. 动态调整

发动机运转过程中旋松分电器固定螺钉，点火过早时，顺着分电器轴旋转方向转动分电器壳体；点火过迟时，则反向转动分电器壳体。

注意：

点火正时的调整实质是使点火系统的分电器中的配电器的配电与发动机配气机构中的进气的工况相一致，以达到使发动机正常工作的目的。在现代汽油发动机主流配置的无分电器点火系统中，由于取消了机械配角，各缸高压电的分配全部由发动机电脑来完成，因此，无分电器点火系统不需要再进行点火正时的调整。

三、点火正时故障维修案例

案例1：

❶ 故障现象。一辆行驶了5万千米的捷达王轿车（采用20气门发动机），在发动机大修后出现燃油消耗量增加、动力不足的故障。

❷ 故障诊断。用修车王故障检测仪检测，测得的故障内容为霍尔式传感器G40不良，但更换了霍尔式传感器后，该故障仍没有排除，而且在清除故障码后，只要启动发动机，用修车王故障检测仪就能调出上述故障内容。检查发动机的其他部分没有发现什么问题。启动发动机，查看数据流，发现点火提前角低于规定值；检查正时带，安装没有问题。怀疑正时链条安装错误，于是打开气门室盖，检查正时链条的安装情况，这时发现在凸轮轴正时齿轮上的两个记号中间的链节不是规定的16个而是15个，即少了一个链节。

❸ 故障排除。将正时链条重新装配后，用修车王故障检测仪检测，出现一个关于霍尔式传感器040偶发性故障的故障码。将其清除后，该故障码不再出现。试车后上述故障现象消失。

案例2：

❶ 故障现象。一辆捷达王轿车（采用20气门发动机），在分解气缸盖和清理积碳后，

出现发动机工作时噪声特别大的现象。

❷ 故障诊断。经仔细判断，噪声来自发动机气缸盖部分，用修车王故障检测仪检测，调得了一个关于霍尔式传感器 G40 故障的故障码；查看数据流，发现点火提前角与规定值相差很多。这说明发动机正时部分有问题，检查正时带，没有错位。打开气门室盖检查正时链条，这时发现在凸轮轴正时齿轮上的两记号间的链节是 17 个，而不是规定的 16 个。

❸ 故障排除。将正时链条重新安装正确后试车，发动机工作正常。用修车王故障检测仪清除故障码，并让发动机运转几分钟后再次调取故障码，修车王故障检测仪显示系统正常。

四、桑塔纳轿车点火正时的校正

校正桑塔纳轿车点火时间的具体步骤如下：

❶ 转动曲轴，使一缸活塞位于压缩上止点位置，此时，飞轮上的上止点刻线与变速器观察孔指针对齐，正时齿轮带轮上的标记与气门室盖底面平齐，机油泵驱动轴端的扁形缺口与曲轴中心线平行。

❷ 将分电器插入安装孔中，并确保分电器下轴与联轴器完全啮合，逆时针转动分电器外壳使转子叶片刚刚进入霍尔元件空气隙，固定分电器外壳（正常情况下，分火头应与外壳上厂方所打的记号对正）。

❸ 记住分火头朝向，盖上分电器盖，以分火头所指的旁插孔为第 1 缸，按 1→3→4→2 顺时针打好分缸线，并把中央高压线及霍尔式传感器插好。

❹ 启动发动机，检查校正效果。在发动机冷却液温度正常，转速为（850±50）r/min 时，拔下并堵塞分电器真空管，其点火提前角应为 6°±1°。如果不符合要求，可转动分电器外壳，使之达到规定值。校正后，应紧固分电器压板螺钉，装好分电器真空管。

❺ 点火正时的路试。在平路、4 挡、热车情况下，若在车速为 50km/h 时急踩加速踏板有轻微爆震声，而车速达到 70km/h 后爆震声消失，则说明正时恰当。

❻ 点火提前角的微调。旋松分电器压板上的固定螺栓，将分电器壳体顺时针转动则点火时间推迟，逆时针转动则点火时间提前。

五、CA6102 型发动机点火正时调校

根据经验总结两种点火正时的校正方法。

方法一： 拆下气门室盖，顺时针慢慢摇转曲轴，用手捏住 6 缸进气门推杆，在推杆由能自由转动到不能转动这一瞬间，停止摇动曲轴，此时 1 缸处于压缩上止点位置（观察点火正时记号是否对正，以确保其准确性）。分火头所对的分电器盖的旁插孔即为 1 缸分缸线的位置，然后按 1→5→3→6→2→4 的点火顺序顺时针插好分缸线即可。

方法二： 拆下分电器，顺时针摇转曲轴，观察分电器机油泵驱动轴（俗称过桥），当上端切槽与缸体平行，且小半圆朝里（靠近缸体）时，停止转动曲轴，装上分电器，此时分火头所对的分电器盖的旁插孔即为 1 缸或 6 缸分缸线的位置。我们先把它当做是 1 缸，如果试车时排气管"放炮"，则把分缸线 1、6 对调，2、5 对调，3、4 对调即可。

第十九章 汽油机燃料供给系统拆装与检修

第一节 汽油机燃料供给系统总体拆装

1. 燃油供给系统的拆装

以桑塔纳 2000GSi 型轿车发动机的电控燃油供给系统为例。

① 拆下蓄电池接地线,放出汽油箱中的汽油。
② 放掉发动机的冷却液,并将冷却液存放在适当的容器中,以备再用。
③ 释放燃油供给系统的压力。
④ 拆下怠速调节器组件并进行分解。
⑤ 拆下燃油分配管组件并进行分解。
⑥ 拆下节气门组件并进行分解。

注意事项:

① 为了安全起见,进行燃油供给系统的拆装前应先拆下蓄电池接地线。
② 燃油供给系统有一定的压力,在打开系统之前先在开口处放置抹布,然后小心地松开接头以放出压力。
③ 将拆下的零件放置在干净的地方并覆盖,不要使用带纤维的布。
④ 安装时一定要更换新的 O 形密封圈。

2. 汽油箱的拆装

汽油箱的结构如图 19-1-1 所示。其拆装过程如下:

① 在点火开关断开的情况下,拔下蓄电池的接地线。
② 使用专用设备抽取汽油箱内的汽油,使汽油箱内汽油的容量不能超过 2/3。
③ 旋下位于行李箱内地毯下的燃油密封凸缘。

❹ 拔下导线插头。
❺ 打开加油口盖板，撬出环绕在加油口颈部的橡胶件系统的夹环，将橡胶件推入。
❻ 旋下在车底部的加油颈口固定螺栓。
❼ 拔下位于车辆底部的进油管、回油管和通气管。
❽ 将托架放置在汽油箱下。

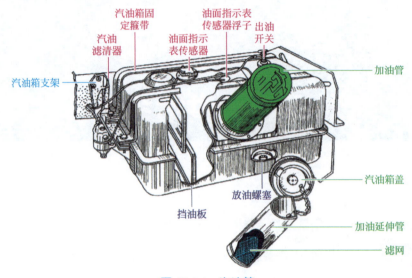

图 19-1-1　汽油箱

 注意：

不要使皮肤接触汽油，操作时要带防护手套。

▶ 3. 汽油滤清器的拆装

❶ 可拆式汽油滤清器，其拆装过程如下：
a. 拧松汽油滤清器总成上的紧固螺母，同时扶住沉淀杯，将汽油滤清器总成从发动机上拆下。
b. 取下汽油滤清器，拧松沉淀杯，取下沉淀杯。
c. 拧下滤芯紧固螺栓，取下滤芯上的密封圈、滤芯、滤芯下的密封圈。
d. 取下沉淀杯密封圈，拆下进、出油管接头。
e. 检查滤芯和各种密封圈的状况，清洗滤芯和各油道，若损坏应及时更换。
f. 装合汽油滤清器时，应按上述拆卸的相反顺序进行，特别注意密封圈的安装，以确保汽油滤清器的正常工作。

❷ 不可拆式汽油滤清器的更换。现代轿车上一般都是使用不可拆式汽油滤清器，应整体更换。桑塔纳 2000GSi 轿车汽油滤清器更换的步骤如下：
a. 松开车辆底部汽油滤清器托架紧固螺栓，取下汽油滤清器托架。
b. 松开夹箍，拔下汽油滤清器的油管。

c. 取下汽油滤清器。
d. 安装上新的汽油滤清器。

注意事项：
a. 在拔下汽油滤清器的油管时，应注意使用一块抹布以防止剩余的汽油滴落。
b. 在安装新的汽油滤清器时，应注意汽油滤清器上箭头应该指向汽油的流向。
c. 更换汽油滤清器后，一般应更换新的 O 形密封圈。

视频精讲

4. 燃油压力调节器的拆装

燃油压力调节器如图 19-1-2 所示。

以桑塔纳 2000GSi 轿车燃油压力调节器为例，其拆装步骤如下（如图 19-1-3 所示）：

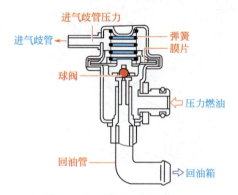

图 19-1-2　燃油压力调节器　　　　图 19-1-3　燃油压力调节器的拆装

① 按要求拆下节气门体。
② 卸下燃油分配管上的发动机线束固定螺栓，把线束与燃油分配管脱开。
③ 拔下 4 个喷油器的导线插接器。
④ 拆下燃油压力调节器上的真空软管和燃油回流软管。
⑤ 卸下燃油分配管固定螺栓，并拆下燃油分配管。
⑥ 卸下燃油压力调节器的卡簧，然后拆下调节器并从调节器上拆下 O 形圈。
⑦ 按拆卸的相反顺序进行燃油压力调节器的安装。

注意事项：
① 在安装时，要在新 O 形圈上涂一层润滑油。
② 应对所有拆卸零件进行清洗，避免污染汽油。

5. 电磁喷油器的拆装

以桑塔纳 2000GSi 轿车 AJR 发动机的电磁喷油器为例。
拆装过程如下：

（1）电磁喷油器的拆卸

① 释放燃油供给系统油压。
② 拆下蓄电池负极接地线。
③ 拔下各缸喷油器线束插头。
④ 拔下连接在燃油分配管上的进油管和回油管。

视频精讲

❺ 拔下燃油压力调节器上的真空软管，拆下燃油压力调节器。

❻ 拧下燃油分配管的固定螺栓，将燃油分配管和喷油器一同拆下。

❼ 从燃油分配管上取下 4 个喷油器并从汽油滤清器喷油器上拆下 O 形密封圈及橡胶密封圈。

注意事项： 对于上方供油式喷油器，可从燃油分配管中拔出喷油器；对于侧方供油式喷油器，在拆下燃油分配管后，一般按照维修手册指定的方法将喷油器从燃油分配管中拆下；有些车型在拆卸喷油器时，应先拆除发动机上方影响喷油器拆卸的油管零件，如进气管、节气门体等，才能按上述步骤拆卸喷油器。

（2）电磁喷油器的安装

❶ 如图 19-1-4 所示，将喷油器安装在燃油分配管上。

❷ 在将喷油器装入燃油分配管时应不断转动喷油器，以免损坏 O 形密封圈。

❸ 在进气歧管的喷油器孔上安放好橡胶密封圈，将喷油器和燃油分配管一同装在发动机上，拧紧燃油分配管固定螺栓。

❹ 用手转动喷油器，检查是否能平顺地转动。

❺ 安装进油管和回油管，插上燃油压力调节器真空软管，插好各喷油器线束插头。

❻ 按与拆卸相反的顺序安装进气管等其他零件。

❼ 预置燃油供给系统压力，检查有无漏油。

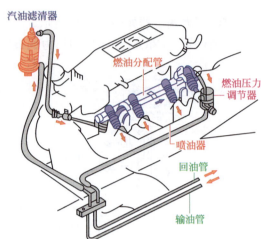

图 19-1-4 电磁喷油器的安装

注意事项： 安装时应更换所有的 O 形密封圈，并在 O 形密封圈上涂上少量干净的汽油或润滑油；如果喷油器不能用手转动，说明 O 形密封圈安装不当，应拆下喷油器重新安装。

第二节　汽油机燃料供给系统检测

一、燃油压力检测

1. 燃油压力检测条件

油泵继电器正常工作，燃油泵正常工作，燃油滤清器正常，蓄电池电压正常，且必须在怠速及发动机高转速下进行。

2. 燃油系统油压不足或油压过高原因

若是油压不足，其原因有：

① 管接头或管子渗漏；
② 燃油滤清器过脏；
③ 燃油泵不良；
④ 蓄电池电压不足；
⑤ 燃油压力调节器损坏。

若是油压过高，其原因是燃油压力调节器损坏。

视频精讲

3. 燃油系统燃油压力的检测方法

桑塔纳 2000GSi 实车一辆或 AJR 发动机试验台一台、常用拆装工具、燃油压力表（V.A.G1318 及接头 V.A.G1318/10）、实训手册，具体检测方法见表 19-2-1。

表 19-2-1　燃油系统燃油压力的检测方法

检测项目	检测方法
关闭发动机，拧开油箱盖	关闭点火开关，使点火钥匙处于"ACC"位置，打开油箱盖
启动发动机，维持运转	在发动机运转时，拔下油泵继电器或油泵的电源接线，使整个燃油系统不能工作，使发动机自行熄火
再次启动发动机	再启动发动机 2～3 次，即可完全释放系统压力
关闭点火开关，接线	关闭点火开关，装上油泵继电器、燃油泵电源接线
连接燃油压力表	将压力表安装在燃油分配管的供油管上，打开燃油压力表开关，需要用专用接头（压力表 V.A.G1318 及接头 V.A.G1318/10）
启动发动机，急速运转，检测油压	急速时，AJR 发动机系统标准压力为：拔下油压调节器真空管为（300±20）kPa；不拔真空管为（250±20）kPa
加油，看油压变化	接上真空管，加油，燃油压力表指针应在 280～300kPa 范围内跳动
关闭点火开关，保压测试	关闭点火开关，10min 后，燃油保持压力应大于 150kPa。如保持压力小于 150kPa，启动发动机，急速运转。当燃油压力建立起来后，关闭点火开关，同时关闭燃油压力表开关，继续观察压力表指针是否下降
拆下燃油压力表，连接好原燃油管道	释放燃油压力，用抹布包裹连接接头，慢慢松开放压，拆开燃油压力表检测系统，重新接回原来的燃油管道
检测泄漏	启动发动机，测试各连接管有无渗漏
整理燃油压力表	将燃油压力表检测系统内的汽油放出擦干，结束操作

二、燃油泵供电电压检测

桑塔纳 2000GSi 实车一辆或 AJR 发动机试验台一台、常用拆装工具、KT600 诊断仪、数字万用表、实训手册。具体检测方法见表 19-2-2。

表 19-2-2　燃油泵供电电压的检测方法

检测项目	检测方法
断开燃油泵插接器	关闭点火开关，断开燃油泵插接器
检测供电电压	将万用表置于直流 20V 挡，将点火开关置于"ON"位置，启动发动机时，检测 G6/4 与车身搭铁之间的电压，应为 9～12V

三、燃油泵熔丝（保险丝）检测

桑塔纳 2000GSi 实车一辆或 AJR 发动机试验台一台、常用拆装工具、KT600 诊断仪、数字万用表、实训手册。具体检测方法见表 19-2-3。

表 19-2-3　燃油泵熔丝的检测方法

检测项目	检测方法
外观检查	用熔丝拉拔器拔下 S5 熔丝，观察是否被烧断、熔化等
熔丝电阻的检测	将万用表置于 200Ω 挡，检测熔丝两端子之间的电阻值，应小于 1Ω
熔丝供电的检测	将万用表置于直流 20V 挡，点火开关置于"ON"位置的同时，检测熔丝供电电压，即测量熔丝插座 S5 与搭铁之间的电压值，应为 12V 左右
燃油泵供电线导通性的检测	关闭点火开关，拔下熔丝和燃油泵插接器。将万用表置于 200Ω 挡，检测熔丝 S5 插座与燃油泵插接器插头端子 4 之间线束的电阻值，应小于 1Ω

四、燃油泵继电器检测

桑塔纳 2000GSi 实车一辆或 AJR 发动机试验台一台、常用拆装工具、KT600 诊断仪、数字万用表、实训手册。具体检测方法见表 19-2-4。

表 19-2-4　燃油泵继电器的检测方法

检测项目	检测方法
测量油泵继电器常相线是否有供电	蓄电池连接良好，点火开关置于"ON"位置，万用表置于直流 20V 挡，检测油泵继电器插座 J17/2 端子对地的电压值，应为 12V 以上
油泵继电器吸引线圈供电检测	打开点火开关，万用表置于直流 20V 挡，检测油泵继电器插座端子 J17/4 与搭铁之间的电压值，应为 12V 以上
油泵继电器本身好坏的检测	点火开关置于"ON"的瞬间，应能听到继电器内部"啪"的响声
	关闭点火开关，取下油泵继电器。端子 86 和 85 分别接蓄电池正极和负极。万用表置于 200Ω 挡，检测端子 87 与 30 之间的电阻值，应接近 0。如为无穷大，说明油泵继电器有故障
	关闭点火开关，拔下油泵继电器。万用表置于 200Ω 挡，检测油泵继电器端子 85 与 86 之间的电阻值，大小应为 70～90Ω
油泵继电器控制线的检测	断开蓄电池负极，断开 ECM 插接器，拔下油泵继电器。万用表置于 200Ω 挡，检测 ECM 插接器端子 T80/4 与油泵继电器插座端子 J17/6 之间的电阻值，应接近 0

五、电动燃油泵检测

1. 就车检测条件

就车检测燃油泵工作状态和供油量，应保证蓄电池电压正常，燃油泵熔丝正常，燃油滤清器正常。

2. 电动燃油泵的组成及工作情况

（1）组成

电动燃油泵由永磁式直流电动机、燃油泵、限压阀、单向阀和壳体等组成，如图 19-2-1 所示。

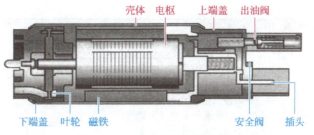

视频精讲

图 19-2-1 电动燃油泵结构图

（2）工作情况

❶ 点火开关一旦接通，电动燃油泵就会工作 1～2s。此时，如果发动机转速高于 30r/min，电动燃油泵连续运转；如果发动机转速低于 30r/min，那么即使点火开关接通，电动燃油泵也会停止运转。

❷ 当点火开关接通时，直流电动机电路接通，电枢受电磁力的作用而开始转动，燃油泵转子便随电动机一同转动，将燃油从油箱经输油管和进油口泵入燃油泵。当燃油泵内的油压超过单向阀处的弹簧压力时，燃油便从出油口经输油管泵入供油总管，再分配给各个喷油器。

❸ 当燃油泵停止工作时，在燃油泵出口单向阀处弹簧压力的作用下，单向阀将阻止燃油回流，使供油系统中保存的燃油具有一定压力，以便于发动机再次启动。

❹ 当燃油泵中的燃油压力超过规定值（一般为 320kPa）时，油压克服泵体上限压阀弹簧的压力将限压阀顶开，部分燃油返回到进油口一侧，使油压不至于过高而损坏燃油泵。

3. 电动燃油泵的检测方法

桑塔纳 2000GSi 实车一辆或 AJR 发动机试验台一台、常用拆装工具、燃油压力表 V.A.G1318、接头 V.A.G1318/10、接口 V.A.G1318/11、软管 V.A.G1318/1、插头导线 V.A.G1348/3-2、遥控器 V.A.G1348/3A、测试线、万用表、量杯、实训手册，具体检测方法见表 19-2-5。

表 19-2-5 电动燃油泵的检测方法

检测项目		检测方法
电动燃油泵工作状况的检测	接通点火开关，听燃油泵声响	应该能够听到燃油泵启动的声音
	如燃油泵没启动，则关闭点火开关，连接线路	此时从中央接线板上拔下油泵继电器，使用插头导线 V.A.G1348/3-2 将遥控器 V.A.G1348/3A 接到油泵继电器的触点和蓄电池正极端子上
	启动发动机，观察燃油泵的工作情况	如果燃油泵不工作，应检查油泵继电器

续表

检测项目		检测方法
电动燃油泵工作状况的检测	检测油泵继电器	检查前应确保蓄电池电压正常、燃油泵熔丝正常。用测试线短接测试盒上的端子2和4，接通点火开关，油泵继电器应有动作声。否则检查油泵继电器线路，如果线路正常，更换油泵继电器 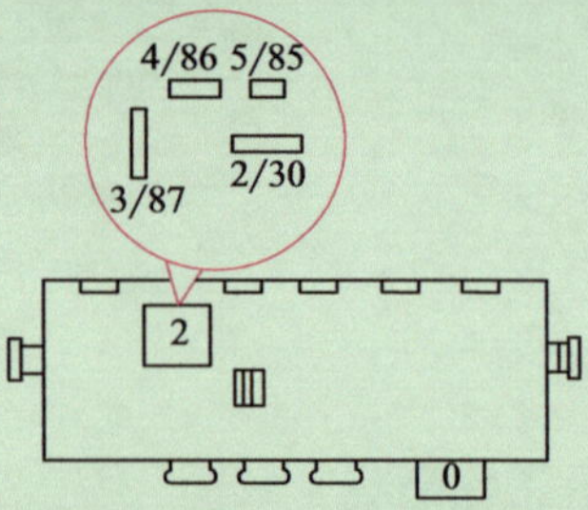
	如继电器良好，但燃油泵仍不工作，测量燃油泵导线端子电压	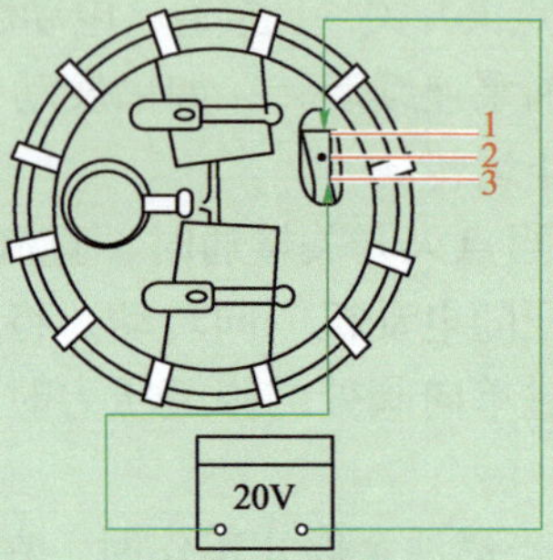 打开行李舱饰板，从密封凸缘拔下3个端子的导线插头。启动发动机，用万用表测量导线端子1和3之间的电压。电压额定值约为蓄电池电压（12V左右） 万用表直流20V挡 燃油泵线束插头1、3端子电压的检测
	若电压额定值没达到，则检查测量点前的电路故障	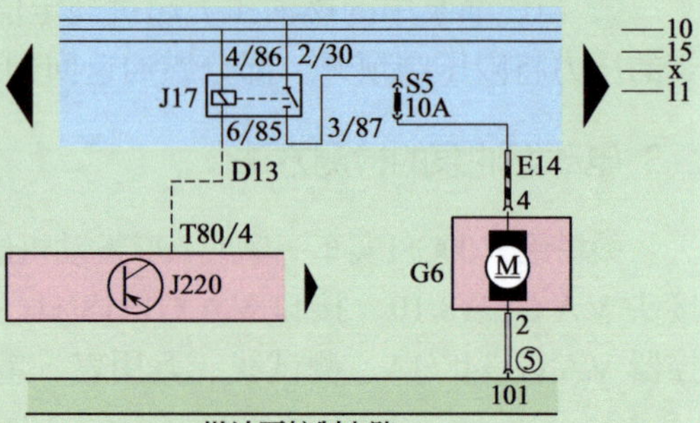 根据电路图查找并消除电路中的电路故障 燃油泵控制电路
	如达到额定电压值，检测密封凸缘和燃油泵之间的导线	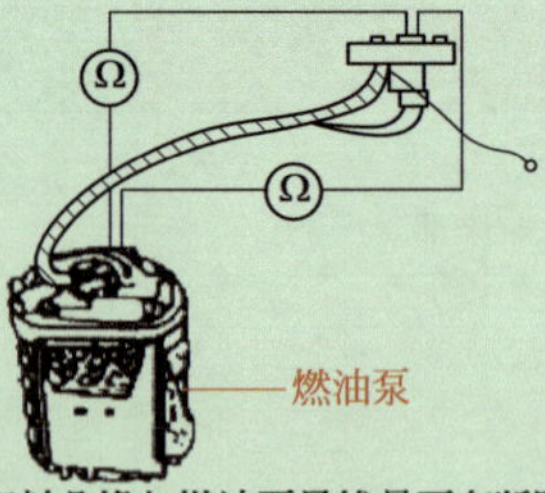 旋下密封凸缘紧固螺母，检测密封凸缘和燃油泵之间的导线是否有断路故障 检测密封凸缘与燃油泵导线是否有断路故障
	如无断路故障，检测燃油泵本体	拆下燃油泵，测量燃油泵两端子之间的电阻，应为2～3Ω
	直接用蓄电池给燃油泵通电检测	应能听到燃油泵电动机高速旋转的声音（注意通电时间不能过长），否则更换燃油泵
电动燃油泵供油量的检测	关闭点火开关	连接电器线路时，不能带电操作，否则可能会损坏用电设备

续表

检测项目	检测方法
电动燃油泵供油量的检测 — 接线	使用插头导线 V.A.G 1348/3-2 将遥控器 V.A.G1348/3A 接到油泵继电器的触点和蓄电池正极端子上
从燃油分配管上拔下输油管	供油系统是有压力的，在拔下输油管之前，先在开口处放置抹布，然后小心地松开接头，以释放压力
连接燃油压力表，打开压力表截止阀	将压力表 V.A.G1318 及接头 V.A.G1318/10 连接到输油管上；将软管 V.A.G1318/1 接到压力表的接口 V.A.G1318/11 上，并伸到量杯内，使输油管与量杯接通
缓慢关闭截止阀，积蓄油压	此阀由A—B缓慢关闭，使压力达到0.3MPa
排出油量与额定值比较	30s内量杯集油量
连接原油路，试车检漏	

六、喷油器检测

喷油器接收发动机控制单元送来的喷油脉冲信号，将计算精确的燃油喷入进气歧管内。

喷油量的多少只与喷油时间的长短有关，与其他因素无关。而喷油时间的长短只取决于喷油脉冲信号的宽度。当喷油器发生阻塞、滴漏等故障时，发动机控制单元不能检测，必须人工检查及排除。

喷油器的结构与连接电路如图 19-2-2 所示。ECU 控制 4 个喷油器顺序开启（与点火顺序相对应：1—3—4—2）。喷油器的供电来自油泵继电器，当 ECU 接通喷油器的搭铁线后，喷油器开启喷油。喷油量只取决于 ECU 控制的喷油器开启时间的长短。

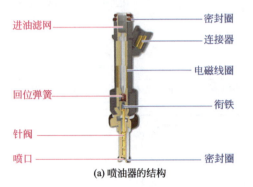 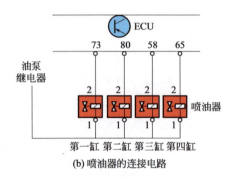

图 19-2-2　喷油器的结构与连接电路

下面以桑塔纳 2000GSi 实车一辆或 AJR 发动机试验台一台、常用拆装工具、插头导线 V.A.G1348/3-2、遥控器 V.A.G1348/3A、测试线、万用表、量杯、二极管测试灯、实训手册说明具体检测方法，见表 19-2-6。

表 19-2-6　喷油器的检测方法

检测项目	检测方法	检测项目	检测方法
接触检测	发动机运转时，用手指接触喷油器，应可察觉喷油脉动	喷油器滴漏检测	拔下燃油压力调节器上的真空管和喷油器插头及凸轮轴位置传感器插头，从进气歧管上拆下燃油分配管连带 4 个喷油器，将 4 个喷油器头部放入 4 个量杯内，把喷油器的一个触点与 V.A.G1594 测试线连接，测试线另一端夹住发动机接地点，把喷油器的另一个触点与 V.A.G1348/3A 遥控器、V.A.G1348/3-2 相配的导线连接，导线另一端夹住蓄电池的正极。使燃油泵运转，目测每个喷油器的滴漏。燃油泵运转时，每个喷油器在 1min 内允许滴油 1～2 滴。否则更换喷油器
听觉检测	将喷油器两个接线端子通 12V 电压时，应可听到接通和断开的声音。注意通电时间不能超过 4s，再次试验应间隔 30s，以防烧坏发热喷油器		
检测喷油器电阻值	拔下喷油器导线插接器，将万用表调至 200Ω 挡，测量喷油器两个接线端子间的电阻，阻值应该为 13～18Ω，发动机处于正常工作温度时，电阻值会增加 4～6Ω。如果阻值不符，应更换喷油器		
检测喷油器控制端	拔下喷油器插头端子，将 LED 测试灯连接到喷油器插头两端子之间。启动发动机时，测试灯会闪亮，说明传感器和 ECU 无问题；若测试灯不亮，说明线路、传感器或 ECU 有故障，需检查线路、曲轴位置传感器、凸轮轴位置传感器和 ECU		
检测喷油器供电电压	打开点火开关时，端子 1 对地电压应等于蓄电池电压。如果符合要求（应为 12V），则应检查端子 1 到附加熔丝 S 间的线路有无断路或接触不良		

续表

检测项目	检测方法
喷油量检测	关闭点火开关 2s 后再打开。按 V.A.G1348/3A 遥控器的按钮 30s，测量喷油器喷油量，规定值为 70～80mL/30s，各喷油器喷油量误差为 5mL，如不符合要求，检查燃油压力或喷油器，同时可以观察喷射形状

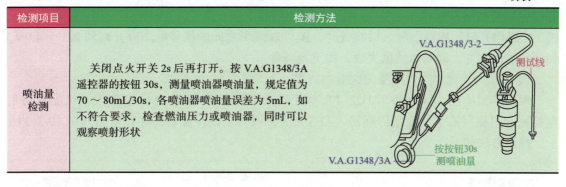

第三节　汽油机燃料供给系统维修

一、传感器检修

1. 空气流量传感器的检修

（1）热线式与热膜式空气流量传感器的检修

各型热线式与热膜式空气流量传感器的检修方法基本相同，现举例说明。

❶ 检查传感器的电源电压。检测电源电压时，拔下传感器线束插头，接通点火开关，用万用表直流电压挡检测传感器插座上电源端子与搭铁端子之间的电压。检测捷达 AT、GTX 型轿车空气流量传感器时，拔下传感器上的 5 线连接器插头，如图 19-3-1 所示，接通点火开关，检测线束插头上端子"2"与发动机缸体之间的电压：规定值应不低于 11.5V。如电压为零，说明燃油泵继电器触点未闭合或电源线路断路，需要检修燃油泵继电器或电源线路。

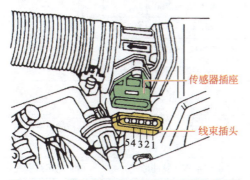

图 19-3-1　捷达轿车空气流量传感器的检测

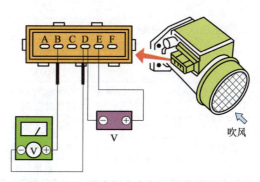

图 19-3-2　日产轿车空气流量传感器的检测

❷ 检查传感器的信号电压。检查信号电压时，拔下传感器线束插头，将蓄电池正、负极分别与传感器插座上的电源端子和搭铁端子连接，用万用表直流电压挡测量信号输出端的电压；当向传感器空气入口吹气时，信号电压应随之升高。检测日产千里马（MAXIMA）轿车 VG30E 型发动机用热线式空气流量传感器的方法如下：将蓄电池正极与

插座上电源端子 E 连接，蓄电池负极与插座上搭铁端子 D 连接，如图 19-3-2 所示，此时用万用表测量信号输出端子 B 与 D 端子之间的信号电压，应为 1.6V±0.5V；用 450W 电吹风机（冷风挡）向传感器空气入口吹气时，B 与 D 端子之间的信号电压应升高到 2.0～4.0V。如信号电压不变，说明传感器失效，应更换新件。

（2）卡门旋涡式空气流量传感器的检修

现以丰田凌志 LS400 轿车 1UZ–FE 型发动机和皇冠 3.0 轿车 7M-GE 型发动机配装的光电检测卡门旋涡式空气流量传感器（AFS）为例说明。该传感器的原理电路如图 19-3-3 所示，检修方法如下：

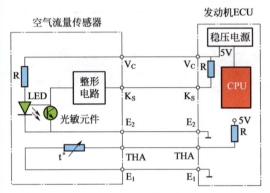

图 19-3-3　丰田轿车卡门旋涡式 AFS 原理电路　　图 19-3-4　丰田轿车卡门旋涡式 AFS 的检测

❶ 静态检测。拔下空气流量传感器线束插头，用万用表电阻挡测量传感器插座上端子"THA"与"E_2"之间进气温度传感器的阻值，如图 19-3-4 所示，检测结果应当符合表 19-3-1 的规定。如阻值不符，则须更换传感器。

表 19-3-1　丰田凌志 LS400 型和皇冠 3.0 型轿车用旋涡式 AFS 检修参数

检测对象	端子名称	检测条件	标准参数	备 注
进气温度传感器	THA-E_2	−20℃	1000012～2000012	—
		0℃	400012～700012	—
		+20℃	200012～300012	—
		+40℃	90012～130012	—
		+60℃	40012～70012	—
进气温度传感器	THA-E_2	急速 进气温度 20℃	0.5～3.4V	—
空气流量传感器	VC-E_1	点火开关接通	4.5～5.5V	检测电源电压
	KS-E	点火开关接通	4.5～5.5V	检测信号电压
		急速	2.0～4.0V（脉冲形式）	信号电压跳跃变化

❷ 动态检测。将传感器线束插头与插座插好，用万用表直流电压挡测量传感器连接器端子"THA"与"E_2"、"V_C"与"E_1"和"KS"与"E_1"之间的电压，应当符合表 19-3-1 规定。如检测结果与标准电压值不符，则应检查传感器与 ECU 之间的线束是否断路；如线束良好，则拔下传感器插头并接通点火开关，检测电源端子"V_C"与"E_1"和信号输入端子"KS"与"E_1"之间的电压，如均为 4.5～5.5V，说明 ECU 工作正常，应当更换流量传感

器，如电压不为 4.5～5.5V，说明 ECU 故障，应检修或更换 ECU。

2. 曲轴与凸轮轴位置传感器的检修

（1）磁感应式曲轴与凸轮轴位置传感器的检修

❶ 丰田轿车曲轴与凸轮轴位置传感器的检修。

各型磁感应式传感器的检测方法基本相同，丰田计算机控制系统（TCCS）采用的磁感应式曲轴与凸轮轴位置传感器的检修方法如下：

a. 检测传感线圈电阻值。拔下传感器线束插头，其插座上各端子排列位置如图 19-3-5（a）所示。用万用表电阻挡（指针式万用表拨到 R×1 挡，数字式万用表拨到 OHM×200 挡）检测各端子间的电阻值，应当符合表 19-3-2 的规定，阻值不符则需更换传感器总成。

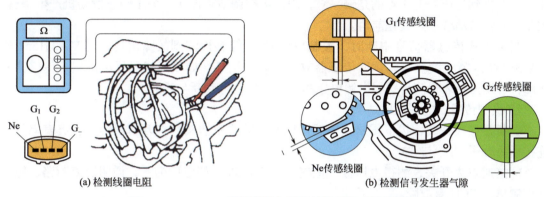

图 19-3-5　TCCS 系统曲轴与凸轮轴位置传感器的检修

b. 检测传感器磁路气隙。用非导磁厚薄规测量信号转子与传感线圈磁头之间的气隙，如图 19-3-5（b）所示，气隙应为 0.2～0.4mm，气隙不符则需更换传感器总成。

表 19-3-2　曲轴位置传感器传感线圈的电阻值

端子名称	检测状态	电阻值/Ω	端子名称	检测状态	电阻值/Ω
Ne-G_	冷态	155～250	G_1–G_	热态	160～235
	热态	190～290	G_2–G_	冷态	125～200
G_1-G_	冷态	125～200		热态	160～235

❷ 捷达 AT、GTX、桑塔纳 2000GSi 型轿车曲轴位置传感器的检修。

在发动机运行过程中，当磁感应式传感器出现故障导致信号中断时，发动机将立刻熄火而无法运转，电控单元 ECU 能够检测到，利用 V.A.G1551 或 V.A.G1552 故障阅读仪，通过故障诊断插座可以读取此故障的有关信息。

当用万用表电阻 OHM×2kΩ 挡检测传感器信号线圈电阻时，断开点火开关，拔下传感器引线插头，检测传感器插座上端子"1"与"2"之间信号线圈的电阻，应为 450～1000Ω。如阻值为无穷大，说明信号线圈断路，应更换传感器。

检测传感器端子"1"或"2"与屏蔽线端子"3"之间电阻时，阻值应为无穷大，如阻值不是无穷大，则需更换传感器。

检测传感器与控制单元 ECU 之间的线束时，分别检测传感器线束插头端子"1"与控制单元线束插孔"56"、传感器线束插头端子"2"与控制单元线束插孔"63"、传感器线束插头端子"3"与控制单元线束插孔"67"之间的电阻值,其阻值最大不超过1.5Ω,如阻值为无穷大,说明导线断路,需要修理或更换线束。

信号转子凸齿与磁头间的气隙直接影响磁路的磁阻和传感线圈输出电压的高低,因此在使用中,转子凸齿与磁头间的气隙不能随意变动。气隙如有变化,必须按规定进行调整,气隙应在0.2～0.4mm范围内。

(2) 霍尔式曲轴与凸轮轴位置传感器

现以捷达AT、GTX、桑塔纳2000GSi型轿车为例说明霍尔式凸轮轴位置传感器的检修方法。

当霍尔式传感器出现故障而导致信号中断时,发动机会继续运转,也能再次启动。但是,喷油不是在进气门打开时完成,而是在进气门关闭之前完成(即喷油时间增长),由此对混合气品质产生的影响很小,不会影响发动机的总体性能。与此同时,由于控制单元不能判别即将到达压缩上止点的是哪一缸,因此爆震调节将停止。为了防止发动机产生爆震,控制单元将自动减小点火提前角。

当霍尔式传感器信号中断时,控制单元ECU能够检测到故障信息,用V.A.G1551或V.A.G1552故障阅读仪可以读取传感器故障的有关信息。如故障代码显示霍尔式传感器有故障,可用万用表检测传感器电源电压和导线电阻进行判断与排除。

❶ 检测传感器电源电压。

a.断开点火开关,拔下霍尔式传感器插座上的线束插头,将万用表的正、负表笔分别连接插头端子"1"与"3"。

b.接通点火开关,测得电压标准值应当高于4.5V,如电压为零,说明线束断路、短路或控制单元ECU有故障。

c.断开点火开关,继续检查导线是否短路或断路。

❷ 检测线束导线有无断路和短路故障。

a.在断开点火开关的情况下拔下控制单元线束插头。

b.检查断路故障。将万用表拨到电阻OHM×200Ω挡,两只表笔分别连接传感器插头端子"1"与控制单元插头端子"62"、传感器插头端子"2"与控制单元插头端子"76"、传感器插头端子"3"与控制单元插头端子"67",测得各导线的电阻值应不大于1.5Ω。如阻值过大或为无穷大,说明线束与端子接触不良或导线断路,应修理或更换线束。

c.检查短路故障。万用表仍拨到电阻OHM×200Ω挡,一只表笔连接传感器插头端子"1"(或控制单元插头端子"62"),另一只表笔分别连接传感器插头端子"2"和"3"或连接控制单元插头端子"76"和"67",测得电阻值应为无穷大。如阻值不是无穷大,说明线束导线短路,应更换。

❸ 根据检测结果,判断故障部位。

a.如线束导线无短路或断路故障,且传感器电源电压高于4.5V,说明霍尔式凸轮轴位置传感器故障,应修理或更换传感器。

b.如线束导线无短路或断路故障,但传感器电源电压为零,说明控制单元故障,需要更换控制单元ECU。

▶ 3. 节气门位置传感器的检修

节气门位置传感器的技术状态可用万用表检测,方法如图19-3-6所示。当桑塔纳2000GLi型、2000GSi型,捷达AT、GTX型,红旗CA7220E型轿车和切诺基吉普车电控系统的节气门位置传感器 TPS 发生故障时，发动机 ECU 都能够检测到，并能使发动机进入故障应急状态运行，利用故障阅读仪通过诊断插座可以读取此故障的有关信息。

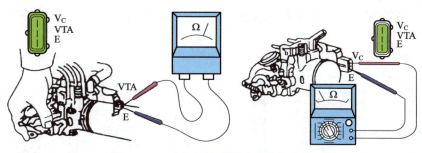

图 19-3-6　节气门位置传感器检修方法

检修触点开关式 TPS 时，可用万用表测量传感器信号输出端子的输出电压和触点接触电阻进行判断。检测输出电压时，将传感器正常连接，接通点火开关，输出电压应为高电平或低电平，且当节气门轴转动时，输出电压应当交替变化（由低电平"0"变为高电平"1"或由高电平"1"变为低电平"0"）。检测触点状态时，拔下传感器线束插头，测量触点接触电阻应小于 0.5Ω，如阻值过大，说明触点烧蚀而接触不良，应修理或更换传感器。

检修可变电阻式 TPS 时，可用万用表检测传感器的电源电压和信号电压。桑塔纳轿车 TPS 的标准参数如表 19-3-3 所示。如电压值不符合表中规定，说明传感器失效，应更换新件。

表 19-3-3　桑塔纳轿车可变电阻式 TPS 标准参数

检测项目	检测条件	检测部位	标准值
TPS 电源电压	接通点火开关	传感器电源端子"1"至负极端子"3"	约为 5V
TPS 信号电压	①节气门关闭 ②接通点火开关	传感器信号输出端子"2"至负极端子"3"	0.1～0.9V
TPS 信号电压	①节气门全开 ②接通点火开关	传感器信号输出端子"2"至负极端子"3"	3.0～4.8V
TPS 正极导线	拔下控制器、传感器插头	控制器"12"端子至传感器插头"1"端子	<0.5Ω
TPS 信号线	拔下控制器、传感器插头	控制器"53"端子至传感器插头"2"端子	<0.5Ω
TPS 负极导线	拔下控制器、传感器插头	控制器"30"端子至传感器插头"3"端子	<0.5Ω

当用万用表电阻 OHM×200Ω 挡检测线束电阻时，断开点火开关，拔下控制器 ECU 线束插头和传感器线束插头，检测两插头上各端子之间导线电阻，应当符合表 19-3-4 的规定。如阻值过大或为无穷大，说明线束与端子接触不良或断路，应修理。

表 19-3-4　桑塔纳 2000GLi 型轿车 MAP 线束的检测标准

检测项目	检测条件	检测部位	标准值
歧管压力传感器正极导线	拔下控制器、传感器插头	控制器 12 端子至传感器插头 3 端子	<0.5Ω
歧管压力传感器信号线	拔下控制器、传感器插头	控制器 7 端子至传感器插头 4 端子	<0.5Ω
歧管压力传感器负极导线	拔下控制器、传感器插头	控制器 30 端子至传感器插头 1 端子	<0.5Ω
进气温度传感器信号线	拔下控制器、传感器插头	控制器 44 端子至传感器插头 2 端子	<0.5Ω

4. 歧管压力传感器的检修

(1) 切诺基（Cherokee）吉普车歧管压力传感器的检修

切诺基吉普车采用的歧管压力传感器安装位置及其电路连接如图 19-3-7 所示。

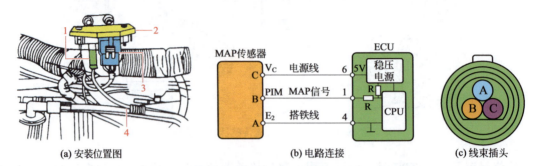

图 19-3-7 切诺基 MAP 传感器安装位置与电路连接
1—真空管接头；2—MAP 传感器；3—线束连接器；4—软管

❶ 检查真空软管连接情况。仔细检查 MAP 的真空软管与节气门体的连接情况，如连接不良或漏气，就会影响传感器性能并直接影响发动机工作，可视情况修理或更换真空软管。

❷ 检测传感器电源电压。当点火开关接通时，检测传感器"C"端子上的电压，应为 4.5～5.5V。如电压为零，再检测 ECU 线束插头"6"端子上的电压，如电压为 4.5～5.5V，说明传感器电源线断路或插头松动。

❸ 检测传感器信号电压。传感器输出的信号电压可用高阻抗数字式万用表直流电压挡进行检测。传感器插座上有"A""B""C"三个端子，当点火开关接通、发动机未启动时，检测输出端子"B"上的电压应为 4～5V；当发动机热机怠速运转时，"B"端子电压应下降到 1.5～2.1V；当节气门开度增大时，"B"端子电压应逐渐升高。如检测 ECU 线束插头"1"端子上的电压，则应与"B"端子电压相同。如检测结果不符合规定，说明传感器信号线断路、插头松动或传感器内部有故障。

❹ 检测传感器负极导线连接情况。用万用表电阻 OHM×200 挡检测传感器"A"端子与发动机缸体之间的电阻值，应当小于 0.5Ω。如阻值过大，说明传感器负极导线断路或 ECU 插头连接不良。

(2) 桑塔纳 2000GLi 型轿车歧管压力传感器的检修

在发动机运行过程中，当歧管压力传感器出现故障时，发动机电控单元能够检测到，并能使发动机进入故障应急状态运行，利用一汽大众公司提供的 V.A.G1551 型专用故障阅读仪或 V.A.G1552 型专用系统测试仪，通过故障诊断插座可以读取此故障的有关信息。故障阅读仪和系统测试仪统称为故障诊断仪或故障检测仪，专用故障阅读仪 V.A.G1551 与专用系统测试仪 V.A.G1552 的区别在于 V.A.G1551 可以打印有关信息，V.A.G1552 没有打印功能。

当用万用表电阻 R×1 挡检测线束电阻时，断开点火开关，拔下控制器线束插头和传感器线束插头，检测两插头上各端子之间导线电阻是否符合表 19-3-4 的规定。如阻值过大或为无穷大，说明线束与端子接触不良或断路，应修理。

当用万用表直流电压挡就车检测电压时，接通点火开关，检测传感器电源端子导线（传感器端子 3 连接的导线）与搭铁端导线（传感器端子 1 连接的导线）之间的电源电压，应为 5V 左右；当点火开关接通，发动机不启动时，检测传感器输出端导线（传感器端子 4

连接的导线）与搭铁端导线（传感器端子1连接的导线）之间的信号电压，应为3.8～4.2V；当发动机怠速运转时，信号电压应为0.8～1.3V；当加大油门时，信号电压应随油门加大而升高。如信号电压不符合上述规定，说明传感器失效，应更换。

5. 温度传感器的检修

冷却液温度传感器是许多控制功能的修正信号，如喷油量修正、点火提前角修正、活性炭罐电磁阀控制等。如果冷却液温度传感器信号中断，就会导致发动机冷启动困难、油耗增加、怠速稳定性降低、废气排放量增大等。虽然各型汽车采用的温度传感器的阻值各不相同，但是其检修方法基本相同。

检测温度传感器阻值时，断开点火开关，拔下温度传感器插头，拆下温度传感器，将传感器和温度表放入烧杯或加热容器中，如图19-3-8所示。在不同温度下，用万用表电阻挡检测传感器插座上两端子间的电阻值，然后再与标准阻值进行比较。切诺基吉普车用温度传感器的标准阻值见表19-3-5，桑塔纳2000GLi、2000GSi及捷达AT、GTX型轿车用温度传感器的标准阻值见表19-3-6。如阻值偏差过大、过小或为无穷大，说明传感器失效，应更换。

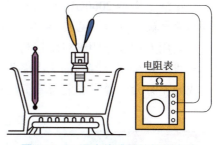

图19-3-8 温度传感器的检测方法

表19-3-5 切诺基吉普车用冷却液温度传感器CTS、进气温度传感器IATS的阻值与温度的关系

温度/℃	阻值/Ω		温度/℃	阻值/Ω	
	最小	最大		最小	最大
-40	291490	381710	50	3330	3388
-20	85850	108390	60	2310	2670
-10	49250	61430	70	1630	1870
0	29330	35990	80	1170	1340
10	17990	21810	90	860	970
20	11370	13610	100	640	720
25	9120	10880	110	480	540
30	7370	8750	120	370	410
40	4900	5750			

表19-3-6 桑塔纳2000GLi、2000GSi及捷达AT、GTX型轿车CTS、IATS阻值与温度的关系

温度/℃	阻值/Ω	温度/℃	阻值/Ω
-20	14000～20000	50	720～1000
0	5000～6500	60	530～650
10	3300～4200	70	380～480
20	2200～2700	80	280～350
30	1400～1900	90	210～280
40	1000～1400	100	170～200

6. 氧传感器的检修

检修氧传感器主要是检查加热元件和信号电压变化频率是否正常。检测氧传感器信号

电压变化的频率时，高、低电平之间变化应不低于 10 次 /min。

（1）桑塔纳 2000GLi 型轿车氧传感器的检修

当桑塔纳 2000GLi 型轿车的氧传感器出现故障时，发动机 ECU 检测不到故障信息，但发动机仍能以开环控制方式继续运转。因为 ECU 接收不到氧传感器信号来调节混合气浓度，所以发动机不能工作在最佳状态，排气中有害气体的含量以及发动机的燃油消耗量将增加。利用 V.A.G1551 故障阅读仪，通过诊断插座可以读取氧传感器的工作参数和获取氧传感器的故障信息。

检修桑塔纳 2000GLi 型轿车的氧传感器时，可用万用表就车检测传感器的加热电源电压和信号输出电压，见表 19-3-7。如电压值不符合表中规定，说明传感器失效，应更换。

当用万用表电阻 R×1Ω 挡检测线束电阻时，断开点火开关，拔下控制器线束插头和传感器线束插头，检测两插头上各端子之间导线电阻，应当符合表 19-3-7 的规定。如阻值过大或为无穷大，说明线束与端子接触不良或断路，应修理。

表 19-3-7　桑塔纳 2000GLi 型轿车氧传感器 EGO 的检测

检测项目	检测条件	检测部位	标准值
EGO 电源电压	发动机启动并怠速运行	检测传感器两根白色导线间的电压	12～14V
EGO 信号电压	发动机启动并怠速运行	检测传感器灰色导线与白色导线间的电压	交替显示 0.1V 与 0.9V
模拟故障检测 EGO 信号电压	①发动机启动并怠速运行 ②拔下油压调节器真空软管并将调节器管口密封	检测传感器灰色导线与白色导线间的电压	显示 0.9V 短时稳定，然后开始摆动
加热元件电阻	拔下氧传感器插头	EGO 传感器插座两根白色导线端子	0.5～2Ω
EGO 信号正极线	拔下控制器、传感器插头	控制器"28"端子至传感器插头"4"端子	<0.5Ω
EGO 信号负极线	拔下控制器、传感器插头	控制器"10"端子至传感器插头"3"端子	<0.5Ω
EGO 加热元件正极导线	断开点火开关 拔下传感器插头	点火开关"15"端子至传感器插头"1"端子	<0.5Ω
EGO 加热电源负极导线	断开点火开关 拔下传感器插头	传感器插头"2"端子至搭铁端子"31"	<0.5Ω

（2）桑塔纳 2000GSi、捷达 AT 和 GTX 型轿车氧传感器的检修

❶ 检测加热元件电阻。桑塔纳 2000GSi、捷达 AT 和 GTX 型轿车氧传感器 EGO 连接器插头与插座上各端子的位置如图 19-3-9 所示。

视频精讲

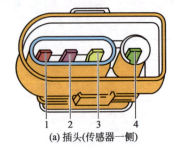
(a) 插头(传感器一侧)

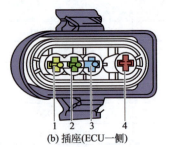
(b) 插座(ECU一侧)

图 19-3-9　桑塔纳 2000GSi、捷达 AT 和 GTX 型轿车 EGO 插头与插座
1—加热元件正极；2—加热元件负极；3—信号电压负极；4—信号电压正极

加热元件的电阻值在常温条件下为 1～5Ω，温度上升很少时，阻值就会显著增大。因

此，在室温下，可用万用表进行检测。检测时，拔下氧传感器线束插头，检测插头上端子"1""2"之间的阻值，常温下应为1～5Ω。如常温下阻值为无穷大，说明加热元件断路，应更换氧传感器。

❷ 检测氧传感器电压。氧传感器加热元件的电压为整车电源电压，当点火开关接通使燃油泵继电器触点接通时，加热元件的电源即被接通。检测加热元件的电压时，拔下氧传感器插头，启动发动机，检测连接器插座上端子"1""2"之间的电压，应不低于11V。如电压为零，说明熔断器（桑塔纳2000GSi的附加熔断器，30A；捷达AT、GTX的18号熔断器，20A）断路或燃油泵继电器触点接触不良，分别检修即可。

检测氧传感器信号电压时，插头与插座连接，将数字式万用表连接到氧传感器端子"3""4"连接的导线上，接通点火开关时，电压应为0.45～0.55V；当供给发动机浓混合气（节气门踩到底）时，信号电压应为0.7～1.0V；当供给发动机稀混合气（拔下空气流量传感器至发动机之间的真空管）时，信号电压应为0.1～0.3V，否则说明氧传感器失效，应更换新件。

检测氧传感器的信号电压可将一只发光二极管和一只300Ω/0.25W电阻串联连接在传感器"3""4"端子连接的导线之间进行测试。二极管正极连接到"3"端子导线上，二极管负极经300Ω电阻连接到连接器"4"端子导线上。发动机怠速或部分负荷运转时，发光二极管应当闪亮。如电源电压正常，二极管不闪亮，说明传感器故障，应更换新件。发光二极管闪亮频率应不低于10次/min。如二极管不闪或闪亮频率过低，说明氧传感器加热元件失效、氧传感器壳体上的透气孔堵塞、氧传感器热负荷过重或长期使用含铅汽油导致氧传感器失效，需要更换传感器。

三、油压调节器检修

燃油喷射系统油压调节器的检修包括以下两个方面。

1. 检查供油系统的油压

为了保证发动机在各种工况下，供油系统都能供给足够数量的燃油，在不同工作条件下，供油系统实际供给的燃油压力并非为一固定值。桑塔纳2000GLi、2000GSi及捷达AT、GTX型轿车的具体规定见表19-3-8。

表19-3-8 桑塔纳2000GLi、2000GSi及捷达AT、GTX型轿车供油系统标准

项目	检测条件	2000GSi	2000GLi	捷达AT、GTX
怠速转速/(r·min^{-1})	不能调整	800±30	800±50	850±50
最高断油转速/(r·min^{-1})		6400	6400	6400
怠速时燃油压力/kPa	不拔下油压调节器真空管	250±20	250±20	250±20
	拔下油压调节器真空管	300±20	300±20	300±20
保持燃油压力不低于/kPa	接回真空管、点火开关断开10min	200	200	200
喷油器技术参数	室温条件下电阻/Ω	13～18	15.9±0.35	13～18
	发动机工作时电阻增量/Ω	4～6	4～6	4～6
	30s喷油量/mL	78～85	78～85	70～100
	喷雾形状	小于35°雾锥状		
	正常油压下漏油量	不多于2滴		

当电源电压正常，将油压表连接到燃油分配管进油口处，启动发动机并怠速运行时，油压表压力额定值应为 300kPa±20kPa；当突然加大节气门开度时，油压表压力应迅速增大到 320kPa 左右；当拔下油压调节器上的真空管时，油压表压力必须升高到 320kPa。如油压不符合上述规定，说明供油系统故障，应检修或更换有关部件。导致油压过高的原因是油压调节器损坏，应更换新件。导致油压过低的原因是油管接头或油管漏油、燃油滤清器堵塞、蓄电池电压过低或油压调节器损坏。

2. 检查供油系统的密封性能和保压能力

当电源电压正常，启动发动机并怠速运行，使油压表压力达到上述额定值后，断开点火开关，等待 10min 后，油压表压力必须高于 200kPa。如压力低于 200kPa，则再次启动发动机并怠速运转使压力达到额定值后，断开点火开关，并用钳子夹住回油管，同时观察油压表压力，等待 10min 后，如表压力高于 200kPa，说明油压调节器失效，应更换。如表压力低于 200kPa，说明输油管、喷油器有泄漏或燃油泵单向阀故障或喷油器进油口 O 形密封圈失效，需逐项进行检修。拔下喷油器检查其漏油情况时，在油压正常的情况下，每分钟滴油应不超过 2 滴。

三、电动燃油泵使用与检修

1. 燃油泵的检修

各种燃油喷射系统燃油泵的检修方法基本相同，现以捷达 AT、GTX 型轿车为例说明。当电控系统的电动燃油泵发生故障时，发动机 ECU 检测不到故障信息，利用 V.A.G1552 或 V.A.G1551 故障阅读仪也读取不到故障信息。当蓄电池电压正常，燃油泵熔断器也正常时，接通点火开关，在汽车尾部应能听到燃油泵启动并工作约 2s 的声音。

捷达 AT、GTX 型轿车电控系统的燃油泵、热膜式空气流量传感器、活性炭罐电磁阀、氧传感器加热元件均受燃油泵继电器控制。接通点火开关时，如听不到燃油泵运转声，则断开点火开关，检查驾驶席前左下方中央继电器盒上的燃油泵熔断器（S18）。如燃油泵熔断器良好，则插好燃油泵熔断器，再从中央线路板上拔下燃油泵继电器（12 号继电器），并用一根跨接线将蓄电池正极连接到继电器插座"4"端子上，如燃油泵正常运转，说明燃油泵继电器故障，检修或更换继电器即可。如此时燃油泵仍不转动，则拔下燃油泵线束插头，油泵插头端子位置如图 19-3-10（a）所示，检测插头上端子"1"与"4"之间的电压，如电压等于蓄电池电压，说明燃油泵故障，应更换新品；如无电压，说明燃油泵继电器线路故障，需要逐段仔细检修。

检查燃油泵的输油量时，断开点火开关，从燃油分配管上卸下进油管，将油压表连接到进油管一端，油压表出油管伸入量瓶，接通油泵电路（将蓄电池正极加到燃油泵继电器"4"端子上）30s，泵油量与电源电压的关系如图 19-3-10（b）所示，单位为 mL/30s。当蓄电池电压为 10～12V、油压为 300kPa 时，泵油量应为 490～670mL。可见，系统油压越高，泵油量越大；油泵电源电压越高，油泵转速就越高，泵油量也就越大。如油压过高，应更换油压调节器；如油压过低，则应检查油管是否弯折、油路或汽油滤清器是否堵塞。

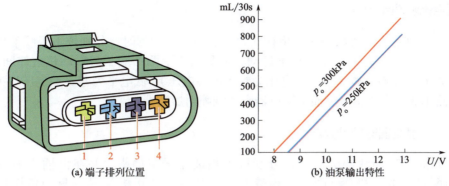

图 19-3-10 油泵插头端子位置及油泵输出特性

2. 使用注意事项

燃油泵在使用中，必须注意以下两点：

❶ 旧油泵不能干试。当油泵拆下后，由于泵壳内剩余有汽油，因此在通电试验时，一旦电刷与换向器接触不良，就会产生火花，引燃泵壳内汽油而引起爆炸，其后果不堪设想。

❷ 新油泵也不能干试。由于油泵电动机密封在泵壳内，干试时通电产生的热量无法散发，电枢过热就会烧坏电动机，因此必须将油泵浸泡于汽油中进行试验。

四、电磁喷油器检修

当喷油器发生堵塞、滴漏等故障时，发动机 ECU 检测不到，使用故障阅读仪也读取不到喷油器的故障信息。检修喷油器可以检测其电阻和电压进行判断。

1. 检测电磁喷油器的电阻

用万用表 OHM×200Ω 或 R×1Ω 挡检测喷油器电磁线圈的阻值。检测时，拔下每只喷油器上的两端子线束插头，检测喷油器插座上两端子之间的电磁线圈标准阻值，应当符合表 19-3-9 的规定。如阻值为无穷大，说明电磁线圈断路，应更换喷油器。

表 19-3-9　各型汽车喷油器检修标准（室温 20℃条件下电阻）

车型	喷油器阻值 /Ω	车型	喷油器阻值 /Ω
桑塔纳 2000GLi	15.9±0.35	丰田 TOYOTA 汽车	13.4～14.2
桑塔纳 2000GSi	13～18	本田 HONDA 汽车	1.5～2.5
捷达 AT、GTX	13～18	宝马 BMW 汽车	15～17
奥迪 Audi200	13.5～17	奔驰 Benz 汽车	14～16
红旗 CA7220E	12±0.6	奥迪 AudiV6	13.5～17
切诺基 BJ2021	14.5±1.2	通用 GENERAL 汽车	8～12.4（VIN：T）3.1L 发动机
天津 TJ7100E	8		12～12.4（VIN：V）3.1L 发动机
克莱斯勒 Chrysler 汽车	2（涡轮增压机）		1.2（VIN：E，7）5.0L/5.7L 发动机
	13～16（其他发动机）		10（VIN：F，8）5.0L/5.7L 发动机

2. 检测电磁喷油器的电压

喷油器电源电压可用数字式或指针式万用表检测。检测时，分别拔下各喷油器上的两端子插头，接通点火开关，发动机不启动，检测插头上两个端子与发动机缸体间的电压，高电平应为 12V 左右（喷油器电源电压为整车电源电压），低电平为零。如电压均为零，说明电源电路不通，应当检修燃油泵继电器和燃油喷射熔断器。

3. 检测电磁喷油器的控制脉冲

检测喷油器喷油脉冲电压时，分别拔下喷油器线束插头，并在该插头的两个端子之间串接两只发光二极管（两只二极管并联，且一只的正极接另一只的负极）和一只 510Ω/0.25W 电阻（电阻与二极管串联）组成的调码器。启动发动机时，发光二极管应当闪烁。如二极管不闪烁或不发光，说明喷油器电源线路、燃油泵继电器或控制 ECU 故障，必要时更换 ECU。

五、怠速控制阀检修

各型汽车用永磁转子步进电动机式怠速控制阀的检修方法基本相同，下面以丰田轿车怠速控制阀的检修方法为例说明。

1. 车上检查

当发动机熄火时，怠速控制阀会发出"咔嗒"的响声，使阀门开度退到最大位置。如听不到复位时的"咔嗒"响声，应对怠速控制阀进行检查。

2. 检测定子绕组电阻

拔下连接器插头，用万用表检测插座上定子绕组电阻值，应当符合规定。永磁转子步进电动机式怠速控制阀有 2 组或 4 组线圈，各组线圈的阻值约 30～60Ω，如阻值不符合规定，应更换新件。

丰田轿车步进电动机定子绕组有 4 组线圈，其阻值为：

$$R_{B1\text{-}S1}=R_{B1\text{-}S3}=R_{B2\text{-}S2}=R_{B2\text{-}S4}=30\Omega$$

奥迪 Audi200 型轿车用永磁转子式步进电动机设有两个线圈，其电阻为：

$$R_1=R_2=60\Omega$$

3. 检查步进电动机工作情况

从节气门体上拆下怠速控制阀，用导线将端子 B1、B2 连接蓄电池正极，然后依次将 S1、S2、S3、S4 与蓄电池负极连接，阀芯应当逐渐向外伸出，如图 19-3-11（a）所示。如果依次将 S4、S3、S2、S1 与蓄电池负极连接，阀芯应当逐渐收缩，如图 19-3-11（b）所示。如阀芯不能移动，说明步进电动机失效，应更换新件。

4. 检查步进电动机工作电压

将怠速控制阀安装到节气门体上，插好连接器插头。当点火开关接通"ON"位置时，ECU 的端子"IS1""IS2""IS3""IS4"与"E₁"之间（或怠速控制阀连接器端子"S1""S2""S3""S4"与搭铁之间）应有 9～12V 的脉冲电压。如无电压，再检查电源电压和主继电器是否正常。

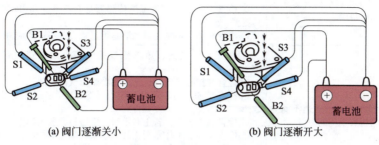

(a) 阀门逐渐关小　　　　　　(b) 阀门逐渐开大

图 19-3-11　检查丰田汽车步进电动机工作情况

六、汽油机常见故障诊断与排除

发动机常见故障现象、故障诊断与排除见表 19-3-10。

表 19-3-10　发动机的故障原因、现象及故障诊断与排除

故障原因	故障现象	故障诊断与排除
发动机过热	发动机温度过高，甚至有"开锅"的现象	①检查冷却液风扇电动机有无正常运转，如果电动机不转，则应检查电动机是否损坏或相关电路是否出现断路、短路的故障 ②检查冷却液温度传感器是否正常，如果传感器故障，则应将其更换 ③冷却系统故障，比如水泵或节温器故障等
发动机不能启动	起动机不能带动发动机，发动机不能发动且无发动迹象	①油路系统故障。排除电动燃油泵、喷油器不工作或油压过低故障 ②点火系统故障。检查火花塞、点火线圈、相关曲轴位置传感器以及点火控制线路故障 ③电控系统故障。检查喷油器、ECU 电路以及继电器电路
发动机启动困难故障	发动机启动困难，但多次或长时间启动勉强能将发动机启动	①检查进气系统各接头、衬垫、真空软管及废气再循环系统、燃油蒸气回收系统有无泄漏故障 ②检查喷油器有无漏油、堵塞以及工作不良或控制线路的故障 ③检查怠速控制阀或节气门体有无故障 ④检查启动开关、启动控制线路有无故障 ⑤检查燃油系统压力是否正常 ⑥检查火花塞、点火线圈、相关曲轴位置传感器以及点火控制线路是否存在故障
汽车冷态怠速不稳并且易熄火	发动机冷态怠速不稳，转速过低易熄火，但热车工作正常	①利用故障诊断仪读取发动机故障码，并根据故障码指示内容进行检查 ②检查节气门体或怠速控制阀以及相关的控制电路 ③检查冷却液温度传感器是否存在故障。将冷却液温度传感器插头拔下，使用万用表测量其电阻，应在规定的技术范围内，否则说明冷却液温度传感器故障，应将其更换
发动机怠速失速	发动机在怠速运转时，发动机转速不稳，出现上下波动的现象	①使用故障诊断仪读取发动机故障码，并依据相关的内容进行检修 ②怠速时，分别对各气缸的喷油器以及点火线圈（即点火高压包）进行逐一检查，并将其故障排除 ③检查怠速控制系统以及相关的控制电路有无故障 ④检查氧传感器或反馈控制电路有无故障

续表

故障原因	故障现象	故障诊断与排除
发动机怠速过高	发动机正常启动后，怠速保持在较高的范围	①检查节气门体是否正常，如出现卡滞、关闭不严的故障，应更换节气门体 ②检查发动机冷却液温度传感器是否正常，如再现失效的故障，应将其更换 ③检查曲轴箱强制通风系统是否正常，若不正常应进行检修
发动机加速不良	发动机加速时，转速不能提高，发动机有发闷的感觉	①进气系统泄漏，重点检查进气接头及软管、真空软管是否出现破裂 ②检查并排除节气门位置传感器或节气门体故障 ③检查燃油压力。若燃油压力过低，应进一步检查并排除压力过低的故障 ④检查点火正时，若正时不对，应进行必要的调整 ⑤检查喷油器工作是否正常，如果有均匀的振动声，说明工作正常，否则应排除喷油器以及相关控制线路的故障 ⑥检查废气再循环控制系统是否正常。将废气再循环上的真空软管拆下，并将其塞住，如果加速性能正常，说明系统有故障
发动机动力不足	发动机在加速时，加速迟缓、动力不足并且车速达不到规定的值	①检查燃油压力。若燃油压力过低，应排除压力过低的故障 ②检查喷油器工作是否正常，如果工作不正常，则应检修喷油器以及相关控制线路 ③检查节气门开度。当加速踏板踩到底时，节气门应处于全开的位置，否则应调整其拉索或踏板 ④检查点火正时或高压火花是否正常，如出现异常，则应进行调整或更换相关的零部件 ⑤检查发动机压缩比，若压缩比过低，则对发动机内部进行必要的检修
发动机排气管放炮	发动机启动后，短时间内发动机冷却液温度较低，较浓的混合气在排气管燃烧放炮，并伴有黑烟	①点火时间过迟。调整点火正时，并检查火花强弱及有无缺火的情况 ②检查燃油油压是否过高，重点检查油压调节器，如有损坏应更换相关的零件 ③检查温度开关。应随发动机冷却液温度上升，触点打开使冷启动喷油器停止喷油
发动机冷却风扇不转	发动机冷却液温度过高并且出现沸腾现象，但散热风扇不转	①检查双温开关（或冷却液温度传感器）。将双温开关插头拔下，任意跨接插头的两接线端，当风扇工作正常，而且散热器冷却液温度达到风扇正常工作温度时，说明双温开关故障，将其更换；否则说明冷却系统其他部位故障，应进一步检修 ②检查风扇电动机。当直接给风扇电动机两接线端接入12V的直流电压时，风扇正常工作，说明风扇电动机正常，应排除风扇控制线路故障；否则，说明风扇电动机故障，应将其更换
风扇只有高速或低速	风扇电动机只能以高速或低速状态工作	①检查双温开关是否故障，若出现损坏或工作异常，应将其更换 ②风扇二挡继电器故障，更换风扇继电器 ③风扇的电动机故障，修复或更换 ④检查风扇的控制线路是否有断路、短路或接触不良的故障
发动机冷却风扇不停转	冷却液双温开关故障	更换双温开关（或温度传感器）
	风扇控制模块故障	检修或更换
	风扇二挡继电器触点常闭合	更换继电器
	空调开关或空调继电器故障	更换开关或继电器
	对发动机冷却风扇控制线路进行检修	排除相关的故障
怠速运转时，发动机发抖、转速不均匀	怠速不稳产生的原因有： ①怠速空气量孔堵塞 ②怠速装置工作不良 ③个别缸火花塞火花过弱 ④个别气门密封不严 ⑤进气歧管漏气 ⑥点火时间过早或过迟 ⑦怠速调整不当等	发动机怠速不稳时，首先应调整怠速，如怠速调整后故障仍不能消除，则应检查怠速量孔与怠速空气量孔是否堵塞。如量孔堵塞，可用汽油清洗并用压缩空气吹浊；如量孔未堵塞，应将发动机转速稳定在一定的转速下，察听进气歧管、下部衬垫处是否漏气，如出现漏气现象，可用紧固螺钉或加、减垫片的方法来排除。如怠速不稳的同时伴有发动机功率下降现象，则应进一步检查火花塞工作情况、气门的密封性能及点火时间是否正确，必要时应进行检修、调整

第二十章 柴油机燃料供给系统拆装与检修

第一节 柴油机燃料供给系统总体拆装

按以下顺序依次拆卸:

1. 拆卸油路及相关元件

① 放完柴油箱及油管中的柴油,关闭柴油箱下面的油管阀门。
② 依次拆卸油管螺母、油管、柴油滤清器、柴油箱和水箱。

> **注意:**
> 油路元件务必做好保洁工作,不要让其受到污染。

2. 拆卸电启动装置

① 断开电源。
② 依次拆卸电源、启动开关和电动机。

3. 拆卸进、排气装置

依次拆卸进/排气管、空气滤清器,并将其放到指定的位置。

4. 拆卸气缸盖罩、气缸盖及其相关元件、喷油器

① 拆卸气缸盖罩,然后依次拆卸摇臂、推杆。
② 拆卸喷油器,卸载气缸盖。

5. 拆卸飞轮和线圈

6. 拆卸齿轮盖及齿轮组、调速器、凸轮轴及挺柱

❶ 拆卸齿轮盖边缘螺母，并取下齿轮盖。
❷ 依次拆卸齿轮、调速器、凸轮轴及挺柱。

注意：

调速器上有 6 颗钢球及相关元件，确保其不掉落丢失；先取下凸轮轴，然后再取出挺柱。

7. 拆卸活塞和曲轴

8. 拆卸机油缸及其设备

❶ 应拧开放油螺塞放尽机油。
❷ 放倒发动机，拆下油底壳以及其他相关设备。
安装顺序一般与拆卸相反，在此不再叙述。

第二节 柴油机燃料供给系统维护

柴油机供给系统的维护项目及维护措施见表 20-2-1。

表 20-2-1 柴油机供给系统的维护项目及维护措施

项目	维护方法
柴油的净化	柴油的净化，是柴油机正确使用的基础。其主要措施有：加注前充分沉淀，以分离水分和机械杂质；加注时严格过滤；定期检查清洗柴油滤清器，柴油滤清器滤芯若有破损应及时更换
低压油路的维护	柴油机低压油路漏油、进气，将使柴油机因供油不足甚至中断供油，难以启动，运转不稳，功率下降或停油熄火。管路一旦进气、供油中断时，应及时排除
喷油泵的维护	喷油泵的维护主要是外部清洁、定期检查、补充喷油泵润滑油；检查、校紧喷油泵与柴油机的固定螺栓及主、从动联轴器的连接螺栓；根据需要检查、校验喷油正时及喷油器的雾化质量。维护时，不要随意调整喷油泵后盖加铅封的调整螺钉，以免造成油泵损坏等事故
柴油滤清器的维护	可重复使用的柴油滤清器，按使用说明要定期清洗，汽车长期在尘土飞扬的工作环境中运行时，应适当缩短滤清器的维护周期 清洗柴油滤清器时，先旋开滤清器下端的排污螺钉，放出污垢，取出滤芯，用煤油或轻柴油彻底清洗，并仔细检查滤芯是否有破损，若有应予以更换。清洗后再用压缩空气从滤芯内腔往外将滤芯吹净。清洗外部后，按技术要求予以装复

第三节　柴油机燃料供给系统主要部件检修

一、喷油器检修

1. 喷油器的拆卸

❶ 拆下紧固螺套，取出针阀偶件。注意观察针阀和针阀体结构，针阀与阀体是配对研磨的精密偶件，不能与另外偶件互换并需注意防尘，因此观察完毕，应马上浸入清洁的柴油中注意保管。
❷ 拆下调压螺钉护帽、调压螺母、调压螺钉等，取出调压弹簧上座、调压弹簧、推杆。
❸ 拆下进油管接头。

2. 喷油器的维护保养

❶ 清除积碳。喷油器积碳不但容易阻塞喷孔，而且使喷油嘴过热，因此在维护、保修时，都必须清除积碳。清除时不得使用砂布和钢刮刀，可用木制、竹制或铅制刮刀。为了除去进油孔道及孔内污垢和积碳，可将喷油嘴放入煤油中浸泡数小时后，用细铜丝清除在油针或喷油孔体上的积碳（将零件放在软木板上来回摩擦）。清除了积碳的零件，需用汽油或煤油再清洗。
❷ 喷油嘴被积碳脏污堵塞，可用小于喷孔的铜丝或钢针细致地清洗，并用压缩空气吹干净。
❸ 油针与喷油嘴密封性不好，可将油针夹端蘸少许研磨膏（氧化铬和机油），用手拿着喷油嘴套在油针上，开动电钻，进行研磨。研磨好的零件应光滑无磨痕和偏斜，然后加以仔细清洗，装复试验。

3. 喷油器的检修

喷油器在工作过程中，针阀偶件磨损、针阀卡死、喷油孔堵塞、调压弹簧失效等损伤，都会影响喷油器的正常喷油。为了保证柴油机的正常工作，必须对喷油器进行及时检修。
喷油器的检修方法见表 20-3-1。

二、喷油泵检修

喷油泵是柴油机最精密的部件，柱塞与柱塞套、出油阀及阀座、凸轮、挺柱等机件的磨损，使供油量、供油均匀度和供油时间都会发生变化。这些变化将使发动机的功率下降，柴油消耗量增大，工作可靠性降低。因此，喷油泵拆卸后零件的检查和修理、装复后的试验与调试，是柴油机大修中不可缺少的重要内容。
喷油泵的分解顺序随其结构形式不同而不同。CA1091 型柴油车装用的主要是 CA6110A 型和 CY6102BQ-6 型柴油机，其喷油泵均为波许 A 型泵（只是柱塞直径不同，泵体外形有所变化）。现以波许 A 型泵为例介绍喷油泵的分解过程。

表 20-3-1 喷油器的检修方法

类别		检修方法
针阀偶件的检验		针阀偶件的检验包括密封性、喷雾质量、滑动性和外观检验，必要时应更换
	密封性检验	按如图 20-3-1 所示将喷油器安装到喷油器试验器上，拧动调整螺钉使喷油压力略高于标准值。压动手摇柄使压力升高至 20MPa，测量油压从 20MPa 下降到 18MPa 的时间（不小于 9～12s）。否则说明针阀偶件密封性变差
	喷雾质量检验	将喷油器调至标准喷油压力，压动手摇柄，使喷油器以 60～70 次/min 的速度喷油。油雾应细碎均匀，无油滴飞溅；喷油响声清脆、强劲有力，断油迅速干脆，无后滴，雾锥形状以及喷注应符合要求
	表面直观检验	密封锥面不得有烧蚀、变形和积碳，针阀及阀体不得有锈迹、划痕、裂纹，喷孔不得有烧蚀或被积碳堵塞现象
	滑动性试验	将针阀偶件洗净后倾斜 45° 放置，把针阀从针阀体中抽出 1/3 左右，松手后针阀应能在重力作用下缓缓滑入阀体内，下滑期间无任何卡滞现象
针阀偶件的修复		针阀偶件有卡滞现象或密封锥面密封不严时，可配对研磨修复；阀体上端面出现锈蚀或划痕时，可在平面玻璃板上涂上研磨膏研磨；喷油孔堵塞时，先将偶件浸透，然后用细铜丝等软质材料制成的专用工具进行清除；导向圆柱面磨损使偶件密封性明显下降或针阀与针阀体出现裂纹及其他严重损伤时，均应更换偶件
喷油器其他零件的检修		喷油器体破裂，调压弹簧弹力明显下降、变形或折断，顶杆发生弯曲变形等，均应更换新件。喷油器修复后，应在喷油器试验器上进行试验，检验其密封性，调整喷油压力，最后检验喷雾质量

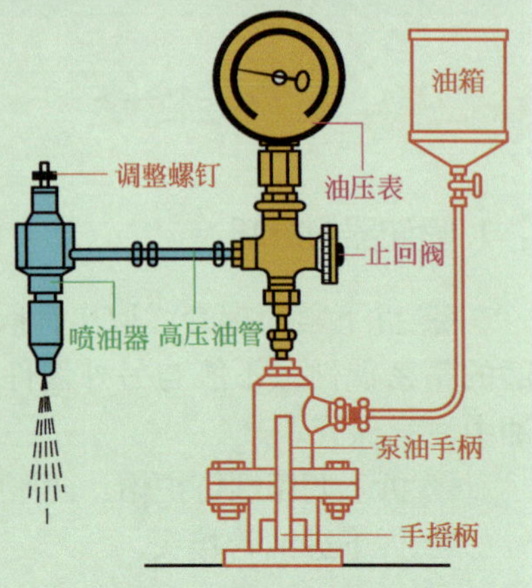

图 20-3-1 喷油器试验

1. 喷油泵的拆卸

❶ 清洗泵体：先堵住低压油路进出油口和高压油管接头，防止污物进入油路，用柴油、煤油、汽油或中性金属清洗剂清洗泵体外部。

❷ 旋下调速器底部的放油螺栓，放尽机油。

❸ 将喷油泵固定在专用拆装架或自制的 T 形架上，拆下喷油泵总成，检查窗盖板、油尺等总成附件及泵体底部螺塞。

❹ 转动凸轮轴，使 1 缸滚轮体处于上止点，将滚轮体托板（或销钉）插入调整螺钉与锁紧螺母之间（或挺柱体锁孔中），使滚轮体和凸轮轴脱离。

❺ 拆下调速器后盖固定螺钉，将调速器后壳后移并倾斜适当角度，拨开连接杆上的锁夹或卡销，使供油齿杆和连接杆脱离。用尖嘴钳取下启动弹簧，取下调速器后壳总成。

❻ 用专用扳手固定住供油提前角自动调节器，在喷油泵另一端用专用套筒拆下调速器飞块支座固定螺母，用拉器拉下飞块支座总成，用专用套筒拆下提前器固定螺母，用拉器拉下提前器。

❼ 拆卸凸轮轴部件：拆卸前应先检查凸轮轴的轴向间隙（0.05～0.10mm）。将测量值与标准值比较，即可在装配时知道应增垫片的厚度。若不需要更换凸轮轴轴承，先测量间隙也可减少装配时的反复调整。拆下前轴承盖，收好调整垫片，拆下凸轮轴支撑轴瓦。用木锤从调速器一端敲击凸轮轴，将轴和轴承一起从泵体前端取下。若需要更换轴承，可用拉器拉下轴承。

⑧ 将泵体检视窗一侧向上放平，从油底塞孔中装入滚轮挺柱顶持器，顶起滚轮部件，拔出挺柱托板（或销钉），取出滚轮体总成，按上述方法，依次取出各缸滚轮体总成。如果需对滚轮体解体，则应先测量并记下其高度，取出柱塞弹簧、弹簧上下座、油量控制套筒，旋出齿杆限位螺钉，取出供油齿杆，旋出出油阀压紧座，用专用工具取出油阀偶件及减容器、出油阀弹簧、柱塞偶件，按顺序放在专用架上。

2. 喷油泵主要零件的检修

（1）喷油泵壳体的检查

用煤油或柴油认真清洗外部，并进行以下外部检查：
① 观察泵体有无裂纹或可能导致漏油的损伤。
② 检查出油阀压紧座处有无漏油痕迹。
③ 检查凸轮轴转动是否灵活，若转动不灵，可能是轴承损坏或柱塞弹簧折断。
④ 拆开检查窗盖，检查喷油泵内部是否有积水。
⑤ 检查泵体内机油是否被柴油严重污染或变质。
⑥ 检查柱塞套筒周围及输油泵与泵壳间是否漏油。

（2）喷油泵零件检查

将柱塞式喷油泵解体后认真清洗各零件，并进行以下检查（以 A 型泵为例）：
① 检查喷油泵壳体有无损坏或裂纹。
② 检查凸轮轴键槽与半圆键的配合情况，若有松动，应更换键或凸轮轴。
③ 检查凸轮轴端锥面和螺纹，若毛糙或损坏应用磨石修磨或更换凸轮轴。
④ 检查凸轮轴上的凸轮是否有损伤、变形或严重磨损，若有应更换凸轮轴。一般凸轮磨损量应不超过 0.5mm。
⑤ 检查凸轮轴的径向圆跳动量，若超过 0.5mm，应进行冷压校直，并检查凸轮轴轴向间隙，若超过 0.15mm，应调整或更换凸轮轴。
⑥ 检查滚轮体和滚轮，若磨损严重或损坏，应更换。检查滚轮与销的配合间隙，若超过 0.20mm，应更换。
⑦ 检查滚轮体与导孔的配合间隙，若超过 0.20mm，应更换。
⑧ 检查柱塞弹簧，若有变形或折断，应更换。
⑨ 检查传动套筒有无裂纹，并检查柱塞凸块与传动套筒槽的配合间隙，若传动套筒有裂纹或与柱塞凸块配合间隙超过 0.20mm，应更换。
⑩ 检查油量调节齿条与齿圈的齿隙，若齿隙超过 0.3mm，应更换。检查齿杆，若有弯曲变形，应更换。

（3）柱塞偶件的检查

① 检查柱塞偶件，若工作面有刻痕、腐蚀或柱塞弯曲、变形等现象，应更换。
② 滑动试验：将柱塞偶件彻底清洗干净后，使其倒置并与水平面倾斜 45° 角，如图 20-3-2 所示，轻轻抽出柱塞约 1/3，然后松开，柱塞应能依靠自身重量沿套筒平稳下滑，落到套筒支撑面上。如此将柱塞转动几个不同位置，反复试验几次，每次都能符合上述要求，说明柱塞偶件配合良好。
③ 密封性试验：如图 20-3-3 所示，用手指堵住套筒上端孔和侧面进油孔，另一只手向

外拉柱塞，应感觉有吸力；放松柱塞时，柱塞应能迅速回位。将柱塞转动几个不同位置，反复试验几次，每次都能符合上述要求，说明柱塞偶件配合良好。

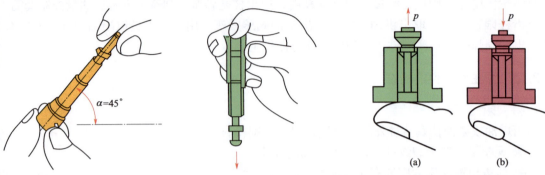

图 20-3-2　柱塞偶件滑动试验　　图 20-3-3　柱塞偶件密封性试验　　图 20-3-4　检查出油阀密封性

（4）出油阀的检查

❶ 目测检查出油阀偶件：工作面不应有刻痕及锈蚀，密封锥面应光泽明亮、完整连续，光亮带宽度应不超过 0.5mm，出油阀垫片应完好无损，否则应更换。

❷ 滑动试验：将出油阀偶件用柴油浸润后，垂直拿住阀座，将阀体从座孔中抽出其配合长度的 1/3，松开后，阀体应能靠自身的重量均匀地落入阀座，无卡滞现象。将阀体转动几个位置反复试验几次，每次都能符合上述要求，说明出油阀偶件配合良好。

❸ 检查密封锥面密封性：用拇指和中指拿住出油阀座，食指按住出油阀，吸出油阀座下面的孔，若能吸住出油阀，说明密封良好。

❹ 检查减压环带密封性：如图 20-3-4 所示，用手指堵住出油阀座下面的孔，在减压环带没有离开阀座时，应感到对手指有吸力。放入阀座并压下阀体，当松开阀体时应能迅速弹起。

3. 喷油泵的装配

❶ 装配时，应在清洁干净的零件表面涂上清洁的机油。

❷ 装上供油齿杆：将供油齿杆上的定位槽对准泵体侧面上的齿杆限位螺钉孔，装复限位螺钉，检查供油齿杆的运动阻力。当泵体倾斜 45° 角时，供油齿杆应能靠自重滑动。

❸ 装上柱塞套筒：柱塞套筒从泵体上方装入座孔中，其定位槽应恰好卡在定位销上，保证柱塞套完全到位。注意座孔必须彻底清理，防止杂物卡在接触面间，造成柱塞套筒偏斜和接触面不密封。

❹ 将出油阀偶件、密封垫圈、出油阀弹簧、减容器体和出油阀压紧座依次装入泵体。必须注意出油阀座与柱塞套上端面之间的清洁，并保证密封垫圈完好。拧紧出油阀压紧座，过紧会引起泵体开裂、柱塞咬死及齿杆阻滞、柱塞套变形，加剧柱塞副磨损。装配后应检查喷油泵的密封性。

❺ 装复供油齿圈和油量控制套筒：油量控制套筒通过齿圈凸耳上的夹紧螺钉和齿圈固定成一体，两者不能相对转动。一般零件上有装配记号，没有记号时应使齿圈的固定凸耳处在油量控制套筒两孔之间居中位置。将供油齿杆上的记号（刻线或冲点）与泵体端面对齐，或与齿圈上的记号对齐。如果齿杆上无记号，则应使供油齿杆前端面伸出泵体前端面达到说明书规定的距离。装上齿圈和油量控制套筒，左右拉动供油齿杆到极限位置时，齿

圈上凸耳的摆动角度应大致相等,并检查供油齿杆的总行程。

❻ 装入柱塞弹簧上座及柱塞弹簧,将柱塞装入对应的柱塞套,再装上下弹簧座。注意柱塞下端十字凸缘上有记号的一侧应朝向检视窗。下弹簧有正反之分不能装反。

❼ 装复滚轮挺柱体,调整滚轮挺柱体调整螺钉,达到说明书规定高度或拆下时记下的高度。将滚轮体装入座孔,导向销必须嵌入座孔的导向槽内。用力推压滚轮体或用滚轮顶持器和滚轮挺柱托板,支起滚轮挺柱。逐缸装复各滚轮体,每装复一个都要拉动供油齿杆,检查供油齿杆的阻力。

❽ 装复凸轮轴和中间支撑轴瓦,装上调速器壳和前轴承盖。注意凸轮轴的安装方向,无安装标记时也可根据输出泵驱动凸轮位置确定安装方向。凸轮轴的中间支撑应与凸轮轴一起装入泵体,否则凸轮轴装复后就无法装上中间支撑。

喷油泵凸轮轴装到泵体内应有确定的轴向位置和适当的轴向间隙。凸轮轴装复后,应转动灵活,轴向间隙在 0.05~0.10mm 之间;装复供油提前角自动调节器,转动凸轮轴,取下各滚轮体托板。拉动供油齿杆,阻力应小于 15N,否则应查明原因,予以排除。

❾ 装复输出泵、调速器总成等附件。

4. 喷油泵调试

喷油泵出厂前已经调好,如需调整时,一定要在专用试验台上进行。先把喷油泵装在试验台上,然后连接好相应的管路,按规定给喷油泵和调速器加好润滑油。拆下控制齿条盖和冒烟限制器,装上齿条位移的测量仪,调好零位。

喷油泵调试方法见表 20-3-2。

表 20-3-2　喷油泵调试方法

类别	调试方法
调试准备	①给喷油泵和调速器加入润滑油 ②拆下泵前端的冒烟限制器,装上齿条行程量具,并将齿条行程对在"0"点上 ③把喷油泵装到试验台上,将试验台的传动头接到喷油泵凸轮轴上 ④连接好输油管,以便让试验台为喷油泵供油,接上通向试验台喷油器的高压油管,以便量油 ⑤打开喷油泵侧面的检查窗口 ⑥按照喷油泵供油量调整参数,计算各试验工况下的选定供油次数,计算供油量和允许的各缸供油量最大差值
预行程的调整	将负荷操纵杆置于额定工况位置,拆下各缸的高压油管及出油阀座、弹簧和出油阀,装上专用测量工具百分表。转动凸轮轴到下止点,使百分表指针位于零位置,调节喷油泵低压油腔油压为 156kPa。按照规定方向转动凸轮轴,直到试验油不再从溢流管流出时,百分表的指针所指的数值即为预行程(应为 3.3mm)。若不符合要求,用两把扳手调整定时螺钉,逆时针转动时预行程减小,如图 20-3-5 所示 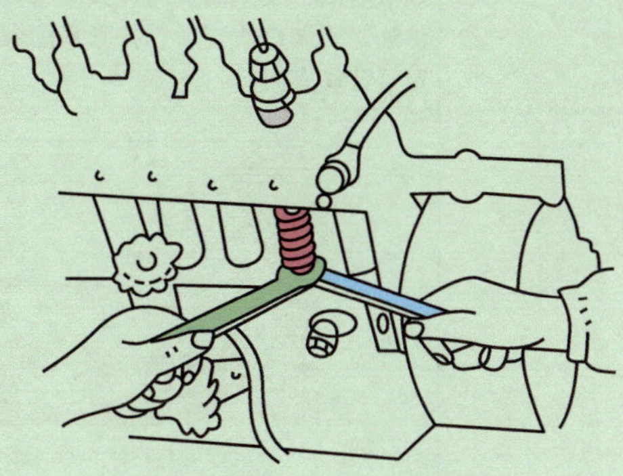

图 20-3-5　调整预行程

续表

类别	调试方法
喷油定时的调整	喷油泵供油时间常用的调试方法，有溢油校验法、测时管法及接触压力法等，现仅对溢油校验法作一介绍。利用溢油校验法调试喷油泵供油时间时，首先将油路转换阀控制杆移到接通高压油的位置，旋松喷油器上的放气螺钉，打开电动机，使柴油自喷油器回油管连续流出。然后将供油齿杆推到全负荷位置，并沿凸轮轴的工作旋转方向慢慢转动刻度盘，此时即为第一缸开始供油的时刻。随即检查联轴器上的刻线与喷油泵前轴承盖上的刻线是否正对，如超过轴承盖上的刻线，说明供油过晚，应向外拧出挺柱调整螺钉；反之，则应将螺钉向里旋入。第一缸喷油定时调好后，再以第一缸为基准，按照喷油泵的供油顺序，依次调整各缸的供油间隔角，使各缸供油间隔角误差不大于 ±0.5°
供油提前角的检测与调整	柴油机供油提前角的大小与喷油方法、燃烧室形状、压缩比、曲轴转速、柴油质量等有关。因此，不同型号的柴油机，其供油角也往往不同。这个提前角应按照该机型说明书的要求进行检测和调整。 任何柴油机通常都有两种提前角：喷油提前角和供油提前角。一般喷油提前角与供油提前角之间相差8°左右。在修理中，大多数是检测供油提前角以察知供油时间是否正确。一般检测供油提前角的程序是先用手摇柄转动曲柄，使第一缸的活塞到达压缩行程的上止点前某一规定供油提前角度处停止，再使喷油泵的第一缸单泵处于供油始点位置，将喷油泵驱动轴与喷油泵凸轮轴的联轴器接好。此时，喷油泵轴承盖板上标记线应与定时刻线相重合。转动曲轴，再重复检测一次 如供油提前角与规定要求稍有出入，可拧松联轴器上两个调整螺钉，变动驱动盘与联轴器相互位置，进行适当调整
供油量及供油不均匀度的检查与调整	检测喷油泵的供油量，主要是检测各单泵向气缸内供油量的不均匀度是否在容许的范围内 ①供油量的检测。在一定转速下，检测不同油量控制杆行程位置时，各柱塞每喷100或200次的供油量。一般在200r/min和600r/min时，检测油量控制杆在最大行程、50%行程和急速时三种情况下的油量。在油量控制杆最大的行程下，检测各种不同转速时柱塞每压油100次或200次的油量，也有规定为400次油量的，一般检查时额定的转速常常采用200r/min、600r/min和1000r/min ②在发动机上直接检测供油量。检测时，先把各个喷油器都从发动机上拆下，把喷口转向发动机外，再紧固高压油管，将油量控制杆放在供油量最大位置，然后转动曲轴。当各个喷油器喷出的油雾都夹杂气泡时，再在每个喷油器喷口下面放一个有刻度的玻璃容器。以150～200r/min的速度转动曲轴，到一定转速（例如100r/min）后，查看各量杯内的油量及其供油的不均匀度 ③供油不均匀度的检测。多缸柴油机各缸的供油量应尽量取得一致，但由于各单泵零件磨损程度不可能相同，故很难一致。因此，将使各缸工作压力不同，而使发动机功率降低，运转不匀。其供油不均匀度控制得越小越好。供油不均匀度可用下式计算 供油不均匀度 =（最大供油量 − 最小供油量）/ 平均供油量 ×100% 平均供油量 =（最大供油量 + 最小供油量）/2 各缸供油不均匀度的差别：高速最大供油时的差别不超过3%；中速供油时的差别不超过5%；低速供油时的差别不超过7%；各分泵平均供油量的差别不超过5%。检测应进行三次，若三次供油不均匀度超过规定，则应进行调整 ④供油量的调整。一般供油量不均匀度的调整通过变更喷油泵柱塞的供油时间来达到。工艺程序：先将喷油泵齿条向停止供油方向拉出，以便松开扇形齿轮上的紧固螺钉（如图20-3-6所示）。转动油量调节套筒，根据需向左或向右转动一个不大的角度，改变柱塞与柱塞套的相对位置，因而也改变了供油量。调整适当后，拧紧紧固螺钉。转动油量调节套筒调整供油量大小时，应根据柱塞结构形式确定其转动方向 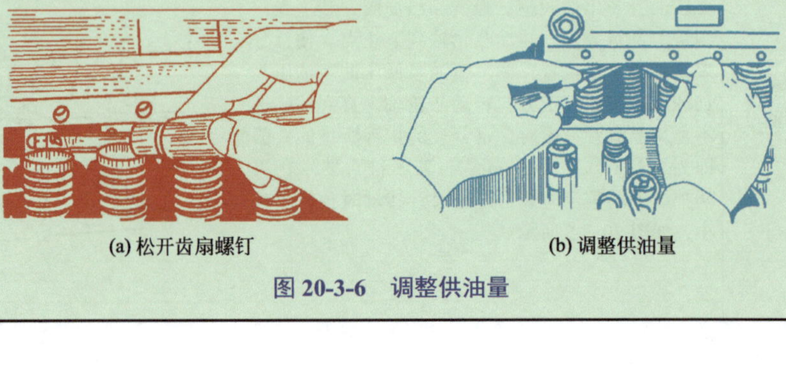

(a) 松开齿扇螺钉　　　　　　(b) 调整供油量

图 20-3-6　调整供油量

续表

类别	调试方法
喷油定时自动调节器自动供油角度提前装置的调整	某些柴油机在喷油泵的驱动端装有机械飞锤离心式供油角度自动提前装置。提前装置前端喷油泵传动凸缘上有 2 个长圆孔，松开喷油泵传动凸缘上的 2 只紧固螺栓，可调整喷油泵的开始供油提前角 6 自动提前角为 0°～5°30′ 调整时，调速装置控制油量齿条拉杆应放在最大转速位置（最高瞬时转速小于 220r/min，最低空车转速小于 400r/min），否则，供油提前角会偏大，使燃烧恶化，影响发动机功率。调整发动机功率，调整后应紧固螺栓，以防松动 调整时，还可通过飞轮壳上的小方孔使孔凹槽对准飞轮上的刻度线，在长刻度线处刻有 −25° 的标记
冒烟限制器的调整	冒烟限制器的调整，通常是放在所有调整的后面，因为需要拆除齿条行程量具后才能做这项调整。可以按下述步骤做调整： ①拆下齿条行程量具，把油量控制齿条端头的垫片和螺钉装好并锁紧，装上冒烟限制器 ②把负荷控制杆靠在全负荷限位螺钉上 ③使喷油泵转速为 700r/min ④应使冒烟限制器的前端触头与喷油量控制齿条端头螺钉之间的距离为 0.1～0.2mm。可以把冒烟限制器旋进至与齿条端头螺钉接触，然后再旋退 30° ⑤锁紧螺母，拧紧护套，打好铅封

三、调速器检修

1. 调速器的拆卸

❶ 拆掉调速器后壳固定螺钉和安装在供油拉杆上的传动板锁紧螺母、拉杆螺母，即可依次取下调速器后壳（连杆上调速叉、操纵手柄、操纵轴、限速螺钉等）、调速弹簧、支撑轴、传动板、推力盘、飞球组合件、飞球保持架等。

❷ 拆掉传动轴套的挡圈，可取出传动斜盘。

❸ 拆掉凸轮轴上传动轴套固定螺母，用专用工具拉出传动轴套。

❹ 拆掉调速器前壳固定螺母，取下调速器前壳。

2. 调速器的装复

❶ 用螺钉先将调速器前壳装在喷油泵体上，注意密封衬垫应完好。

❷ 用专用工具将传动轴套装入凸轮轴上，然后装上传动盘，用挡圈锁住。

❸ 安装调速器后壳，先安装上操纵轴和拨叉，然后从外端拧入支撑轴，并依次向轴上套入弹簧后座、高低调速弹簧、启动弹簧、弹簧前座，最后装上校正弹簧并用螺母调节弹簧预紧，之后锁紧。

❹ 将传动板、推力盘（连轴承）、飞球组合件、飞球保持架撑入支撑轴。注意将传动板上小孔套入供油拉杆（内装拉杆弹簧），并用拉杆螺母锁紧。

❺ 用六个螺钉将组装好的前壳和后壳装合，密封垫片应完好，最后从调速器后壳外端拧入怠速、调速调整螺钉。

3. 调速器的调试

调速器必须与喷油泵一起在喷油泵试验台上进行调试。调试前，将喷油泵与调速器总成安装到试验台上。将专用的供油齿条（或拉杆）行程测量仪安装到喷油泵上，测量仪是根据喷油泵和调速器的结构类型专门设计的，常用的供油齿条行程测量仪如图20-3-7所示。

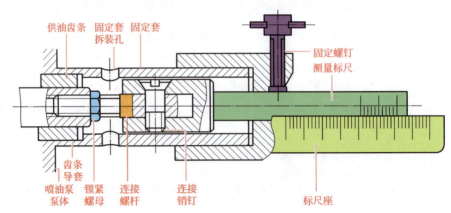

图 20-3-7　供油齿条行程测量仪

（1）RAD 型两速调速器的调试

RAD 型两速调速器的调试项目主要是额定工况位置、高速和怠速时起作用的转速。

❶ 额定工况位置的检查与调整：在试验台上将喷油泵转速提高到额定转速（一般为 1000～1100r/min），将控制杠杆推到最大供油位置，此时测量的供油齿条行程应符合规定，否则可调整高速限位螺钉，使供油齿条行程符合规定。高速限位螺钉安装在调速器壳体上，用来限制控制杠杆的最大供油位置。然后调整全负荷限位螺钉，使限位螺钉与拉力杠杆刚刚接触或稍有间隙。

❷ 高速作用转速的检查与调整：在试验台上使喷油泵达到额定转速后再慢慢增加其转速，并注意观察供油齿条行程的变化。供油齿条刚刚向减油方向移动时的转速即为调速器的高速作用转速（一般为 900～1100r/min），此转速应符合规定标准，否则可通过速度调整螺钉调整高速弹簧的预紧力，使高速作用转速符合规定。

❸ 怠速作用转速的检查与调整：使控制杠杆处于最大供油位置，调整试验台转速，使喷油泵转速由高速逐渐降低，并注意观察供油齿条行程的变化。供油齿条刚刚向加油方向移动时的转速即为调速器的怠速作用转速（一般为 175～200r/min），此转速应符合规定，否则应调整怠速弹簧的预紧力。

怠速作用转速也可通过供油齿条行程来检查。使控制杠杆处于怠速供油位置，调整试验台转速，使喷油泵在规定的怠速转速下运转，此时测量的供油齿条行程应符合规定标准，否则应调整怠速弹簧预紧力。调整控制杠杆低速限位螺钉，也可调整调速器的怠速作用转速。

（2）RSV 型全速调速器的调试

❶ 额定工况位置的检查与调整与 RAD 型两速调速器基本相同。

❷ 怠速转速的检查与调整：将操纵臂固定在怠速供油位置，将喷油泵转速调整到规定的怠速转速，检查供油齿条行程，若不符合规定标准，应调整低速限位螺钉或调整怠速弹簧的预紧力。

❸ 额定转速的检查与调整：将操纵臂固定在最大供油位置，使喷油泵转速提高到额定

转速（一般约为 1500r/min），然后检查供油齿条行程，若行程不符合规定标准，应调整高速限位螺钉。

❹ 校正弹簧的调整：将操纵臂固定在最大供油位置，使喷油泵在额定转速下运转，然后逐渐降低喷油泵转速。当供油齿条开始向加油方向移动时，检查喷油泵转速和供油齿条行程，应符合规定，否则应调整校正弹簧的预紧力。

第四节　柴油机燃料供给系统调试

喷油泵及调速器零件经检修装复后，应将喷油泵安装到喷油泵试验台进行调试；喷油泵试验台根据其变速系统结构原理不同，分为机械式、液压式、电子式和变频式；喷油泵调速器总成在试验台上的检查调整项目有柱塞预行程（供油时间）、齿杆（拉杆）行程、转速、供油量、各缸供油间隔角等。

（1）喷油泵总成调试前的准备

❶ 喷油泵在试验台上的安装。将喷油泵通过夹具固定在试验台上，喷油泵前端通过连接盘与试验台传动轴的联轴器相连接，安装后应牢固可靠，喷油泵凸轮轴和试验台传动轴要保持同轴。不同类型的喷油泵由于尺寸的差异，在安装时要选用高度合适的垫块，然后连接喷油泵和试验台的油管，并检查补足喷油泵和调速器内的润滑油。

❷ 试运转。启动试验台，使试验台内的输油泵向喷油泵供油，将低压油路的压力调到 160kPa 左右，松开喷油泵放气螺钉，排除低压油腔中的空气。

拧松标准喷油器上的放气螺钉，将转速逐渐增加到 400r/min 左右。转动操纵臂至最大供油位置运转 3～5min 后停机。

在试运转中，应该运转平顺，无异响，操纵臂及供油拉杆移动自如，各管路接头无渗漏现象，凸轮轴的轴承无显著发热现象。如发现异常，则必须排除异常后，才能进行喷油泵调速器总成的调试。

（2）喷油泵的调试

喷油泵的调试见表 20-4-1。

表 20-4-1　喷油泵供油时间、供油量和调速器的检查与调试

项目	操作步骤	技术规范
供油时间的检查与调试	（1）溢油法 溢油法需在喷油泵试验台上进行 ①利用试验台配置的高压油聚，将燃油加压至 4.4MPa 以上，输入喷油泵的低压油腔。当柱塞处于下止点时，柱塞套上的进、回油孔未被封闭，高压燃油进入柱塞顶部上方油腔，顶开出油阀，经高压油管自标准喷油器的放气油管流出 ②然后用手慢慢转动凸轮轴，使柱塞上行。当柱塞顶部边缘刚好将进、回油孔封闭时，高压燃油被阻断，油管立即停止出油。此时即为该柱塞开始供油的时刻。此时，联轴器上的刻度记号与喷油泵壳体上的记号应对正（正时刻度线），如图 20-4-1 所示 ③第一缸柱塞开始供油时刻调整后，以此为基准，按工作顺序，检查调整其他缸柱塞开始供油时刻，六缸柴油机供油间隔角为 60°，使各缸供油间隔角符合规定	正时刻度线未对正，说明供油不正时；若已超过刻度线，则说明供油时刻过迟

续表

项目	操作步骤	技术规范
供油时间的检查与调试	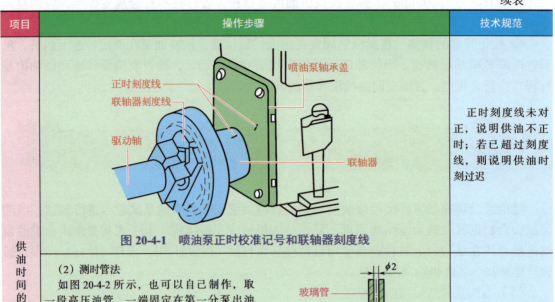 图 20-4-1 喷油泵正时校准记号和联轴器刻度线	正时刻度线未对正，说明供油不正时；若已超过刻度线，则说明供油时刻过迟
	（2）测时管法 如图20-4-2所示，也可以自己制作，取一段高压油管，一端固定在第一分泵出油口上，另一端套上橡胶管，再用一段长约50～60mm、内径约2mm的玻璃管与橡胶管连接即可 ①试验前，先将测时管装在第一缸的出油阀压紧座接头上 ②转动喷油泵凸轮轴使分泵泵油，直至测时管不冒气泡为止。然后用手缓慢转动凸轮轴，管口油面刚开始波动时停止转动，此时即为第一缸的供油开始时刻。检查联轴器上的正时记号是否对正 ③以第一缸柱塞为基准，按工作顺序，检查调整其他柱塞开始供油时刻 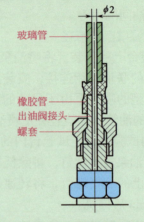 图 20-4-2 测量器结构安装示意	若未到达刻线，说明供油时刻过早 各缸供油间隔角误差为 ±0.5°
	（3）供油时刻的调整 若已超过刻线，表明供油时间过迟，应调整滚轮体螺钉或垫块，增加滚轮体工作高度；反之减小工作高度。在调整供油时刻时，应注意不要将滚轮体的调整螺钉拧出过多或选用过厚的调整垫块，以免柱塞在最高位置时与出油阀座下平面相碰	
喷油泵调速器总成的调试	（1）高速起作用转速的调试 使喷油泵转速逐渐增加到接近额定转速，将调速器的操纵臂推向最大供油位置。然后慢慢增加喷油泵的转速，同时注意观察供油拉杆或齿杆位置的变化，当开始向减少供油方向移动时，其转速就是高速起作用转速，一般比额定转速高10～15r/min。若高速起作用转速不符合要求，可通过改变高速弹簧的预紧度来调整。对于Ⅱ号喷油泵的调速器，调整其高速限位螺钉 （2）齿杆行程的调试 齿杆（拉杆）行程是保证调速器正常工作的前提，必须在调整供油量之前调整好。一般以齿杆向减油方向推到底的位置为"0"位。额定工况时齿杆所处位置至"0"位的距离，称为额定行程。可通过调速器上相应的螺钉或调节轴予以调整 （3）供油量的调试 喷油泵供油量的调试主要是对额定转速供油量、急速供油量、启动供油量和各缸供油不均匀度的调试 要求供油量符合喷油泵的技术要求： $$供油量不均匀度 = \frac{最大供油量 - 最小供油量}{(最大供油量 + 最小供油量)/2} \times 100\%$$	喷油泵调速器总成的调试，应按厂家规定的调试工艺规范进行 检查油量调节拉杆在最大供油位置和急速位置时两种情况的油量

续表

项目	操作步骤	技术规范
喷油泵调速器总成的调试	①额定供油量的调试。将试验台转速控制在喷油泵额定转速下，操纵臂固定在最大供油位置，检查各缸供油量，应符合原厂规定。如油量不符合规定或不均匀度过大，可通过调节齿圈或拨叉予以调整 ②怠速供油量的调试。将试验台转速控制在怠速状态下转速，检查怠速油量，不符时通过怠速螺钉或怠速组件予以调整 （4）调速器断油性能的检查 供油量调整后，应检查高速及低速断油性能。分别控制操纵臂在最大和最小位置，逐渐升高试验台转速，检查停止供油时的转速，应符合要求。如不符合要求，应检查或重新调整调速器	对于多缸柴油机，使各缸供油量必须一致，否则柴油机各缸的工作压力不同会使功率下降、运转不稳 额定供油量不均匀度≯3%，怠速供油量不均匀度≯30%

第五节　柴油机燃料供给系统常见故障与排除

柴油机燃料供给系统的常见故障现象、原因与检修方法见表20-5-1。

表20-5-1　柴油机燃料供给系统的常见故障现象、原因与检修方法

故障现象	故障原因	故障检修
喷油器出现故障时，发动机多有下列现象：单缸或多缸有敲击声；发动机完全熄火或间歇性熄火；耗油量增加；排气管大量冒烟；发动机过热	①喷孔堵塞或喷油器表面积碳 ②喷油器安装松动或喷油器调压弹簧折断 ③针阀座脏污或积碳，针阀关闭不严 ④针阀卡死在阀体内，或喷油器破裂 ⑤喷油器调压弹簧失调或折断 ⑥喷油器偶件严重磨损或腐蚀 ⑦喷油嘴和喷油器体间接合表面脏污	①发动机低速运转并拧松某气缸的喷油泵高压油管，对喷油器断油来确定有故障的喷油器，若发动机工作没有变化，即可确定该喷油器有故障 ②对喷油器积碳、喷孔堵塞或针阀座脏污等，应清除或更换喷油器 ③排气歧管温度偏高或偏低的气缸喷油器应拆检。在拆下喷油器时，不要弄弯油管。为防止损伤回油管，应将连接喷油器的回油管总成拆下 ④对针阀卡死在阀内或喷油器壳体损坏的，能修则修，不能修应换新件
喷油器喷油很少或不喷油	①喷油器的针阀与阀体配合过紧，或针阀被杂物卡住，使出油截面减小，造成出油少甚至不出油 ②喷油泵不泵油或泵油量很少，使油压难以克服调压弹簧弹力，所以针阀开启很小或不开启，喷油器的喷油也就少甚至不喷油 ③喷油器上的积碳将喷孔堵塞或部分堵塞，造成出油的喷孔少，出油量也就少 ④喷油器的调压弹簧弹力过大，使喷油泵的油压难以顶开针阀或使针阀开启很小，便又立即关闭，出油也就少或不出油	检查针阀与阀体的活动情况，若由于杂质造成过紧或卡住，去掉杂质后喷雾良好的喷油器可继续使用，若喷雾仍欠佳，则应更换。管路有气应排净，若有积碳可清除后看喷孔的畅通情况，仍旧不通时，可换新件。调整调压弹簧弹力，查看喷雾质量好坏，若因喷油泵压力不足引起，应维修喷油泵

续表

故障现象	故障原因	故障检修
喷油器针阀卡死（柴油机使用中，喷油器严重积碳，会使喷油器针阀卡死。若喷油器针阀卡死在针阀开启位置，则会出现严重的燃烧不良，排气管排出大量黑烟。若针阀卡死在针阀关闭位置，该喷油器就不能喷油，该气缸也不会工作）	①喷油器的喷油压力调整不当，或供油时间过迟 ②喷油器安装不良而造成漏气，长时间使喷油器局部温度过高而被烧坏 ③喷油器渗油或滴油，或使用了不清洁的柴油 ④发动机无负荷低速运转时间过长，或长时间超负荷工作	把烧坏了针阀的喷油器卸下来，放在柴油中浸泡一会，然后用较软的物体去除针阀上的积碳，若针阀能自由移动，可涂上机油使针阀与阀座进行适当研磨，即可继续使用。若针阀不能移动甚至拔不出来的，可更换新件。总之，应根据引起喷油器针阀烧坏的原因，进行必要的检修和调整，避免再次出现针阀烧坏的现象
喷油器的喷油压力过低	①喷油器调压弹簧的调压螺钉、锁紧螺母松动，或调压弹簧压力过小、折断 ②喷油器的针阀导向部分与阀体间隙大，造成泄漏，针阀锥面密封不良，造成喷油压力降低 ③喷油器与喷油器阀体接触面不平而漏油，使喷油泵的高压油泄压 ④喷油泵的泵油压力不足，导致喷油压力低	①拧紧调压螺钉、锁紧螺母（应在调试后紧固），对阀座与喷油器壳体接触面间隙大或密封不严的，一般研磨不见效时，应更换喷油器或喷油器壳体，使喷油器阀座与壳体密封。不密封的可在喷油器试验器上检查。若不合格时，应更换喷油器偶件，使其出油压力提高 ②做喷油压力试验：以60次/min的速度压动喷油器试验器的手柄，同时观察在喷油过程中压力表上的读数。同台发动机各气缸喷油器的喷油压力差不超过980kPa。若喷油的压力不符合规定，可旋动喷油器的调整螺钉进行调整，旋入螺钉，喷油压力提高，反之则降低。喷油压力应以压力表上指针摆动的始点为准，调好后锁紧护帽 ③检查针阀不能上下动的原因并排除
喷油器雾化不良（喷油器雾化不符合要求时，便会出现发动机功率下降、转速不稳定、有敲击声、排气管冒黑烟、启动困难或耗油量增多等现象）	柴油的雾化形成，是喷油泵将提高一定压力后的柴油，压送到喷油器的环状喷油腔。在喷油器调压弹簧弹力的作用下，将柴油体积尽可能缩至最小，使它密度最大、压强最大。当柴油压力大于喷油器开始喷油压力时，便克服弹簧弹力将针阀打开，柴油便由喷孔喷入燃烧室。喷入燃烧室的柴油体积剧烈膨胀，形成雾状即雾化 ①喷油器调压弹簧调整不当或自身弹力下降。根据喷油器工作原理可知，柴油喷射压力的大小取决于调压弹簧预紧力。预紧力小，柴油喷射压力不足，柴油雾化不良 ②柴油黏度过大。黏度大的柴油，油分子之间相互吸引力大，喷出的粒径直径大，即雾化不良；柴油黏度的大小，除柴油标号已经决定外，温度对柴油黏度的影响也很大。温度高时，柴油黏度小，反之，则黏度大 ③喷油器针阀与阀座表面粗糙度对雾化的影响很大。当喷油器工作时，针阀锥面与阀座的锥面高频冲击振动，产生塑性挤压，常出现锥面疲劳裂纹、脱层或变形。另外还会有机械杂质、液力冲刷或腐蚀等因素，使针阀密封面破坏而滴漏油，导致喷油压力下降，致使柴油雾化不良 ④喷油器针阀导向部分磨损影响柴油雾化。针阀的导向部分工作时频繁地往复运动，使之与其配合偶件发生摩擦和磨损，导致喷油时会有一些柴油从偶件的间隙中漏回柴油箱，因此降低了喷油器的喷油压力，引起雾化不良	①用喷油器试验器进行试验检查，或就喷油泵本身进行试验，其方法见"喷油器的喷油压力过低" ②调整调压弹簧弹力，若雾化良好，则表明是由弹力不良造成的；若喷油器回油量较大，则表明是由针阀偶件磨损过甚或针阀锥面磨损等引起 ③若在喷油器试验器上检查雾化良好，而在车上检查雾化差，则应更换牌号较低的柴油，再试验。若雾化良好，表明柴油黏度大引起雾化差，否则应检查喷油泵 ④对喷油器做密封性检验。在喷油器试验器上，当压力接近标准压力时，以10次/min左右的速度缓慢按动手泵柄，直至达到喷射压力开始喷油，在此过程中，喷油器不应渗漏。喷射结束后，允许喷嘴处有微量潮湿，但不能形成滴油现象，否则为不合格

续表

故障现象	故障原因	故障检修
喷油提前角过大（喷油提前角是指从喷油开始到活塞到达上止点时曲轴所转过的角度。最佳喷油提前角是在柴油机额定转速与全负荷下通过试验确定的，它的数值因所使用的柴油性质和发动机的实际工作情况不同而有所不同）	①喷油泵滚轮体调整螺钉调整不当。滚轮体调整螺钉调得过高，使喷油泵柱塞上方泵腔内的燃油压力提前升高泵油，造成喷油器提前喷油，即喷油提前角大 ②联轴器调整不当。指喷油泵的驱动轴与喷油泵的凸轮轴的连接是由联轴器实现的。因此，用联轴器可以改变喷油泵凸轮轴的转角，来调整喷油提前角。提前角大时，喷油器也就提前供油而往外喷油。也就是说，喷油提前角的调整是通过对喷油泵的供油提前角的调整来实现的 ③喷油器的喷油压力调整不当。若喷油器的喷油压力低，喷油泵的泵油压力未达到规定压力时，喷油泵便会提前喷油，即喷油过早。因气缸压力未达相应值，燃油燃烧不完全 ④喷油泵出油阀和喷油器针阀关闭不严。因出油阀和喷油器的磨损、弹簧弹力减弱或折断、机械杂质等影响，均会造成出油阀或喷油器针阀关闭不严，喷油泵就会使燃油过早地喷入燃烧室	①检查引起出油阀和喷油器关闭不严的原因并加以排除 ②检查喷油提前角。应根据有关规定进行。先检验调整第一缸柱塞供油时刻，再以此为基准按发动机工作顺序，依次检调各缸柱塞供油时刻间隔角度。检验方法有溢油法、测时管法和不解体检测等方法 检查时，把喷油泵第一缸的高压油管拆下，转动发动机曲轴并注意观察喷油泵出油阀面高度，油面开始上升，说明供油开始，曲轴停止转动。此时，观察飞轮壳检视孔上指针所指飞轮上的刻度值是否与最佳喷油提前角相符，若未到最佳喷油提前角就开始喷油，表明提前角过大；反之，超过最佳喷油提前角，则说明提前角过小。调整时，转动曲轴，使飞轮上的最佳喷油提前角对正飞轮壳检视孔上指针。松开喷油泵联轴器上的固定螺钉，并转动喷油泵凸轮轴，转至喷油泵第一缸出油阀口油面开始上升为止，然后拧紧联轴器固定螺钉
发动机运转尚正常，但冒黑烟多	①燃油质量太差，或喷油泵供油太多 ②喷油时间过早，混合质量差，燃烧不完全 ③空气滤清器部分堵塞使燃烧不完全 ④超负荷或柱塞与套筒调整后变位，加大了供油量 ⑤喷油泵各缸供油不均或喷油器喷油质量差，使燃烧不完全 ⑥调速器失效而供油量过多，最大油量限止螺钉失调 ⑦喷油泵老化（在调整时改变了原位，加大供油量）而冒黑烟	个别气缸喷油过多，可以用停止喷油的方法加以检查。使某气缸断油（逐缸检查），如此时不冒黑烟，发动机运转无变化或变化很小，即说明此缸喷油器有故障或喷油泵供油过多 检查该缸喷油泵调节齿轮锁紧螺钉是否松动，造成供油过多。如属完好，可拆下喷油器检查喷油情况。若喷油不良，应研磨喷油针阀或更换新件 检查调速器飞锤有无卡滞现象，引起供油多 经上述检查若没有发现故障，则可将连盘的紧固螺钉松开，将喷油时刻调迟。如黑烟消失，而发动机不振抖，说明喷油时间过早，应检查喷油时间是否失准。若属正常，应再检查供油提前角是否过早（减薄滚轮体上垫块厚度或调低滚轮体上螺钉高度）
发动机运转尚正常，但冒白烟	①喷油时间过迟或各缸喷油间隔角不一致 ②喷油器喷油时有滴漏，雾化不好，喷油压力低，而使燃油没有得到完全燃烧排出 ③燃油系统中有水或有空气	①此故障多属于喷油器的喷雾不良，可用逐缸断油法检查喷油器的喷雾情况，或拿到喷油器试验器上检查 ②若发动机运转无力、过热，还有低沉的敲击声，应先检查万向节连接盘的固定螺栓情况及键与键槽情况。若松动或磨损，应修复 ③用调整提前供油方法看白烟是否消失。若没有好转，可检查滚轮体调整螺钉是否失调 ④检查喷油器滴油原因，判断是喷油压力低还是针阀磨损等造成，并排除

第六节 维修案例

以博世 MS6.3 共轨蓄压式燃油喷射系统为例。

1. 共轨蓄压式喷射系统维修通则

❶ 在进行发动机维修之前，应先使用 IVECO 专用故障诊断仪 IT2000-IWT 和诊断转换器对发动机和整车进行检测，并打印出结果。也可采用深圳元征科技公司生产的 X431 型发动机故障诊断仪进行诊断。

❷ 更换电控单元 ECU 应由经过授权的专用工作单位在专用设备上进行。

❸ 下列零部件只能更换而不能分解修理：燃油压力调节阀、限流阀、燃油压力传感器、共轨蓄压器、限压阀、高压油管总成、电控喷油器。

❹ 共轨喷射系统的所有配件均已经过防潮包装，使用前要在装配现场才能打开包装，不宜提前。

❺ 维修中要最大限度地保持零部件的清洁度，防止不洁物污染。油管、传感器的保护帽应在装配时当场去除。

❻ 所有紧固件应按规定力矩拧紧，尤其要重视高压油路紧固件拧紧力矩，所有快装接头应安装到底。

❼ 所有电器连接导线应符合电路图规定的走向。

❽ 严禁在发动机运转时拆卸高压油管，不准在高压油管处进行放气作业，以防伤人。

2. 共轨蓄压式喷射系统主要部件装配要求

❶ 电控喷油器不得分解。在其上安装高压油管时，应注意它是否在气缸盖座孔内可靠固定，应一面用扳手固定电控喷油器，一面安装高压油管。在其上安装回油油管接头时，应垂直施力，防止弹簧脱出，并使卡套安装到位。

❷ 飞轮转速传感器和凸轮轴位置传感器的空气间隙为 0.8～1.5mm，并确保传感器头的垂直度。

❸ 高压油泵中的第三泵停油阀不允许进行任何维修。安装从高压油泵至共轨蓄压器的高压油管时，要注意高压油泵的稳定性，操作中可用扳手固定高压油泵。

❹ 任何一根高压油管拆卸后，必须换用新件。装配时，要注意相关件的固定，以防损坏。

❺ 共轨蓄压器上的限压阀和限流阀，仅能承受连续 5 次拆装，装配前接头处要涂抹润滑脂，衬垫要强制更换。

3. 低压油路密封性和完整性的检查

低压油路是保证共轨蓄压式喷射系统正常工作的基础之一，它的密封性和完整性将直接影响高压油路的工作。

低压油路的检查可用图 20-6-1 所示的压力表Ⅰ、Ⅱ、Ⅲ检测，其中Ⅰ、Ⅱ三接头压力表可连接在燃油滤清器进、出油接头 A、B 处，正常压力值为 0.4～0.5MPa，若低于 0.25MPa，则表明低压油路有泄漏，应逐段检查，排除故障。

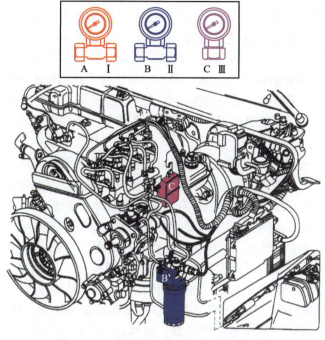

图 20-6-1　低压油路密封性和完整性检查

单接头压力表Ⅲ可接在多回油管接头盒 C 处，测量回油压力，正常值为 0.2～0.25MPa。若压力值过低，应检查至电热启动器的油路。

4. 博世 MS6.3 共轨蓄压式燃油喷射系统故障代码的读取与清除

❶ 故障代码的读取：通过 IVECO 专用故障诊断仪 IT2000-IWT 对 ECU 诊断接口的连接操作，可以读取 ECU 内存的故障信息，以便维修人员迅速排除故障。

在 ECU 故障数据库中，大约可以读取到 60 多种故障模式。每一种故障按时间区分，可分为"现存在"和"曾存在"两类；按故障类型区分，可分为"电源短路""地线短路""线路断路""信号无效""信号值过高""信号值过低""传感器输入电压过高""传感器输入电压过低"8 类。故障在 ECU 中，由计时器和计数器记录控制和显示，同时 EDC 指示灯以亮、灭配合显示。

读取故障代码时，按 IT2000-IWT 故障诊断仪使用说明书操作。

❷ 故障代码的清除。通过代码显示按钮删除故障记录的步骤：用点火钥匙断开点火开关，按住代码显示按钮 4～8s，再接通点火开关，在后续的十几秒内不再操作点火开关。

5. 共轨蓄压式燃油喷射系统发动机主要故障的检查

共轨蓄压式燃油喷射系统发动机可能会出现下列综合性故障，如：发动机不能启动、发动机过热、发动机动力不足、发动机冒黑烟或深灰色烟、发动机冒浅灰色烟、发动机冒蓝色烟、发动机冒白色烟、发动机异响、发动机熄火、燃油消耗过高、机油压力过高或过低等。这些故障往往不是单一因素形成的，可按下述顺序依次逐一排查。

❶ 发动机不能启动。应检查：蓄电池的接线，蓄电池、起动机是否有效，低压油路是否有气体，低压油路是否有积水，燃油预滤清器是否堵塞，用IT2000-IWT检查预热启动装置是否有效，检查高压油泵是否有效，检查电控喷油器及O形密封圈是否有效，测量气缸压缩压力是否正常，电动输油泵是否有效（输油压力不低于0.2MPa），目测低压油路、回油油路有无泄漏或堵塞，燃油滤清器是否堵塞（燃油滤清器与高压油泵间输油压力不得小于0.18MPa），预热启动电磁阀是否有效，多头回油管接头盒至电磁阀油路是否畅通，电磁阀至电热启动器油路是否畅通，燃油滤清器旁通阀是否畅通，共轨蓄压器限压阀是否有效，电控喷油器是否正常，高压油泵及第三停油阀是否有效，飞轮转速传感器是否正常、安装是否到位，电控单元ECU是否有故障。

❷ 发动机过热。应检查：发动机冷却液量是否充足，水泵V带张紧力是否正常，水泵功能是否正常，节温器是否损坏，散热器有无堵塞或泄漏，空气滤清器及输气管路有无堵塞或节流，气缸盖衬垫有无损坏，电磁离合器风扇工作是否正常。

❸ 发动机动力不足。应检查：空气滤清器是否堵塞，高低压油路有无泄漏，节温器是否正常，燃油箱燃油量是否充足，燃油箱吸油管是否正常，用IT2000-IWT检查高压油泵是否正常，检查电控喷油器及限压阀是否正常，气门间隙是否符合规定，气缸压缩压力是否符合规定，废气涡轮增压器是否正常，加速踏板位置传感器是否正常。

❹ 发动机冒黑烟或深灰色烟。应检查：空气滤清器是否堵塞，用IT2000-IWT检查电控喷油器是否正常，气缸压缩压力是否正常，预热启动电磁阀是否常开，废气涡轮增压器压气机端是否渗漏机油。

❺ 发动机冒浅灰色烟。应用IT2000-IWT检查电控喷油器是否正常，检查发动机冷却液是否进入气缸。

❻ 发动机冒蓝烟。应检查：机油消耗是否过多，废气涡轮增压器涡轮机端是否渗漏机油，气门导管是否渗漏机油。

❼ 发动机冒白烟。应检查：凸轮轴位置传感器是否正常、气门头是否损坏。

❽ 发动机异响。应检查：异响是否来自曲轴轴颈与轴承或连杆轴颈与轴承，异响是否来自活塞与气门，异响是否来自气缸盖及其组合件，异响是否来自凸轮轴，异响是否来自真空泵，异响是否来自电控喷油器，异响是否来自冷启动电磁阀，异响是否来自飞轮转速传感器、凸轮轴位置传感器。

❾ 发动机熄火。检查燃油箱油量是否充足，燃油滤清器是否堵塞，低压油路是否堵塞或漏气。

❿ 燃油消耗过高。检查燃油低高压管路有无泄漏，空气滤清器有无堵塞。

⓫ 机油压力过高或过低。检查机油压力调节器、机油泵和管路是否正常。

第二十一章 涡轮增压器拆装与检修

第一节 涡轮增压器的主要结构和工作原理

涡轮增压器主要由涡轮壳、涡轮、压缩轮、压缩轮壳、连接轴、中间壳及全浮式轴承等组成（图21-1-1）。

图21-1-1 涡轮增压器结构

压缩轮和涡轮连接在一个轴上，来自排气管的废气推动使涡轮转动，涡轮通过连接轴带动压缩轮同步转动，来自空滤器的新鲜空气进入压缩轮的中部，空气在离心力的作用下沿压缩轮的叶片向外甩出，空气压力增高。发动机转速越高，废气流速越高，涡轮和压缩轮转速也越高，增压作用越强（图21-1-2）。

由于涡轮处于排气的高温环境中（600～700℃以上），因此一般是用耐热的合金材料或者陶瓷材料制成。

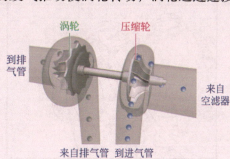

图21-1-2 增压原理

第二节　涡轮增压器的主要部件拆装

以大众宝来 1.4L 废气涡轮增压发动机为例。

一、拆卸与安装废气涡轮增压器

▶ **1. 拆卸废气涡轮增压器**

排出冷却液。
松开软管卡箍 1 和 2，拆下空气导管（图 21-2-1）。
脱开空气导管上的空气导流软管。
脱开电器连接插头 1（图 21-2-2）。
松开卡子（如图 21-2-2 中箭头），取下空气导管。
按压解锁键，拆下活性炭罐软管，如图 21-2-3 中 1。
拧出螺栓（如图 21-2-3 中箭头），并取下曲轴箱通风装置。

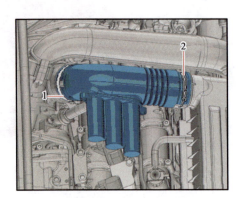

图 21-2-1　拆下空气导管

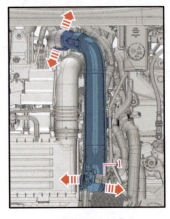

图 21-2-2　脱开电器连接插头并松开卡子

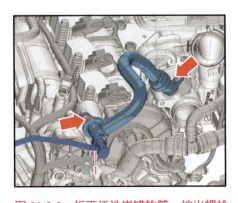

图 21-2-3　拆下活性炭罐软管，拧出螺栓

松开固定卡（如图 21-2-4 中 1），并将软管脱开。

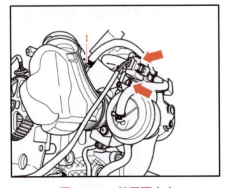

图 21-2-4　松开固定卡

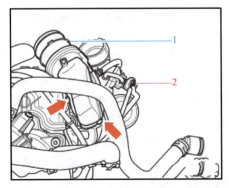

图 21-2-5　取下管接头

将支架连同水管拆卸。

脱开电器连接插头，如图21-2-5中2。

拧出螺栓，如图21-2-5中箭头，取下管接头，如图21-2-5中1。

拧出螺栓，如图21-2-6中箭头，向右侧翻转冷却液管路，如图21-2-6中1。

拧出螺栓，如图21-2-7中箭头，取下隔热板，如图21-2-7中1。

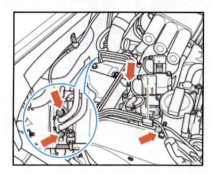

图21-2-6　向右侧翻转冷却液管路

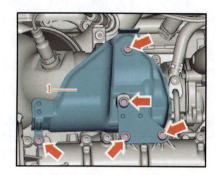

图21-2-7　取下隔热板

拧出螺栓，如图21-2-8中箭头，取下右侧传动轴的隔热板。

取下插头护罩，如图21-2-9中1。

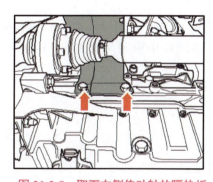

图21-2-8　取下右侧传动轴的隔热板

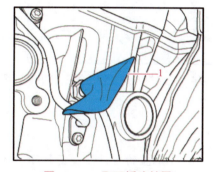

图21-2-9　取下插头护罩

脱开机油开关的电器连接插头，如图21-2-10中箭头。

拧出螺栓，如图21-2-11中箭头，并取下机油供油管路（如图21-2-11中2）和机油回油管路（如图21-2-11中1）。

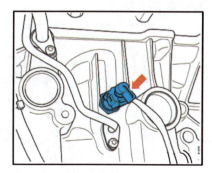

图21-2-10　脱开机油开关的电器连接插头

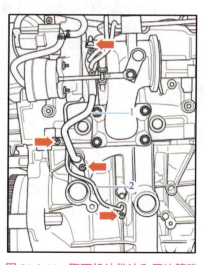

图21-2-11　取下机油供油和回油管路

拧出螺栓（如图21-2-12中2）并取下螺旋卡箍。
拧出螺栓（如图21-2-12中1）和螺母（如图21-2-12中箭头），绑高尾气催化净化器。
拧出螺母（如图21-2-13中箭头）并取下废气涡轮增压器。

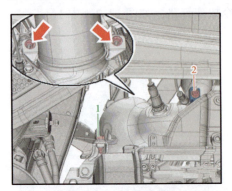

图21-2-12　取下螺旋卡箍，绑高尾气催化净化器

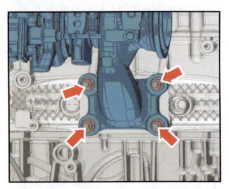

图21-2-13　取下废气涡轮增压器

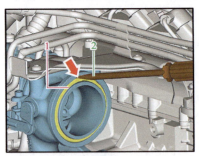

图21-2-14　撬出废气涡轮增压器凹口中密封环

2. 安装废气涡轮增压器

安装以倒序进行，安装过程中请注意下列事项：

用螺丝刀（如图21-2-14中2）撬出废气涡轮增压器凹口中密封环（如图21-2-14中1、箭头）。

> **提示：**
>
> 更换气缸盖的密封件、密封环、O形环和紧固螺母。
> 通过机油供油管路的管接头给废气涡轮增压器加注发动机机油。
> 用符合系列标准的软管卡箍固定所有软管连接。
> 为了确保废气涡轮增压器的机油供给，请在安装废气涡轮增压器后让发动机怠速运转大约1分钟，请勿使其立即高速运转。

二、拆卸与安装增压压力限制电磁阀 N75

1. 拆卸

关闭点火开关。
脱开电器连接插头，如图21-2-15中4。
松开固定卡，如图21-2-15中1、2、3。
拧出螺栓（箭头处）并取下增压压力限制电磁阀N75。

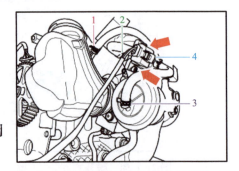

图21-2-15　取下增压压力限制电磁阀 N75

2. 安装

安装以倒序进行。

三、拆卸与安装增压压力调节器

1. 拆卸

关闭点火开关。
脱开真空软管，如图 21-2-16 中 1。
取下防松夹，如图 21-2-16 中 2。
拧出螺栓，如图 21-2-16 中箭头，取下增压压力调节器。

2. 安装

安装以倒序进行。

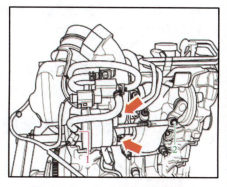

图 21-2-16　取下增压压力调节器

第三节　常见故障诊断方法

一、涡轮增压器漏油故障

1. 机油消耗量大，但排气烟色正常，动力不降低

故障原因： 这种情况一般是由机油渗漏造成的。

处理方法：
❶ 首先应检查发动机润滑系统外部油管（包括增压器进、回油管）是否漏油；
❷ 检查增压器废气排出口是否有机油。如有机油，可判定涡轮一端密封环损坏，应更换此密封环。

2. 机油消耗量大，排气冒蓝烟，但动力不下降

故障原因： 由于增压器压器端漏油，机油通过发动机进气管进入燃烧室被烧掉。有以下几种可能：
❶ 增压器回油管不畅通，机油在转子总成的中间支承处积留过多，沿转子轴流入压气叶轮；
❷ 靠近压气叶轮一端的密封环或甩油环损坏后，机油由此进入叶轮室，然后随室内增压后的空气一同经进气管进入燃烧室。

处理方法：
❶ 打开压气机的出气口或发动机进气直管（橡胶软管），看管口、管壁是否黏附机油。如有，请检查增压器回油管是否畅通。如不畅通则是由中间支承处积油过多引起，应将回油管疏通后装复。
❷ 如畅通，则是由叶轮一端密封环或甩油环损坏所造成，应解体增压器进行修复。

3. 机油消耗量大，排气冒蓝烟或黑烟，且动力下降

故障原因：

① 活塞与气缸之间的间隙磨损过大，机油窜入燃烧室而被烧掉。

② 空气在被增压器吸入的过程中，空气流遇较大阻力（如空滤芯堵塞，进气胶管被吸变形或压扁等），压气机进气口处的压力较低，造成机油渗漏进入压气机内，随压缩空气一起进入燃烧室内烧掉。

处理方法：

① 检查进气直软管壁内有无机油、是否被压扁，使气流受阻或空滤芯有堵塞现象。

② 如管口和管壁有机油，应清洗或更换空气滤芯。

二、涡轮增压器有金属摩擦声

现象： 排气冒黑烟，功率下降，且增压器有异响。

原因：

① 如有金属摩擦声，是增压器转子轴承或止推轴承磨损过多，叶轮与增压器壳摩擦而产生。

② 如不是金属摩擦声，而是气流声，则是由于增压器转子高速旋转产生的旋转声音，或是进、排气接口处由于连接不好产生的漏气现象。

处理方法：

① 前者应视磨损情况更换损坏的备件进行修复。

② 后者应认真区分，有针对性地解决。

三、增压器轴承损坏故障

现象： 增压器轴承损坏，发动机功率下降，机油消耗高，冒黑烟，严重时增压器不能工作。

原因：

（1）润滑油压力和流量不足

① 增压器轴颈和止推轴承的润滑油供应不足。

② 使转子轴颈和轴承间保持浮动的润滑油不足。

③ 增压器已高速运转，而润滑油未及时供给。

（2）杂物或泥沙进入润滑系统

（3）机油氧化变质

① 机油过热，从活塞与缸壁间窜过的燃气过多。

② 冷却水漏入机油中。

③ 机油选用不当，以及没有按规定定期更换机油。

处理方法：

① 检查润滑油压力是否正常，机油量是否符合要求。

② 按规定要求，定期更换润滑油，并保证润滑油清洁。

③ 严格按规定要求，使用润滑油，不得混用。

④ 应避免发动机在高温情况下工作，保持发动机的正常工作温度。

出现以上现象,要拆开涡轮增压器进行清洗,并更换相应零件。当发现涡轮增压器漏油时,必须检查增压器回油管和柴油机通风管是否阻塞,机油冷却器工作是否正常。当发现机油呈油泥状时,应立即按照规定更换机油及机油滤清器,只有这样,才能排除增压器的故障,保证其在最佳状况下工作。

四、增压压力下降

故障原因:

① 进气阻力增大,滤清器、中冷器或进气涡轮壳内有脏物。
② 压气机转速下降,其包括涡轮有积碳、涡轮排气阻力增大、轴承磨损、转子与壳体有刮碰。
③ 海拔高度增加。

处理方法:

① 清洁空气滤清器。空气滤清器被堵塞后,压气机的进气阻力增加,导致增压压力下降。增压发动机的空气滤清器必须及时清洁或更换,应经常检查空滤器的指示器,保持其有良好的透气性。
② 清洗中冷器和压气机。中冷器和压气机的内部积有油泥、灰尘就会增加进气阻力,当中冷器进出口压力差超过规定值时,应清洗其内部气道。压气机涡轮壳和叶轮上沾上油泥和灰尘时应分解清洗,要定期进行。
③ 清除积碳。增压器的内部积碳会增加转子的转动阻力,使增压器转速下降,增压压力降低。积碳通常积存在涡轮叶片、轴承和密封环等部位。一般是因密封不严,机油漏入烧结及发动机燃烧不完全所致。
④ 检查转子的轴向和径向间隙,消除刮碰现象。转子的径向间隙过大会丧失液体的润滑条件,转子的转动阻力将增大,转速随之降低;转子的轴向间隙过大或变形产生刮碰现象,转子的转速也会下降,导致增压压力下降。分解保养增压器时,转子的径向间隙和轴向间隙都要认真测量,并注意观察是否有刮碰现象。发现间隙超过标准,应及时更换轴承;发现转子有刮伤,应查明原因,予以更换;转子的轴向及径向间隙应符合标准。

五、增压器温度过高

故障原因:

① 发动机供油提前角过小,使排气温度过高,造成增压器转速过高,温度上升。
② 喷油质量差,后燃严重,造成排气温度升高,导致增压器过热。
③ 润滑不良,润滑油压不足,油温过高,供油量不足,带走的热量减少,使增压器温度升高。
④ 增压压力下降,导致空气流量减少,造成增压器温度升高。

处理方法:

发现增压器过热,应首先检查发动机的供油正时和喷油质量;然后检查增压器润滑油供应是否正常,增压器的供油压力应在说明书规定的范围内,一般不低于200kPa;最后检查增压器的内部机件是否有损坏。

第二十二章 汽车发动机装配与磨合

第一节　发动机装配与调试

 发动机装配注意事项

发动机的结构形式多样，装配过程中应注意以下事项：

❶ 装配前，所有零部件和总成均应经过检验和试验，确保质量。

❷ 装配前，所有零部件、总成、润滑油路以及工具、工作台等应彻底清洗，并用压缩空气吹干。

❸ 装配前，检查全部螺栓、螺母，不符合要求的应更换；气缸垫、衬垫、开口销、锁片、锁紧铁丝、垫圈等在大修时应全部更换。

❹ 注意发动机铭牌上的型号等技术参数。有些发动机，由于其配套的车型和生产厂家不同，可能有多种变型，其功率、转速及相应的各零部件的尺寸和结构也可能有所不同。如果在构件或装配过程中不注意这些细节问题，很可能在装配后造成一些自己难以判断的故障。例如，135系列柴油机，由于此系列柴油机变型较多，有工程机械用、发电机组用、船用、机车用等多种形式。每台型号柴油机的某些零件不能替代或混用，如活塞就有十几种，其燃烧室形式和某些尺寸均不一样，替代可能会引起机械故障。

❺ 必须认真清洗发动机内外表面及润滑油道，并做好预润滑，预润滑剂必须清洁，品质符合发动机工作要求。

清洗环节是发动机装配过程中关键的一环，它直接影响发动机的初期磨合和使用寿命，拆卸下来的发动机零部件及机体，必须用汽油、柴油或其他清洁剂清洗干净，然后用压缩空气仔细吹净内外表面的杂质颗粒，特别是缸盖、进气管和机体内部的拐角处，更应认真清洗干净。

❻ 应按使用说明书或其他有关技术数据进行装配，尽量使用专用器具，按规定紧固力

矩、紧固方法和顺序紧固螺栓。

对于没接触过的机型，其内部构造和原理均不了解，第一次修理时，应先查找有关说明书或文件资料，了解有关的技术数据和结构，做到心中有数，不盲目拆卸，必要时做些记录。装配时应按有关数据进行测量和装配，确保每一个装配尺寸都在允许范围内。如活塞与缸套、轴瓦、活塞环的开口间隙等必须符合要求，否则出现故障就不容易判断。

❼ 不可互换的零部件，如各缸活塞连杆组、轴承盖、气门等，应按相应位置和方向装配，不得装错。

❽ 各配合件的配合应符合技术要求，如气缸活塞间隙、轴瓦轴颈间隙、曲轴轴向间隙、气门间隙等。

❾ 有关部件间的正时关系正确，工作协调，如配气相位、供油提前角、点火时刻等。

❿ 发动机上重要螺栓、螺母，如缸盖螺母、连杆螺栓、飞轮螺栓等，必须按规定力矩依次拧紧，必要时还应加以锁定。

⓫ 注意正确的装配方法和装配记号，装配间隙必须符合技术条件。零部件或总成只有用正确的装配方法才能保证装配质量。如装配活塞与活塞销时，如果二者是过盈配合，则应加热活塞至 100～200℃后再进行装配，否则冷装配不但费力，而且易使活塞变形，影响与缸套的配合间隙，造成拉缸等故障。同时，也要注意有些零部件的装配方向，如活塞头部一般都打有箭头作为标记，装配时一般朝前；斜切口式连杆装配时，必须按原来的方向装配，否则会引发机械故障。

⓬ 各相对运动的配合表面，装配时应涂上清洁的润滑油。保证各密封部位的严密性，无漏油、漏水、漏气现象。

⓭ 正确地进行调试。发动机的调试工作是发动机修理过程中的最后一个环节，调试的正确与否直接影响发动机的使用性能和排放要求，调试的主要内容包括气门间隙的调整、供油提前角的调整和机油压力的调整等，使之符合规定的要求。

二、发动机装配顺序与调整

发动机装配顺序随发动机结构的不同有所不同，但基本顺序基本是一样的。以凸轮轴顶置式发动机为例，其装配顺序如下：

1. 曲轴飞轮组的安装

❶ 将飞轮装在曲轴后端凸缘盘上，安装时先用两个定位螺栓定位，再紧固螺母。螺母紧固时应对角交叉进行，紧固力矩为 137～147N·m。

❷ 在曲轴主轴承座上安装、固定好主轴承（轴承油孔与轴承油道孔对正），在轴瓦表面涂上薄机油。

❸ 将曲轴安装在主轴承座上。将不带油槽的主轴承装入主轴承盖，将各道主轴承盖按原位装在各道主轴颈上且按规定力矩依次拧紧主轴承螺栓。螺栓拧紧分 2～3 次完成，拧紧顺序为 4、3、5、2、6、1、7，由中到外交叉进行，紧固力矩为 170～190N·m，拧紧后用不大于 30N·m 的力矩应能转动曲轴，否则应在主轴承座和主轴承盖间加装垫片。

❹ 在曲轴前端轴依次装上曲轴正时齿轮、挡油盘、扭转减振器总成、启动爪等。

2. 活塞连杆组的安装

❶ 将活塞销、连杆小头孔内涂上薄机油，将活塞放入90%以上热水内加热后取出活塞，迅速将活塞销铳入活塞销座、连杆小头孔内，以连接活塞与连杆，在销座两端环槽内用尖嘴钳装上活塞销锁环（安装时注意活塞顶部边缘缺口与连杆体、连杆盖凸点都朝向同侧，即发动机前方）。

❷ 用活塞环装卸钳依次装上气环、油环，安装时注意扭曲环不可装反（内切扭曲环一般装于第一道环槽，边缘槽口向上；外切扭曲环一般装于第二、三道环槽，边缘槽口向下）。

❸ 将各道环槽端隙按一定角度错开（三道气环按120°错开，第一道环端隙应避开活塞销座及侧压力较大一侧）。用活塞环夹箍箍紧活塞环，用手锤木柄轻敲活塞顶部，使活塞进入气缸至连杆大头与曲柄连杆轴颈连接，装上连杆盖，按规定力矩拧紧连杆螺栓螺母，拧紧力矩为80～100N·m。

❹ 将活塞连杆总成装进发动机前，要检查它的垂直度误差，使之符合要求。润滑活塞、活塞环和缸套内表面，然后利用活塞环夹箍将活塞连杆总成装入缸套，如图22-1-1所示。

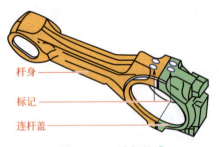

图22-1-1 连杆总成

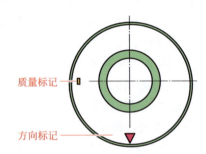

图22-1-2 活塞顶部标记

装配时要注意：

❶ 杆身和连杆盖上的标记要一致，如图22-1-2所示。
❷ 3个活塞环的开口相互错开120°。
❸ 全部活塞应属同一质量组。
❹ 活塞顶部的标记应朝向前方，或者是活塞裙部的凹槽与机油喷嘴在同一侧。
❺ 装配连杆轴瓦时，标有STELO字样的为上瓦，标有CAP-PELLO字样的为下瓦，如图22-1-3所示。

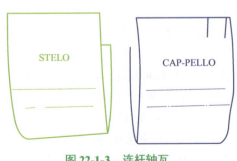

图22-1-3 连杆轴瓦

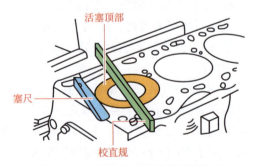

图22-1-4 活塞凸出缸体平面的检查

⑥装配第四缸活塞总成时,应将活塞置于上止点位置,以便于装上连杆盖。

⑦活塞连杆总成装配好以后,用塞尺和校直规检查上止点时,活塞凸出缸体平面的高度一般应该在 0.35～0.65mm 的范围内,如图 22-1-4 所示。

3. 配气机构和正时机构的安装

配气机构和正时机构的安装方法见表 22-1-1。

表 22-1-1　配气机构和正时机构的安装方法

类别	安装方法
气门的安装	将气门油封压装于气门导管上,安装时,油封一定要压到位,防止油封变形或损坏。装上气门弹簧和弹簧座,将气门杆上涂少许润滑油,按原次序插入气门导管内,用专用工具压紧气门弹簧,装上锁片
安装正时齿轮和张紧轮	凸轮轴正时齿轮的齿数为曲轴正时齿轮齿数的两倍。正时齿轮、正时齿带上都有正时记号,装配时应将正时记号对准,以保证正确的配气相位和点火正时。张紧轮主要用于调整正时齿带张力的大小
正时齿带的安装	正时齿带的安装按下列步骤进行: ①将正时齿带套在曲轴齿轮和中间轴齿轮上 ②曲轴传动带轮用一只螺栓固定 ③凸轮轴正时齿轮标记与气门室盖上平面对齐(箭头所指),如图 22-1-5 所示 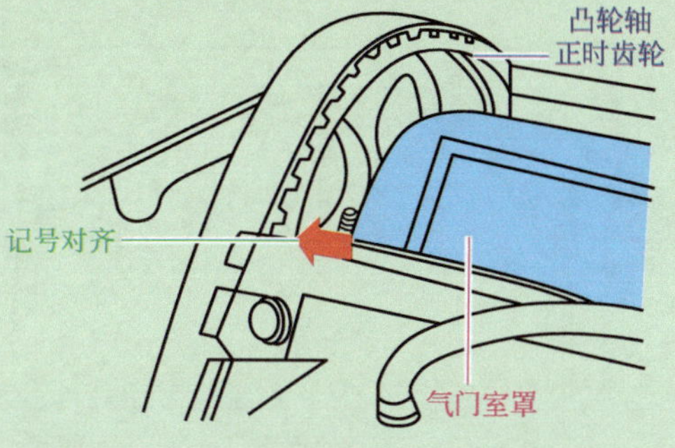 图 22-1-5　示意图 1 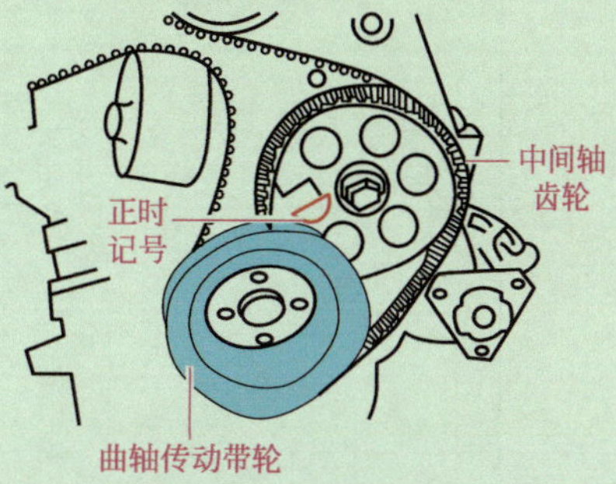　　图 22-1-6　示意图 2 ④曲轴传动带轮上止点记号和中间轴齿轮上记号对齐,如图 22-1-6 所示 ⑤将正时齿带套到凸轮轴正时齿轮上 ⑥按图 22-1-7 所示箭头方向转动张紧轮,以张紧正时齿带。用拇指和食指捏住凸轮轴齿轮和中间轴中间的正时齿带刚好可以扭转 90°。如果张紧程度不符,可松开张紧轮螺母,进行第二次调整 正时齿带经长期使用后,会发生硬化、龟裂、剥离、脱落、磨损、纤维松散等缺陷,严重时会折断。如发现上述情况,一般均须更换为新件。张紧轮出现异常的声音或不平稳以及摇晃时,说明张紧轮已损坏,必须更换 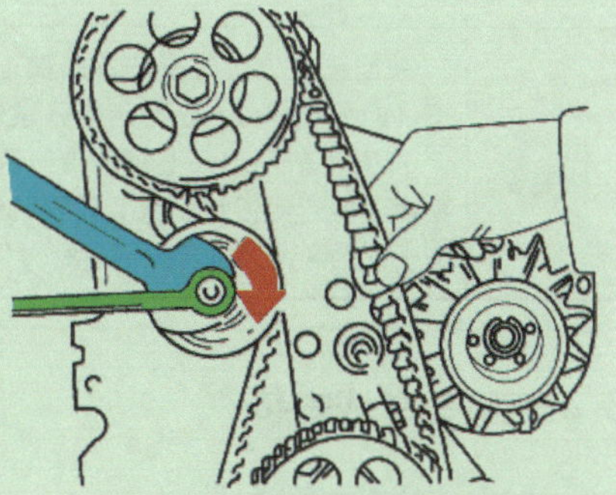 图 22-1-7　示意图 3
气门室盖的安装	将气缸盖和气门室盖的密封表面上密封胶的残渣清理干净,防止安装后发生漏油现象。在干净的气缸盖密封表面上涂以密封胶,涂胶层要均匀适量。在密封胶开始固化以前,将气门室盖安装在气缸盖上,注意不得把密封胶接触到其他零部件。安装气门室盖紧固螺钉,以规定力矩拧紧。螺钉不可拧得过紧,以免损坏铝合金的气门室盖。为防止气门室盖的变形,在拧紧螺钉时,应按照常用的交叉方式来进行

续表

类别	安装方法
气门间隙的检查和调整	在配气机构的相关章节中有详细讲解，这里不再重复
凸轮轴的安装	①先不装挺柱，把凸轮轴装入轴承中，用百分表或塞尺检查凸轮轴向间隙，使用极限为0.15mm。轴向间隙合适后再拆下凸轮轴 ②将气门挺柱涂以润滑油，插入相应各导孔内 ③安装凸轮轴时，将轴承和轴颈涂上润滑油，把凸轮轴放在轴承孔上。第一缸凸轮必须朝上。凸轮轴转动时，曲轴不可使活塞置于上止点，否则会伤及气门及活塞顶部。安装轴承盖，上下两半部要对准，如图22-1-8所示。按照与拆卸相反的顺序拧紧轴承盖，先对角交替拧紧第2、3轴承盖，紧固力矩为20N·m，凸轮轴轴承盖安装时注意上下对准位置；然后装上第1、4轴承盖，装上凸轮轴并紧固，拧紧力矩为80N·m ④在油封的唇边和外围涂上薄油，将油封放入专用导管平整压入。注意不要压到头，否则会堵塞回油孔 ⑤先装半圆键，再压上正时齿轮，拧紧固定螺钉，力矩为80N·m 视频精讲  图22-1-8 示意图4 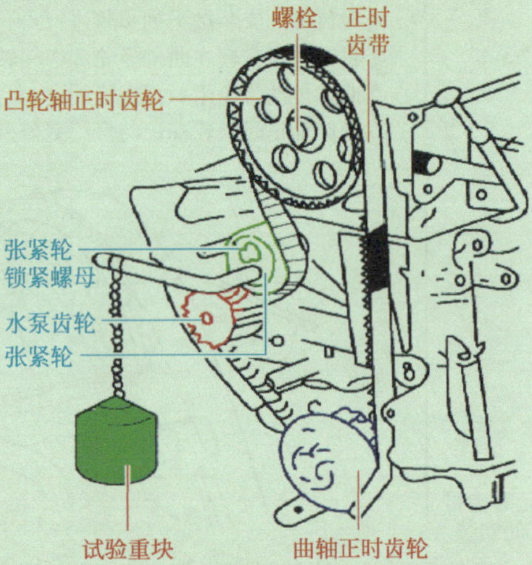　　　图22-1-9 示意图5
正时齿轮安装	装配正时齿带时应注意曲轴正时齿轮和凸轮轴正时齿轮与正时齿带的正时记号对齐，以保证发动机有正确的配气相位。正时齿带张紧力应适当，过大会加速传动带磨损，过小会打滑，影响发动机的配气相位 富康轿车发动机正时齿带的调整方法如图22-1-9所示。首先用专用工具插入张紧轮的方形孔，并挂上重块，然后慢慢拧松张紧轮锁紧螺母，让正时齿带张紧，再按照规定的力矩拧紧张紧轮锁紧螺母，拧紧力矩为23N·m，最后拆下正时齿带张紧力调节专用工具

4. 气缸盖总成安装

（1）安装注意事项

❶ 安装前，首先检查气缸盖和机体平面是否平整，当不平度和翘曲度超过允许尺寸和极限时应修理。安装旧的气缸垫时应仔细检查，如有损坏，应及时更换。

❷ 气缸垫、气缸盖的结合面要擦洗干净，不得有油污和机械杂质，不允许在结合面涂润滑脂。因为在高温下润滑脂会燃烧产生积碳，使结合面密封性下降，冲坏气缸垫。

❸ 气缸垫的安装方向必须正确。如气缸盖和气缸体均为铸铁，应将气缸垫光滑面朝向

气缸体；如气缸盖是铝合金而气缸体是铸体，气缸垫光滑面应朝向气缸盖；如气缸盖和气缸体均为铝合金，气缸垫光滑面应朝向气缸体。

④ 气缸盖螺母拧紧顺序为：从中间开始向两侧交叉对称进行，分2～3次拧紧，且拧紧力均匀，不要过大。

⑤ 气缸盖安装后，启动发动机，待温度达到正常后，按规定顺序、力矩复查一次。

(2) 安装步骤

① 把气缸垫安装在气缸体上平面，记号、位置按照要求对准。

② 将已组装好的气缸盖总成平稳、轻轻对准位置放下，应避免移动气缸垫。

③ 把螺栓放入，按规定顺序和力矩分次均匀拧紧。

5. 机油泵及油底壳的安装

机油泵安装时应更换垫片，并注意各螺栓的拧紧力矩，还应注意传动齿轮与凸轮轴上的驱动齿轮的啮合要准确，传动轴和油泵要保持良好的同心度。机油泵装复后，用手转动机油泵齿轮，应转动自如，无卡阻现象。将机油灌入机油泵内，用拇指堵住油孔，转动泵轴应有油压出，并能感到有压力。

机油泵装车后，通过压力表观察润滑油压力。在发动机温度正常的情况下，怠速运转时，润滑油压力不应低于19.4kPa；当发动机高速运转时，润滑油压力不应大于49.0kPa。如不符合标准，应调整限压阀，可在限压阀弹簧的一端加减调整垫圈的厚度，使机油压力达到规定值。

曲轴箱附件安装完毕后安装油底壳，油底壳密封件应更换新件，并按规定力矩对称拧紧。

6. 其他附件的安装

① 安装进、排气歧管。

② 安装气缸盖出水管、节温器和冷却液温度传感器、水泵。

③ 安装燃油喷射装置。

④ 安装加机油管、标尺、机油滤清器、机油感应塞。

⑤ 将风扇、曲轴箱通风管道、空气压缩机、交流发电机、起动机、动力转向油泵等依次安装到发动机机体上。

三、发动机总成装配示例

下面以桑塔纳2000AJR发动机的装配、调整为例，介绍发动机整体装配和调整，具体操作如下：

1. 曲轴飞轮组装配、调整

曲轴飞轮组装配关系如图22-1-10所示。

① 将机油泵的主传动链轮加热至220℃，用专用工具从曲轴前端压入到位。将脉冲传感器轮安装到曲轴上。提示：安装脉冲传感器时，螺栓拧紧力矩为10N·m，然后再拧紧90°。

② 用专用工具将完好的曲轴后端滚针轴承压入承孔内，压入方法及压入深度如图22-1-11所示。

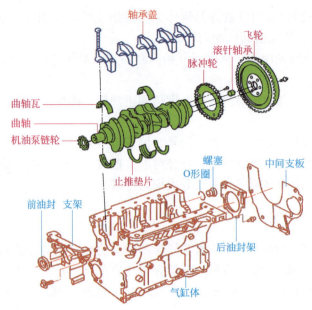

图 22-1-10 曲轴飞轮组装配关系

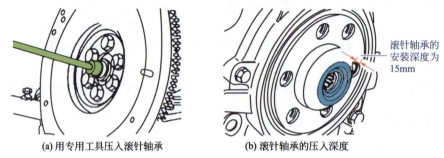

(a) 用专用工具压入滚针轴承　　(b) 滚针轴承的压入深度

图 22-1-11 曲轴后端滚针轴承的安装

❸ 将气缸体倒置在工作台上。

❹ 将已安装链轮、脉冲传感器轮和滚针轴承的曲轴、主轴承盖、主轴承、曲轴轴向止推垫片依次摆放整齐。

❺ 安装曲轴。将曲轴置于气缸体主轴承座上，按规定力矩依次从中间向两侧分三次拧紧固定螺栓。提示：最终拧紧力矩为65N·m，再拧紧90°。

❻ 检查曲轴径向间隙。提示：曲轴的径向间隙为0.01～0.04mm，磨损极限为0.15mm，曲轴的径向间隙还可以用千分尺和百分表进行测量、选配。

❼ 检查曲轴轴向间隙。提示：轴向间隙为0.07～0.21mm，磨损极限为0.30mm。

❽ 检查曲轴转动力矩。按规定力矩拧紧主轴承后，应能用手转动曲轴，且无明显阻力。

❾ 安装曲轴后密封法兰（油封座）。首先将油封装入法兰，再将法兰装到气缸体后端。在安装时，油封上要涂抹润滑油，法兰与气缸体之间有定位销，安装好的法兰底平面应与气缸体底平面处于同一平面内。提示：后密封法兰螺栓拧紧力矩为16N·m。

❿ 安装飞轮。检查气缸体后端面无零部件漏装现象后，将装有启动齿圈的飞轮安装在曲轴后端，分3次对称拧紧紧固螺栓。提示：螺栓的最终拧紧力矩为60N·m，再拧紧90°。

2. 活塞连杆组的装配、调整

❶ 根据活塞、连杆上的标记，将它们按缸号依次分组摆放整齐，如图 22-1-12 所示。

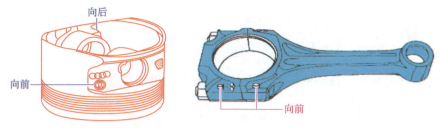

图 22-1-12 活塞、连杆上的方向标记

❷ 逐缸检查活塞配缸间隙。提示：AJR 发动机的活塞与气缸的间隙在室温 15～25℃ 时为 0.025～0.045mm。

❸ 将气缸体侧置在工作台上。

❹ 将组装好的活塞连杆组按标记分组摆放整齐，装好经选配合格的连杆轴承，并注意对正油孔和定位凸榫。将待装活塞连杆组的连杆轴颈摇转至下止点位置，将未装活塞环的活塞连杆组装入相应的气缸，按标记安装连杆轴承盖，并按规定力矩分两次拧紧连杆螺栓。提示：最终拧紧力矩为 30N·m（此次不要再拧紧 90°）。

同时需进行下列检查：

a. 检查连杆大头轴向间隙。将曲轴转动数圈，用塞尺片测量连杆大头端面与曲柄臂定位销之间的间隙，此间隙值应为 0.10～0.35mm。

b. 检查活塞偏缸。顺时针摇转曲轴，从活塞顶部查看活塞在气缸中运动时有无前后偏斜，若有偏斜，应进行校正，检查校正完毕依次拆下各缸活塞连杆组。

❺ 安装活塞环并摆放开口位置。

a. 安装时应注意第一道压缩环为镀铬内倒角环，内倒角应朝上。第二道环为外倒角环，倒角应朝下。

b. 活塞销上的"TOP"标记应朝向活塞顶部。

c. 用汽油清洗干净活塞连杆组，确认各零件装配齐全。

d. 向活塞环开口处、连杆与活塞连接处加入润滑油，在连杆轴承和活塞裙部表面抹上润滑油，将活塞环转动数周。如图 22-1-13 所示为摆放活塞环开口位置。

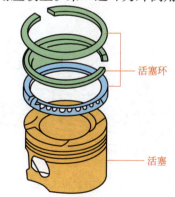

图 22-1-13 摆放活塞环开口位置

❻ 将活塞连杆组装入气缸。根据活塞、连杆的向前标记和缸号，将活塞连杆组装入相应气缸内，安装连杆轴承盖并按规定力矩拧紧连杆螺栓。提示：最终拧紧力矩为 30N·m，再拧紧 90°。

❼ AJR 发动机的连杆螺栓为预应力螺栓，大修中拆卸后应予以更换。

3. 安装机油泵和油底壳等相关零部件

❶ 将发动机倒置，安装机油泵。

❷ 在安装机油泵前要先安装定位销钉。
❸ 紧固已安装机油集滤器的机油泵。

提示：

机油泵的固定螺栓拧紧力矩为 16N·m。

❹ 将传动链套在主、被动链轮上，固定被动链轮（机油泵链轮）。

提示：

固定链轮的螺栓拧紧力矩为 22N·m。

❺ 安装传动链张紧器，安装挡油板。
❻ 安装带有曲轴前油封的油封法兰（油封垫），油封法兰与气缸体有定位销钉定位。

提示：

油封法兰的固定螺栓拧紧力矩为 15N·m。

❼ 摆放密封衬垫，安装油底壳。从中间向两侧分两次对称拧紧固定螺栓。

4. 配气机构和气缸盖的装配

（1）气门组的装配

用专用工具将气门油封压装于气门导管上，如图 22-1-14 所示。安装油封一定要到位，并防止油封变形或损坏。在气门杆部涂抹润滑油后，装配气门、气门弹簧、气门弹簧座，使用专用工具安装气门新锁片，其装配关系如图 22-1-15 所示。安装完毕要用木锤轻敲数下，以确保锁片安装到位。

（2）检查凸轮轴轴向间隙

将凸轮轴装在凸轮轴轴承座上，装上一、五道轴承盖，其轴向间隙应不大于 0.15mm，取出凸轮轴。凸轮轴轴向间隙检查方法如前所述。

（3）安装挺柱

将液压挺柱浸入润滑油中反复推压，排除内腔中的空气。按顺序把气门挺柱涂抹润滑油后放入承孔中。

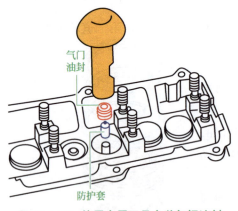

图 22-1-14　使用专用工具安装气门油封

注意：

重新安装气门挺柱的发动机在安装凸轮轴后 30min 内不得启动，否则气门有可能与活塞顶部碰撞。

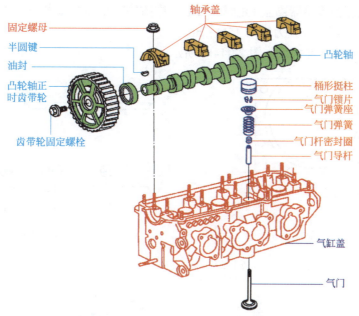

图 22-1-15　配气机构与气缸盖的关系

（4）安装凸轮轴和油封

在凸轮轴承孔表面涂抹润滑油，将凸轮轴置于气缸盖上的承孔座中，使一缸凸轮朝上按轴承盖顺序和方向安装轴承盖，从中间向两侧对角交替分多次拧紧轴承盖。

注意：

先拧紧凸轮顶起部位的轴承盖。最终拧紧力矩为20N·m。

在凸轮轴油封的唇口涂抹润滑油，将油封用专用工具压入油封承孔内。

（5）将发动机正置于工作台上

（6）安装气缸盖

❶ 将气缸垫放于气缸体上，有"OPENTOP"标记的一面朝向气缸盖，如图 22-1-16 所示。

❷ 转动曲轴，使一、四缸活塞处于上止点位置，确保气缸体上的气缸盖螺栓盲孔内无异物和油液。

❸ 将气缸盖置于气缸体上，按图 22-1-17 所示的次序分三次拧紧气缸盖螺栓。

提示：

第一次拧紧到20N·m，第二次拧紧到40N·m，第三次再拧紧180°。朝向气缸盖。

5. 安装水泵、正时齿轮及相关零部件

（1）将水泵一端放入气缸体

❶ 安装配气相位传感器，固定螺栓拧紧力矩为10N·m。

❷ 安装配气相位传感器罩盖（正时齿带后、中防护罩），固定螺栓拧紧力矩为20N·m。
❸ 固定水泵，螺栓拧紧力矩为15N·m。
相关零部件安装位置关系如图22-1-18所示。

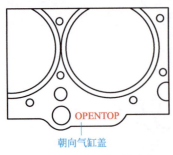

图22-1-16　气缸垫摆放方向

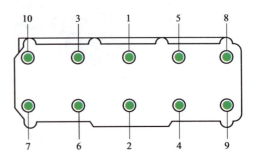

图22-1-17　缸盖螺栓的拧紧顺序

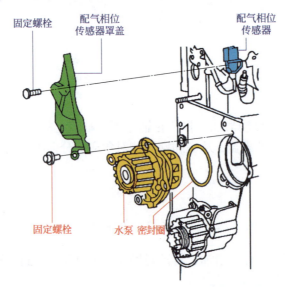

图22-1-18　水泵、正时齿轮及相关零件装配关系

（2）安装正时齿带轮及相关零部件

❶ 安装曲轴正时齿带轮，固定螺栓拧紧力矩为90N·m，再拧紧90°。
❷ 安装凸轮轴半圆键及正时齿带轮，固定螺栓拧紧力矩为100N·m。
❸ 安装张紧轮，固定螺栓拧紧力矩为15N·m。
❹ 将凸轮轴调至一缸做功位置，将曲轴调转至一缸上止点位置，如图22-1-19所示。
❺ 安装正时齿带，并适当调紧张紧度。
正时齿带的安装必须保证配气相位准确，正时齿带的安装步骤如下：
a. 当转动凸轮轴时必须保证液压挺柱内的空气已经排净，即当凸轮基圆位置与挺柱接触时，气门应处于完全关闭状态。
b. 将凸轮轴正时齿带轮上的标记对准正时齿带防护罩上的标记（暂时摆放齿型带后、上防护罩，以供凸轮轴定位对应标记，完成定位后再取下），如图22-1-20所示。
c. 将曲轴正时齿带轮上的标记对准上止点标记，如图22-1-19所示。
d. 将张紧轮安装到气缸体上，并调整使其处于合适位置，暂不紧固。

e. 将正时齿带安装到曲轴正时齿带轮和水泵齿带轮上（注意安装位置）。

f. 将正时齿带安装到凸轮轴正时齿带轮和张紧轮上。

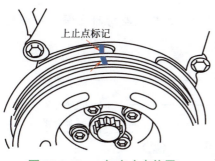

图 22-1-19　一缸上止点位置

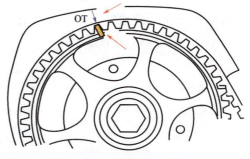

图 22-1-20　凸轮轴正时标记

> **注意：**
>
> 正时齿带张紧度的调整与张紧轮的固定应按以下方式进行，如图 22-1-21 中的箭头所示，定位块必须嵌入气缸盖上的缺口内。首先将张紧轮逆时针转动到可以使用专用工具，如图 22-1-22 所示。松开张紧轮直到指针 1 位于缺口 2 下方约 10mm 处，再旋张紧轮直到指针 1 和缺口 2 重叠，将张紧轮的锁紧螺母以 15N·m 力矩拧紧。检查张紧度时，用拇指用力压正时齿带，指针 1 应该移向一侧。放松正时齿带，张紧轮应该回到初始位置（缺口 2 和指针 1 重叠）。

图 22-1-21　定位块嵌入气缸盖缺口内

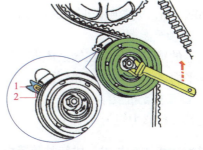

图 22-1-22　使用专用工具张紧正时齿带

6. 安装气缸盖罩盖与正时齿带防护罩等相关零部件

① 安装气缸盖机油反射罩、气缸盖罩盖衬床、气缸盖罩盖、紧固压条、正时齿带后/上防护罩等相关零件。均匀、适度地拧紧气缸盖罩盖紧固螺母。

② 安装正时齿带下防护罩、中防护罩、上防护罩。安装曲轴传动带轮，紧固螺栓，拧紧力矩为 40N·m。

7. 安装机油滤清器、节温器及发电机支架等相关零部件

（1）安装曲轴位置传感器

① 将已装有机油压力保持阀、泄压阀、机油压力开关、滤清器支架盖的机油滤清器支架装在气缸体上（见图 22-1-23）。

> **提示：**
> 机油压力开关的拧紧力矩分别为 15N·m、25N·m；机油滤清器支架固定螺栓的拧紧力矩为 16N·m，再拧紧 90°。

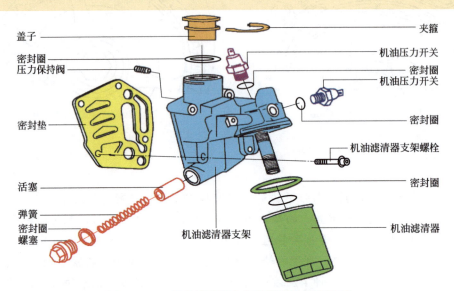

图 22-1-23　机油滤清器与相关零件的装配关系

❷ 安装机油滤清器。在滤清器与支架之间有 O 形密封圈，使用专用工具旋紧滤清器，力矩为 20N·m，或参照说明书的要求。

（2）安装节温器

节温器的感温部分应在气缸体内，安装节温器座（进水管座），拧紧螺栓。在节温器座与气缸体平面之间要装 O 形密封圈。

（3）安装发电机支架

固定螺栓拧紧力矩为 45N·m。

8. 安装发动机支架与进、排气歧管等相关零部件

❶ 安装发动机左、右支架，固定螺栓拧紧力矩为 40N·m。
❷ 安装发动机转速传感器、爆震传感器、发动机出水管和冷却系统小循环外水管。
❸ 安装机油标尺下套管、火花塞。
❹ 将点火线圈组件安装到进气歧管上。
❺ 摆放进气歧管垫，安装进气歧管及支架，从中间向两侧、上下对称拧紧进气歧管固定螺母，拧紧力矩为 20N·m。
❻ 用高压分火线连接点火线圈与火花塞，要连接到位。
❼ 安装进气温度传感器、喷油器、燃油分配管及燃油压力调节器。
❽ 安装节气门体、节气门到燃油分配管的燃油压力真空管。
❾ 安装发动机出水管与出水管座的连接软管，将软管的另一端插入出水管座，将发动机出水管座安装到气缸盖后端出水口处。

⑩ 安装出水管座上的水温传感器和温度传感器。
⑪ 安装节气门座进、出水软管。
⑫ 摆放排气歧管垫,安装排气歧管。从中间向两侧、上下对称拧紧固定螺母。
⑬ 安装隔热板。安装飞轮壳,在飞轮壳与气缸体之间有气缸体飞轮壳中间支架,固定螺栓拧紧力矩为45N·m。
⑭ 安装起动机,固定螺栓拧紧力矩为65N·m。
⑮ 安装发动机到膨胀水箱的回水软管。

9. 安装发电机等相关附件

① 安装曲轴传动带惰轮。首先将惰轮的传动带轮安装到惰轮上,再将惰轮安装到发电机支架上,固定螺栓拧紧力矩为45N·m。安装动力转向泵,固定螺栓的拧紧力矩为25N·m。

② 安装发电机。下固定螺栓拧紧力矩为45N·m,上固定螺栓拧紧力矩为25N·m。安装传动带张紧轮,固定螺栓拧紧力矩为25N·m。

③ 安装空调压缩机支架,固定螺栓拧紧力矩为35N·m。安装空调压缩机,固定螺栓拧到位,暂不紧固。安装空调压缩机调整臂,固定螺栓拧到位,暂不紧固。

④ 安装发电机传动带。先套上传动带(若使用旧传动带,其传动方向应与原传动方向一致),沿箭头方向扳动传动带张紧轮并用销钉锁住,将传动带装到位,扳住张紧轮,取下销钉,使张紧轮处于张紧状态。传动带应位置正确,张紧适度。

⑤ 安装空调压缩机传动带,将传动带装到位,调整空调压缩机与曲轴传动带盘的距离,使传动带张紧适度,拧紧空调压缩机固定螺栓,力矩为35N·m;拧紧调整臂固定螺栓,力矩为35N·m;拧紧调整臂调整螺栓,力矩为35N·m。最后复查传动带张紧度,应适度。

10. 安装发动机电控系统相关部件

安装空气流量计、传感器,连接空气滤清器;安装氧传感器、排气管;安装其他相关控制装置,连接控制单元。

第二节 发动机总成修理竣工技术条件

一、一般技术要求和主要使用性能

1. 一般技术要求

视频精讲

发动机总成修理竣工一般技术要求如下:
① 装备齐全,按规定完成了发动机磨合,无漏油、漏水、漏气、漏电现象。
② 加注的润滑油量、牌号等符合原厂规定。
③ 无异响,急加速时无突爆声,不回火,消声器无"放炮"声,工作中无异响。
④ 润滑油压力和冷却液温度正常。

⑤ 气缸压力符合原厂规定。气缸压力差，汽油机应不超过平均压力的 8%，柴油机不超过 10%。

⑥ 四冲程汽油机转速在 500～600r/min 时，以海平面为准，进气歧管真空度应在 57.2～70.5kPa 范围内。其波动范围，六缸机不超过 3.5kPa，四缸机不超过 5kPa。

2. 主要使用性能

发动机总成修理竣工技术主要使用性能有：

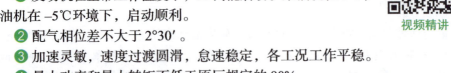

视频精讲

① 发动机在正常工作温度下，5s 内能启动。柴油机在 5℃，汽油机在 -5℃ 环境下，启动顺利。
② 配气相位差不大于 2°30′。
③ 加速灵敏，速度过渡圆滑，怠速稳定，各工况工作平稳。
④ 最大功率和最大转矩不低于原厂规定的 90%。
⑤ 最低燃料消耗率不得高于原厂规定。
⑥ 发动机排放限值符合相关规定。

二级维护竣工的发动机除装备齐全有效之外，还必须进行性能检测。要求能正常启动，低、中、高速运转均匀、稳定，冷却液温度正常，加速性能好，无断火、回火、"放炮"等现象。发动机运转稳定后应无异响。无负荷功率不小于额定值的 80%。

二、发动机试验

发动机试验一般在发动机试验台上进行，发动机试验的一般故障排查步骤如下：

1. 发动机启动前排查

① 检查机油液面、燃油油路、冷却液路是否正常，是否有泄漏现象。
② 检查发动机外围件是否完好，包括所有的连接件。
③ 检查排风是否开启。

2. 一般发动机难于启动排查

① 确定线束是否通电（查继电器，有发热现象及啮合时有明显声响，ECU 连接正确），确认转速传感器、凸轮轴位置传感器、柴油发动机轨压传感器工作是否正常。
② 检查起动机是否通电，启动电动机是否转动。
③ 检查启动转速是否过低，启动后发动机是否发闷（先检查测功机本身是否带负荷、转动发动机的难易，再确定机油是否正常，最后检查缸内是否有水或油）。
④ 检查燃油系统内是否有空气，柴油发动机排空再启动。
⑤ 检查进气系统是否有堵塞，直接导致空气流动不畅。
⑥ 检查点火正时是否正确，主要表现为冒烟却不启动。
⑦ 气门间隙的检查。
⑧ 以上如果均正常，对电喷柴油机，可以试着更换 ECU 或是重新进行标定。

3. 一般发动机异响的排查

① 任何气体泄漏，主要包括进气系统及排气系统的泄漏检查。

② 摇臂及气门间隙的检查，表现出比较有节奏的机械撞击声。
③ 增压器的啸叫声（表现比较尖锐）。
④ 发动机有节奏的上下起浮声响，很有可能为游车或是发动机的振动。
⑤ 注意前端轮系的传动带声响。
⑥ 注意任何零部件缺油所发出的金属干摩擦的特殊声响，包括转向泵。
⑦ 如果为发动机内部的声响应拆机检查。

4. 一般功率不足现象排查

① 如果是电喷柴油机，首先确定ECU的标定MAP是否准确；确定ECU是否存在自动保护。
② 检查进气系统，包括中冷器前端及后端的进气管是否有泄漏及进气堵塞现象（特别注意空气滤清器的检查）。
③ 检查燃油系统是否存在燃油的泄漏，导致油压不足。
④ 检查废气系统，主要包括增压器废气进口及排气歧管的废气泄漏，将直接导致涡轮前端压力不足。
⑤ 检查机油压力。发动机试验应保证正常的机油压力，确保增压器的正常冷却及润滑。
⑥ 检查中冷器冷却效率及压力损失的大小，如果效率不高将表现为中冷后温度偏高，中冷前后压力损失过大。
⑦ 测气缸压力和窜气量，数据不正常将影响许多方面。
⑧ 检查各气缸工作是否正常。主要对喷油器和火花塞做检查，如果有缺缸或缺火，将表现为发动机不正常抖动。
⑨ 在以上均显示正常情况下，建议检查测功机运转是否正常，往往测功机不正常工作将导致功率的严重缺少显示。

5. 一般参数报警的排查

① 中冷后温度（50℃±5℃）报警。首先确定冷却液路是否缺水及连接正确与否；再检查冷却液路是否堵塞导致流量不足，清洗过滤网及排空。
② 涡轮前温度（>760℃）报警。如果温度突然上升，主要是进气量不足，燃料的过量空气系数过小导致，请检查进气系统是否存在泄漏及空气滤清器是否堵塞。
③ 中冷后压力（>140kPa）报警。一般设为压力过高报警，针对此，主要检查增压器有没有卡死，如果压力过低，检查进气系统是否泄漏或堵塞；其次为发动机自身的保护。
④ 机油压力报警，一般设定为过低报警（<100kPa）。首先检查发动机周围是否有机油泄漏，其次检查机油液面高度（如果采用外接水冷，则注意检查外接冷却液是否和机滤冷却器互通），机油油路是否堵塞，主要针对机油滤清器及传感器的连接橡胶管。
⑤ 机油温度（>140℃）报警。如果连接的是外围的冷却管道，首先检查管道是否缺水及堵塞，其次确定连接的进出口是否正确，然后检查涡轮前温度；如果连接的是发动机自身循环的冷却液，还得注意冷却液温度是否过高等。
⑥ 进油温度（>50℃）报警。主要为燃油冷却系统的排查。
⑦ 冷却液温度（>100℃）报警。首先确定PID温度设置的准确性及工作是否正常；其次检查冷却液液面高度；然后检查冷却液管路是否有空气，外循环冷却液是否打开。如发

动机带 EGR，则需要检查 EGR 冷却管是否和冷却液管路相通。

第三节　发动机磨合与竣工验收

一、磨合试验目的

磨合是指汽车总成或机构组装后，为改善零件摩擦表面几何形状和表面物理力学性能的运转过程。新车磨合期，是指新车出厂后，初次行驶一段距离以使发动机各个部件磨合顺畅的时期。新车的磨合里程一般为 1000～3000km。而对汽车的磨合来说主要是发动机总成的磨合。总成磨合是修理工艺过程中的一个重要工序，是有关总成从修理装配状态转入工作状态的过渡，磨合质量对总成修理质量和大修间隔里程有着重大影响，因此，发动机大修后必须经过磨合才能投入使用。

1. 形成与零件正常工作条件相适应的配合性质

（1）扩大配合表面的实际接触面积

新零件和经过修理的零件，由于微观表面粗糙和各种误差，装配后配合副的实际接触面积仅为设计面积的 1/1000～1/100，配合表面上单位实际接触面积的载荷就会超过设计值的百倍乃至千倍。微观接触面在高应力、高摩擦热作用下就容易产生塑性变形和黏着磨损，引起咬合和黏结等破坏性故障。因此，使新零件在特定的磨合规范下运动，粗糙表面的微观凸点镶嵌并产生微观机械切削现象，使实际接触面积不断扩大，在短期内形成适应正常工作条件的配合表面。

（2）形成适应工作条件的表面粗糙度

每一种工作条件均有其相应的表面粗糙度，零件加工的表面粗糙度与工作条件的要求差距甚大。在磨合中才能形成适应工作条件的表面粗糙度。

（3）改善配合性质

由于磨合磨损形成了适应工作条件的实际接触面积和表面粗糙度以及配合间隙，不但显著地提高了零件综合抗磨损性能，也减少了其摩擦阻力与摩擦热量，故磨损率降低，提高了大修发动机的可靠性与耐久性。

2. 改善配合副的润滑效能

磨合使配合间隙增大到适应正常工作条件的配合间隙，改善了润滑油的泵送性能，增大了配合副润滑油流量，不但改善了配合副的润滑效能，也有利于保持正常的工作温度和配合表面的清洁。

3. 提高发动机的可靠性与耐久性

金属在低于或近于疲劳极限下，磨合一定的时间，"实现次负荷锻炼"，可以明显地提高金属零件的抗磨损能力和抗疲劳破坏能力，从而提高机械的可靠性与耐久性。发动机全部磨合过程由微观几何形状磨合期、宏观几何形状磨合期、适应最大载荷表面准备期三个时期组成。微观几何形状磨合期内（第一时期），微观粗糙表面因微观机械加工作用逐渐展平，表面金属被强化，显微硬度成倍地提高，产生剧烈的磨损，增大配合间隙，形成适应摩擦状态下的工作表面质量。宏观几何形状磨合期内（第二时期），零件表面形位误差部分得以消除，磨损量逐渐减小，机械损失减弱。适应最大载荷表面准备期内（第三时期），零件磨损率和发动机动力性、经济性逐渐稳定，故障率降低，可靠性提高。后两个磨合时期发动机装有限速片，在限速限载条件下的运行过程中完成，称为"汽车磨合"。第一时期磨合则于出厂前在台架上完成，称为"发动机磨合"。

因此，对新车和大修过后的车辆发动机进行磨合试验是十分有必要的。

二、磨合试验及磨合规程

磨合试验是发动机修理工艺的最后一道工序，通过磨合可改变零件相互运动表面的微观几何形状及其硬度，并减少零件相互运动表面的平面度，扩大接触面积，以保证发动机在额定负荷下能正常工作。

发动机磨合分冷磨合与热磨合两个阶段。冷磨合是由外部动力驱动总成或机构的磨合。而发动机自行运转的磨合则称为热磨合。发动机自行空运转磨合称为无载热磨合，加载自运转磨合称为负载热磨合。发动机的磨合质量在材料、结构、装配质量等条件已定的情况下，主要取决于磨合时的转速、载荷、磨合时间以及润滑油品质。因此，由磨合转速、载荷和磨合时间组成了发动机的磨合规范。

1. 冷磨合规范

冷磨合规范主要由冷磨合转速、冷磨合载荷、冷磨合时间及相应润滑条件等部分组成，见表 22-3-1。

表 22-3-1　发动机冷磨合规范

阶段	曲轴转速 /（r/min）	磨合试验时间 /min	阶段	曲轴转速 /（r/min）	磨合试验时间 /min
1	250～300	50	3	700	30
2	400～500	40			

（1）冷磨合转速

起始转速一般为 400～500r/min，终止转速一般为 1200～1400r/min。起始转速不能过低，尤其是对于自润滑磨合的发动机，其曲轴溅油能力不足，机油泵输油压力过低，不能满足配合副很大摩擦阻力和摩擦热对润滑、冷却及清洁能力的需求，势必引起配合副破坏性耗损；起始转速亦不能过高，这是因为高摩擦阻力和高摩擦热的限制。

发动机磨合的关键是气缸、活塞环、活塞和曲轴与轴承等配合副的磨合，配合面上的载荷主要是由连杆活塞组的质量和离心力形成的。研究表明，在 1200～1400r/min 范围内单位面积上的载荷最大，超过或低于此转速，反而减小，影响磨合效率，如图 22-3-1 所示。磨合转速采取四级调速。无级调速磨合效率低，在每级转速下，随着表面质量的改善，磨损率逐渐下降至平衡状态。为了提高磨合效率，故采用有级调速，如图 22-3-2 所示。

（2）冷磨合载荷

冷磨合一般无需额外加载，实践证明，装好气缸盖，堵死火花塞螺孔，借助气缸的压缩压力来增加冷磨合载荷是极为有益的。

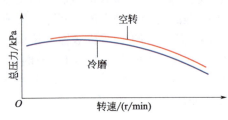

图 22-3-1　连杆轴颈上的总压力与转速关系

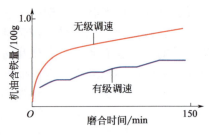

图 22-3-2　冷磨合磨损特性

（3）冷磨合时间

冷磨合的总时间为 1.5～2h，具体磨合时间应根据零件加工质量和装配情况来确定。

（4）冷磨合的润滑条件

现行的润滑主要有自润滑、油浴式润滑和机外润滑三种方式。

实践证明，机外润滑方式效果最佳，对提高磨合效率极为有利。所谓机外润滑是指由专门的泵送系统，将专门配制的黏度较低的硫化极性添加剂含量高的专用发动机润滑油，以较大的流量送入发动机进行润滑的润滑方式。不但使摩擦表面松软，加速磨合过程，而且润滑、散热以及清洁能力很强，还可以提高磨合过程的可靠性。

2. 热磨合规范

热磨合是指发动机在冷磨合基础上装上全部附件，并以发动机自身发出的动力进行运转磨合的过程，又称为热试。热磨合可以分为无负荷热磨合和有负荷热磨合。

（1）无负荷热磨合

无负荷热磨合是为有载荷磨合做准备，应注意各摩擦部件的发热情况，尤其注意观察机油压力和冷却液温度的变化情况。运转中可把冷却液温度由 70℃逐渐升至 90℃，观察发动机有无异常情况。然后分别以正常工作温度和不同转速试转，观察机油压力的变化情况。

（2）有负荷热磨合

发动机进行有负荷热磨合的主要原因是：一方面为了在有负荷下对零件表面进行磨合；另一方面为了检验发动机的功率恢复情况，同时也是为了发现并排除往往在无负荷磨合时不易发现的发动机故障。

发动机热磨合规范见表 22-3-2。

表 22-3-2　发动机热磨合规范

磨合试验过程	曲轴转速 /(r/min)	负荷 /kN	磨合试验时间
无负荷热磨合	800～1000	0	30
	1000～2000	36.7	30
有负荷热磨合	1400	37.6	20
功率试验	1600	110.3	15

发动机热磨合后应重点检查、调整的部位：

❶ 观察各部衬垫、油封和水封工作是否正常。

❷ 查看电流表、机油压力表及冷却液温度表工作状态是否正常。

❸ 检查发动机的气缸压力大小。
❹ 检查发动机各缸工作时是否有不正常响声，如有异响应加以排除。
❺ 调整点火装置和怠速等。

三、竣工验收

1. 发动机竣工验收的具体内容

❶ 检查并加足冷却液、机油和燃油。
❷ 用检视的方法检验发动机装备状况。要求装备齐全、有效，各零部件及附件应符合规定的技术要求。
❸ 启动发动机，检查其启动性能。
  a. 冷车启动：要求在环境温度 ≥ −5℃时应顺利启动，允许连续启动 ≤ 3 次，每次启动 ≥ 5s。
  b. 热车启动：要求在发动机正常工作温度下，5s 内能启动。
❹ 燃油压力的检查。燃油压力的标准值为（250±20）kPa。否则，应检查其原因。
❺ 检查发动机运转工况。启动发动机，运转至正常工作温度 93 ~ 105℃。
  a. 检查怠速工况。用转速表进行运转试验或用发动机综合仪测量，要求发动机怠速运转稳定，转速符合原设计规定，转速波动 ≤ 50 r/min。
  b. 检查转速变化工况。用转速表检查，发动机改变转速时应过渡圆滑，突然加速或减速时，不得有爆震、断火、回火、放炮等现象，最高转速不得低于 4000r/min。
❻ 检查发动机运转时有无异响。要求发动机在正常工况下运转时，不得有异常响声。
❼ 检查发动机机油压力、冷却液温度和机油温度。
❽ 检查气缸压力。
  a. 检查气缸压力值。用转速表、气缸压力表检查，气缸压力应符合原厂设计规定。
  b. 检查各气缸压力差。用转速表、气缸压力表或发动机分析仪测量。要求每缸压力与各缸平均压力差：汽油机不大于各缸平均压力的 8%，柴油机不大于 10%。
❾ 检查发动机进气歧管真空度。用转速表、真空表检查，要求汽车发动机怠速时，进气歧管真空度应为 57 ~ 70 kPa。
❿ 检查发动机功率和转矩。将发动机运转到正常工作温度，用测功机综合测试仪进行测量，要求发动机最大功率、最大转矩不大于原设计定值的 90%。
⓫ 检查发动机燃料消耗率。用油耗计、测功机按有关规定测量，要求发动机最低燃料消耗不大于原设计要求。
⓬ 检查发动机排放。要求汽油机排放、柴油机排放应符合现行的国家规定。
⓭ 检查润滑油质量。用检视方法或润滑油质分析仪检查，要求发动机规格、数量、质量应符合原设计规定。
⓮ 检视发动机"四漏"情况。要求发动机应无漏水、漏油、漏气、漏电现象，但润滑油、冷却液密封接合面处允许有不致形成滴状的浸渍。
⓯ 发动机涂漆或银粉。要求发动机外表应按规定涂漆或银粉，涂层要均匀，不得有漏涂现象。
⓰ 填写发动机修理竣工检查表。

2. 发动机功率检测

发动机输出的有效功率，是发动机的综合性能评价指标。该指标直接确定了发动机的技术状况，并能定量地获得发动机的动力性。目前应用较为广泛的是无负荷测功仪。无负荷测功不加负荷，不需大型设备，既可以在台架上进行，也可以就车进行，提高了检测的方便性和迅速性。

（1）测功原理

其测量原理是：发动机的运动件的转动惯量可以认为是一定值，也就是发动机加速时的惯性负载。只要测出发动机在指定转速范围内急加速时的平均加速度，即可得知发动机的动力性能。或者说通过测量某一转速时的瞬时加速度，就可以确定出发动机的功率大小。瞬时加速度越大，则发动机功率越大。

（2）测功方法

进行无负荷测功时，首先使发动机与传动系统分离，并使发动机的温度与转速达到规定值，然后把传感器装入离合器壳的专用孔中，快速打开节气门（汽油机），使发动机加速，此时功率表便可显示被测发动机的功率。为了取得较准确的测量值，可重复试验几次，取平均值。

无负荷测功仪可以测定发动机的全功率，也可测定某一气缸的功率（断开某一缸的点火开关或高压油路测得的功率和全功率比较，二者之差即为该缸的单缸功率）。各单缸功率进行对比，可判断各缸技术状况（主要是磨损情况）。

（3）检测结果分析

根据测定结果进行分析，对发动机技术状况作出判断。

在用车发动机功率不得低于原额定功率的75%，大修后发动机功率不得低于原额定功率的90%。

❶ 若发动机功率偏低，系燃料供给系统调整状况不佳，点火系统技术状况不佳，应对油、电路进行调整。若调整后功率仍低时，应结合气缸压力和进气歧管真空度的检查，判断是否是机械部分故障。

❷ 发动机单缸功率偏低，一般是由该缸高压分火线或火花塞技术状况不佳、气缸密封性不良、气缸上油（机油）等原因造成，应调整或检修。

3. 发动机气缸密封性检测

测量气缸压缩终了时压力，可以间接地判断气缸的密封性。影响气缸密封的因素有气缸活塞组的密封性、气门与气门座的密封性以及气缸垫的密封性等。

（1）检测工具

气缸压力表（如图22-3-3所示）是检测气缸压缩压力的一种专用工具，一般由表头、导管、单向阀和接头等组成。气缸压力表接头有螺纹管接头和锥形或阶梯形橡胶接头两种。螺纹管接头测量汽油机，可以拧在火花塞或喷油器的螺纹孔中。橡胶接头测量柴油机，可以压紧在火花塞或喷油器孔中。压力表单向阀处于关闭位置时，可保持测得的气缸压缩压力读数，单向阀打开时，可使压力表指针回零，以用于下次测量。

（2）检测方法

❶ 发动机应运转至正常工作温度，水冷发动机水温75～95℃，风冷发动机机油温度80～90℃。

❷ 拆除全部火花塞或喷油器（柴油机）。

❸ 把气缸压力表的锥形橡胶接头压紧在被测缸的火花塞孔内，或把螺纹管接头拧在火花塞孔上（如图22-3-3所示）。

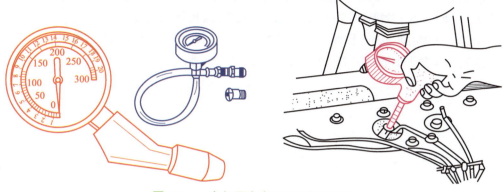

图 22-3-3　气缸压力表及测量气缸压力

❹ 用起动机带动曲轴旋转3～5s，指针稳定后读取读数，然后按下单向阀使指针回零。每个气缸的测量次数应不少于两次。

❺ 按上述方法依次检测各个气缸。

 提示：

①测试发动机气缸压力时，严禁将发动机启动，以防损坏气缸压力表。②测试前，对于汽油机应将分电器中央高压线拔下，或将燃油泵继电器拔下。对于柴油机应旋松喷油器高压油管接头使气缸断油，即可使发动机不着火工作。

(3) 检测结果分析

测量气缸压力后，通常根据以下几种情况作出判断：

❶ 有的气缸在2～3次测量中，压力读数时高时低，相差较大，说明气门有时关闭不严。

❷ 相邻两缸压力读数偏低或很低，而其他气缸正常，是由于相邻两缸间气缸垫漏气或缸盖螺栓未拧紧所致。

❸ 一缸或数缸压力读数偏低，可由火花塞或喷油器孔注入适量（一般20～30 mL）润滑油后，再次检测气缸压缩压力，并比较两次检测结果。若第二次检测结果比第一次高，并接近标准值，表明气缸密封性不良是由气缸、活塞环、活塞磨损过大或活塞对口、卡死、断裂及缸壁拉伤等原因而引起。若第二次检测结果与第一次近似，表明气缸密封性不良的原因为进、排气门或气缸衬垫不密封。

❹ 一缸或数缸压力偏高，汽车行驶中又出现过热或爆震，则属于积碳过多或经几次大修因缸径加大而改变了压缩比。

❺ 大修后，气缸压力应符合原设计规定：每缸压力与各缸平均压力的差，汽油机小于8%，柴油机小于10%。

参考文献

[1] 周晓飞.汽车维修从入门到精通［M］.北京：化学工业出版社，2018.
[2] 顾惠烽.汽车常见故障 识别·检测·诊断·分析·排除［M］.北京：化学工业出版社，2019.
[3] 曹晶，顾惠烽.汽车故障诊断手册［M］.北京：化学工业出版社，2020.
[4] 邵健萍.汽车发动机 构造·检测·拆装·维修［M］.北京：化学工业出版社，2016.
[5] 王盛良.汽车发动机构造与检修技术［M］.北京：机械工业出版社，2013.